LA LECTURE

De la théorie à la pratique

Jocelyne Giasson

LA LECTURE

De la théorie à la pratique

gaëtan morin éditeur

Montréal □ Paris □ Casablanca

Données de catalogage avant publication (Canada)

Giasson-Lachance, Jocelyne

La lecture : de la théorie à la pratique

Comprend des réf. bibliogr.

ISBN 2-89105-553-5

1. Lecture (Enseignement primaire). 2. Lecture—Matériel didactique. 3. Lecture—Compréhension. 4. Jeux de lecture. 5. Lecture, Goût de la. I. Titre.

LB1573.G52 1995   372.4   C95-940027-3

Montréal, Gaëtan Morin Éditeur ltée
171, boul. de Mortagne, Boucherville (Québec), Canada, J4B 6G4, Tél. : (514) 449-2369
Paris, Gaëtan Morin Éditeur, Europe
26, av. de l'Europe, 78141 Vélizy Cedex, France, Tél. : 33(1) 34.63.33.01
Casablanca, Gaëtan Morin – Éddif, Éditeur S.A.
Rond-point des sports, angle rue Point du jour, Racine, 20000 Casablanca, Maroc

Révision linguistique : Jean-Pierre Leroux

Dépôt légal 1er trimestre 1995 – Bibliothèque nationale du Québec – Bibliothèque nationale du Canada

1 2 3 4 5 6 7 8 9 0   G M E 9 5   4 3 2 1 0 9 8 7 6 5

Table des matières

^P ^A ^R ^T ^I ^E

1

Les fondements théoriques

^C^H^A^P^I^T^R^E

1 Les modèles de lecture

P A R T I E

2

L'organisation de l'enseignement de la lecture

CHAPITRE

2 Créer un climat favorable à la lecture

CHAPITRE

3 Diversifier les interventions

CHAPITRE 4 Les textes

PARTIE 3

L'évolution du lecteur

CHAPITRE 5 L'enfant avant son entrée formelle dans l'écrit

CHAPITRE

6 Le lecteur débutant

CHAPITRE
7 Le lecteur en transition

CHAPITRE
8 L'apprenti stratège en lecture

CHAPITRE

9 Le lecteur qui utilise des stratégies de lecture

P A R T I E
4

Les interventions pédagogiques

CHAPITRE
10 Les interventions avant la lecture

CHAPITRE
11 Les interventions pendant et après la lecture

CHAPITRE 12 L'évaluation de la lecture

Avertissement

Dans cet ouvrage, le masculin est utilisé comme représentant des deux sexes, sans discrimination à l'égard des hommes et des femmes et dans le seul but d'alléger le texte.

Introduction

Ce manuel s'adresse aux futurs enseignants et aux enseignants en exercice du primaire. Tout au long de ce livre, nous tenterons d'examiner de façon concrète comment nous pouvons aider les élèves à devenir des lecteurs accomplis et leur donner le goût de la lecture. Les propositions de ce manuel sont fondées sur les récents modèles élaborés dans le domaine de la lecture ainsi que sur les recherches de validation réalisées auprès d'élèves du primaire.

Ce livre comprend quatre parties. Dans la partie 1, nous définissons les différentes facettes du processus de lecture, nous présentons une classification des modèles actuels et nous proposons une approche qui intègre ces modèles.

Dans la partie 2, nous abordons l'organisation de l'enseignement en classe. Nous traitons de thèmes comme le climat favorable à la lecture (l'environnement physique, le choix des activités, etc.), les modes de regroupement des élèves, les types d'enseignement (l'enseignement stratégique, l'apprentissage coopératif, le tutorat, etc.) ainsi que le choix des textes.

La partie 3 est consacrée à l'évolution du lecteur de la maternelle jusqu'à la fin du primaire ; elle comprend cinq chapitres portant chacun sur un groupe d'âge :

- L'enfant d'âge préscolaire, soit l'enfant de cinq ans (classe de maternelle), qui n'est pas encore entré dans un système officiel d'apprentissage de la lecture, mais qui commence à formuler ses propres hypothèses sur l'écrit.

- Le lecteur débutant, soit l'enfant de six ans, qui amorce l'apprentissage formel de la lecture en première année.

- Le lecteur en transition, soit l'enfant de sept ans, qui peut lire un texte de façon autonome et qui acquiert de plus en plus d'aisance en lecture.

- L'apprenti stratège, soit l'enfant de huit et neuf ans, qui devient de plus en plus conscient de l'importance des stratégies de compréhension et commence à les utiliser de façon autonome.

- Le lecteur qui utilise des stratégies de lecture, soit l'enfant de 10 et 11 ans, qui perfectionne ses premières stratégies de compréhension et en apprend de plus sophistiquées.

Enfin, la partie 4 regroupe des interventions pédagogiques à réaliser avant, pendant et après la lecture : ces interventions s'adressent à tous les niveaux du primaire. Le dernier chapitre traite de l'évaluation en lecture ; il y est question des différentes facettes de l'évaluation et nous y présentons quelques suggestions sous forme de grilles et de questionnaires.

PARTIE

1

Les fondements théoriques

1 Les modèles de lecture

Sommaire

INTRODUCTION

Dans notre société, la lecture est une activité qui fait partie intégrante de la personne. De nos jours, il est difficile d'obtenir une reconnaissance sociale complète si l'on ne possède pas une connaissance pour le moins fonctionnelle de la langue écrite. Contrairement aux talents particuliers, la lecture est nécessaire non pour être meilleur que les autres, mais pour « être », tout simplement. C'est pourquoi la lecture a toujours été, et sera encore longtemps, une préoccupation majeure pour les enseignants. Dans ce chapitre, vous serez graduellement amené à découvrir les multiples facettes de la lecture et à élaborer ou à préciser votre propre conception de la lecture.

L'ÉVOLUTION DES CONCEPTIONS DE LA LECTURE

La lecture a longtemps été perçue uniquement comme un processus visuel par lequel le lecteur pouvait identifier des mots présentés sous une forme écrite. On considérait comme un bon lecteur quelqu'un qui pouvait lire un texte oralement sans trop se tromper. Cette conception tire son origine de l'époque où les rares privilégiés qui savaient lire devaient faire la lecture pour des auditoires analphabètes. Lorsque la lecture est devenue plus répandue, cette conception s'est transposée à l'école.

Très longtemps aussi, on a cru que le fait de pouvoir identifier et comprendre chacun des mots d'une phrase conduisait automatiquement à la compréhension de cette phrase. Par conséquent, on mettait beaucoup d'énergie à enseigner aux enfants à déchiffrer, puisqu'on croyait qu'il s'agissait de la seule habileté importante en lecture. De plus, on croyait que les textes à l'aide desquels les enfants apprenaient à lire n'avaient pas besoin d'être significatifs ; on considérait que leur rôle était simplement de permettre aux élèves d'exercer leur habileté à déchiffrer. Le principe qui soustendait cette orientation était le suivant : l'enfant doit d'abord apprendre à déchiffrer, puis il pourra comprendre ce qu'il lit.

La façon de voir la lecture est restée la même pendant des siècles ; il est vrai qu'au fil des ans des précurseurs ont proposé des approches plus substantielles, mais ce n'est qu'au tournant des années 1980 que sont apparues de nouvelles conceptions de la lecture, conceptions fondamentalement différentes des approches traditionnelles. Dans ces nouvelles orientations, la lecture est perçue comme un processus de langage qui fait appel à des stratégies de prédiction, de confirmation et d'intégration. Elle est également perçue comme un processus de communication, un processus actif et interactif.

LA LECTURE EST UN PROCESSUS ACTIF

La lecture n'est pas un processus linéaire et statique ; elle est au contraire un processus dynamique. Traditionnellement, on considérait que **lire** était un processus passif et **écrire** un processus actif. On sait maintenant que la lecture est éminemment active. Le lecteur n'emmagasine pas passivement les mots les uns après les autres ; il traite le texte, c'est-à-dire qu'il fait constamment des hypothèses et essaie de les vérifier en cours de lecture.

Vous êtes probablement d'accord avec cette idée que la lecture est un processus actif, mais vous êtes-vous déjà demandé comment cette activité se manifestait ? Comme adultes, il nous est difficile de prendre conscience de ce qui se passe dans la lecture, car nous avons automatisé les processus en cause. Une façon de mettre ceux-ci en évidence consiste à présenter au lecteur des textes qui ont été « trafiqués », c'est-à-dire des textes qui sont conçus ou disposés de manière à contrecarrer les habitudes établies. C'est ce genre de textes que nous utiliserons, ici, au moyen d'extraits d'*Alice aux pays des merveilles*. Dans cette section du chapitre, lisez les textes proposés et faites les activités en prêtant attention aux indices que vous utilisez pour trouver le sens du texte ainsi qu'à la façon dont vous percevez les mots. Vous pouvez, si nécessaire, recourir à la solution placée à la fin du chapitre, mais essayez d'abord de donner vos propres réponses : il s'agit non pas de trouver les réponses exactes, mais d'observer vos processus de lecture.

A. Pour commencer cette série d'activités sur le processus de lecture, essayez de lire la phrase suivante :

Il étxxt xxx foxx xxx petixx fixxx xxx s'appxxxxt Axxxe.

Voir la solution à la page 33.

Cette phrase contient plus de lettres cachées que de lettres révélées, mais vous avez quand même réussi à la lire. Comment est-ce possible ? C'est que vous avez utilisé des indices autres que les lettres, lesquels proviennent de vos connaissances générales et de vos connaissances sur la langue. Ainsi, vous connaissez les mots de fonction les plus fréquents en français, vous savez qu'un mot commençant par une majuscule au milieu d'une phrase est un nom propre, vous êtes familier avec des expressions courantes. Pour lire cette phrase, vous avez fait appel à une combinaison d'indices que l'on pourrait regrouper en trois catégories : des indices syntaxiques, des indices sémantiques et des indices graphiques.

Nous analyserons maintenant ces trois types d'indices. Commençons par les indices syntaxiques.

B. Lisez cet extrait de poème et répondez aux questions en conservant le vocabulaire tel qu'il est utilisé dans le texte :

Bredoulecheux

Le Jeune homme, ayant ceint sa vorpaline épée,
Longtemps, longtemps cherchait le monstre manxiquais,
   Puis, arrivé près de l'arbre Tépé,
   Pour réfléchir un instant s'arrêtait.

Or, tandis qu'il lourmait de suffèches pensées,
   Le Bredoulochs, l'œil flamboyant
Ruginiflant par le bois touffeté,
   Arrivait en barigoulant !

I. Que cherchait le jeune homme ? _____

2. Que faisait le jeune homme quand le monstre est arrivé ? _____

Voir la solution à la page 33.

Comme Alice, vous n'avez probablement pas compris tout le sens de ce poème, mais vous avez sans doute répondu aux questions sans difficulté. Comment avez-vous réussi cette tâche ? Tout simplement en utilisant vos connaissances sur la syntaxe, c'est-à-dire l'ordre des mots dans la phrase, les signes de ponctuation, les terminaisons des verbes, les mots de fonction. Ce sont les connaissances que le lecteur possède sur la syntaxe qui lui permettront, par exemple, de faire la distinction entre « un grand homme » et « un homme grand ». Ce sont encore ses connaissances syntaxiques qui lui permettront de deviner qu'il s'agira d'un nom ou d'un adjectif masculin après un article comme « le » ou « un », de prévoir un verbe à la première personne après « je ». Ainsi, en réduisant l'éventail des hypothèses possibles sur les mots qui s'en viennent dans le texte, la syntaxe facilite beaucoup la lecture.

Cependant, comme vous avez pu le constater, si les connaissances syntaxiques sont indispensables, elles ne sont pas suffisantes pour permettre de comprendre le sens d'un texte ; il faut y ajouter les indices sémantiques. Ce sont ses connaissances sur la sémantique qui permettront au lecteur de réaliser qu'une phrase comme « J'ai manqué le bateau » est acceptable, alors que la phrase « J'ai mangé le bateau » n'a pas de sens, du moins dans un contexte régulier. L'activité qui suit met l'accent sur les indices sémantiques.

C. Tout en lisant le texte suivant, demandez-vous comment vous procédez pour combler les espaces blancs :

Assise à côté de sa sœur sur _____ talus, Alice commençait à _____

_____ fatiguée de n' _____ rien à faire. Une fois ou deux,

elle _____ jeté un coup d' _____ sur le livre que _____

_____ sa sœur ; mais il n'y _____ dans ce _____

ni images ni dialogues : « Et, pensait Alice, à quoi _____ bien servir un livre

sans _____ ni dialogues ? »

Voir la solution à la page 33.

Vous avez sans doute deviné facilement la plupart des 10 mots manquants dans le texte que vous venez de lire. La syntaxe seule n'aurait pu vous guider ici ; vous avez utilisé également le sens de la phrase pour vous aider à faire des hypothèses sur les mots absents.

Si les indices syntaxiques et sémantiques sont indispensables à la compréhension d'un texte, ils seraient inutilisables sans la présence des indices graphiques. Comment le lecteur adulte perçoit-il les lettres et les mots ? Regarde-t-il chaque lettre en y associant le son qui lui correspond ? Les recherches en lecture ont montré que le lecteur adulte perçoit les mots globalement. Parce que vous êtes habile en lecture, vous ne vous rendez plus compte jusqu'à quel point votre perception est instantanée. L'exercice suivant a pour but d'interférer avec vos mécanismes de perception globale.

D. Comment réagissez-vous devant la phrase suivante ?

Avezvousjamaisvuunlapinpossédantunemontreetungoussetoùmettrecettemontre ?

Voir la solution à la page 33.

Vous avez trouvé cette phrase plutôt difficile à lire ? C'est normal, mais avez-vous remarqué que les deux mots les plus faciles à identifier sont le premier et le dernier mot ? Ce sont en fait les mots qui sont les mieux délimités. La perception des mots qui a été automatisée chez le lecteur adulte l'a été dans des conditions où les mots sont séparés les uns des autres par des espaces. Si cette condition disparaît, la lecture globale ne se fait plus aussi aisément.

Pour continuer à préciser votre idée sur la façon dont vous reconnaissez les mots au cours de la lecture, essayez de lire les deux paragraphes suivants en vous demandant lequel est le plus facile à lire et pourquoi.

E. Elle gra ___ dit, gra ___ dit, gra ___ dit. El ___ e dev ___ nt pl ___ s gr ___ nde qu'el ___ e

n'ét ___ it aupar ___ vant! Pl ___ s gr ___ nde q ___ e ne l'e ___ t auc ___ n enf ___ nt!

Pl ___ s gr ___ nde q ___ e ne l'e ___ t auc ___ ne gr ___ nde pers ___ nne! Pl ___ s

gr ___ nde, pl ___ s gr ___ nde, touj ___ urs pl ___ s gra ___ de!

Voir la solution à la page 33.

F. ___ t ___ ' ___ st ___ lors ___ u' ___ l ___ e ___ roduisit ___ ne ___ hose ___

___ ire ___ rai ___ rès ___ trange. ___ lice ___ amassa ___ ' ___ ventail ___ t ___ e

___ it ___ ___ ' ___ venter ___ vec ___ elui- ___ i; ___ t, ___ oyez- ___ ous, ___ lle

___ edevint ___ oute ___ etite; ___ n ___ ' ___ space ___ ' ___ ne ___ inute, ___ lle

___ ' ___ tait ___ lus ___ uère ___ ue ___ e ___ a ___ aille ___ ' ___ ne ___ ouris.

Voir la solution à la page 33.

Vous avez probablement trouvé le premier paragraphe plus facile à lire que le deuxième; pourtant, dans les deux paragraphes, une seule lettre par mot a été enlevée. C'est évidemment la place de celle-ci dans le mot qui fait toute la différence. Dans le premier paragraphe, on a enlevé une lettre au milieu du mot alors que, dans le deuxième paragraphe, on a enlevé la lettre au début du mot. De façon habituelle, le lecteur adulte se sert plus souvent des lettres situées au début du mot que des autres lettres, et c'est pourquoi le premier paragraphe a été plus facile à lire.

Pour résumer cette section sur la lecture comme processus actif, nous dirons que l'activité du lecteur est une activité de prédiction, de confirmation et d'intégration des indices syntaxiques, sémantiques et graphiques.

LA LECTURE EST UN PROCESSUS DE LANGAGE

La lecture est un processus de langage au même titre que le langage oral. Comme vous avez pu le constater dans la section précédente, l'usager d'une langue orale possède déjà une bonne base pour comprendre la forme écrite de cette langue. En effet, les mots utilisés à l'oral sont les mêmes que ceux qui sont codés à l'écrit ; les règles qui permettent de créer des phrases et de leur donner du sens sont utilisées à la fois par la langue orale et la langue écrite.

Cependant, si la langue orale et la langue écrite ont plusieurs points en commun, elles ne se superposent pas complètement. La première différence évidente entre l'oral et l'écrit est celle du mode de présentation. À l'oral, le mode est auditif alors qu'il est visuel à l'écrit. L'oral recourt à l'intonation, aux pauses et aux gestes, tandis que l'écrit tire parti de la mise en pages, du soulignement et des retours en arrière.

Une deuxième différence apparaît ensuite sur le plan de la structure syntaxique. À l'oral, les phrases ne sont pas toujours complétées ; le langage s'avère moins formel. À l'écrit, les phrases sont habituellement plus structurées, plus complexes. En outre, certaines formulations sont plus caractéristiques de l'écrit ; mentionnons, à titre d'exemple, l'utilisation du passé simple, de certains connecteurs comme « néanmoins », de certaines formules comme « il importe de » ou « il était une fois ».

Enfin, d'autres différences entre l'oral et l'écrit proviennent du contexte. Pour décrire ces différences, nous comparerons une situation typique à l'oral, soit un face-à-face entre deux interlocuteurs, avec la lecture d'un texte non illustré (voir le tableau 1.1).

Comme vous pouvez le constater à la lecture du tableau, c'est le contexte qui engendre les différences entre la conversation et la lecture. La conversation se situe dans un contexte qui est concret pour les interlocuteurs, c'est pourquoi on dira que le langage oral est contextualisé ; à l'inverse, on dira que le langage écrit est décontextualisé. Il existe par contre une

TABLEAU 1.1
Différences entre le langage oral et le langage écrit

Langage oral	Langage écrit
• À l'oral, les interlocuteurs interagissent entre eux et posent au besoin des questions en vue d'obtenir des clarifications.	• À l'écrit, aucun éclaircissement de la part de l'auteur n'est possible.
• Les interlocuteurs s'adaptent l'un à l'autre ; par exemple, un adulte choisit son vocabulaire en fonction du niveau de l'enfant auquel il s'adresse.	• Le texte est écrit pour un auditoire général et ne tient pas compte des connaissances ou des intérêts particuliers de chaque lecteur.
• Les interlocuteurs se situent dans le même espace et le même temps ; lorsqu'ils utilisent des termes comme « ici » et « demain », ils possèdent les mêmes référents.	• Le lecteur doit comprendre que des termes comme « ici » et « demain » s'interprètent en fonction de la situation d'écriture.
• Les interlocuteurs parlent habituellement d'objets qui sont présents.	• Le lecteur doit imaginer les personnages et les objets dont il est question dans le texte.

gradation dans cette contextualisation, autant dans les situations de langage oral que dans les situations de langage écrit. Par exemple, une conversation téléphonique sera plus décontextualisée qu'un échange en personne, car les interlocuteurs ne partagent pas le même environnement physique ; ils ne peuvent pas, par exemple, pointer le doigt vers un objet, ils doivent le désigner par son nom. Dans le même sens, la lettre d'un ami sera plus contextualisée qu'un texte philosophique, car l'auteur de la lettre tiendra compte des connaissances de son ami. « Il apparaît [donc] essentiel de distinguer des registres de langues induits par une situation de communication où prévaut la **connivence** et ceux qui par contre sont appelés par une situation de **distance**. En d'autres termes, il est des situations où l'on communique à des gens qu'on connaît bien des choses qu'ils connaissent bien et d'autres situations où l'on propose à des individus que l'on connaît fort peu des informations qu'ils sont censés ignorer » (Bentolila et autres, 1991, p. 187).

L'apprenti lecteur qui passe du langage oral au langage écrit aura donc à se familiariser avec l'aspect décontextualisé de la lecture. Les enfants qui ont des expériences de langage oral plus décontextualisé (où l'on parle d'un événement passé ou futur, d'un objet absent, etc.) ou qui entendront lire des textes seront déjà plus sensibilisés aux différences entre l'oral et l'écrit.

LA LECTURE EST UN PROCESSUS HOLISTIQUE

La lecture n'est pas un ensemble de sous-habiletés qu'on peut enseigner les unes après les autres de façon hiérarchique. Le langage, qu'il soit oral ou écrit, ne peut se découper en petites unités, comme on le fait par exemple avec des tâches motrices. La plupart des habiletés de lecture ne peuvent s'enseigner et s'évaluer isolément, car elles sont interdépendantes. Par exemple, la compréhension de l'idée principale d'un texte peut dépendre de la capacité de faire des inférences, de la compréhension des relations de cause à effet et de la quantité des connaissances antérieures du lecteur. Ce n'est pas parce qu'il est possible de reconnaître des habiletés utilisées par les lecteurs habiles qu'on peut inférer que ces habiletés sont utilisées de manière isolée en lecture (Reutzel et Hollingsworth, 1990).

Tout le monde sera d'accord pour dire qu'un enfant qui a appris séparément à tenir le guidon d'une bicyclette, à appliquer les freins et à pédaler ne sait pas nécessairement rouler à bicyclette. C'est l'interaction de toutes ces habiletés qui constitue la capacité de conduire une bicyclette. Il en va de même de la lecture. Il y a souvent eu confusion entre la fin et les moyens dans l'enseignement de la lecture, c'est-à-dire qu'on a eu tendance à attirer l'attention des élèves sur les composantes de la lecture au détriment de leur utilisation. Les cahiers d'exercices ont longtemps été, et sont encore souvent, composés d'activités portant sur des habiletés isolées.

LA LECTURE EST UN PROCESSUS
DE CONSTRUCTION DE SENS

Nous avons dit précédemment que le lecteur est actif, qu'il fait des hypothèses sur le sens du texte et les vérifie. Nous irons plus loin en soutenant que le lecteur « construit » le sens du texte. Comme le dit Antonine Maillet, « le lecteur achève l'œuvre ». Cette affirmation peut sembler aller à l'encontre du sens commun : en effet, on a toujours pensé que c'est l'auteur qui donne le sens au texte et que la tâche du lecteur consiste à découvrir ce sens.

La conception de la lecture comme processus de construction ressort, entre autres, d'études qui ont montré que la compréhension d'un texte est fortement reliée aux connaissances que le lecteur possède sur le contenu de ce texte. Le même texte sera compris différemment selon les expériences antérieures du lecteur. Une phrase aussi simple que « Le chien a mordu l'homme » peut être interprétée de façons différentes selon la conception que le lecteur a d'un chien, d'un homme, de l'action de mordre. Essayez vous-même d'imaginer cette phrase. Quel choix avez-vous fait de la race du chien, de sa taille, de sa couleur ? Quel choix avez-vous fait du type d'homme, de son âge, de son attitude, de ses vêtements ? Il y a peu de chances pour que votre représentation soit identique à celle d'un autre lecteur. Si une phrase aussi simple est interprétée différemment par les lecteurs, que penser alors d'un texte entier ?

Ces constatations peuvent être déconcertantes pour les enseignants. S'il y a tant de possibilités d'interprétation, comment s'assurer que les élèves vont vraiment comprendre le sens du texte ? Disons tout de suite que construire le sens d'un texte ne veut pas dire attribuer n'importe quel sens au texte. En fait, si un texte est bien écrit, il représentera assez fidèlement l'idée que l'auteur avait en tête en l'écrivant. Il y a d'habitude suffisamment de chevauchements ou de relations entre les expériences de l'auteur et celles du lecteur pour qu'il y ait une compréhension et une communication raisonnables. Plus l'écart est grand entre les expériences de l'auteur et celles du lecteur (ou entre le langage de l'auteur et celui du lecteur), plus il sera grand entre la représentation de l'auteur et celle du lecteur.

Pour construire le sens du texte, le lecteur doit établir des ponts entre le nouveau (le texte) et le connu (ses connaissances antérieures). La compréhension ne peut se produire s'il n'y a rien à quoi le lecteur puisse rattacher la nouvelle information fournie par le texte. La quantité et la qualité des connaissances qu'un lecteur possède sur le texte à lire influent donc sur la compréhension qu'il aura du texte.

Plusieurs recherches ont montré que, toutes choses égales d'ailleurs, la quantité de connaissances acquises à l'aide d'un texte est déterminée par la quantité de connaissances que le lecteur possède sur le sujet du texte : les lecteurs qui connaissent **tout** sur le sujet ou ceux qui n'en connaissent **rien** ne retireront pas d'informations du texte ; par contre, les lecteurs qui connaissent **quelque chose** sur le sujet ont des chances d'en apprendre davantage. Pour vérifier cette affirmation par vous-même, lisez les trois textes suivants, puis écrivez ce que vous aurez appris de nouveau à la suite de cette lecture.

Texte 1

L'ouïe nous informe de ce qui se passe autour de nous. On peut entendre claquer des draps au vent sans les avoir vus. On peut entendre aboyer un chiot qu'on ne voit pas. On peut entendre sonner le téléphone. On peut entendre rire un bébé. L'ouïe est une importante façon d'apprendre ce qui se passe autour de nous.

Collection «J'aimerais connaître», vol. 1, section B, Montréal, Grolier, 1974, p. 6.

Qu'avez-vous appris dans ce texte? _____

_____

Texte 2

Savez-vous que la tendre et délicieuse noix de cajou est la graine d'un fruit que l'on nomme tout simplement «pomme de cajou»? Mais contrairement à nos bonnes vieilles McIntosh, ce n'est pas dans la pomme que se développe le cajou mais à l'extérieur de celle-ci, accolé contre la région inférieure du fruit. Or cette pomme de cajou, dont l'apparence se situe quelque part entre la pomme et la poire, est de cinq à dix fois plus riche en vitamine C qu'une... orange! Il s'agit à n'en pas douter d'un fruit à part entière. Pourtant, lorsqu'on récolte la noix de cajou, la pomme, elle, est laissée sur place et pourrit en pure perte.

B. Dubuc, «Plantations de cajou au Vietnam», *Interface*, vol. 15 n°s 3-4, 1994, p. 78.

Qu'avez-vous appris dans ce texte? _____

_____

Texte 3

Sous réserve de l'alinéa b) de la présente Disposition, si d'autres assurances peuvent garantir l'Assuré, le présent contrat n'intervient qu'à titre contributif, sa quote-part étant dès lors fonction d'une répartition en parts égales à partir d'une garantie collective faite de contributions de tous les contrats à raison, pour chacun, d'une somme égale au montant de garantie le moins élevé de chaque contrat, étant précisé qu'après épuisement de chaque contrat, la mise en application du principe ci-dessus se répète aussi souvent qu'il est nécessaire ou possible.

Extrait de *Police d'assurance automobile du Québec* (formule standard des propriétaires).

Qu'avez-vous appris dans ce texte? _____

_____

Si l'hypothèse présentée précédemment est exacte, vous n'avez probablement rien appris dans le texte 1 (parce qu'il contient des informations connues de tous les adultes), ni dans le texte 3 (à moins que vous ne possédiez des connaissances particulières dans ce domaine) ; par contre, vous avez probablement retiré quelques informations nouvelles du texte 2 parce que vous étiez familier avec le sujet sans le connaître dans tous ses détails.

LA LECTURE EST UN PROCESSUS DE COMMUNICATION

Même si la lecture peut apparaître superficiellement comme un processus solitaire, elle est au contraire un processus de communication parce qu'elle implique la volonté de l'auteur et du lecteur de communiquer l'un avec l'autre. Outre la communication, la lecture remplit d'autres rôles. En plus de permettre de comprendre le message de l'auteur, elle peut devenir une expérience procurant le plaisir le plus satisfaisant. On distingue deux grandes catégories de fonctions de la lecture : une fonction « utilitaire », qui correspond au fait de lire pour apprendre, et une fonction « esthétique », qui correspond au fait de lire pour le plaisir. Dans le premier cas, le plaisir provient non pas de la lecture elle-même, mais de la possibilité de connaître ou de faire quelque chose à la suite de la lecture. Dans le deuxième cas, le plaisir vient de la lecture elle-même.

Dans la lecture utilitaire, le lecteur cherche à comprendre l'information contenue dans le texte, à étudier le texte ; certains auteurs parlent alors de lecture « efférente » (Rosenblatt, 1991 ; Lebrun et autres, 1993). Par contre, lorsque l'attention du lecteur est centrée sur les émotions et les sentiments suscités par les expériences relatées dans l'histoire, on parlera de lecture « esthétique ». Le lecteur visualise les scènes, ressent les émotions du personnage et réagit aux événements. « Chaque fois qu'un texte est lu, une expérience nouvelle est créée. Chacune de ces expériences est unique, même si la contribution de l'auteur à chacune de ces "collaborations" demeure la même » (Beauchesne, 1985, p. 26).

La lecture efférente et la lecture esthétique ne sont pas contradictoires, mais forment plutôt les deux pôles d'une même réalité. Le diagramme présenté à la figure 1.1 illustre la relation existant entre ces deux composantes dans un acte de lecture. La partie gauche du diagramme correspond à l'aspect public de la lecture, c'est-à-dire au sens objectif des mots, tandis que la partie droite correspond au sens privé, composé des attitudes, des sentiments et des idées suscités par ces mots. L'acte de lecture comporte toujours un aspect efférent et un aspect esthétique dans une proportion qui varie selon les textes.

Afin de concrétiser ces différents types de lecture, lisez les textes suivants et situez vos réactions dans le graphique présenté à la figure 1.1.

FIGURE 1.1
Relation entre la lecture efférente et la lecture esthétique

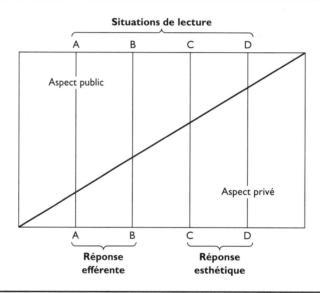

Adapté de Rosenblatt (1991). Traduction de l'auteure.

Texte 1

Les îles Trinité et Tobago

Les îles de Trinité et de Tobago sont associées. Il s'agit d'îles anglaise et espagnole, de régime parlementaire, dont la capitale est Port of Spain. Trinité est la plus importante des deux et est constituée de chaînes de montagnes de faible altitude. Quelque 1 250 000 habitants y résident. Le climat est tropical et pluvieux. Ces îles sont les plus méridionales des Petites Antilles, situées dans l'océan Atlantique à environ 15 km des côtes vénézuéliennes.

Musée de la civilisation, *Masques et mascarades*, Québec, Fides, 1994, p. 155.

Votre lecture a-t-elle été du type efférent ou du type esthétique ? _____

Texte 2

Le pont Mirabeau

Sous le pont Mirabeau coule la Seine
Et nos amours
Faut-il qu'il m'en souvienne
La joie venait toujours après la peine

Vienne la nuit sonne l'heure
Les jours s'en vont je demeure

G. Apollinaire, *Alcools*, Paris, Gallimard, 1920.

Votre lecture a-t-elle été du type efférent ou du type esthétique ? _____

Texte 3

Le mercure en Amazonie

L'importante activité des chercheurs d'or du bassin amazonien du Brésil, depuis le début des années 1980, est responsable de l'émission de plusieurs centaines de tonnes de mercure par an dans l'atmosphère et les cours d'eau, d'où la contamination des écosystèmes terrestre et aquatique sur de grandes étendues. Un million de personnes travaillent dans les *garimpos* et elles rejettent autant de mercure dans l'atmosphère que tous les pays d'Amérique du Nord réunis. [...] Or ces chercheurs d'or non seulement s'intoxiquent eux-mêmes en inhalant directement le mercure, mais ils intoxiquent également les populations éloignées des régions de *garimpos*.

C. Benoît et M. Lucotte, « Enquête sur le mercure », *Interface*, vol. 15, n° 2, 1994, p. 33.

Votre lecture a-t-elle été du type efférent ou du type esthétique ? _____

Les trois textes que vous venez de lire ont sans doute suscité chez vous des réponses de différents types. En lisant le texte portant sur la géographie (les îles), votre lecture a vraisemblablement été surtout du type efférent, c'est-à-dire que vous vous êtes attardé à la compréhension des éléments présentés. En lisant le poème d'Apollinaire, votre réponse a fort probablement été du type esthétique. Enfin, devant le texte documentaire portant sur la pollution des forêts de l'Amazonie, votre réponse a peut-être été partagée entre l'aspect efférent, qui vous a permis de vous centrer sur les informations transmises, et l'aspect esthétique, qui vous a amené à réagir de façon affective aux informations contenues dans le texte.

Si la lecture efférente et la lecture esthétique sont toutes deux accepta-bles et utiles, il ne faut toutefois pas confondre leurs objectifs respectifs. Il y a souvent confusion, en classe, entre ces deux types de lecture. On observe, en effet, une tendance à suggérer aux élèves une lecture du type efférent pour les textes littéraires alors que celle-ci convient plutôt aux textes informatifs. Un enseignant qui demande aux élèves « Qu'avez-vous appris de nouveau concernant les abeilles dans ce poème ? » est un bel exemple de cette confusion entre les réponses efférente et esthétique (Rosenblatt, 1991). Ainsi, un enseignant qui ne pose que des questions sur le contenu du texte amènera les élèves à adopter une lecture efférente envers tous les types de textes. Il faut, au contraire, conserver aux textes littéraires leur fonction véritable qui est de susciter une « expérience » chez le lecteur.

LA LECTURE EST UN PROCESSUS INTERACTIF

Nous avons dit précédemment que le lecteur construit le sens à l'aide de ses connaissances. Nous pouvons ajouter à cela que l'interaction se fait non seulement entre les connaissances du lecteur et le texte, mais entre le lecteur, le texte et le contexte (Giasson, 1990). La figure 1.2 présente ces interactions.

FIGURE 1.2
Modèle interactif de compréhension en lecture

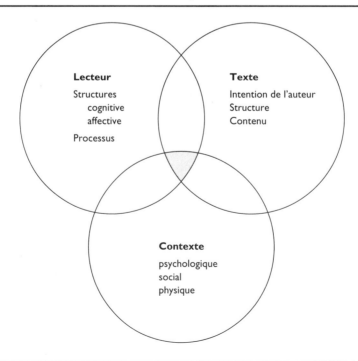

La variable lecteur

La variable **lecteur** du graphique comprend les structures et les processus du sujet. Les structures correspondent à ce que le lecteur **est** et les processus, à ce qu'il **fait** durant la lecture.

LES STRUCTURES

Les **structures** se subdivisent en structure cognitive et structure affective. La structure cognitive comprend les connaissances que le lecteur possède sur la langue et sur le monde. Les connaissances sur la langue sont de quatre types : les connaissances phonologiques, syntaxiques, sémantiques et pragmatiques. Les connaissances sur le monde correspondent aux **schémas** que le lecteur a développés et accumulés tout au long de sa vie ; comme nous l'avons vu précédemment, les connaissances du lecteur jouent un rôle crucial dans la compréhension de textes.

Le lecteur aborde également toute tâche de lecture avec sa structure affective, laquelle englobe son attitude générale face à la lecture et ses intérêts. Cette attitude générale entrera en jeu chaque fois que l'individu sera placé devant une tâche dont l'enjeu est la compréhension d'un texte. Quant aux intérêts particuliers de chaque individu, ils peuvent se développer tout à fait en dehors de la lecture (ce peut être, par exemple, la musique, les animaux ou la photographie), mais ils deviendront un facteur à considérer devant un texte donné qui traitera, lui, d'un thème qui intéresse vivement, peu ou qui n'intéresse pas du tout le lecteur. La façon dont le lecteur se perçoit comme acteur dans son apprentissage est aussi une variable affective qui influe sur la compréhension : en effet, le fait d'attribuer les réussites et les échecs en lecture à des facteurs externes (comme le hasard) amène le lecteur à éprouver un sentiment d'incapacité où il croit ne pas avoir la maîtrise de son apprentissage (Curren et Harich, 1993).

LES PROCESSUS

Les **processus** renvoient aux habiletés mises en œuvre durant la lecture. Il est important de mentionner que ces processus ne sont pas séquentiels, mais simultanés. On distingue les microprocessus, les processus d'intégration, les macroprocessus, les processus d'élaboration et les processus métacognitifs.

Les **microprocessus** servent à comprendre l'information contenue dans une phrase : ils regroupent la reconnaissance de mots, la lecture par groupes de mots et la microsélection, c'est-à-dire l'identification de l'information importante de la phrase.

Les **processus d'intégration** ont pour fonction d'effectuer des liens entre les propositions ou les phrases ; les principales manifestations de ces processus sont l'utilisation adéquate des mots de substitution et des mots de relation ainsi que la formulation d'inférences.

Les **macroprocessus** sont orientés vers la compréhension globale du texte, vers les liens qui permettent de faire du texte un tout cohérent. Ces processus se réfèrent principalement à l'identification des idées principales du texte, au résumé et à l'utilisation de la structure du texte.

Les **processus d'élaboration** permettent au lecteur de dépasser le texte, d'aller plus loin que les attentes de l'auteur. On reconnaît habituellement cinq types de processus d'élaboration : (1) faire des prédictions ; (2) se former une image mentale ; (3) réagir d'une manière émotive ; (4) intégrer l'information nouvelle à ses connaissances antérieures ; (5) raisonner sur le texte.

Enfin, les **processus métacognitifs** servent à guider la compréhension ; ils sont chargés de l'ajustement du lecteur au texte et à la situation. Reconnaître qu'il y a une perte de compréhension et trouver les stratégies pour y remédier sont parmi les principales manifestations des processus métacognitifs.

La variable texte

La variable **texte** du modèle de compréhension en lecture concerne le matériel à lire et peut être considérée sous trois grands aspects : l'intention de l'auteur, la structure du texte et le contenu. L'intention de l'auteur détermine en fait l'orientation des deux autres aspects. La structure fait référence à la façon dont l'auteur a organisé les idées dans le texte alors que le contenu renvoie aux concepts, aux connaissances et au vocabulaire que l'auteur a décidé de transmettre.

La variable contexte

Le **contexte** comprend des éléments qui ne font pas partie physiquement du texte et qui ne concernent pas les connaissances, attitudes ou habiletés du lecteur comme telles, mais qui influencent la compréhension du texte. Le contexte inclut toutes les conditions mises en œuvre lorsque le lecteur entre en contact avec un texte. Parmi ces conditions, on trouve celles que le lecteur se fixe lui-même et celles que le milieu, souvent l'enseignant, fixe au lecteur. On distingue principalement le contexte psychologique, le contexte social et le contexte physique.

Le **contexte psychologique** se caractérise surtout par l'intention de lecture. Nous savons depuis longtemps que les informations que nous retenons d'un texte dépendent de notre intention. Par exemple, nous ne lisons pas la critique d'un film de la même manière avant d'aller voir le film et après avoir vu le film. Avant, nous lisons la critique pour voir si le film peut nous intéresser ; après, nous la lisons pour voir si le critique a eu la même perception que nous du film.

Le **contexte social** comprend les interventions de l'enseignant et des pairs pendant la lecture. Par exemple, si nous lisons un texte à haute voix devant un auditoire, cela ne nous donnera pas le même type de compréhension que si nous le lisons silencieusement pour notre propre intérêt.

Le **contexte physique** correspond aux facteurs qui influent non seulement sur la lecture, mais sur tous les apprentissages scolaires. Nous pensons ici au niveau de bruit, à la température ambiante ou à la qualité de la reproduction des textes.

Bref, la compréhension en lecture variera selon le degré de relation entre les trois variables. En effet, plus les variables **lecteur, texte** et **contexte** seront imbriquées les unes dans les autres, meilleure sera la compréhension.

LA CLASSIFICATION DES MODÈLES DE LECTURE

Nous avons dit, au début du chapitre, que les modèles de lecture avaient connu une évolution ; cela ne veut pas dire que les conceptions traditionnelles ont disparu. Depuis plusieurs années, tous les débats entourant l'enseignement de la lecture sont marqués au sceau d'une dichotomie : on compare les approches globales avec les approches synthétiques, les approches naturelles avec les approches traditionnelles, les approches réductionnistes avec les approches constructivistes, les approches mécanistes avec les approches créatives (Palincsar et David, 1991 ; Tierney, 1990).

Cependant, si on examine de plus près les discussions, on se rend compte qu'il ne s'agit pas vraiment de dichotomie ; il y a plutôt une gradation dans les conceptions dont seules les positions extrêmes sont mises en relief dans les débats. Plusieurs auteurs ont proposé des classifications de modèles de conception et d'intervention en lecture (Garcia et Pearson, 1990 ; Maria, 1990 ; McCarthey et Raphael, 1992). Même si ces classifications varient d'un auteur à l'autre, on observe toujours au moins trois grandes catégories de modèles : à une extrémité se situent les approches très directives, qui laissent peu de place à l'activité de l'élève, et à l'autre extrémité, les approches axées entièrement sur les découvertes personnelles. Au centre, on trouve des approches qui suggèrent un certain type de médiation dans l'apprentissage. Nous présenterons ci-dessous les principaux modèles d'apprentissage et leur application en lecture.

Le modèle de l'enseignement par transmission des connaissances

Dans cette conception, la connaissance est une entité statique qui se situe quelque part **en dehors de l'élève** et qui doit entrer dans sa tête. Le rôle de l'enseignant consiste donc à transmettre à l'élève des connaissances que ce dernier emmagasine. Les principes suivants illustrent ce modèle d'apprentissage :

1. L'apprenant doit maîtriser une étape avant de passer à la suivante.

2. La tâche est facilitée si elle est découpée en petites unités.

3. L'apprentissage se réalise par associations et par répétitions.

Appliqué à la lecture, ce modèle d'apprentissage se caractérise par la hiérarchisation des habiletés. Concrètement, la tâche de lecture est découpée en petites unités graduées : avec le lecteur débutant, l'enseignement commence par des lettres, se poursuit avec des syllabes, pour arriver aux mots ; avec le lecteur plus avancé, les habiletés de lecture sont enseignées isolément de façon séquentielle (par exemple, trouver le sens d'un mot nouveau, identifier la séquence des événements). Ce modèle accorde beaucoup d'attention au contenu, mais peu aux processus utilisés par les élèves pour comprendre.

Le modèle de l'enseignement par transmission des connaissances établit une relation directe entre enseignement et apprentissage. On pourrait utiliser l'analogie du chant du coq pour illustrer ce modèle. Le coq chante et le soleil se lève : le coq pense donc que c'est lui qui fait lever le soleil ; l'enseignant enseigne et les élèves apprennent : l'enseignant pense donc que seule son action est la cause de l'apprentissage. Ce modèle qui a imprégné l'enseignement de la lecture jusqu'aux années 1980 n'a pas complètement disparu des classes et plusieurs enseignants s'y réfèrent encore plus ou moins consciemment.

Le modèle constructiviste

Ce modèle, appelé souvent « apprentissage par la découverte », s'inspire principalement des travaux de Piaget sur le développement cognitif de l'enfant. Les principes qui suivent sont à la base des théories constructivistes :

1. L'enfant est actif ; il construit sa connaissance.

2. Le développement cognitif dépend de l'action de l'apprenant sur le monde.

3. Le développement cognitif se produit par stades ; les conflits cognitifs permettent de passer d'un stade à un autre.

Dans le modèle constructiviste, l'enseignement consiste à mettre en action le processus naturel de construction des connaissances de l'enfant et à fournir l'information extérieure susceptible d'être utilisée de façon productive.

L'application du modèle constructiviste en lecture est bien représentée par le mouvement du **langage intégré** (*whole language*), qui se définit non comme un programme, mais comme une philosophie, comme une façon de concevoir l'apprentissage du langage oral et écrit de l'enfant (Goodman, 1989, 1992). Selon cette approche, les enfants devraient apprendre à lire comme ils ont appris à parler, c'est-à-dire en étant soumis de façon soutenue à des tâches de lecture authentiques. Cette approche se fonde sur le fait que les jeunes enfants apprennent à parler sans leçon spécifique et la plupart du temps sans problème ; les parents comprennent et acceptent les erreurs et les approximations de l'enfant (Allen et autres, 1991 ; Johnson et Stone, 1991 ; Watson, 1994).

En classe, les principales caractéristiques de l'approche du langage intégré pourraient se décrire comme suit :

1. Les activités sont organisées autour de thèmes et les enfants choisissent eux-mêmes les livres qu'ils veulent lire.
2. L'expression orale, l'écoute, la lecture et l'écriture sont intégrées.
3. Les livres pour enfants sont largement utilisés.
4. Les habiletés ne sont pas enseignées de façon spécifique ; on insiste en particulier sur l'inutilité d'enseigner explicitement aux enfants à utiliser les relations entre les lettres et les sons pour identifier des mots.

Les modèles du type médiation

Alors que le premier modèle (d'enseignement par transmission des connaissances) met l'accent sur l'enseignant et le deuxième modèle (constructiviste), sur l'élève, les modèles du type médiation se centrent sur la relation entre l'élève et l'enseignant. Nous verrons deux représentants de ces modèles : le modèle du traitement de l'information et le modèle socio-constructiviste.

LE MODÈLE DU TRAITEMENT DE L'INFORMATION

Ce modèle s'intéresse à la manière dont l'être humain recueille, emmagasine, modifie et interprète l'information provenant de l'environnement. Les principes suivants sont caractéristiques de l'approche du traitement de l'information :

1. L'apprenant traite activement l'information.
2. L'apprenant établit des liens entre les nouvelles informations et les connaissances antérieures.
3. Le degré de compétence d'un apprenant est déterminé par le degré d'attention nécessaire pour opérer les sous-processus : moins la mémoire est sollicitée, plus l'opération est efficace.

Le modèle du traitement de l'information appliqué à la lecture se traduit par l'enseignement stratégique, qui a essentiellement pour objet l'enseignement de **stratégies** de lecture (Tardif, 1992). L'enseignement stratégique s'applique à rendre transparents pour l'élève les processus cognitifs intervenant dans la lecture. Ce modèle propose à l'élève des outils cognitifs et métacognitifs et favorise l'application des stratégies dans des contextes variés. Il vise également à rendre l'élève autonome par le passage graduel de la responsabilité de l'enseignant vers lui. Ici, la tâche n'est pas séparée en unités ; elle demeure entière. Bref, dans un enseignement stratégique, « l'enseignant aide les élèves à comprendre ce qu'ils apprennent et pourquoi ils l'apprennent » (Pressley et Harris, 1990).

LE MODÈLE SOCIO-CONSTRUCTIVISTE

Le modèle socio-constructiviste, qui s'inspire entre autres des travaux de Vygostky, est un modèle centré sur l'apprenti et sur les relations qu'il entretient avec les membres plus avancés de sa communauté. Les principes suivants donnent un aperçu du socio-constructivisme :

1. La connaissance se construit à travers l'interaction de l'individu avec son environnement.

2. L'apprentissage est de nature sociale.

3. Les membres plus connaissants d'une société peuvent aider les membres moins connaissants.

Deux concepts s'avèrent particulièrement importants dans le modèle socio-constructiviste : la « zone de développement prochain » et l'« étayage » (*scaffolding*). La **zone de développement prochain** est la zone dans laquelle l'enfant peut résoudre un problème dans la mesure où il reçoit l'assistance d'un adulte compétent ou d'un pair plus avancé. Le concept d'**étayage** renvoie au soutien temporaire que l'adulte donne à l'enfant ; ce soutien diminue au fur et à mesure que l'enfant développe ses habiletés. Le principe de ce type d'intervention peut se définir de la façon suivante : avec le soutien d'un apprenant plus expérimenté, l'enfant peut participer à une activité stratégique sans la comprendre complètement ; grâce à ce soutien, l'enfant intériorise graduellement la stratégie qu'il a d'abord utilisée au cours d'une interaction. Comme exemple d'étayage, on peut penser à un parent qui veut aider son enfant de quatre ans à se tenir en équilibre sur une bicyclette : il commencera par tenir solidement la bicyclette, il diminuera ensuite la pression, puis il ne laissera plus que sa main reposer sur le siège, pour enfin laisser l'enfant diriger seul sa bicyclette. Ce type d'aide est différent d'une béquille, qui ne se modifie pas avec les besoins de l'usager.

On ne peut pas dire qu'il existe une approche en lecture qui soit clairement identifiée au modèle socio-constructiviste, mais celles qui s'en rapprochent le plus sont l'enseignement réciproque et l'approche centrée sur les discussions entre les élèves et les enseignants autour de la littérature (*literature-based approach*). Dans l'enseignement réciproque, les élèves et l'enseignant assument à tour de rôle la responsabilité de diriger le dialogue ; l'enseignant donne à l'élève juste l'aide dont il a besoin pour apprendre à utiliser des stratégies de lecture dans un contexte fonctionnel (Palincsar et Klenk, 1992). Dans les discussions sur la littérature, l'enseignant réagit lui-même au texte et guide les élèves dans l'expression de leurs propres réactions face au texte (Giddings, 1992 ; Cullinan, 1993). Dans ces deux approches, les interactions entre les pairs jouent un rôle fondamental.

Conclusion sur les modèles de lecture

Bien que schématique, cette présentation des modèles de lecture peut nous permettre d'effectuer quelques comparaisons. Le tableau 1.2 compare les approches à l'aide de trois composantes : le choix des textes, la façon de simplifier la tâche et la responsabilité de l'apprentissage.

Dans les modèles analysés, le choix des textes qu'on présente aux élèves va du texte artificiel au texte authentique (ou réel). Il est vrai que tous les modèles ont comme objectif à long terme de faire lire des textes authentiques aux élèves ; cependant, le modèle de transmission des connaissances utilise des textes artificiels durant la période d'apprentissage, l'enseignement stratégique accepte des textes contrôlés pour les démonstrations, alors que les autres modèles ne se servent que de textes authentiques.

Quant à la façon de simplifier la tâche, nous pouvons noter une différence fondamentale entre les modèles : en effet, traditionnellement, on pensait que la seule façon de faciliter la tâche à l'enfant était de découper celle-ci en petites étapes à maîtriser les unes après les autres. Aujourd'hui, les modèles du type médiation proposent une autre façon de faciliter la tâche, soit l'étayage, qui consiste à donner à l'enfant du soutien dans une tâche qu'il ne pourrait effectuer seul. Ce concept issu du modèle socio-constructiviste est également utilisé par les modèles de l'enseignement stratégique et du langage intégré.

Enfin, la responsabilité de l'apprentissage est perçue différemment dans les modèles : elle va de la responsabilité qu'assume entièrement l'enseignant dans le modèle de la transmission des connaissances à la responsabilité totale de l'élève dans le modèle du langage intégré.

Pour conclure cette classification des modèles de lecture, nous tenons à signaler que, dans la réalité, les modèles sont rarement utilisés à l'état pur ; ils se chevauchent plutôt les uns les autres. Précisons également que, parmi les modèles que nous venons de présenter, le modèle de l'enseignement par transmission des connaissances n'est plus prôné dans les écrits sur la lecture. Quant à l'enseignement stratégique, il évolue vers un modèle plus socio-constructiviste. Enfin, plusieurs tenants de l'approche du langage intégré proposent d'ajouter à leur approche un enseignement plus clair des stratégies de lecture. Au cours des dernières années, les modèles de lecture

TABLEAU 1.2
Caractéristiques des modèles de lecture

Variables	Modèle centré sur l'enseignant	Modèles du type médiation		Modèle centré sur l'élève
	Transmission des connaissances	**Enseignement stratégique**	**Approche centrée sur la littérature**	**Langage intégré**
Authenticité des textes	Tolère beaucoup de textes artificiels durant l'enseignement	Tolère pour la démonstration certains textes contrôlés	Variable implicite	Variable essentielle
Complexité de la tâche	Décomposition de la tâche	Étayage	Étayage	Étayage
Autonomie de l'élève	La responsabilité incombe à l'enseignant	Transfert graduel de la responsabilité	Transfert naturel de la responsabilité	L'élève est toujours en charge de son apprentissage

D'après Garcia et Pearson (1990).

ont commencé à dégager un certain consensus. Tous tendent vers un modèle qu'on pourrait qualifier de plus « naturel », dans lequel l'enseignant joue toutefois un rôle actif (Block, 1993 ; Ferro-Almeida, 1993 ; Pressley et autres, 1992).

UNE PROPOSITION D'APPROCHE EN LECTURE

L'approche sous-jacente au contenu de ce livre est une approche qui relève des modèles du type médiation ; elle se situe entre l'enseignement stratégique et le langage intégré et retient des caractéristiques de ces deux modèles.

Ce que nous retenons de l'enseignement stratégique

Étant donné que certains enfants ne découvriront pas seuls les stratégies qui peuvent les amener à lire de façon plus efficace, nous empruntons à l'enseignement stratégique le principe selon lequel il faut rendre transparents les processus cognitifs pour les élèves. La première génération de chercheurs qui ont expérimenté l'enseignement stratégique se centrait sur l'enseignement d'une seule stratégie à la fois dans un contexte très contrôlé ; la deuxième génération prône l'intégration de l'enseignement des stratégies dans des situations où les élèves ont une raison réelle d'apprendre les stratégies. Nous adhérons à cette deuxième génération (Fielding et Pearson, 1994).

Ce que nous retenons de l'approche du langage intégré

D'autre part, l'approche proposée dans ce livre intègre la majorité des principes du langage intégré tout en faisant plus de place à la médiation de l'enseignant. Pourquoi ne pas endosser entièrement l'approche du langage intégré ? Cette dernière part du principe que les enfants devraient apprendre à lire comme ils ont appris à parler : cette proposition a été faite au début des années 1970, mais elle a été remise en question par la suite. On considère aujourd'hui que ce principe ne doit pas être pris au pied de la lettre, mais plutôt servir de cadre général. En effet, on se rend compte que, même si on peut tenter d'approcher les conditions d'apprentissage du langage oral, on ne peut jamais arriver à des conditions parfaitement identiques. Cazden (1992) illustre de la manière suivante la raison pour laquelle les enfants ne peuvent pas apprendre à lire tout à fait comme ils ont appris à parler :

> Imaginons une planète habitée par des êtres appelés Browfolk. Les Browfolk sont comme nous, sauf qu'ils ont une petite fenêtre au milieu du front dans laquelle peuvent apparaître des symboles graphiques ; ces derniers se présentent un à la fois et sont remplacés

au fur et à mesure par de nouveaux symboles. Ces symboles accompagnent la plupart des activités sociales de ces êtres, ce qui leur permet de communiquer entre eux. Ils peuvent également apparaître dans des couleurs différentes pour exprimer des sentiments.

Parfois une petite trappe ferme la fenêtre. Mais, derrière la trappe, les symboles continuent à être produits pour le bénéfice personnel de l'individu en question. Les enfants Browfolk apprennent à utiliser et à produire les symboles avec la même rapidité et la même aisance que les enfants humains apprennent à maîtriser leur langue maternelle… Les symboles écrits constituent, pour ainsi dire, leur langue maternelle.

Les enfants humains n'ont cependant pas une mère Browfolk. Nous n'utilisons pas les symboles écrits pour l'expression spontanée de nos émotions et de nos pensées dans nos relations face à face avec les autres. Aussi, pour nous, l'apprentissage de ces symboles (comment les produire, comment leur donner du sens) est une entreprise différente de celle de l'apprentissage du langage (Cazden, 1992, p. 15-16).

Nous suggérons donc de tenter le plus possible de reproduire, dans la classe, le climat qui entoure le développement du langage oral. Toutefois, comme il est impossible de le faire de façon parfaite, nous proposons d'accorder une place plus importante à la médiation de l'enseignant en incluant la notion de « détour pédagogique ».

La notion de « détour pédagogique »

Nous incluons dans notre approche la notion de « détour pédagogique » proposée par Cazden (1992). Cette métaphore du détour pédagogique indique que l'apprenti lecteur suit une voie principale qui est celle de la compréhension ; le détour ne se fera que lorsqu'il sera nécessaire, pour montrer un aspect qui serait passé inaperçu, et l'on retournera rapidement à la voie principale. Pour poursuivre la métaphore, ajoutons que, dans un voyage touristique, si nous nous en tenons à l'autoroute, nous arriverons à destination, mais nous manquerons probablement certains sites intéressants. De même, en lecture, la médiation de l'enseignant peut permettre aux élèves de découvrir des stratégies de lecture et des façons nouvelles de réagir au texte.

Les compétences à développer

Nous proposons de regrouper en trois catégories les compétences à développer en lecture chez les élèves du primaire : des réponses stratégiques (comprendre le texte), des réponses esthétiques (réagir au texte) et des réponses génératrices (analyser le texte littéraire et utiliser les informations du texte courant) ; voir la figure 1.3.

FIGURE 1.3
Catégories de réponses du lecteur

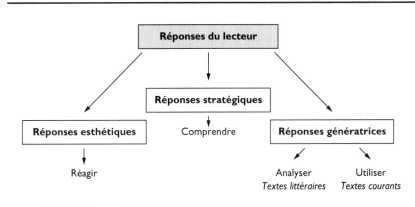

LES RÉPONSES STRATÉGIQUES

La première compétence à développer consiste en l'habileté à comprendre des textes variés ; pour comprendre un texte, l'élève doit utiliser un éventail de stratégies cognitives et métacognitives. Ces stratégies concernent aussi bien l'identification de mots que la compréhension des idées importantes ou la gestion de la compréhension. Ces stratégies évolueront en complexité tout au long du primaire.

LES RÉPONSES ESTHÉTIQUES

Si la compréhension est au cœur de la lecture, elle n'en représente cependant pas la totalité. En effet, comprendre un texte ne rend pas compte de l'ensemble de l'expérience de lire. Le lecteur complète la compréhension en réagissant au texte de façon affective. Ces réponses esthétiques sont reliées aux intérêts du lecteur, à ses émotions, à ses expériences. Elles peuvent apparaître dès la maternelle lorsqu'on lit une histoire aux enfants. Ces réponses seront favorisées par l'enseignement, mais elles dépendront beaucoup du lecteur lui-même.

LES RÉPONSES GÉNÉRATRICES

En plus de comprendre le texte et d'y réagir, le lecteur **fait quelque chose** avec le texte lu. Nous parlerons, ici, de réponses génératrices pour désigner ce comportement parce que ce sont des réponses qui génèrent autre chose que le texte lui-même ; elles constituent en fait une forme d'extension à la lecture. Les réponses génératrices peuvent se produire tant avec les textes littéraires qu'avec les textes courants.

Appliquées aux textes courants, ces réponses correspondent aux utilisations ou applications que fait le lecteur à l'aide des informations tirées de ses lectures. Dans la vie de tous les jours, la lecture d'un texte pourra servir, par exemple, à planifier un voyage, à préparer un examen, à fabriquer un objet, etc. À l'école, il pourra s'agir, par exemple, d'utiliser des informations tirées de textes documentaires pour présenter un exposé en classe.

Quant à l'application des réponses génératrices aux textes littéraires, celles-ci sont constituées par l'objectivation de certains aspects du texte. Pour comprendre ce type de réponse, il peut être utile d'emprunter la classification de Langer (1990) qui définit quatre phases au cours d'une lecture :

Phase 1. Le lecteur entre dans le texte ; il se fait une première idée du contenu au moyen de ses connaissances et de quelques indices tirés du texte.

Phase 2. Le lecteur est immergé dans le texte ; il se pose des questions sur la motivation des personnages, sur les relations de causalité, etc.

Phase 3. Le lecteur sort du texte pour réfléchir sur sa propre vie ; il s'identifie avec les personnages, il fait des liens avec ses propres expériences, il réagit de façon émotive au texte.

Phase 4. Le lecteur sort du texte pour objectiver son expérience ; il se distancie du texte, il réfléchit sur son contenu et sur sa structure.

On pourrait dire que les deux premières phases correspondent aux réponses stratégiques et que la troisième phase correspond aux réponses esthétiques. La quatrième phase illustre les réponses génératrices appliquées au texte littéraire : le lecteur dépasse la réponse émotionnelle pour objectiver son expérience. Une manifestation de ces réponses consisterait, par exemple, à comparer la qualité de deux versions d'une histoire.

Bref, le lecteur doit non seulement comprendre le texte, mais aussi réagir à ce dernier et utiliser l'information qu'il contient pour le prolonger. Soulignons enfin que ces trois types de réponses ne se produisent pas de façon séquentielle : elles supposent plutôt un va-et-vient continuel et dynamique (Indrisano et Paratore, 1992).

Un modèle transactionnel

On pourrait qualifier de transactionnelle l'approche en lecture qui sous-tend ce livre. La transaction se fait de deux manières. D'abord, entre le lecteur et le texte : l'élève interagit avec le texte ; il construit activement la signification du texte et réagit à ce dernier. La transaction se fait également entre l'élève et l'enseignant. L'élève construit ses connaissances dans ses interactions avec l'adulte qui sert de médiateur dans son apprentissage ; pour sa part, l'enseignant appuie l'apprentissage par des interventions du type étayage, c'est-à-dire qu'il offre un soutien adapté à l'élève et diminue graduellement son aide ; cela se fait toujours dans le cadre de tâches entières et signifiantes.

L'élève interagit également avec les autres membres de la communauté, particulièrement avec les pairs, dans des situations de co-construction de la signification des textes. Dans cette optique, l'apprentissage coopératif, le tutorat et les discussions entre les pairs deviennent des éléments essentiels dans le développement des compétences en lecture de tout lecteur du primaire.

L'IMPORTANCE DE L'ENSEIGNANT DANS LA RÉUSSITE EN LECTURE DES ÉLÈVES

Depuis de nombreuses années, les recherches en éducation concordent sur un point : la variable la plus importante pour la réussite en lecture des élèves n'est pas la méthode utilisée, mais l'enseignant lui-même. Derrière la porte de la classe, le dernier mot appartiendra toujours à l'enseignant : « Il n'y a pas de rapports de recherche, de brillantes découvertes, d'articles incontournables, de revues, de programmes, de politiques, de lois qui peuvent changer ce qui arrive aux enfants dans les écoles. Seul l'enseignant peut le faire » (Goodman, 1992, p. 189).

Parmi les facteurs qui relèvent de l'enseignant, la conception de ce qu'est la lecture représente l'un de ceux qui influencent le plus sa façon d'enseigner. L'enseignant peut être plus ou moins habile dans le processus complexe de prise de décision, mais le point de départ de ses décisions se trouve dans sa conception de la lecture. Par ricochet, la conception endossée par l'enseignant déteindra sur celle des élèves (Konopak et autres, 1994). C'est pourquoi il est important pour les futurs enseignants de se faire très tôt une idée juste de ce qu'est la lecture.

LA QUALITÉ DE L'ENSEIGNEMENT DE LA LECTURE, HIER ET AUJOURD'HUI

Les médias des pays occidentaux reviennent inlassablement sur le fait que l'école ne réussit pas à enseigner à lire et à écrire correctement aux élèves d'aujourd'hui. Invariablement, on suggère de revenir aux bonnes vieilles méthodes qui, dit-on, ont fait leurs preuves. On semble oublier, cependant, que si ces méthodes ont été abandonnées, c'est justement parce qu'elles ne donnaient pas satisfaction.

Toutes les recherches des dernières années montrent qu'au contraire le niveau de lecture et d'écriture s'est amélioré : « les élèves lisent et écrivent mieux aujourd'hui qu'ils ne l'ont jamais fait à âge équivalent » (Ministère de l'Éducation nationale et de la Culture, 1992, p. 112). Cependant, étant donné qu'aujourd'hui un plus grand nombre d'enfants fréquentent l'école de façon obligatoire, il s'ensuit que les élèves faibles sont plus nombreux. Autrefois ces élèves quittaient le système scolaire ou s'engageaient dans des voies parallèles. Il faut éviter de tomber dans le piège consistant à comparer les meilleurs élèves des générations précédentes aux élèves faibles d'aujourd'hui.

De plus, les exigences actuelles ne sont plus les mêmes : on n'attend plus simplement de l'élève qu'il sache lire oralement un texte, mais qu'il soit un lecteur accompli. « On demande ainsi à l'école de former des lecteurs polyvalents, passant avec une égale efficacité et… un plaisir jamais démenti du récit au dialogue, de l'énoncé de mathématiques au résumé d'histoire, du formulaire administratif à l'article de journal. Les exigences en matière de lecture ont ainsi considérablement augmenté durant les vingt dernières années. La pédagogie séculaire de l'école primaire qui avait pour principal objectif de permettre de lire correctement un texte court "sans trébucher" et "en mettant le ton" ne correspond plus aux besoins économiques, sociaux et culturels nouveaux » (Bentolila et autres, 1991, p. 1). Dans la société actuelle, les enfants doivent être préparés non pas à répéter les connaissances acquises, mais à résoudre des problèmes et à réfléchir de façon autonome, bref à devenir des lecteurs critiques.

En somme, disons qu'il ne faut ni idéaliser la pédagogie actuelle, ni vouloir revenir à un hypothétique âge d'or. Il s'agit plutôt de tirer parti de ce qui a été appris au cours des dernières décennies. Avec le développement des recherches depuis quelques années, la lecture est devenue un sujet multidisciplinaire : elle appartient maintenant à plusieurs domaines de la connaissance, elle intéresse à la fois les pédagogues, les didacticiens, les linguistes, les psychologues et même les sociologues et les chercheurs en intelligence artificielle. Il est vrai que « les découvertes les plus importantes "se font aux frontières", c'est-à-dire à l'intersection de plusieurs disciplines et de plusieurs approches scientifiques » (Chauveau et autres, 1993, p. 19).

Les résultats des recherches dans le domaine de la lecture sont de plus en plus convergents et ils nous permettent de commencer à dégager une pédagogie de la lecture adaptée aux exigences du monde actuel. C'est un moment passionnant pour entrer dans la profession d'enseignant, car le domaine de la lecture est en pleine effervescence et on sent, tant chez les chercheurs que chez les pédagogues, une réelle volonté de faire bénéficier les élèves des plus récents modèles d'intervention pédagogique.

CONCLUSION

Traditionnellement, la lecture était conçue surtout comme un processus d'identification de mots. Depuis une quinzaine d'années, la recherche a imprimé une tout autre orientation à notre conception de la lecture.

Aujourd'hui, cette dernière est perçue comme un processus de langage, un processus interactif et constructif. Cette conception de la lecture aura une influence sur la planification de l'enseignement en classe, comme nous le verrons dans les prochains chapitres.

Solution des exercices de la section « La lecture est un processus actif »

A. (page 7)

Il était une fois une petite fille qui s'appelait Alice.

B. (page 8)

1. Le jeune homme cherchait le monstre manxiquais.

2. Le jeune homme lourmait de suffèches pensées.

C. (page 9)

Assise à côté de sa sœur sur le talus, Alice commençait à être fatiguée de n'avoir rien à faire. Une fois ou deux, elle avait jeté un coup d'œil sur le livre que lisait sa sœur ; mais il n'y avait dans ce livre ni images ni dialogues : « Et, pensait Alice, à quoi peut bien servir un livre sans images ni dialogues ? »

D. (page 9)

Avez-vous jamais vu un lapin possédant une montre et un gousset où mettre cette montre ?

E. (page 10)

Elle grandit, grandit, grandit. Elle devint plus grande qu'elle n'était auparavant ! Plus grande que ne l'est aucun enfant ! Plus grande que ne l'est aucune grande personne ! Plus grande, plus grande, toujours plus grande !

F. (page 10)

Et c'est alors qu'il se produisit une chose à dire vrai très étrange. Alice ramassa l'éventail et se mit à s'éventer avec celui-ci ; et, voyez-vous, elle redevint toute petite ; en l'espace d'une minute, elle n'était plus guère que de la taille d'une souris.

L'organisation de l'enseignement de la lecture

CHAPITRE

2 Créer un climat favorable à la lecture

Sommaire

INTRODUCTION

Le mois de septembre arrive et vous avez votre classe à vous pour la première fois ! Que d'excitation et d'angoisse en même temps ! Vous vous demandez comment commencer l'année du bon pied. Dans ce chapitre, nous verrons comment il est possible de créer dans la classe un climat favorable à la lecture, un environnement dans lequel la lecture sera invitante, fonctionnelle et gratifiante. Votre classe deviendra petit à petit une communauté de lecteurs dans laquelle les élèves interagiront quotidiennement avec l'écrit, en viendront à concevoir la lecture et l'écriture à la fois comme un outil d'apprentissage et comme une source de plaisir. Les élèves seront encouragés à poser des questions et à chercher des solutions par eux-mêmes ; les erreurs seront vues comme des étapes vers l'autonomie et non comme des anomalies à corriger sur-le-champ. Différents facteurs vont contribuer à la création de ce climat propice à la lecture : votre propre attitude envers la lecture, l'aménagement de la classe, le choix des activités de lecture ainsi que la possibilité pour les élèves de choisir les livres qu'ils liront.

L'ENSEIGNANT COMME MODÈLE DE LECTEUR

Les élèves doivent sentir dès le début de l'année que la lecture est valorisée dans votre classe et dans l'école. Pour pouvoir transmettre aux élèves le goût de la lecture, il est essentiel que vous vous intéressiez vous-même à la lecture, que vous démontriez aux élèves la place que la lecture occupe dans votre vie. Les élèves sentiront votre propre motivation ; cette dernière favorisera la création d'un environnement stimulant. Souvenez-vous qu'une classe ne sera jamais davantage motivée à lire que ne l'est son enseignant.

Vous pouvez montrer de diverses manières aux élèves que vous aimez la lecture, par exemple en partageant avec eux vos livres préférés, en leur faisant la lecture de façon régulière, en leur précisant comment un texte vous a donné du plaisir ou vous a permis d'acquérir de nouvelles connaissances. Vous serez surpris de constater à quel point votre enthousiasme pour la lecture peut être contagieux.

Cependant, les résultats des enquêtes effectuées auprès des enseignants concernant leurs habitudes de lecture sont, malheureusement, en général assez décevants. Une recherche réalisée aux États-Unis indique que les enseignants en exercice ne sont pas des lecteurs très avides (Cardarelli, 1992) ; une autre étude révèle que, si les étudiants en formation des maîtres ont une attitude positive envers la lecture, ils n'accordent, dans les faits, que peu de temps à la lecture dans leurs loisirs (Howard, 1993). Une étude, effectuée en Europe, qui évalue les habitudes de lecture de futurs enseignants et d'enseignants en exercice, montre que, même si les enseignants se décrivent comme des personnes qui aiment lire, plusieurs ne font pas de lecture dans leur vie quotidienne (Williamson, 1991). Enfin, une étude menée auprès de futurs enseignants québécois révèle que ceux-ci ont une attitude plutôt neutre face à la lecture et que leurs habitudes dénotent un comportement de lecteur occasionnel plutôt que de lecteur assidu : ils lisent surtout des livres obligatoires, ils effectuent moins de quatre heures de lecture libre par semaine et ils lisent peu de genres de livres différents (Mainguy et Deaudelin, 1992).

Afin de déterminer quel genre de lecteur vous êtes, essayez de vous situer personnellement dans l'échelle suivante (Beers, 1993) :

1. Le **lecteur insatiable** : celui qui aime lire, se considère comme un lecteur, se trouve du temps pour lire.

2. Le **lecteur occasionnel** : celui qui aime lire, se considère comme un lecteur, mais qui actuellement ne trouve pas le temps de lire à cause d'autres activités.

3. Le **lecteur non engagé** : celui qui n'aime pas lire, ne se considère pas comme un lecteur, mais dit qu'il pourrait éventuellement accorder plus de place à la lecture.

4. Le **non-lecteur** : celui qui n'aime pas lire, ne s'identifie pas comme lecteur et ne prévoit pas lire dans le futur.

Si vous vous définissez comme un lecteur insatiable, bravo, vous avez de bonnes chances de motiver vos élèves à lire. Si vous vous situez dans la catégorie des lecteurs occasionnels, méditez sur l'extrait suivant de Pennac : « Dès que l'on pose la question du temps de lire, c'est que l'envie n'y est pas. Car, à y regarder de près, personne n'a jamais le temps de lire. Ni les petits, ni les ados, ni les grands. La vie est une entrave perpétuelle à la lecture […] La lecture ne relève pas de l'organisation du temps social, elle est […] une manière d'être. La question n'est pas de savoir si j'ai le temps de lire ou pas (temps que personne d'ailleurs ne me donnera), mais si je m'offre ou non le bonheur d'être lecteur » (1992, p. 125).

Enfin, si vous vous classez dans les deux autres catégories (le lecteur non engagé ou le non-lecteur), vous avez probablement besoin de stimulation pour vous aider à intégrer la lecture dans votre vie. Une bonne suggestion : informez-vous des livres que vos amis ont lus dernièrement et demandez-leur de vous en parler.

L'ENVIRONNEMENT PHYSIQUE DE LA CLASSE

L'environnement de la classe comprend l'aménagement de l'espace lui-même et le matériel qui peut être vu lorsque l'on jette un regard autour de la classe. Si vous voulez vous faire une première idée de l'environnement de votre classe, placez-vous à un pupitre d'élève et regardez ce que les élèves voient de là (Turner, 1992).

À quoi ressemble une classe dans laquelle la lecture est à l'honneur ? On trouve sur les murs des affiches, des babillards remplis de commentaires sur les livres, des travaux d'élèves bien en évidence. Tout est disposé de façon à pouvoir être vu et manipulé aisément par les élèves. On y découvre un coin-lecture comprenant un large éventail de livres ainsi qu'une variété de dictionnaires et de documents de référence placés dans un endroit facile d'accès.

Les pupitres

Une classe avec des pupitres en rangées, bien espacés les uns par rapport aux autres, a des chances d'être une classe dans laquelle l'enseignement consiste principalement en des directives adressées au groupe, suivies par du travail individuel. Si vous voulez que les élèves interagissent les uns avec les autres, il faut que l'arrangement de la classe reflète ce choix. Dans une classe où l'enseignant encourage les élèves à discuter, ceux-ci devraient être placés de façon à se voir et à s'entendre et non seulement placés de façon à voir l'enseignant (Thomas, 1992).

Votre première réaction sera peut-être de dire que l'espace restreint de certaines classes ne permet pas d'effectuer les aménagements que l'on voudrait. C'est juste, mais il vous est toujours possible de regrouper les pupitres pour favoriser les échanges entre les élèves ; du même coup, vous dégagerez un peu d'espace pour d'autres activités.

Les élèves réagissent positivement lorsque l'environnement de la classe est bien organisé et invitant. La figure 2.1 propose un aménagement pour des classes du début du primaire.

Ce plan est conçu de façon à encourager les jeunes élèves à lire : le matériel est facilement accessible, les livres sont placés en évidence et de façon attrayante. L'aménagement reflète également l'accent mis sur l'apprentissage par l'intégration de différents médias : on y trouve des livres, des ordinateurs, un centre d'écoute et des appareils audiovisuels.

Le coin-lecture ou la bibliothèque de classe

Le coin-lecture comprend un espace dans lequel les élèves peuvent s'asseoir pour lire, alors que la bibliothèque de classe est constituée simplement de tablettes qui permettent de regrouper les livres communs à toute la classe. La bibliothèque de classe constitue un minimum indispensable, mais le coin-lecture où les élèves peuvent lire dans un climat de détente est certes préférable. Plusieurs enseignants n'ont pas de coin-lecture dans leur classe

FIGURE 2.1
Aménagement d'une classe du début du primaire

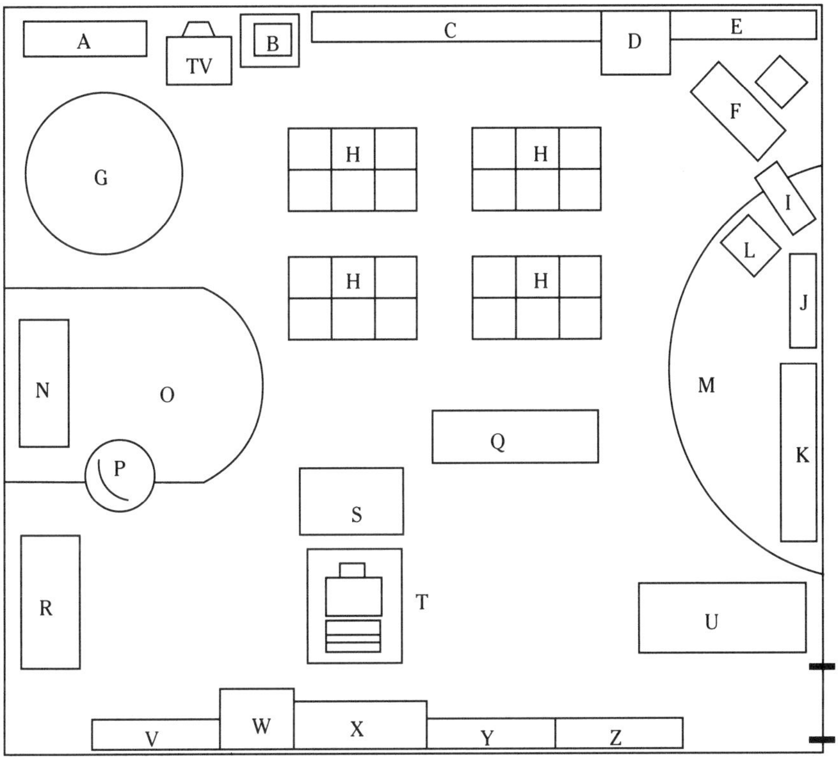

A. babillard
B. rétroprojecteur
C. tableau noir
D. classeur
E. bibliothèque
F. bureau de l'enseignant
G. centre découte
H. pupitres d'élèves
I. chevalet (grands livres)
J. support (textes géants)
K. bibliothèque
L. chaise de l'auteur
M. espace pour le groupe-classe
N. livres
O. coin-lecture
P. pouf
Q. centre des arts
R. armoire
S. centre de mathématiques
T. centre d'ordinateur
U. centre d'écriture
V. animal
W. évier
X. rangement
Y. casiers pour courrier
Z. rangement

Traduit et adapté de Eisele (1991).

à cause d'un manque d'espace ; d'autres ont déjà essayé d'organiser un coin avec tapis et coussins, mais ils se sont heurtés à des problèmes d'entretien. Il faut être réaliste et admettre que certaines classes sont tout simplement trop petites pour qu'on puisse y aménager un coin-lecture. Toutefois, même un local exigu n'empêchera pas la présence de quelques tablettes où l'on déposera et classera les livres de la classe.

Pour que les élèves lisent, il faut que les livres soient accessibles, et non pas conservés dans une armoire hors de la portée des élèves. Des recherches ont montré que, lorsqu'il y a un coin-lecture dans la classe, les élèves lisent deux fois plus de livres que dans les classes où il n'y en a pas. La présence d'un coin-lecture ou d'une bibliothèque de classe, dans lequel les livres sont à la disposition des élèves, est un élément essentiel pour créer une communauté de lecteurs dans la classe.

Cependant, malgré leur utilité incontestable, les coins-lecture sont loin d'être présents dans toutes les classes. Ainsi, les résultats d'une enquête menée au Québec montrent que le pourcentage de classes ayant un coin-lecture a tendance à diminuer avec l'élévation du niveau scolaire : par exemple, le coin-lecture est présent dans 43 % des classes de première année, mais dans 14 % seulement des classes de sixième année (voir le tableau 2.1). On trouve des résultats similaires dans les études américaines (Fractor et autres, 1993). De plus, les résultats du sondage nous permettent de constater que 42 % des classes ne possèdent ni coin-lecture ni bibliothèque de classe.

Il est important de se pencher sur ce problème et de revitaliser les bibliothèques de nos classes. Pour mettre sur pied une bibliothèque qui sera réellement utilisée par les élèves, on prendra plusieurs facteurs en considération, comme la variété des livres, leur diversité, leur rotation et leur classement.

LA VARIÉTÉ DES LIVRES

La bibliothèque de classe comprendra des textes de fiction, des documentaires, des albums, des magazines, des livres-cassettes. Elle offrira également des livres de styles, de formats et de sujets différents.

Les classes ont souvent des budgets limités pour l'achat de livres ; pour résoudre ce problème, Nadon (1992) suggère le « terrorisme livresque », qui consiste à trouver des moyens d'obtenir une aide financière de l'école ou de certains organismes. Il est possible de faire appel à des sources de financement comme les parents, les libraires, les maisons d'édition ou les

TABLEAU 2.1
Sondage sur le coin-lecture au primaire (en pourcentage)

	Coin-lecture	Bibliothèque de classe	Ni coin-lecture ni bibliothèque
Première année	43	26	31
Deuxième année	39	43	18
Troisième année	20	40	40
Quatrième année	25	25	50
Cinquième année	25	18	57
Sixième année	14	26	60
Moyenne	28	30	42

Giasson (1994a).

clubs sociaux. Écrivez, par exemple, un mot aux parents pour leur expliquer l'importance de la bibliothèque de classe et demandez-leur des livres usagés. Ou encore, demandez aux parents d'acheter un livre à leur enfant ; ce livre sera placé dans le coin-lecture et l'enfant le rapportera à la maison à la fin de l'année. Vous pouvez aussi soumettre aux parents une liste de livres que vous aurez vous-même élaborée et qui répondra aux besoins de la classe ; les parents seront heureux de recevoir des suggestions.

Ajoutons qu'il serait irréaliste de penser compléter la collection permanente de votre bibliothèque de classe en une seule année. Planifiez plutôt votre objectif sur une période de trois ans en ajoutant des livres graduellement. Même si vous vous inspirez de listes proposées par des spécialistes, prenez le temps de lire les livres que vous placez dans le coin-lecture afin de vérifier s'ils conviennent bien à votre classe.

LE NIVEAU DE DIFFICULTÉ DES LIVRES

Dans toutes les classes, il y a toujours un écart important entre l'élève le plus avancé et l'élève le moins avancé en lecture. De plus, cet écart s'agrandit avec les niveaux scolaires. La formule suivante sert à estimer les écarts qu'on est susceptible de trouver dans le rendement en lecture des élèves d'une classe (Bonds et Sida, 1993) :

$$\text{Étendue du rendement} = \frac{2}{3} \times \frac{\text{âge chronologique des élèves}}{2}$$

Par exemple, dans une classe de quatrième année, l'application de la formule $(2/3 \times 9/2)$ donne 3. Ce résultat signifie que, de façon générale, en quatrième année, il y aura des élèves qui auront une avance de trois ans par rapport au groupe et d'autres qui auront un retard de trois ans ; l'éventail des écarts ira donc de la première à la septième année. Les futurs enseignants sont souvent étonnés de constater à quel point la variation entre les élèves peut être considérable. Même s'il est possible que les élèves les plus en retard soient regroupés dans des classes particulières, il n'en demeure pas moins que vous devez toujours vous attendre à un éventail d'habiletés et prévoir des livres pour des niveaux variés.

LE CLASSEMENT DES LIVRES

Une bibliothèque où les livres sont pêle-mêle n'est pas attirante pour les élèves. Pour classer les livres, il est pertinent de commencer par séparer les documentaires des livres de fiction. Les collections du même auteur ou les collections sur le même thème devraient ensuite être regroupées de façon attrayante.

Les livres seront présentés de deux manières : certaines tablettes contiendront l'ensemble des collections et les livres seront placés côte à côte, comme dans une bibliothèque. D'autres tablettes présenteront les livres en démonstration, c'est-à-dire que la couverture sera placée de face. À cet effet, vous pouvez tirer profit du mobilier de la classe : le dos d'une armoire servira à la fois de présentoir pour les livres et de paravent pour donner une certaine intimité au coin. Ou encore, si c'est possible, utilisez un carrousel circulaire comme ceux que l'on voit dans les librairies.

On peut également ajouter un classement par niveau de difficulté : il s'agira d'étiqueter, par exemple, les livres faciles avec un ruban vert et les livres qui demandent une lecture plus approfondie avec un ruban rouge. Vous insisterez sur le fait que les livres étiquetés en vert sont aussi valables que les livres étiquetés en rouge : tout dépend de notre état du moment ; tout le monde peut avoir envie parfois de lire un livre facile. Cette attitude de l'enseignant envers les livres faciles peut favoriser les élèves en difficulté qui hésitent souvent à choisir des livres faciles de peur de passer pour des « bébés ».

LA ROTATION DES LIVRES

Vous devrez prévoir une rotation dans les livres afin de maintenir l'intérêt des élèves : les livres du présentoir seront changés chaque semaine. « Ce moment doit être respecté, un peu comme un rite » (Jolibert, 1984). La rotation des livres peut fort bien s'effectuer en collaboration avec d'autres classes et avec la bibliothèque centrale de l'école. Une partie des livres constituera le fonds permanent de la bibliothèque de classe, alors que les livres ou revues, qui sont nécessaires à certains travaux, seront empruntés pour des périodes limitées et varieront tout au long de l'année. Vous pouvez également tirer parti des bibliothèques municipales en empruntant des livres que vous garderez pendant quelques semaines et que vous échangerez ensuite contre des livres portant sur un autre thème.

LES CRITÈRES DE QUALITÉ DES COINS-LECTURE

Si votre classe compte un véritable coin-lecture, la grille présentée à la figure 2.2 peut vous aider à en évaluer la qualité. Les principaux critères de qualité sont le nombre de livres, le nombre de places, l'intimité, le classement des livres et la présence d'un tableau d'affichage. Les résultats d'une enquête menée auprès de classes de la maternelle à la cinquième année indiquent que, dans les classes où il y a un coin-lecture, 88,9 % possèdent un coin-lecture de base, 7,5 % un bon coin-lecture et 3,7 % seulement un excellent coin lecture (Fractor et autres, 1993).

Signalons que le coin-lecture est plus populaire quand les élèves participent à sa planification et à son aménagement, par exemple lors du choix d'un nom pour le coin, lors de sa décoration ou de son entretien. Les élèves utilisent plus souvent le coin-lecture quand l'enseignant leur fait la lecture, discute avec eux des livres lus, bref lorsque celui-ci considère la littérature comme étant partie intégrante de l'enseignement de la lecture.

FIGURE 2.2
Grille d'évaluation de la qualité d'un coin-lecture

Un coin-lecture de base	Un bon coin-lecture	Un excellent coin-lecture
☐ contient au moins un livre par élève ;	☐ contient au moins 4 livres par élève ;	☐ contient au moins 8 livres par élève ;
☐ peut accueillir facilement 3 élèves ;	☐ peut accueillir facilement 4 élèves ;	☐ peut accueillir facilement 5 élèves ou plus ;
☐ est tranquille et bien éclairé ;	☐ est tranquille et bien éclairé ;	☐ est tranquille et bien éclairé ;
☐ possède un tapis ou des sièges.	☐ possède un tapis ou des sièges ;	☐ possède un tapis ou des sièges ;
	☐ offre de l'intimité par l'ajout d'une séparation ;	☐ offre de l'intimité par l'ajout d'une séparation ;
	☐ met en évidence la couverture de quelques livres ;	☐ met en évidence la couverture de quelques livres ;
	☐ possède un tableau d'affichage avec des jaquettes de livres attrayantes et des affiches.	☐ possède un tableau d'affichage avec des jaquettes de livres attrayantes et des affiches ;
		☐ utilise une forme de classement des livres ;
		☐ est identifié par un nom.

D'après Fractor et autres (1993).

LA PÉRIODE DE LECTURE PERSONNELLE

La période de lecture personnelle est une période déterminée pendant laquelle les élèves lisent un livre de leur choix sans être interrompus. Connue autrefois sous le nom de « lecture silencieuse continue » (LSC), l'idée de fournir aux élèves du temps pour lire en classe de façon moins scolaire est toujours actuelle, même si elle se présente sous d'autres noms, comme « lecture loisir », « lecture personnelle » ou « lecture libre » (Reutzel et Cooter, 1991).

Des enquêtes ont révélé que la durée totale de lecture réelle durant une journée au primaire est en moyenne de sept à huit minutes par jour, c'est-à-dire 10 % du temps total consacré à la lecture ; les élèves passeraient par contre une heure par jour à remplir des pages d'exercices (Anderson et autres, 1985). La parution de ce genre de données a contribué à repenser le rôle de la lecture personnelle à l'école ; cette dernière est devenue partie intégrante de tous les programmes de lecture proposés au cours des dernières années. Cependant, malgré des directives assez explicites, la période de lecture personnelle n'est pas implantée de façon systématique dans toutes les classes. Ainsi, un sondage québécois réalisé auprès de classes du primaire a révélé que 29 % seulement des classes consacrent **tous les jours** une période à la lecture personnelle, 47 % des classes utilisent cette période occasionnellement et 24 % ne prévoient jamais une telle période (voir le tableau 2.2).

Cependant, dans les classes où elle est respectée, la période de lecture silencieuse a fait ses preuves. Des observations systématiques dans différentes classes ont montré que la plupart des élèves manifestent des comportements appropriés pendant la période de lecture personnelle et que la motivation persiste au cours de l'année (Fijalkow, 1992). De plus, la période quotidienne de lecture s'est révélée une contribution au développement d'attitudes positives et d'habitudes de lecture en dehors de la classe (Roy, 1991).

La mise en place de la période de lecture personnelle

Concrètement, il s'agit de réserver une période propice de la journée ; la période après la récréation, par exemple, s'avère souvent un bon choix. Avant de partir pour la récréation, les élèves sortent leur livre, ce qui élimine la perte de temps au début de la période de lecture. Lorsque les élèves reviennent de la récréation, ils suivent l'exemple de l'enseignant qui est déjà en train de lire silencieusement. Le fait de voir leur enseignant prendre plaisir à lire est très important pour les élèves. Cependant, lorsque les élèves auront compris que leur enseignant valorise vraiment la lecture, ce dernier pourra, pendant la période de lecture, commencer à rencontrer des élèves individuellement pour s'entretenir avec eux des livres qu'ils sont en train de lire. Inutile de mentionner que l'enseignant n'occupera jamais cette période à surveiller les élèves ou à corriger des travaux.

La période peut durer en moyenne 15 minutes lorsque les élèves en ont déjà pris l'habitude. Une étude a montré, cependant, qu'une période de

TABLEAU 2.2
Sondage sur la période de lecture personnelle au primaire (en pourcentage)

	Tous les jours	2 ou 3 fois par semaine	1 fois par semaine	Jamais
Première année	24	33	12	31
Deuxième année	39	32	18	11
Troisième année	37	14	23	26
Quatrième année	25	30	15	30
Cinquième année	25	27	32	14
Sixième année	26	14	31	29
Moyenne	29	25	22	24

Giasson (1994a).

15 minutes est trop longue pour les lecteurs débutants (Fijalkow, 1992). Les élèves de deuxième année peuvent commencer par une période de 5 minutes et augmenter celle-ci à 10 ou 12 minutes après quelques semaines ; ceux de sixième année peuvent commencer par une période de 10 minutes et porter celle-ci à 20 minutes. Évitez de faire varier constamment la longueur de la période ; ainsi, n'accordez pas une période de 8 minutes une journée, une période de 5 minutes le lendemain et une période de 10 minutes le surlendemain. Même s'il est difficile d'établir la proportion de lecture libre par rapport aux autres activités de lecture, on peut dire que, de façon générale, la période de lecture personnelle n'excédera pas le tiers de la période totale consacrée à la lecture dans la journée.

Au début de l'année, il est opportun d'établir des règles avec les élèves. Ces règles ressembleront habituellement à celles-ci : (1) on conserve le même livre (sauf exception) ; (2) on lit silencieusement ; (3) on ne se lève pas pendant la période. Les élèves peuvent, par contre, choisir un endroit pour s'asseoir confortablement. Durant cette période, on réduira les distractions au minimum, mais il est possible de permettre certaines activités comme la lecture jumelée à condition que des ententes préalables aient été prises par le groupe.

Les élèves sont libres de choisir leur livre, y compris des bandes dessinées. Vous constaterez cependant que les élèves prendront goût à cette période et liront des livres de plus en plus longs et de plus en plus variés.

Il est suggéré de consacrer une période de cinq à sept minutes à la discussion après la période de lecture personnelle. Il ne s'agira pas alors de questionner les élèves sur la compréhension de leur lecture, mais plutôt de les encourager à faire part de leurs commentaires au groupe.

La grille présentée à la figure 2.3 regroupe les éléments à considérer pour mettre en place une période de lecture personnelle.

La période de lecture avec les lecteurs débutants

En maternelle et en première année, surtout au début de l'année, on pense souvent que la période de lecture personnelle est impossible puisque les élèves ne savent pas lire de manière autonome. Il s'agit, en fait, d'adapter la situation au développement des élèves. Ainsi, on ne pourra exiger le silence complet des lecteurs débutants, car ils ont tendance à lire à mi-voix lorsqu'on leur demande de lire silencieusement. Cependant, rien n'empêche d'établir une période de lecture personnelle pour les lecteurs débutants. Nous présenterons, au chapitre 6, des façons d'adapter les périodes de lecture aux jeunes élèves.

FIGURE 2.3

Grille de planification de la période de lecture personnelle en classe

La période de lecture silencieuse	Oui	Non
La planification de la période		
1. J'ai déterminé dans mon horaire une période quotidienne.	☐	☐
2. J'ajuste graduellement la durée de la période de lecture.	☐	☐
3. J'ai rédigé avec les élèves une liste des règles.	☐	☐
4. Tous les élèves peuvent trouver des textes à leur niveau.	☐	☐
5. J'ai prévu une période pour le choix des livres afin d'éviter le brouhaha avant la période de lecture.	☐	☐
Pendant la période de lecture	☐	☐
1. Je n'impose pas mon choix de livres aux élèves.	☐	☐
2. Je lis moi-même durant la période de lecture.	☐	☐
3. Je n'oblige pas les élèves à faire un compte rendu de leurs lectures, mais j'encourage les échanges.	☐	☐

LA LECTURE AUX ÉLÈVES

Dans un article sur l'enseignement de la lecture, une enseignante raconte que, lorsqu'elle a commencé à enseigner en première année, elle savait faire deux choses : régler les problèmes dans la cour de récréation et faire la lecture aux enfants. Lorsqu'elle allait prendre un livre dans la bibliothèque et qu'elle se dirigeait lentement vers le coin-tapis, ses 26 élèves la suivaient comme si elle avait été le *Joueur de flûte* (Cullinan, 1992).

Comme adultes, nous nous souvenons des enseignants qui nous faisaient la lecture à voix haute, et ce sont souvent ces enseignants qui nous ont communiqué le goût de lire. Nous nous souvenons encore du bruit que faisaient les pages en tournant et de notre excitation lorsque commençait un nouveau chapitre. Nadon (1992) raconte qu'il a lu à ses élèves *Le chant des baleines* avec de vrais chants de baleines comme fond sonore : vous pouvez imaginer sans peine la réaction enthousiaste des élèves.

La plupart des enseignants seront d'accord avec l'idée de faire la lecture aux enfants de maternelle et de première année, mais ils se demandent jusqu'à quel niveau du primaire il est pertinent de le faire. Les adultes ont souvent l'impression que, lorsque les enfants savent lire, il n'est plus nécessaire de lire pour eux. Pourtant, faire la lecture aux enfants s'est révélé un moyen approprié de développer non seulement la motivation à lire, mais également l'appréciation de la littérature de jeunesse, le vocabulaire, la connaissance de formes de langage plus mûres ainsi que les connaissances générales (Stahl et autres, 1991).

Faire la lecture aux élèves est une pratique pédagogique dont la fréquence varie beaucoup d'un milieu à l'autre (Hoffman et autres, 1993 ; Lickteig et Russell, 1993). Au Québec, une enquête récente révèle que 9 % seulement des enseignants du primaire font quotidiennement la lecture à leurs élèves alors que 52 % n'incluent jamais cette activité dans leur classe (voir le tableau 2.3).

Même si les enseignants font plus souvent la lecture aux lecteurs débutants, ils ne considèrent pas cette pratique comme faisant partie du programme de lecture. Les enseignants font très peu la lecture aux élèves plus âgés, invoquant le fait qu'ils n'ont pas de temps à consacrer à cette activité. La plupart des enseignants qui lisent le font pour le plaisir et pour motiver les élèves à lire, mais sans viser d'autres apprentissages (Lickteig et Russell, 1993).

Les caractéristiques de la période de lecture

Vous devez prendre quatre facteurs en considération lorsque vous décidez de faire la lecture à vos élèves : (1) la fréquence et la durée de la lecture ; (2) le choix des livres ; (3) les discussions après la lecture ; (4) le réinvestissement de la lecture (Hoffman et autres, 1993).

La fréquence et la durée de la lecture.   Il est important de fixer une période stable afin d'éviter que cette activité ne se réalise que « s'il reste du temps ». Idéalement, il est suggéré de lire de 10 à 15 minutes par jour ou, du moins, quelques fois par semaine.

Le choix des livres.   Les livres seront choisis d'abord parce que ce sont des livres de qualité qu'il vaut la peine de faire connaître aux élèves. Il est pertinent également de choisir des livres qui ont un lien avec les thèmes traités en classe. Il ne s'agira pas de demander aux élèves d'apporter eux-mêmes des livres que vous lirez à toute la classe ; vous risqueriez alors d'être

TABLEAU 2.3
Sondage sur la lecture aux élèves au primaire (en pourcentage)

	Tous les jours	2 ou 3 fois par semaine	1 fois par semaine	Jamais
Première année	10	45	21	24
Deuxième année	21	14	21	43
Troisième année	14	14	29	43
Quatrième année	5	8	20	68
Cinquième année	2	18	20	57
Sixième année	3	6	14	77
Moyenne	9	18	21	52

Giasson (1994a).

amené à lire des livres de piètre qualité. Le choix du livre vous appartient, car vous avez à prendre en considération la **qualité** du livre, et non seulement son **intérêt** pour les élèves. Ce sont de la qualité et de l'intérêt du livre choisi que dépendra le succès de votre lecture au groupe. Un livre insignifiant ne retiendra pas longtemps l'attention des élèves.

Les discussions après la lecture.   Après la lecture, il est important de miser sur des discussions qui permettent aux élèves de donner des réponses personnelles, de faire des liens avec d'autres livres lus en classe, de critiquer les livres, de les juger. Ces discussions développent des habitudes de réflexion sur les textes. Notons que vous pouvez également intervenir durant la lecture, lorsque le texte s'y prête, par exemple pour faire faire des prédictions aux élèves ou pour attirer leur attention sur le style de l'auteur. Ces interventions ne doivent pas se faire aux dépens du plaisir retiré du texte ; elles enrichiront plutôt la situation de lecture.

Le réinvestissement de la lecture.   Vous pouvez encourager les élèves à écrire, dessiner, réaliser un projet après la lecture. Si le livre correspond au thème étudié en classe, ce réinvestissement se fera de façon naturelle. Faire la lecture aux élèves ne doit pas être isolé des activités quotidiennes, mais plutôt servir à les compléter et à les stimuler.

Des suggestions

Pour réussir votre période de lecture, voici des suggestions qui peuvent vous faciliter la tâche (Trelease, 1985 ; Megyeri, 1993). Rappelez-vous cependant que lire oralement n'est pas facile et que vous devrez vous exercer pour y parvenir.

À *faire*

- Faites d'abord une lecture personnelle du livre. Cette prélecture vous permettra de choisir les parties à raccourcir, à éliminer (s'il y a lieu) ou à accentuer.

- Vous pouvez réunir les enfants près de vous afin de créer un climat chaleureux.

- Laissez votre auditoire se préparer à écouter. Dans le cas d'un roman, vous pouvez demander si quelqu'un peut faire un rappel de l'histoire lue.

- S'il s'agit d'un livre illustré, assurez-vous que tous les enfants puissent voir le livre (assis en demi-cercle).

- Que vous soyez assis sur le coin du bureau ou debout, votre tête doit être au-dessus de celles des élèves afin que votre voix porte jusqu'au fond de la classe. Ne vous asseyez pas derrière votre bureau. Ne vous tenez pas devant une fenêtre lumineuse, ce qui peut être fatigant pour les yeux de votre auditoire.

· Lisez avec beaucoup d'expression et, si possible, changez de voix lorsqu'il s'agit d'un dialogue. Apportez de l'énergie et de l'enthousiasme à la lecture.

· Regardez souvent votre auditoire. Les contacts visuels vous permettent d'évaluer le niveau d'intérêt du groupe et permettent à ceux qui écoutent de sentir qu'ils participent.

· Ajustez votre rythme à l'histoire. Par exemple, ralentissez au moment d'un suspense. L'erreur la plus courante est de lire trop vite. Une lecture précipitée ne laisse pas le temps à l'auditoire de se faire une image de ce qui est lu. Lisez plus lentement que le rythme régulier de la conversation.

· Utilisez des expressions du visage pour accompagner le texte.

· Si une partie du texte suscite des réactions (rires, applaudissements, etc.), attendez que les réactions soient terminées avant de reprendre la lecture. Faites des pauses avant et après les parties que vous voulez souligner.

· Si votre chapitre est trop long pour être lu en une seule fois, choisissez un endroit où il y a un suspense pour arrêter.

À ne pas faire

· Ne lisez pas une histoire que vous n'aimez pas.

· Ne choisissez pas une histoire que la plupart des élèves ont déjà vue à la télévision ; lorsque l'intrigue est connue, l'intérêt diminue.

· Ne commencez pas un livre si vous n'avez pas le temps de lire suffisamment de pages pour lui rendre justice. Le fait d'arrêter de lire après une page ou deux peut frustrer les élèves plutôt que les stimuler.

· Ne laissez pas trop de temps entre chaque partie du même livre. Un intervalle de trois ou quatre jours entre deux chapitres n'est pas de nature à maintenir l'intérêt des élèves.

· Ne soyez pas impatienté par les questions des élèves, surtout les plus jeunes. Prenez le temps d'y répondre.

· N'imposez pas une période d'interprétation de l'histoire à votre auditoire, mais encouragez les conversations sur la lecture. Ne tournez pas la discussion en évaluation de la compréhension.

· N'utilisez pas la lecture comme menace : « Si vous continuez à être turbulents, il n'y aura pas de lecture aujourd'hui. » Si les enfants constatent que vous utilisez la lecture comme une arme, leur attitude pourra s'en ressentir.

LES ACTIVITÉS DE LECTURE

Le type d'activités que vous proposerez à vos élèves est un facteur important pour la création d'un climat positif dans la classe. Les recherches sur la motivation ont identifié des caractéristiques qui influencent l'engagement de l'élève dans la tâche, comme le défi, l'autonomie, le choix personnel et la collaboration. Ces caractéristiques contribuent à rendre la tâche signifiante pour les élèves.

Une étude, entre autres, a porté sur l'effet des tâches de lecture ouvertes et fermées en première année (Turner, 1993). Les tâches ouvertes sont celles qui sollicitent des habiletés cognitives de plus haut niveau et dans lesquelles l'élève a une plus grande maîtrise du processus et du produit, comme des rédactions personnelles, la lecture de livres pour enfants, la lecture avec un partenaire. Les tâches fermées sont les tâches complètement dirigées par l'enseignant et qui sollicitent surtout la mémoire et l'application de techniques, comme celles consistant à copier des mots, à remplir des cahiers d'exercices où l'on doit combler l'espace blanc par une lettre ou un mot. Les résultats montrent que les tâches ouvertes favorisent la motivation des élèves : elles leur permettent de s'engager plus activement dans l'utilisation des stratégies, d'adapter les activités à leurs intérêts, de développer leur compréhension, d'utiliser des processus cognitifs plus avancés. Étant donné que la tâche est signifiante, les élèves sont plus attentifs et plus disposés à faire un effort supplémentaire s'ils rencontrent des difficultés.

Dans une autre recherche, des entrevues auprès d'enseignants de la fin du primaire ont révélé que ces derniers ne donnaient pas de textes longs à lire à leurs élèves et leur donnaient peu de réponses élaborées à écrire parce qu'ils pensaient que ces derniers n'aimeraient pas ces tâches. Cependant, les entrevues réalisées avec les élèves révèlent que ceux-ci trouvent ennuyeuses les tâches courtes et simplistes et qu'ils aiment le défi que présentent les tâches plus longues mais signifiantes (Miller et autres, 1993).

Bref, la motivation n'est pas une affaire de « tout ou rien » limitée aux dispositions individuelles des élèves : elle est reliée aux occasions offertes par la tâche, elle résulte de l'interaction de l'élève avec les activités signifiantes d'écriture et de lecture (Turner, 1993).

Les caractéristiques des activités de lecture

Les activités de lecture proposées aux élèves devraient présenter plusieurs caractéristiques :

- Les activités devraient d'abord rendre l'élève actif. L'enfant est un « feu à allumer », non pas un vase à remplir, comme le disait si bien Rabelais. Une bonne période de lecture est une période pendant laquelle les élèves sont actifs, sur le plan cognitif, la plus grande partie du temps.

- Les activités devraient développer l'autonomie des élèves. Tous les enseignants s'accordent pour dire que le but de l'enseignement de la lecture est de rendre les élèves autonomes. Souvent, on voit l'autonomie comme un objectif à long terme, alors qu'il s'agit d'un objectif à atteindre à **tous** les stades de développement du lecteur.

- Les activités devraient être fonctionnelles et signifiantes. Une situation est signifiante si l'élève y voit un sens et s'il est enclin à y placer son énergie afin de répondre à son propre besoin de signification. Avant l'entrée à l'école, l'enfant n'a pour ainsi dire jamais rencontré de situations dans lesquelles il n'y avait aucun sens : il a connu, certes, des situations complexes ou difficiles, mais ces situations avaient du sens pour lui.

- Les activités devraient être gratifiantes. L'école a tendance à séparer le programme en deux : la lecture-apprentissage et la lecture-loisir. La lecture-loisir est associée au plaisir alors que la lecture-apprentissage ne l'est pas. Pourquoi ? Plusieurs facteurs peuvent rendre l'enseignement de la lecture peu agréable, comme le manque de variété, l'accent mis sur les questions de compréhension (souvent du type littéral), ou le peu de place faite à des textes véritables. Un enseignement de la lecture ne peut être efficace que s'il est associé au plaisir de lire.

- Les tâches devraient permettre aux élèves d'utiliser une combinaison de stratégies, et non pas porter sur des habiletés isolées de leur contexte. L'élève ne deviendra un lecteur efficace que s'il est placé dans des situations réelles et complètes de lecture, c'est-à-dire des situations dans lesquelles il peut combiner et intégrer ses différentes habiletés de lecture. Faire accomplir à l'élève (particulièrement à l'élève en difficulté) des habiletés isolées a pour effet de lui donner une fausse conception de la lecture et de l'empêcher de maîtriser l'aspect le plus important et le plus complexe de la lecture : l'intégration des habiletés dans une situation fonctionnelle.

Un équilibre dans les activités de lecture

On peut situer les activités de lecture sur une échelle selon leur degré de pertinence. À une extrémité, il y a les situations qui n'ont aucune signification pour l'enfant. On trouve un bel exemple de celles-ci dans les premières pages d'un manuel de lecture traditionnel qui propose comme tâche aux élèves de lire oralement des phrases comme « Léa a épelé : pape et opale » ; il est difficile de penser qu'un lecteur débutant puisse trouver une signification dans ce genre d'activité.

Il y a également des activités qui, même si elles portent sur un texte pertinent, ne sont pas elles-mêmes signifiantes. L'exemple le plus courant est l'activité qui consiste à faire lire un texte aux élèves et à leur poser une série de questions sur des détails, simplement pour vérifier s'ils ont lu le texte.

Il y a ensuite des situations de lecture vraisemblables, mais non authentiques. Dans ces cas-ci, on demande à l'élève de s'imaginer dans une situation quelconque : « Supposons que tu remplaces la bibliothécaire et que tu doives faire respecter les règlements de la bibliothèque. » Même s'il y a peu de chances pour qu'un élève remplace la bibliothécaire, ce type d'activité est plus signifiant que la simple lecture d'un texte pour répondre à des questions.

Il existe aussi des situations signifiantes, mais choisies par l'enseignant, comme le fait de suggérer aux élèves de lire pour s'informer de la vie d'un auteur dont la visite est annoncée à l'école.

Enfin, à l'autre extrémité de l'échelle, les activités les plus signifiantes et les plus authentiques sont celles que les élèves choisissent eux-mêmes pour répondre à des questions qu'ils se posent vraiment. Ces questions proviennent non pas des manuels, mais de la vie des élèves. En répondant à leurs propres questions, les élèves voient dans la lecture un outil indispensable plutôt qu'une matière à assimiler. On observe actuellement une tendance marquée vers la pédagogie centrée sur des projets définis par les élèves (Monson et Monson, 1994).

Comment peut-on établir un équilibre dans ces activités ? Nous suggérons un partage équilibré entre les choix personnels des élèves et les choix de l'enseignant. Certaines tâches seront entièrement choisies par les élèves ; nous pensons ici, entre autres, aux projets de recherche documentaire dans lesquels les élèves déterminent le thème et la façon de présenter l'information aux autres. D'autres activités, par contre, seront proposées par l'enseignant et elles poursuivront un objectif précis : c'est le cas des activités qui se font avec tout le groupe et qui portent sur l'enseignement de stratégies. Enfin, entre les deux formules, il y aura place pour le choix fait conjointement par les élèves et l'enseignant. Par exemple, l'enseignant peut effectuer un premier choix de livres et, parmi ceux-ci, laisser les élèves faire leur propre choix ; ou encore, la tâche peut être planifiée par l'enseignant après une discussion de groupe sur les intérêts des élèves (Lewin, 1992).

LES RELATIONS ENTRE LA LECTURE ET L'ÉCRITURE

Une des erreurs des anciens modèles de lecture a été de considérer la lecture et l'écriture comme des sujets séparés et de les enseigner comme s'ils n'avaient aucun lien entre eux. Il serait inconcevable de penser qu'un enfant puisse apprendre à parler sans écouter le langage dans son environnement. C'est pourtant ce qui se fait souvent avec le langage écrit lorsqu'on sépare l'écriture de la lecture.

Des recherches ont mis en évidence le fait que la lecture et l'écriture sont des processus qui s'appuient mutuellement. Ainsi, des études ont trouvé des corrélations entre l'habileté à lire et l'habileté à écrire chez les élèves ; d'autres études ont démontré que les lectures des élèves influent sur ce qu'ils écrivent ; d'autres encore ont indiqué que les activités d'écriture améliorent la lecture (Maria, 1990). Notons cependant que, pour certains enfants, le fait d'être placés de façon répétée dans une situation de lecture n'est pas suffisant pour développer des habiletés en orthographe.

La lecture et l'écriture ont toutes deux à voir avec la compréhension. Le lecteur reconstruit le sens du texte alors que le scripteur essaie de représenter un sens dans son texte. Un élève qui a travaillé fort à écrire un message est bien disposé à chercher du sens dans les textes que d'autres ont écrits. Le fait d'écrire régulièrement ajoute une dimension à la lecture : les élèves apprennent à lire comme des auteurs, c'est-à-dire qu'ils s'aperçoivent que ce sont des personnes et non des machines qui écrivent des textes et ils sont plus conscients que la lecture est un moyen de communication entre un auteur et un lecteur. Ils portent attention non seulement au sens du texte, mais également à la façon dont l'auteur écrit, au langage et à la structure utilisés.

Bref, tout ce qui a été dit dans ce chapitre concernant la lecture est aussi vrai pour l'écriture ; ainsi, l'enseignant doit servir de modèle de scripteur, il doit écrire devant les élèves et avec eux, il doit offrir des périodes d'écriture personnelle, il doit proposer des activités signifiantes d'écriture, et ainsi de suite. Pour plus de précisions sur l'enseignement de l'écriture, nous vous suggérons de consulter les travaux de Simard (1989, 1990, 1992).

LE SOUTIEN DE LA MOTIVATION À LIRE PAR UN CLIMAT POSITIF

L'apprentissage de la lecture, comme tout autre apprentissage humain, répond à des lois essentielles qui, souvent, ne sont pas considérées dans les classes. Le bon sens et un nombre incalculable d'expérimentations ont démontré que les apprentissages se réalisent dans un climat positif et que la crainte et la punition ne sont pas favorables à quelque apprentissage que ce soit. Pourtant, que de fois voyons-nous des enseignants réprimander et dévaloriser les élèves pour une méprise en lecture ou une réponse erronée ! De façon générale, l'école a tendance à récompenser les élèves qui réussissent bien, à punir ceux qui échouent et à laisser de côté ceux qui ne dérangent personne. Quel est le résultat de ce type d'intervention ? Les élèves habiles qui sont récompensés deviennent plus habiles, les élèves faibles qui sont punis cessent de lire et les élèves « moyens » qui sont négligés lisent le moins possible.

S'il faut éviter le blâme et les punitions en ce qui a trait aux réponses en lecture, l'utilisation de l'approbation devra, par contre, répondre à certaines caractéristiques. En effet, l'approbation sera plus utile si elle est claire, c'est-à-dire si l'élève sait pourquoi on le félicite. Si on dit à un élève «Bravo, tu as réussi» ou «Bravo, tu t'es amélioré», l'élève ne saura pas précisément en quoi consiste ce progrès. Cependant, si on lui dit «J'aime la façon dont tu as mis de l'expression dans ton texte», «J'aime bien tes commentaires sur le personnage» ou encore «Je te félicite d'avoir réussi à trouver la réponse par toi-même», l'élève saura mieux sur quel point il peut centrer ses activités futures (Glazer, 1992).

LA CRÉATION D'HABITUDES DE LECTURE

Votre classe sera un lieu où les enfants découvriront le plaisir de lire et acquerront des habitudes stables de lecture. Une panoplie d'études montrent que les habitudes de lecture, à l'école et à la maison, sont en corrélation avec la réussite en lecture des élèves (Cipielewski et Stanovich, 1992 ; Watkins et Edwards, 1992). Acquérir des habitudes de lecture sera donc un objectif important d'un programme de lecture.

Distinguons d'abord le fait de lire beaucoup du fait d'avoir des habitudes de lecture. Bien des personnes lisent énormément dans le cadre de leur travail, d'autres lisent beaucoup de textes utilitaires dans leurs loisirs pour augmenter leurs connaissances, mais ne lisent pas pour le plaisir de lire. Il est facile de distinguer une situation de lecture **pour apprendre** d'une situation de lecture **pour avoir du plaisir**. Dans le premier cas, on veut terminer la lecture le plus vite possible et on serait content d'apprendre l'information d'une autre façon. Dans le deuxième cas, on ne voudrait surtout pas que quelqu'un gâte notre plaisir en nous disant tout ce qui va arriver dans l'histoire ; de plus, au lieu d'avoir hâte de terminer le texte, il nous arrive même de ralentir la lecture pour savourer le plaisir du moment.

Le plaisir de la lecture ne provient pas des textes utilitaires, mais des textes littéraires. Avoir des habitudes de lecture, c'est se donner du temps pour vivre une lecture esthétique. «Faire une lecture expérientielle, c'est créer, vivre et assimiler une expérience personnelle et unique à partir d'un texte» (Beauchesne, 1985, p. 40).

Dans les sections suivantes, nous parlerons de la promotion des livres, qui peut entraîner le développement d'habitudes de lecture. Nous aborderons également la valeur des campagnes de lecture et la place qu'elles occupent.

La promotion des livres

Il est important d'amener les élèves à élargir l'éventail de leur choix de lecture. Bon nombre d'enseignants du primaire se plaignent que les élèves ne lisent que des bandes dessinées. Quel enseignant ou parent peut se vanter d'avoir toujours résisté à l'envie d'interdire les bandes dessinées dans certaines occasions? Cependant, ce n'est pas en interdisant les bandes dessinées qu'on augmentera la variété des types de lecture chez les élèves. L'anecdote qui suit est très révélatrice à ce sujet. Il y a quelques années, les responsables d'une bibliothèque municipale, ayant constaté que les enfants empruntaient presque uniquement des bandes dessinées, ont émis un nouveau règlement qui stipulait que, sur les cinq livres permis, les enfants ne pourraient emprunter dorénavant que quatre bandes dessinées, le cinquième livre devant faire partie d'une autre catégorie. On s'attendait de cette façon à agrandir la variété des livres lus par les enfants. Malheureusement, le seul effet de cette directive fut que les enfants se mirent à emprunter quatre livres au lieu de cinq (quatre bandes dessinées, bien sûr!).

Le problème réside non pas dans la lecture de bandes dessinées elle-même, mais dans le fait de se limiter à un seul type de texte. Que peut-on faire pour amener les élèves à varier leurs lectures? Le secret des lectures diversifiées passe par la promotion des livres. Souvent, les élèves ne savent pas qu'il existe des livres qui pourraient répondre à leurs intérêts et la promotion des livres leur ouvre de nouvelles possibilités. « La littérature de jeunesse est si vaste et si variée qu'on peut facilement postuler que n'importe quel enfant aura l'occasion de faire la rencontre avec le livre qui lui donnera la motivation nécessaire pour surmonter ses difficultés en lecture. Parce que tous les enfants, comme tous les adultes, cherchent des réponses à leurs questions, aiment s'émouvoir, ou rire, ou avoir peur "pour de rire", ou se glisser dans la peau d'un héros, ou vivre par procuration les aventures d'un personnage. Or tout ceci est possible avec les livres qui s'adressent spécifiquement aux jeunes, mais la plupart des jeunes l'ignorent, parce que ni les médias, ni l'école, ni souvent la famille ne les informe » (préface de C. Poslaniec, dans Méron et Maga, 1990, p. 8).

Nous suggérons maintenant une série d'activités dont l'objectif est de faire connaître aux élèves des livres de littérature de jeunesse.

La lecture d'un extrait de livre

L'activité classique sera toujours de lire aux élèves un extrait d'un livre pour piquer leur curiosité, puis de laisser le livre en circulation. Vous pouvez être assuré que le livre sera très populaire dans la classe.

Les babillards

Le babillard permettra aux élèves d'afficher leurs réactions de toutes sortes sur leurs lectures. Vous vous rendrez probablement compte qu'un seul babillard est insuffisant et qu'il est possible d'en créer plusieurs en utilisant les corridors de l'école, le hall d'entrée, la bibliothèque.

Voici des exemples de babillard :

- Le livre de la semaine ou le livre du mois ; les élèves votent pour leur livre préféré.
- Un babillard en forme de tête de clown : ceux qui ont lu des livres drôles font une jaquette de livre amusante qu'ils plient en accordéon et intègrent à la fraise du clown.
- Un babillard qui représente la vitrine d'un magasin d'animaux : lorsqu'un élève a lu un livre sur les soins à donner aux animaux, il peut découper sa fiche de lecture d'après la forme de l'animal et la coller dans la vitrine. La même activité peut être réalisée avec le thème du zoo.

Les affiches

Chaque élève réalise une affiche pour faire connaître un livre ; il rédige également des questions portant sur le livre qu'il a choisi et les inscrit sur son affiche. L'affiche comporte deux pochettes : une destinée au livre et l'autre visant à recueillir les réponses aux questions. Étant donné que ces affiches sont disposées dans la bibliothèque, tous les élèves de l'école peuvent y répondre. L'élève qui a réalisé l'affiche corrige lui-même les réponses et remet en mains propres le bulletin-réponse corrigé à son auteur (Cassagnes et autres, 1993).

Les arts plastiques

Les élèves peuvent réaliser des travaux d'arts plastiques reliés à des livres qu'ils ont aimés et qu'ils veulent faire connaître aux autres élèves de la classe :

- des affiches, des signets, des collants ou des bannières qui font la promotion des livres préférés ;
- des graphiques géants des événements d'une histoire ou des relations entre les personnages ;
- des collages, des murales ou des mobiles représentant un roman ;
- des cartes de souhaits inspirées d'un livre ;
- des maquettes illustrant un aspect d'un livre ;
- un diorama (une boîte de chaussures qui contient des objets représentant certains événements d'un livre) ;
- des cubes d'histoire (un cube de carton où l'on dessine ou écrit un événement sur chacune de ses faces) ;
- le dessin d'un personnage de livre pour décorer un T-shirt ;
- un livre en trois dimensions réalisé à l'aide d'un livre ordinaire ;
- une bande dessinée réalisée après la lecture d'un roman.

La présentation d'un livre en une minute

Les élèves peuvent bénéficier grandement de la promotion des livres effectuée par leurs pairs. Planifiez une activité dans laquelle chaque élève dispose d'une minute pour résumer l'intrigue du livre qu'il a choisi. En plus de faire connaître bon nombre de livres à toute la classe, cette activité amène les élèves à résumer de l'information, à suivre le déroulement du récit et à s'exprimer oralement.

La lecture d'un livre en une heure

Choisissez un roman et répartissez-le en sections de longueur égale. Donnez une section à lire à chaque élève, puis laissez une période d'une à deux minutes à chacun pour résumer sa partie. Ainsi, en une heure, les élèves auront une bonne idée du livre et auront peut-être le goût de lire le livre en entier (Clary, 1991).

Un poème dans sa poche

Choisissez un court poème à lire chaque jour (un poème pour chaque saison, un poème amusant, touchant ou triste). De temps en temps, adoptez un thème pour vos poèmes (les sports, la lune et les étoiles, etc.). À l'occasion, consacrez une semaine à un poète. Rassemblez vos poèmes dans un fichier en les classant par thèmes : ils seront accessibles en même temps aux élèves. Encouragez ces derniers à établir leur propre fichier de poèmes.

Une communauté de lecteurs animée par des parents

Présentez à la classe cinq ou six livres nouveaux et formez des sous-groupes d'élèves qui s'intéressent aux mêmes livres. Invitez des parents à servir d'animateurs lors de la journée d'échanges sur les livres (Tran, 1993).

Les auteurs

Rendez les auteurs aussi vivants que leurs livres en apportant de l'information sur eux. Incitez les élèves à lire plusieurs livres du même auteur (ou plusieurs livres de la même série). Vous pouvez encourager un élève à écrire à un auteur. Cependant, il est préférable que toute la classe n'écrive pas au même auteur : les auteurs détestent recevoir une série de lettres toutes semblables.

L'échange de livres

Vous pouvez organiser un échange de livres. Les élèves apportent des livres de la maison avec la permission de leurs parents. Ils reçoivent un coupon pour chacun des livres apportés. La journée de l'échange, les livres sont placés sur les tables de la cafétéria (les livres pour les petits sont placés sur les bancs, à leur hauteur). Les enfants circulent à la file indienne pour faire leur choix.

La promotion d'un livre

Chaque élève essaie de promouvoir un livre à la classe. Pour ce faire, il peut s'habiller comme le personnage principal du livre ou encore créer de petites marionnettes représentant les personnages. Le défi consiste à faire connaître le livre sans toutefois révéler le dénouement de l'intrigue.

Un défilé de livres

Les élèves se déguisent en hommes-sandwiches pour faire la promotion des livres qu'ils ont choisis. Ils manifestent dans leur quartier en défilant au son des tambours et des trompettes (cette activité est suggérée par Communication Jeunesse).

L'heure du conte en pyjama

Cette activité s'adresse aux enfants de la maternelle et du début du primaire. Les enfants se présentent à l'école le soir pour une soirée de lecture. Ils viennent accompagnés d'un parent et de leur compagnon de nuit préféré (un ourson, une poupée, etc.). Des animateurs apportent des livres, lisent des contes et chantent des berceuses (cette activité est suggérée par Communication Jeunesse).

Les campagnes de lecture

Il existe tout un éventail de projets scolaires qui consistent à compiler d'une façon ou d'une autre les lectures faites par une classe, par une école ou par une commission scolaire. Ces campagnes de lecture sont ponctuelles, c'est-à-dire qu'elles se déroulent durant une période préétablie, variant d'une journée à plusieurs semaines. Voici quelques exemples de campagnes de lecture :

La chaîne de livres.   L'objectif est de construire une chaîne assez longue pour faire le tour de l'école. La chaîne en question est composée de maillons de papier de construction (2,5 cm sur 23 cm). Après avoir lu un livre, l'élève fabrique lui-même son maillon et y inscrit son nom et le titre du livre (Talacek, 1992).

Le projet du millionnaire.   L'objectif de l'école est d'accumuler un million de minutes de lecture en dehors de l'école. Le projet utilise l'analogie de la banque : (1) les enfants peuvent ouvrir un compte avec un premier dépôt d'une minute de lecture ; (2) le nombre total de minutes passées à lire est déposé à la fin du mois (lecture silencieuse, lecture pour quelqu'un d'autre, lecture faite par un parent) ; (3) les entrées dans le carnet de banque sont vérifiées par le parent (O'Masta et Wolf, 1991).

Le bilan de ces campagnes est la plupart du temps positif. Les enfants qui participent à celles-ci passent beaucoup plus de temps à lire que d'autres élèves. Il s'agit également d'une bonne façon d'amener les parents à partager des lectures avec leur enfant. Cependant, il faut être vigilant quant au type de motivation que suscitent ces campagnes de lecture. En effet, on rencontrera à l'occasion des élèves qui sont tellement préoccupés par le nombre de pages ou de livres à lire qu'ils ne font qu'une lecture superficielle, sans prendre de plaisir à lire. La motivation suscitée ici est alors du type extrinsèque, car elle repose sur une conséquence extérieure (les points, la compétition, etc.) plutôt que sur le plaisir de lire. Des recherches ont montré que les enseignants efficaces misent sur la motivation intrinsèque des élèves et non sur la motivation extrinsèque.

Certes, ces campagnes sont valables, mais il faudrait en outre qu'on y mette l'accent sur la motivation personnelle. Celle-ci se développe lorsque l'enfant vit des expériences de lecture satisfaisantes, lorsqu'il trouve des livres nouveaux qui lui posent des défis ou qui sont esthétiquement agréables.

LE RÔLE DU LIVRE DANS LE DÉVELOPPEMENT PERSONNEL DES ÉLÈVES

Le livre peut aider les élèves à mieux vivre les situations quotidiennes reliées à leur niveau de développement. Des thèmes comme les suivants peuvent être explorés en classe et enrichis par la lecture de livres pour enfants : la famille, les parents, les relations avec les frères et sœurs, la place de l'enfant dans la famille, les relations avec les amis et les camarades, l'acquisition de l'autonomie, la croissance, la liberté, les responsabilités, les relations entre les garçons et les filles.

Outre les situations normales de croissance, les livres peuvent servir d'intermédiaires dans des moments difficiles de la vie des jeunes lecteurs. Vous pouvez suggérer à un élève un livre que vous jugez pertinent pour lui ; suggérer un bon livre, c'est conseiller un livre qui non seulement présente un niveau de lecture approprié, mais arrive au moment opportun dans la vie de l'enfant.

On appelle « bibliothérapie » l'utilisation de textes de fiction dans le but d'aider un lecteur à résoudre certains problèmes personnels. La bibliothérapie est fondée sur une des caractéristiques du lecteur qui est de s'identifier avec le héros d'un livre. C'est en exploitant ce principe que le livre s'est très souvent révélé un moyen privilégié de soutenir un enfant dans la quête d'une solution face à un problème personnel, que ce soit un déménagement, la séparation des parents ou la perte d'un ami (Giasson, 1994c). On peut distinguer trois étapes dans le fonctionnement de la bibliothérapie. À la première étape, l'enfant s'identifiera avec le personnage qui a le même problème que lui. À la deuxième étape, l'enfant se permettra d'éprouver les émotions du personnage, ce qu'il se refuse souvent à faire dans sa propre vie. En effet, plusieurs enfants ou adolescents hésitent à exprimer des émotions comme la crainte, le rejet ou la dépression. À la troisième étape, le lecteur prendra connaissance des solutions envisagées par le personnage et pourra éventuellement les faire siennes pour résoudre ses propres problèmes.

UNE GRILLE-SYNTHÈSE

Pour résumer les principaux points qu'il faut considérer lors de la mise en place d'un climat en classe qui soit propice à l'enseignement de la lecture, nous vous proposons une grille d'évaluation qui vous permettra de vérifier quel est votre type d'engagement envers la lecture dans votre classe (voir la figure 2.4).

CONCLUSION

Dans ce chapitre, nous avons vu qu'un climat propice à la lecture se bâtit à l'aide de plusieurs composantes. L'enseignant sert d'abord de modèle de lecteur, puis il fait connaître aux élèves des livres de qualité, il leur propose des périodes de lecture personnelle et leur fait lui-même la lecture régulièrement. Pour conclure ce chapitre, nous reprendrons les mots d'un auteur qui décrivait ainsi un programme de lecture reconnu pour être efficace : « Nos enfants parlent et écrivent et écrivent et rient, et lisent… et lisent… et lisent » (Mabbett, 1990).

FIGURE 2.4
Grille d'évaluation d'un programme de lecture

Encerclez, sur l'échelle de 5 points, le numéro qui décrit le mieux vos pratiques d'enseignement de la lecture : I est le score le plus bas et 5 le score le plus haut. En d'autres mots, I veut dire « non », 5 veut dire « oui », alors que « quelques fois » est coté 2, 3 ou 4 selon la fréquence du comportement. Additionnez les points et référez-vous à l'interprétation des scores à la fin du questionnaire.

I. Mettez-vous à la disposition de vos élèves un éventail de livres dont les niveaux de difficulté sont variés ?	I 2 3 4 5
2. Avez-vous planifié une période quotidienne de lecture personnelle ?	I 2 3 4 5
3. Faites-vous avec les élèves des rencontres individuelles portant sur leurs lectures personnelles ?	I 2 3 4 5
4. Avez-vous proposé à vos élèves un système efficace pour tenir un relevé de leurs lectures personnelles ?	I 2 3 4 5
5. Donnez-vous à vos élèves la possibilité de répondre de façon créative à leurs lectures ?	I 2 3 4 5
6. Invitez-vous des personnes-ressources dans votre classe pour discuter de littérature ?	I 2 3 4 5
7. Utilisez-vous les médias pour favoriser la lecture ?	I 2 3 4 5
8. Vos élèves peuvent-ils partager leurs lectures de différentes façons ?	I 2 3 4 5
9. Faites-vous régulièrement lire des livres pour jeunes à vos élèves ?	I 2 3 4 5
I0. Utilisez-vous des sources variées pour vous aider à choisir des livres à proposer à vos élèves en classe ?	I 2 3 4 5
I I. Faites-vous régulièrement la lecture à vos élèves ?	I 2 3 4 5
I2. Faites-vous régulièrement la promotion de livres ?	I 2 3 4 5
I3. Examinez-vous régulièrement les livres pour jeunes et les revues de livres pour jeunes ?	I 2 3 4 5
I4. Vos élèves écrivent-ils et illustrent-ils régulièrement leurs propres livres ?	I 2 3 4 5
I5. Discutez-vous avec vos élèves de la composition des livres et des personnes qui éditent les livres ?	I 2 3 4 5
I6. Utilisez-vous des livres pour jeunes avec vos élèves en difficulté ?	I 2 3 4 5
I7. Utilisez-vous des sources spécifiques pour vous aider à choisir des livres pour vos élèves en difficulté ?	I 2 3 4 5
I8. Avez-vous demandé la collaboration des parents pour votre programme de lecture ?	I 2 3 4 5
I9. Offrez-vous votre aide pour choisir des livres pour la bibliothèque de votre école ?	I 2 3 4 5
20. Vos élèves lisent-ils tous beaucoup et semblent-ils apprécier leur programme de lecture ?	I 2 3 4 5

Interprétation

Au-dessus de 90	Vous avez un excellent programme.
De 75 à 90	Vous avez un bon programme.
De 60 à 75	Votre programme est dans la moyenne.
Au-dessous de 60	Vous avez certainement besoin d'enrichir votre programme de lecture.

Adapté de Clary (1991). Traduction de l'auteure.

CHAPITRE

3 Diversifier les interventions

Sommaire

INTRODUCTION

Ce chapitre porte sur l'organisation de l'enseignement de la lecture, plus particulièrement sur les façons de regrouper les élèves. Il existe aujourd'hui, en éducation, un mouvement marqué vers une plus grande flexibilité dans les types de regroupement en classe (Pardo et Raphael, 1991 ; Strickland, 1992). Nous présenterons, dans ce chapitre, les différents types de regroupement possibles en lecture ainsi que les types d'intervention qui accompagnent les façons de regrouper les élèves.

LES DIFFÉRENTS TYPES DE REGROUPEMENT

Il est possible de répartir les élèves en un grand groupe, en sous-groupes, en dyades, ou encore de leur proposer de faire un travail individuel. La première caractéristique des regroupements d'élèves sera la variété, la deuxième, la flexibilité.

Le groupe-classe

L'enseignement qui s'adresse au groupe en entier n'occupera pas toute la place en classe, mais il sera indispensable. Les activités en groupe-classe sont importantes, car elles assurent que tous les élèves partageront certaines expériences ; celles-ci contribuent à créer un sentiment de communauté de lecteurs dans la classe. En général, ce type de regroupement s'effectuera au début et à la fin d'une période consacrée à la lecture ou à l'écriture. Plus particulièrement, ces périodes peuvent servir à :

- faire la lecture à toute la classe ;
- présenter une nouvelle stratégie de lecture ;
- partager des connaissances sur un sujet avant la lecture d'un texte (mise en situation) ;
- faciliter la compréhension d'un texte plus difficile (intervention pendant la lecture) ;
- échanger des réactions après la lecture d'un texte.

Lorsque tout le groupe est réuni, l'enseignant utilisera principalement comme moyens d'intervention l'enseignement stratégique, le questionnement et la discussion avec les élèves.

Les sous-groupes

Dans la plupart des classes, le ratio enseignant-élèves est d'environ 1/25, ce qui laisse assez peu de place à l'interaction entre l'enseignant et chacun des élèves. Certaines recherches ont montré qu'en moyenne, dans une journée, l'enseignant parle pendant deux heures vingt minutes alors que les élèves n'interviennent que pendant deux minutes chacun. Pour remédier à cette situation, on peut encourager les échanges entre les élèves eux-mêmes en formant des sous-groupes. Dans ces derniers, le nombre de participants peut varier ; ainsi, on trouve des sous-groupes composés de la moitié de la classe, des sous-groupes composés de 7 à 10 élèves et des sous-groupes comprenant de 3 à 6 élèves.

Le concept de relations entre les pairs, qui est à la base de la formation de sous-groupes d'élèves, provient de deux courants qui se concrétisent chacun à leur manière en classe. Le premier courant, surtout connu sous le nom d'« apprentissage coopératif », consiste à regrouper les élèves autour d'une tâche donnée : chacun est responsable de son propre apprentissage et de l'apprentissage du groupe. L'objectif visé est l'acquisition de connaissances ou d'habiletés. Le deuxième courant, connu sous le nom de « cercles de lecture », mise sur les échanges entre les élèves au moyen d'un texte commun, sans nécessairement viser la production d'un travail en particulier. L'objectif poursuivi est la co-construction de la signification du texte et l'échange des réactions après la lecture d'un texte.

Quelle que soit la forme de coopération choisie, elle sera bénéfique pour le développement non seulement de l'habileté de lecture des élèves, mais également de l'habileté de coopération. On ne risque pas de se tromper en disant que les élèves qui sont actuellement dans nos classes vivront, comme adultes, dans un monde où la recherche de solutions à des problèmes se fera par la coopération. Il est donc important que la coopération fasse déjà partie de la vie à l'école.

Les dyades

Les dyades, ou regroupements de deux personnes, sont composées soit de l'enseignant et d'un élève, soit de deux élèves. La dyade enseignant-élève est bien illustrée par les entretiens qui se fondent sur le dossier d'écriture et de lecture de l'élève. Quant aux dyades d'élèves, elles peuvent être composées de deux élèves du même niveau ou d'élèves de niveaux différents ; par exemple, des élèves d'une classe de cinquième année peuvent servir de tuteurs à des élèves d'une classe de première année.

Le travail individuel

Tous les élèves doivent avoir l'occasion d'effectuer un travail individuel. Ces périodes permettront à l'élève, entre autres, de lire un texte de son choix et d'appliquer des stratégies de lecture de façon personnelle.

Dans ce chapitre, nous verrons les types d'intervention qui caractérisent chacun des types de regroupement, soit :

- l'enseignement stratégique, les questions et les discussions, dans le groupe-classe ;
- l'apprentissage coopératif et les cercles de lecture, dans les sous-groupes ;
- le tutorat et les entretiens entre l'élève et l'enseignant, dans les dyades ;
- les relevés des lectures personnelles et la sélection des livres par les élèves, dans le travail individuel.

L'ENSEIGNEMENT STRATÉGIQUE

Depuis quelques années, la recherche a mis en évidence l'importance de l'enseignement stratégique en classe (Tardif, 1993). La plupart des publications destinées aux élèves et aux enseignants intègrent aujourd'hui un enseignement des stratégies de lecture (Boyer, 1993 ; Demers et Landry, 1994 ; Demers et Tremblay, 1992). L'enseignement stratégique en lecture vise à amener les élèves à acquérir un éventail de stratégies de lecture. Les élèves habiles découvriront, certes, par eux-mêmes des stratégies efficaces de lecture ; cependant, si on laisse ces découvertes sous la seule responsabilité des élèves, on risque d'agrandir l'écart entre les élèves forts et les élèves faibles, d'où l'intérêt de l'enseignement stratégique.

Les composantes de l'enseignement stratégique

Comment faut-il procéder pour offrir un enseignement stratégique aux élèves ? Il faut d'abord choisir des stratégies qui répondent à des besoins chez les élèves, c'est-à-dire des stratégies qu'ils ne maîtrisent pas et qui sont susceptibles de leur rendre service dans les tâches de lecture (par exemple, survoler le texte, faire des liens avec leurs propres connaissances, résumer l'information). De plus, les stratégies choisies doivent tenir compte des capacités des élèves ; ainsi, le soulignement des idées principales d'un texte sera accessible à des élèves de la fin du primaire, et non à des élèves de première année (Pressley et Harris, 1990). Signalons que nous présenterons, aux chapitres 5 à 8, des stratégies de lecture correspondant au développement des élèves.

Une fois la stratégie ciblée, il s'agira d'enseigner le quoi, le pourquoi, le comment et le quand de celle-ci. Le **quoi** correspond à une définition et à une description de la stratégie à enseigner. Il est utile de pouvoir recourir à un nom pour parler de la stratégie avec les élèves (la connaissance déclarative). Le **pourquoi** constitue une brève explication disant pourquoi la stratégie est importante et comment elle aidera les élèves à être de meilleurs lecteurs. Il est important de motiver les élèves à utiliser les stratégies en leur montrant qu'il y a un lien entre l'utilisation qu'ils font d'une stratégie et leur réussite dans une tâche (la connaissance métacognitive). En ce qui concerne le **comment**, il s'agit d'enseigner le fonctionnement d'une stratégie (la connaissance procédurale) :

1. L'enseignant explicite à voix haute de quelle façon il utilise la stratégie cible. Par exemple, au cours d'une lecture, il peut, devant un mot inconnu, dire aux élèves : « Je ne connais pas le sens exact de ce mot, mais je pense qu'il veut dire telle chose. Allons voir si le reste du texte peut nous éclairer sur sa signification. » L'enseignant poursuit la lecture et mentionne au fur et à mesure les éléments qui viennent confirmer, préciser ou infirmer son hypothèse.

2. L'enseignant interagit avec les élèves et les guide vers la maîtrise de la stratégie. Il utilise ici les principes de l'étayage, c'est-à-dire qu'il donne à l'élève seulement le soutien nécessaire pour employer la stratégie et diminue graduellement celui-ci à mesure que l'élève développe ses habiletés. L'élève en vient à comprendre et à intérioriser la stratégie qu'il a utilisée d'abord en interaction.

3. L'enseignant favorise l'autonomie des élèves dans l'utilisation de la stratégie, notamment en leur suggérant d'employer des stratégies dans les textes de toutes les autres matières scolaires.

Enfin, en ce qui a trait au **quand**, l'enseignant dit aux élèves à quel moment on peut utiliser la stratégie et de quelle manière on peut l'adapter à la situation afin d'atteindre un objectif. Il explique les conditions dans lesquelles la stratégie sera le plus utile et comment on peut en évaluer l'efficacité. Par exemple, l'imagerie mentale sera une stratégie utile pour la compréhension d'un texte narratif, mais elle s'avérera inadéquate en ce qui touche le processus de compréhension d'un texte abstrait (la connaissance métacognitive).

Il est important de comprendre que l'enseignement stratégique consiste non seulement à enseigner un ensemble de stratégies aux élèves, mais aussi à susciter chez eux le recours à des stratégies qui seront toujours orientées vers la compréhension du texte. Il faut s'assurer que les élèves acquièrent des stratégies et qu'en outre ils les combinent et les ajustent en vue d'atteindre leur objectif de lecture.

L'appropriation de l'enseignement stratégique par les enseignants

L'enseignement stratégique est un type d'enseignement relativement nouveau et les enseignants qui l'utilisent ont encore peu de modèles à leur disposition. Cependant, au cours des dernières années, plusieurs études ont été réalisées afin de suivre l'évolution des enseignants qui ont choisi de s'engager dans un enseignement du type stratégique. Nous donnons ci-dessous les grandes lignes des étapes par lesquelles semblent passer les enseignants. Fait intéressant à signaler, ces étapes ressemblent à celles par lesquelles passent les élèves qui apprennent à utiliser des stratégies de lecture (Brown et Coy-Ogan,1993 ; Duffy, 1993).

L'APPLICATION MÉCANIQUE DU MODÈLE

Dans leurs premiers essais d'enseignement stratégique, les enseignants ont tendance à présenter les stratégies hors de tout contexte. Ils enseignent les stratégies une à la fois sans les relier les unes aux autres et les font appliquer sur des pages d'exercices plutôt que dans des textes réels. Ils expliquent aux élèves l'utilisation de la stratégie sous forme d'étapes à réaliser et non en tant que démarche stratégique globale. Ils sont à la recherche de la liste parfaite de stratégies de lecture qui garantirait le succès à tous coups.

L'EXPÉRIMENTATION

Lorsqu'ils développent de la confiance dans leur habileté à enseigner de façon stratégique, les enseignants commencent à enseigner les stratégies immédiatement avant leur utilisation naturelle plutôt qu'en dehors d'un contexte. Ils explicitent les stratégies à voix haute et montrent aux élèves que le fait d'intégrer des stratégies ne consiste pas à suivre une recette, mais à résoudre un problème. Ils continuent cependant à s'en tenir à des listes fermées de stratégies.

L'APPROPRIATION

À la fin du processus, les enseignants se rendent compte que l'enseignement stratégique doit dépasser l'enseignement de stratégies individuelles. Ils intègrent l'enseignement des stratégies dans des situations où les élèves rencontrent des problèmes véritables. Les stratégies ne sont plus enseignées pour elles-mêmes, mais en fonction d'un but à atteindre. Les enseignants révisent leur liste de stratégies, en inventent de nouvelles et en éliminent au besoin ; ils choisissent celles qui répondront à des besoins de leurs élèves.

Les points de convergence des recherches en enseignement stratégique

Au cours des dernières années, le domaine de l'enseignement stratégique a assez évolué pour qu'on puisse proposer certaines balises aux enseignants. Les recherches ont mis en évidence les points qui suivent :

· Les stratégies ne sont pas des recettes, des démarches à appliquer de façon séquentielle et rigide ; elles s'apparentent plutôt à la résolution de problèmes.

- Les stratégies ne s'enseignent pas en l'absence d'un contenu : le meilleur matériel pour enseigner une stratégie est le texte que les élèves ont en main et pour lequel ils ont besoin d'aide. Il ne faut pas créer des contextes dans lesquels on appliquera les stratégies de façon artificielle.

- Il faut ajuster l'enseignement des stratégies de manière que les élèves apprennent graduellement à les utiliser avec une plus grande complexité.

- Les élèves qui utilisent déjà des stratégies efficaces doivent savoir qu'il existe des stratégies de remplacement acceptables et qu'il n'est pas nécessaire de changer leurs propres stratégies.

- Il faut éviter que l'explication et l'auto-réflexion ne deviennent plus compliquées que la tâche elle-même.

- Il ne faut pas croire qu'une stratégie s'apprend en une seule leçon ; l'acquisition des stratégies demande du temps.

- L'enseignement stratégique ne remplace pas la lecture personnelle de l'élève. Il ne constitue qu'une partie du programme de lecture.

QUESTIONNER LES ÉLÈVES EN CLASSE

Poser des questions aux élèves a toujours été un outil privilégié par les enseignants. En lecture, les questions sont omniprésentes ; pensons aux examens, aux cahiers d'exercices, aux suggestions de leçons dans les guides pédagogiques et aux discussions en classe. Cependant, ces dernières années, le rôle des questions a été contesté ; on a reproché aux questions en lecture d'être trop littérales et de ne pas être motivantes pour les élèves (Armbruster et autres, 1991 ; De Koninck, 1993). La solution au problème ne consiste pas à bannir les questions de la classe, mais à réévaluer leur rôle. En fait, il ne s'agit pas de savoir si les enseignants doivent utiliser ou non les questions, mais de savoir comment et quand ils doivent le faire.

Le rôle des questions

Une série de questions à la fin d'un texte peut sembler aussi inévitable pour les élèves que la pluie après le beau temps. L'anecdote suivante est révélatrice de la perception que les élèves peuvent avoir des questions sur le texte. Un enfant de 10 ans, dont le devoir à faire à la maison consistait toujours à répondre à des questions sur des textes, demanda à son père : « Si mon professeur veut tellement savoir les réponses à toutes ces questions, pourquoi ne lit-il pas les textes lui-même ? »

Avant de poser des questions aux élèves, nous devrions nous demander : « Est-ce que ces questions correspondront à un objectif valable ? » Poser des questions simplement pour nous assurer que les élèves ont lu le texte n'est pas un objectif suffisant. Même lorsque nous avons un objectif légitime, nous devons encore réfléchir avant de choisir cette stratégie. Les questions amènent les élèves à réagir à leur lecture d'une façon qui n'est pas naturelle, qui est plus spécifique au contexte de l'école. Comme adultes, si nous avions à répondre à un questionnaire chaque fois que nous lisons un roman, nous abandonnerions peut-être la lecture au profit de la télévision.

La pertinence des questions

Si vous choisissez de poser des questions, leur première caractéristique sera leur pertinence, c'est-à-dire qu'elles porteront sur des éléments importants du texte. Que de fois les élèves sont placés devant des questions qui n'ont aucune importance pour la compréhension du texte lu ! Si vous posez des questions sur les éléments importants du texte, vous atteindrez du même coup deux objectifs : la compréhension de l'information importante et le rappel de cette information. En effet, certaines recherches ont montré que les élèves se souviennent davantage des éléments sur lesquels on leur a posé des questions. Ainsi, dans une étude, des chercheurs ont posé des questions à différents élèves de cinquième année, soit sur les éléments les plus importants, soit sur les éléments moyennement importants ou sur les éléments les moins importants du texte (Wixson, 1983). À un test de rappel après une semaine, les élèves se souvenaient des éléments sur lesquels avaient porté les questions, et ce, quelle que soit l'importance de ces éléments : les élèves qui avaient répondu à des questions sur les éléments importants se souvenaient de ces derniers alors que ceux qui avaient répondu à des questions de détails se souvenaient de ces éléments mineurs. Ce genre de résultat est certes de nature à nous faire réfléchir sur la pertinence de nos questions en classe.

Les types de questions

Vos questions doivent être pertinentes ; de même, elles doivent être variées et faire appel à différents processus chez l'élève. Dans cette optique, il est approprié de connaître la classification classique suivante qui porte sur la relation entre le texte, la question et la réponse de l'élève (Pearson et Johnson, 1978 ; Raphael, 1986). Cette classification comprend trois niveaux :

1. La relation est **explicite et textuelle** si la question et la réponse découlent toutes deux du texte **et** si la relation entre la question et la réponse est clairement indiquée par des indices mêmes du texte.

   Texte :   Les flocons de neige qui tombent du ciel ressemblent à des étoiles blanches.

   Question :   À quoi ressemblent les flocons de neige qui tombent du ciel ?

   Réponse :   Ils ressemblent à des étoiles blanches.

2. La relation est **implicite et textuelle** si la question et la réponse découlent encore toutes deux du texte, **mais** s'il n'y a pas dans le texte d'indice grammatical qui relie la question à la réponse. Cette catégorie exige l'utilisation d'au moins une inférence par le lecteur.

   Texte :   Dans la classe, nous avions deux poissons rouges, Pollux et Castor. Ce matin, il n'en reste plus qu'un. Pollux est mort.

   Question :   Castor est-il vivant ou mort ?

   Réponse :   Castor est vivant.

3. La relation est **implicite et fondée sur les connaissances du lecteur** si la question découle du texte **et** si le lecteur utilise ses propres connaissances pour répondre à la question.

   Texte :   Ralph s'installa dans une vieille chaise berçante. Il se berça de plus en plus fort. Il se retrouva soudainement assis sur le plancher.

   Question :   Pourquoi Ralph se retrouva-t-il assis sur le plancher ?

   Réponse :   Parce qu'une chaise berçante se renverse quand on se balance trop fort.

Il n'est pas nécessaire de poser tous les types de questions sur chaque texte. On peut économiser du temps en allant directement aux questions de compréhension d'un haut niveau, quitte à revenir à l'occasion à une question de compréhension littérale si le besoin s'en fait sentir. En terminant, disons qu'il faut garder de la place pour la diversité des réponses. Plus les questions dépendent des connaissances du sujet, plus les réponses peuvent être variées.

Les questions sur le produit et les questions sur le processus

En plus d'être pertinentes et variées, les questions doivent nous renseigner non seulement sur ce que l'élève a compris, mais aussi sur les stratégies qu'il utilise pour comprendre. Dans ce sens, on peut distinguer les questions sur le produit et les questions sur le processus. Les questions sur le produit servent surtout à l'évaluation alors que les questions sur le processus servent plutôt à l'enseignement.

1. Une question sur le produit demande à l'élève de répondre par des éléments de connaissance. Par exemple : « Quel est le nom de… ? », « À quel endroit se passe l'histoire ? »

2. Les questions sur le processus amènent l'élève à dire comment il est arrivé à telle réponse. Ces interrogations portent donc sur le processus même utilisé par l'élève lorsqu'il répond à la question. Par exemple :
   - « Qu'est-ce qui te fait dire que… ? »
   - « Qu'est-ce qui t'a permis de prédire ce qui est arrivé ? »
   - « Qu'est-ce qui peut t'aider à trouver le sens du mot… ? »
   - « Qu'est-ce qui te fait dire que l'histoire est imaginaire ? »

On suggère non pas de remplacer les questions sur le produit par des questions sur le processus, mais d'utiliser les deux types de questions en classe. Les questions sur le produit serviront à évaluer la compréhension et l'acquisition de connaissances, alors que les questions sur le processus permettront d'enseigner une stratégie ou d'évaluer la maîtrise de cette stratégie. Avant de poser une question, demandez-vous quel est votre objectif. Si vous enseignez une stratégie, vous poserez plutôt des questions sur le processus (« Dis-moi comment tu sais… ») ; si vous voulez travailler au contenu du texte, vous poserez surtout des questions portant sur le produit (« Dis-moi ce que tu sais de… »).

Développer son habileté à poser des questions

En classe, de façon typique, l'enseignant pose une question dont il sait la réponse ; il s'adresse d'abord à un élève, et si celui-ci ignore la réponse, il passe au suivant. Tout ce que l'enseignant fait alors de la réponse de l'élève consiste à dire si elle est bonne ou non. C'est ce qu'on pourrait appeler le jeu de « devine ce qu'il y a dans ma tête ». Peu d'enseignants peuvent dire qu'ils n'ont jamais utilisé cette méthode. Comment peut-on briser cette habitude ? Comment peut-on amener les élèves à élaborer leur réponse, à aller au-delà de leur première réaction ? Voici six types de questions qu'on peut utiliser pour assurer le suivi des réponses des élèves (Thomas, 1992) :

1. Recentrer : « Tu nous as dit en quoi les deux fables étaient semblables ; maintenant dis-nous en quoi elles sont différentes. »

2. Encadrer : « De quoi te souviens-tu (à propos d'un passage en particulier) ? »

3. Clarifier : « Je ne suis pas certain de comprendre ; peux-tu le dire d'une autre façon ? »

4. Vérifier : « Peux-tu m'en dire plus sur… ? »

5. Appuyer : « Qu'est-ce qui te fait penser que l'histoire se terminera de cette manière ? »

6. Rediriger : « Le texte parle d'une autre raison qui explique que… (un élément de l'histoire). »

En guise de conclusion : l'enseignant influent et les questions

Des chercheurs ont comparé des enseignants influents avec des enseignants non influents dans leur façon d'enseigner la compréhension en lecture (Ruddell et Harris, 1989). Dans cette recherche, on définit l'enseignant influent comme étant un enseignant mentionné par un ancien élève et ayant eu une influence sur son rendement scolaire ou sur sa vie personnelle. Les analyses révèlent que les enseignants influents posent des questions du type « interprétation et application », alors que les autres enseignants posent des questions du type « compréhension littérale ». Les enseignants influents laissent les élèves exprimer complètement leur idée et écoutent attentivement leur réponse, ils les orientent ensuite par des questions de clarification et d'extension vers des processus d'un haut niveau ; quant aux autres enseignants, ils orientent les élèves vers des réponses courtes, vers le simple rappel de faits.

L'APPRENTISSAGE COOPÉRATIF

On compte un nombre considérable de recherches sur l'apprentissage coopératif. La première recherche a été publiée en 1897, et depuis des centaines de recherches ont démontré la pertinence de l'apprentissage coopératif en classe (Jongsma, 1990). De façon générale, les résultats montrent que l'apprentissage coopératif donne des résultats supérieurs à ceux de l'apprentissage individuel sur les différents plans de la motivation, du développement social et du développement cognitif.

Sur le plan de la motivation.   Plusieurs recherches du type observation nous indiquent que les enfants aiment de manière naturelle parler et travailler ensemble (Cazden, 1992). L'apprentissage coopératif permet aux élèves de s'engager plus activement dans leur apprentissage de la lecture.

Sur le plan social.   Le contexte social qui se crée dans l'apprentissage coopératif permet aux élèves de développer leur sens des responsabilités et leurs habiletés sociales ; il les amène également à se connaître les uns les autres et à apprécier ce que chacun a à offrir (Danielson, 1992). Le sens de la communauté s'accroît lorsque les élèves comprennent que le fait de posséder des connaissances entraîne la responsabilité de les partager avec quelqu'un qui ne les possède pas. Les élèves se rendent compte que l'apprentissage des autres peut améliorer leur propre apprentissage au lieu de le restreindre. Ils acquièrent ainsi plus d'autonomie face à l'enseignant.

Sur le plan cognitif.   Nous savons tous par expérience que nous apprenons mieux quand nous avons à enseigner quelque chose à quelqu'un d'autre. Les discussions dans les groupes coopératifs favorisent davantage le développement de stratégies cognitives d'un haut niveau que le raisonnement individuel pratiqué dans des situations d'apprentissage individualistes ou compétitives. Le fait que les élèves voient d'autres lecteurs utiliser des stratégies de lecture contribue à rendre les processus cognitifs transparents, c'est-à-dire plus évidents pour les élèves. D'autre part, le fait d'avoir à expliquer leur démarche à d'autres oblige les élèves à réfléchir sur leur façon de comprendre le texte.

L'organisation des groupes coopératifs

Pour organiser des groupes coopératifs, il importe de tenir compte de certains facteurs comme la répartition des tâches, l'hétérogénéité des groupes et les règles de fonctionnement.

LA RÉPARTITION DES TÂCHES

Dans l'apprentissage coopératif, les élèves travaillent parfois sans avoir un rôle distinct, c'est-à-dire qu'ils partagent toutes les étapes du travail et s'entraident tout au long de la tâche. À d'autres moments, les élèves remplissent des fonctions spécifiques chacun leur tour. Par exemple, deux élèves lisent silencieusement un texte ; puis, un des deux partenaires résume oralement ce qu'il a appris dans ce texte. L'autre membre joue le rôle d'écouteur-facilitateur : il vérifie la compréhension de son partenaire en lui signalant les oublis qu'il a détectés dans son rappel. Les partenaires échangent ensuite leur rôle.

L'HÉTÉROGÉNÉITÉ DES GROUPES

Il semble que les groupes hétérogènes fonctionnent mieux que les groupes homogènes, en ce sens que les élèves forts ne perdent rien à travailler avec des élèves faibles, alors que les élèves plus faibles gagnent à collaborer avec des élèves plus avancés. Cependant, l'écart entre les membres ne doit pas être trop important afin d'éviter l'ennui, mais il doit être assez prononcé pour éviter la compétition.

Concrètement, on peut suggérer de ranger tous les élèves de la classe du plus habile au moins habile en lecture et de diviser ensuite la liste en trois parties. Les premiers élèves de chaque sous-liste seront placés dans la même équipe, puis les deuxièmes de chaque sous-liste formeront une deuxième équipe, et ainsi de suite. Le résultat produira des groupes hétérogènes de trois élèves, dont le niveau d'hétérogénéité sera toutefois contrôlé.

LES RÈGLES DE FONCTIONNEMENT

Les élèves qui reçoivent des directives sur la façon de procéder en équipe fonctionnent mieux que les élèves auxquels on laisse le soin de définir leur mode de fonctionnement en équipe. Pour faciliter le déroulement des rencontres de l'équipe, on peut proposer aux élèves des règles comme les suivantes :

1. Chaque membre doit faire un effort honnête pour réaliser la tâche.

2. Chaque membre doit suivre les directives de la tâche.

3. Si un membre n'est pas d'accord avec une réponse, il doit donner une raison précise relativement au texte ou à ses connaissances.

4. Aucun membre ne doit dominer les autres ou se retirer de la discussion. Chacun est tenu de contribuer à la discussion.

5. Chaque membre doit montrer une attitude positive et encourageante envers les autres membres du groupe.

Comment instaurer le travail coopératif en lecture

Le recours au travail coopératif en classe effraie certains enseignants qui ne savent pas comment implanter ce type d'organisation. Voici de quelle manière on peut passer du groupement traditionnel au travail en collaboration :

· Commencez par faire des appariements informels de deux élèves durant quelques semaines. Ces appariements peuvent être établis (1) avant la lecture d'un texte pour aider les élèves à faire des prévisions ; (2) pendant la lecture pour vérifier leur compréhension ; (3) après la lecture pour résumer les éléments principaux du texte. Pendant cette période, vous observerez comment les élèves fonctionnent en équipe.

· Passez ensuite à des appariements formels de deux élèves ; leurs bureaux sont placés l'un à côté de l'autre.

· Lorsque les élèves ont appris à travailler à deux, organisez des groupes hétérogènes de six élèves qui sont désignés pour une période de quatre ou cinq semaines. Les groupes doivent être hétérogènes quant à l'habileté, à la personnalité, au sexe, etc. Les pupitres sont regroupés ; les élèves se font face pour le travail en équipe et ils retournent leur chaise pour le travail en groupe-classe.

LES CERCLES DE LECTURE

Au cours des dernières années, plusieurs chercheurs ont suggéré de fournir aux élèves des occasions plus fréquentes de lire et de commenter les textes plutôt que de leur demander de répondre à des questions de compréhension (McMahon et autres, 1991). Cela a donné lieu aux discussions en petits groupes dans lesquelles les élèves commentent les textes de différentes façons et dirigent eux-mêmes la discussion. Les cercles de lecture se distinguent des groupes coopératifs en ce sens qu'ils visent le partage de la discussion plutôt que la réalisation d'une tâche. On utilise souvent l'analogie de « la conversation à la table du dîner » pour parler des cercles de lecture.

On peut utiliser tous les types de textes dans les cercles de lecture et différents modes d'organisation peuvent être mis sur pied. Nous commencerons par décrire une situation typique de cercle de lecture, puis nous parlerons des adaptations de la formule.

Description des cercles de lecture

Habituellement, dans les cercles de lecture, les élèves sont répartis en sous-groupes de quatre à six élèves qui ont lu le même livre et les discussions ont lieu durant une période de deux ou trois semaines. L'activité comprend les composantes suivantes :

- le choix du livre ;
- la période de lecture ;
- la période d'écriture ;
- la période de discussion.

LE CHOIX DU LIVRE

Il faut tout d'abord s'assurer qu'on dispose de plusieurs exemplaires (quatre ou cinq) de quelques romans jeunesse. Pour amorcer l'activité, il s'agit de former des équipes de quatre ou cinq élèves qui liront le même livre. Pour permettre aux élèves d'effectuer le choix de leur livre, il est recommandé de présenter d'abord les personnages de chaque livre, sans toutefois révéler l'intrigue. Les élèves sont ensuite invités à coter sur une fiche les livres par ordre de préférence. La formation des équipes tiendra compte le plus possible des premiers choix des élèves. Il faut veiller cependant à ce que les groupes soient hétérogènes (à ce que les élèves faibles soient répartis à travers les différents sous-groupes).

LA PÉRIODE DE LECTURE

On comptera habituellement entre 6 et 10 périodes, en tenant compte du fait que les élèves liront un ou deux chapitres par période selon leur longueur. Il est important que tous les sous-groupes arrivent au dernier chapitre en même temps.

LA PÉRIODE D'ÉCRITURE

Pour se préparer à la rencontre de son cercle, l'élève inscrit ses réactions sur un carnet préparé à cet effet. Ce carnet pourra comporter des pages sur lesquelles on trouve une partie lignée servant à écrire des commentaires, des interrogations et des jugements ainsi qu'une partie non lignée réservée aux dessins. Il est utile de présenter une liste de suggestions, au début ou à la fin du carnet (voir la figure 3.1).

Il est possible également d'afficher les suggestions au tableau de la classe ; les élèves choisiront l'une ou l'autre de ces suggestions pour la rédaction de leur carnet après la lecture d'un chapitre (Cline, 1993) :

- Quel est ton personnage préféré ? Pourquoi ?
- Quel personnage as-tu le moins aimé ? Pourquoi ?

FIGURE 3.1
Exemple de banque d'idées dans un carnet de lecture

	Banque d'idées
	Les idées mentionnées ci-dessous sont des suggestions qui t'aideront à réagir à ce que tu as lu :
	• Ce que j'ai le plus aimé.
	• Ce que j'ai le moins aimé.
	• Un personnage qui m'a beaucoup plu. Voici pourquoi.
_____	• Un personnage qui m'a déplu. Voici pourquoi.
_____	• Quelque chose que je n'ai pas compris.
_____	• À la place de tel personnage, j'aurais réagi de la même façon ou tout à fait différemment.
_____	• J'aurais aimé être dans la peau du personnage principal parce que…
_____	• J'aurais préféré que tel événement ne se produise pas dans l'histoire.
_____	• Autres réactions.

- Quel est pour toi le mot, la phrase ou le paragraphe le plus important de l'histoire ? Explique en quoi c'est important.

- Parle des personnages et de leurs qualités.

- Décris le problème d'un personnage et prédis comment il va le régler.

- Compare les personnages entre eux.

- Compare un personnage de ton livre avec un personnage d'un autre livre.

- Ressembles-tu à un des personnages de l'histoire ? Auquel ?

- Si tu pouvais être un des personnages de l'histoire, lequel serais-tu ? Pourquoi ?

- Partages-tu les sentiments de l'un ou de l'autre des personnages ? Explique-toi.

- Y a-t-il quelque chose dans ce livre qui te rappelle tes propres expériences ?

- Dis ce que tu n'as pas compris.

- Changerais-tu la fin de l'histoire ? Pourquoi ?

- Si tu étais enseignant, ferais-tu lire cette histoire à tes élèves ? Pourquoi ?

- Selon toi, pourquoi l'auteur a-t-il écrit ce livre ?

- Écris une question que tu aimerais poser à l'auteur.

LA PÉRIODE DE DISCUSSION

Les membres du cercle de lecture se rencontrent après la lecture de chacun des chapitres du roman. Il y a donc un va-et-vient entre la lecture et la discussion. La discussion dure environ 20 minutes et se fait à l'aide des carnets personnels. Les équipes peuvent fonctionner sans leader ou, au contraire, se nommer un leader qui animera la discussion ; dans ce dernier cas, les élèves assumeront le rôle de leader à tour de rôle.

Les différentes formules de cercles de lecture

Les cercles de lecture peuvent prendre des formes variées ; par exemple, les élèves d'un sous-groupe peuvent choisir le même livre ou des livres différents, ou encore toute la classe peut lire le même livre.

LE MÊME LIVRE POUR TOUS LES MEMBRES D'UN PETIT GROUPE

Dans la formule présentée précédemment, les cercles de lecture regroupent quatre ou cinq élèves qui ont choisi de lire le même livre. Cette formule permet des discussions intéressantes, car les élèves peuvent explorer plusieurs interprétations du livre. Signalons que, pour des élèves qui ne sont pas habitués aux discussions en groupe, la discussion à deux peut constituer une bonne initiation.

LE MÊME LIVRE POUR TOUTE LA CLASSE

Une autre formule consiste à faire lire le même livre à toute la classe ; les élèves discutent d'abord en sous-groupes, puis ils reviennent au grand groupe pour partager leurs points de vue. Cette formule peut être intéressante pour les élèves qui ont peu d'expérience des cercles de lecture : elle leur permet de voir des exemples de discussions abordées par les autres groupes. Par contre, les élèves sont moins engagés dans le choix du livre puisqu'il n'y a qu'un livre choisi pour le groupe.

DES LIVRES DIFFÉRENTS DANS LES PETITS GROUPES

Comme il est difficile de trouver plusieurs exemplaires du même livre, il est possible d'utiliser également des ensembles de textes, c'est-à-dire des textes différents, mais qui ont un point commun, que ce soit le même auteur, le même thème, le même genre littéraire, etc. Le matériel peut provenir de sources variées et présenter différents niveaux de difficulté. Ainsi, l'élève plus faible peut choisir un texte plus court et d'un niveau de difficulté qui correspond à ses habiletés.

La discussion, ici, est différente de celle que l'on trouve dans la situation où toute la classe lit le même livre. En effet, lorsque les élèves ont lu le même livre, la rencontre porte sur la discussion en profondeur de ce texte ; par contre, lorsque les élèves ont lu des livres différents, la discussion comporte plutôt des résumés et des rappels. En contrepartie, cette formule permet aux élèves de faire des liens entre les livres et de prendre conscience de l'existence de plusieurs perspectives sur le même sujet. De plus, dans ce genre de groupe, les élèves désirent souvent lire eux-mêmes les livres présentés par leurs pairs.

Le rôle de l'enseignant dans les cercles de lecture

Il ne faut pas penser qu'il suffit d'organiser les cercles de lecture pour que l'apprentissage se fasse automatiquement : vous aurez un rôle important à jouer. La façon dont vous orienterez les groupes influencera le type d'engagement des élèves dans les discussions. Par exemple, si vos suggestions sont du type « Parle de ton livre dans ton carnet », les élèves effectueront surtout des résumés, alors que si vos suggestions sont plus centrées sur les réactions (« Quelle partie du livre aimerais-tu partager avec ton groupe ? Pourquoi ? »), les réponses des élèves seront plus empreintes d'une réflexion critique (Kelly et Farnan, 1991 ; Martinez et autres, 1992).

Vous pouvez participer à certaines rencontres des cercles, surtout dans la période d'initiation, mais votre rôle sera essentiellement d'aider les élèves à mener des discussions fructueuses par des interventions qui se feront avec toute la classe, avant ou après les rencontres des cercles. Votre rôle comprendra trois facettes : la démonstration, la facilitation et l'enseignement (Villaume et Worden, 1993).

La **démonstration** consiste à faire part aux élèves de vos propres réactions face au texte. Pour que les élèves en viennent à réagir au texte, il faut que vous donniez vous-même l'exemple. Un élève peut se demander longtemps ce que signifie donner une réponse personnelle au texte s'il n'a pas reçu d'indications sur la façon de le faire. De plus, si vous demandez aux élèves de réagir au texte sans donner vos propres impressions, ils considéreront qu'il s'agit non d'un échange, mais d'une situation d'évaluation. Si, par contre, vous vous engagez dans la discussion en manifestant vos réactions au texte, votre participation contribuera au développement du sentiment de communauté du groupe (Martinez et autres, 1992).

La **facilitation** consiste à aider les élèves à expliciter leurs réponses personnelles durant les discussions. Les principes suivants peuvent servir de point de départ pour une discussion fertile (Goldenberg, 1993 ; Langer, 1994) :

1. Poser moins de questions dont la réponse est connue. Poser plus de questions qui peuvent susciter plusieurs réponses.

2. Être attentif à la contribution des élèves et aux possibilités qu'elle contient.

3. Établir des liens entre les différentes interventions des élèves pour faire progresser la discussion.

4. Créer une atmosphère de défi, qui ne soit toutefois pas menaçante : le défi est compensé par le climat affectif. Vous serez plus un collaborateur qu'un évaluateur.

5. Encourager la participation générale. Vous ne serez pas le seul à déterminer qui va parler ; les élèves seront incités à se porter volontaires ; ils devront accepter une plus grande part de responsabilité dans la discussion.

La partie **enseignement** consiste à « discuter de la discussion », c'est-à-dire à enseigner ce qu'est une discussion pertinente. Pour initier les élèves à une discussion fructueuse, vous pouvez utiliser l'analogie de la semence d'une graine. Une réponse personnelle est comme une graine semée : les bonnes graines font croître la discussion alors que les mauvaises graines meurent parce que personne n'a rien à dire à leur propos. Donnez aux élèves des exemples de « bonnes graines » : une question comme « Je me demande si…. » a de fortes chances d'être utilisée par d'autres membres du groupe pour faire avancer la discussion. On peut amener les élèves à s'exercer en donnant une idée-graine et en demandant à chacun d'intervenir avant de passer à une autre idée.

Une adaptation du cercle de lecture pour les lecteurs débutants

À la maternelle et au début de la première année, la plupart des élèves ne sont pas encore capables de lire le type de livre qui peut entraîner une discussion intéressante. C'est pourquoi vous devrez aménager la situation :

· Vous pouvez lire vous-même pour les élèves un livre qui suscite des émotions et des réactions.

· Des tuteurs peuvent relire le livre à quelques reprises aux enfants. On a constaté, chez les élèves de maternelle et de première année, que le livre devait être entendu plusieurs fois avant que les élèves ne soient prêts à en discuter.

· On peut aussi envoyer à la maison une trousse contenant une lettre adressée aux parents, un livre, une feuille sur laquelle l'enfant peut dessiner un personnage ou une scène du livre et des autocollants réutilisables que l'enfant peut coller sur la page dont il aimerait discuter avec son cercle de lecture.

Avec les enfants de maternelle et de première année, les cercles de lecture exigent l'animation de la part d'un adulte ; cependant, dès la deuxième année, il est possible de mettre sur pied des cercles de lecture autogérés par les élèves eux-mêmes. Une étude récente réalisée auprès d'élèves de deuxième année a montré que, durant la discussion, les élèves sont capables d'activer leurs connaissances antérieures, d'établir des relations entre les événements, de retrouver une information particulière afin d'appuyer une idée, de résumer le texte avec l'aide du groupe, de réagir de façon affective au texte. Bref, lorsqu'ils sont bien préparés et reçoivent suffisamment de soutien, même les élèves de deuxième année peuvent s'engager dans des discussions sans l'intervention directe de l'enseignant (McCormack, 1993).

LE TUTORAT

On définit le tutorat comme une situation dans laquelle un élève plus habile aide un élève moins habile dans un travail coopératif organisé par l'enseignant. Il existe cependant des formes moins encadrées de tutorat ; c'est le cas d'un élève qui demande de l'aide à un compagnon de façon ponctuelle. Le tutorat peut être réalisé entre des élèves de la même classe ou entre des élèves d'âges différents (ce qui représente la situation normale entre frères et sœurs dans la famille). Les enfants aiment les activités de tutorat, lesquelles entraînent un taux élevé d'attention à la tâche.

Les résultats des recherches

Une méta-analyse effectuée sur les recherches portant sur le tutorat entre les pairs a indiqué que le tutorat est plus efficace que l'enseignement par ordinateur, la réduction du nombre d'élèves par classe ou l'augmentation du temps d'enseignement. On peut résumer en quelques points les résultats des recherches concernant le tutorat et la lecture (Rekrut, 1994) :

1. Plusieurs aspects de la lecture peuvent s'enseigner ou s'exercer par le biais du tutorat.

2. Les élèves de tous les âges et de tous les niveaux peuvent être des tuteurs. Le tutorat dans la même classe peut se faire aussi en première année. Cependant, les recherches sur le tutorat avec des enfants d'âges différents ont souvent été réalisées avec des élèves de cinquième année et plus, probablement parce qu'à cet âge les élèves sont assez mûrs pour être responsables d'un plus jeune.

3. Les tuteurs sont souvent des élèves plus habiles, mais il existe également une forme de tutorat dans laquelle tous, à tour de rôle, sont tuteurs et « élèves » ; il s'agit de l'enseignement réciproque. De même, il existe un tutorat inversé, c'est-à-dire un tutorat dans lequel ce sont les élèves en difficulté qui servent de tuteurs à des élèves plus jeunes.

4. Le tutorat peut servir à atteindre des objectifs cognitifs et affectifs. Le tutorat entraîne souvent, à la fois pour le tuteur et pour son « élève », de

meilleurs résultats scolaires, une meilleure estime de soi, de meilleures relations sociales et une attitude plus positive face à la lecture. La plupart des recherches montrent que le tuteur s'améliore en lecture autant sinon plus que celui à qui il enseigne. Ce résultat serait dû au fait qu'enseigner oblige l'élève à approfondir ses propres connaissances.

Le tutorat entre des enfants d'âges différents

Nous nous attarderons dans cette section sur le type de tutorat qui consiste à jumeler des élèves d'âges différents. Les activités qui suivent sont des exemples qui ont été expérimentés pour amener de jeunes lecteurs (de maternelle ou de première année) et des élèves plus âgés (de quatrième, cinquième ou sixième année) à travailler ensemble sur une base régulière de façon que chaque participant développe ses habiletés en lecture et ses habiletés de collaboration (DeRita et Weaver, 1991 ; Morrice et Simmons, 1991).

Faire la lecture

Chaque tuteur choisit un livre et s'exerce à le lire oralement ; il peut demander à un compagnon de lui donner des commentaires sur son expression, sa manière de lire. Il rencontre ensuite son « élève » pour lui lire son livre. D'autre part, lorsque les jeunes élèves ont appris à lire une histoire ou un poème, ils font la surprise aux grands en allant leur lire l'histoire dans leur classe.

Enregistrer des livres

Les élèves plus âgés enregistrent, pour le coin d'écoute des petits, des livres-cassettes portant sur le prochain thème qui sera abordé en classe.

Écrire des livres ensemble

Les élèves des deux niveaux travaillent comme coauteurs de livres ; le lecteur débutant fait un dessin relié au thème étudié en classe, il dicte quelques phrases à son tuteur, qui écrit le texte sous l'illustration ; toutes les pages sont recueillies et rassemblées sous forme de livre.

Faire un portrait

Les élèves plus âgés rédigent un portrait de leur « élève ». Ils commencent par s'exercer en écrivant leur autoportrait. Ils effectuent ensuite une entrevue avec leur élève en lui posant des questions sur ses intérêts (ses activités, ses émissions de télévision, son animal et son sport préférés). Les livres sont illustrés et donnés aux plus jeunes pour Noël.

Échanger des cartes

À l'occasion de Noël, de la Saint-Valentin, les élèves échangent des cartes de souhaits.

Écrire au Père Noël

À Noël, les lecteurs débutants écrivent au Père Noël et ce sont les plus grands qui leur répondent en utilisant l'ordinateur.

LES ENTRETIENS ENTRE L'ENSEIGNANT ET L'ÉLÈVE

Les entretiens individuels sont des rencontres entre l'enseignant et l'élève qui durent de 4 à 6 minutes, environ tous les 10 jours. Les entretiens sont importants pour l'élève qui apprécie que l'enseignant, la personne la plus influente dans son monde scolaire, lui consacre du temps individuellement et partage son enthousiasme pour le livre qu'il a lu. Ces rencontres permettent à l'enseignant d'observer les stratégies que l'élève utilise, de se tenir au courant des livres qu'il lit et de voir comment l'élève conçoit la lecture. L'entretien permet de donner de l'attention et de l'encouragement à chaque élève. Il est surprenant de constater que les enfants ont en général assez peu l'occasion de rencontrer leur enseignant de façon individuelle et positive. Ces entretiens sont tout à fait différents des rencontres qui consistent à écouter la lecture de l'élève pour voir s'il a bien étudié sa leçon la veille.

Pendant cette rencontre, il s'agit non pas de faire de l'enseignement individualisé (on peut cependant faire une brève intervention ou suggérer un livre à lire), mais plutôt de déterminer les besoins de l'élève pour pouvoir lui fournir par la suite les situations d'apprentissage appropriées.

La démarche générale

Ordinairement, la rencontre porte sur un livre que l'enfant a lu et aimé. Accueillez l'élève par une question ou un commentaire qui le mettra à l'aise. Écoutez ensuite ce que l'élève a à vous dire au sujet de son livre. Posez quelques questions sur le livre (concernant le thème, les personnages, etc.). Ensuite, écoutez l'élève vous lire un passage du livre qu'il a choisi de partager avec vous. Encouragez et guidez l'élève pour ses prochaines lectures. Une rencontre est réussie si l'élève repart avec un sentiment positif de lui-même et le désir de lire d'autres livres. La figure 3.2 présente un entretien type.

FIGURE 3.2
Exemple de plan d'entretien entre l'enseignant et l'élève

- À la dernière rencontre, tu lisais _____ (consultez les notes de la dernière rencontre).
- Que lis-tu maintenant?
- Pourquoi as-tu choisi ce livre?
- Est-ce un livre intéressant?
- De quoi parle ton livre?
- Peux-tu me lire un extrait de ton livre, s'il te plaît?
- Que penses-tu qu'il va arriver ensuite?
- Comment ça va en lecture?
- Y a-t-il quelque chose que je puisse faire pour t'aider en lecture?

Nous vous présentons ci-dessous une série de questions que vous pouvez poser lors des rencontres. Il n'est pas nécessaire de poser toujours les mêmes questions; au contraire, les questions dépendront du livre choisi et de l'évolution de l'élève. Il faut éviter de poser trop de questions; trois ou quatre questions suffiront pour une rencontre (Slaughter, 1993).

1. Pourquoi as-tu choisi ce livre?

2. Quelle sorte d'histoire est-ce?

3. Quelle partie as-tu préférée? Pourquoi?

4. Y a-t-il une partie que tu n'as pas aimée? Pourquoi?

5. Est-ce que c'était un bon choix de livre pour toi? Pourquoi?

6. Est-ce que c'était un livre difficile, facile ou juste comme il faut? Qu'est-ce qui te permet de dire cela?

7. Quelles sont les choses les plus importantes que tu as apprises (dans un documentaire)?

8. Qu'est-ce que le livre veut t'enseigner?

9. Quel personnage as-tu aimé le mieux? Pourquoi?

10. As-tu aimé ce livre plus ou moins que le livre précédent que tu as lu? Pourquoi?

11. Qui, d'après toi, aimerait lire ce livre?

12. Si tu pouvais parler à l'auteur, qu'est-ce que tu aimerais lui demander à propos de l'histoire?

Nous vous suggérons d'utiliser un cahier pour dresser la liste des livres qu'ont lus les élèves et pour prendre des notes pendant la rencontre (voir la figure 3.3). N'hésitez pas à prendre des notes pendant l'entretien; les élèves interprètent ces notes comme un indice du sérieux de l'activité.

FIGURE 3.3
Exemple de prise de notes durant un entretien entre l'enseignant et l'élève

Nom de l'élève : ─────────────────────

Date : ─────────────────────

Titres des livres apportés : ───────────────────────────────────

───

Commentaires sur la lecture orale et la discussion : ─────────────────────

───

Progrès ou problèmes notés : ────────────────────────────────

───

Livre recommandé : ─────────────────────────────────────

───

Enseignement donné : ────────────────────────────────────

───

La planification des entretiens

La façon classique de procéder consiste à rencontrer quelques élèves au cours d'un entretien individuel pendant que la classe est occupée à des tâches de lecture. Le matin, à l'arrivée, on écrit au tableau les noms des élèves qui vont venir en entrevue. On peut laisser quelques espaces libres au tableau : si un enfant veut avoir une rencontre pour répondre à un besoin particulier, il peut ajouter son nom au bas de la liste (Slaughter, 1993). Les rencontres individuelles se font au bureau de l'enseignant qui est légèrement à l'écart des pupitres des élèves. L'élève apporte un ou plusieurs livres et la liste des livres qu'il a lus depuis la dernière rencontre.

Cependant, si les entretiens sont très utiles, leur déroulement entraîne souvent des difficultés pour les enseignants. Le principal problème consiste à s'en tenir à cinq ou six minutes par élève. Les principales raisons de ce fait sont que l'enseignant essaie de faire des interventions individualisées approfondies et que l'enseignant et l'élève se laissent emporter par des digressions.

Si vous avez l'impression de manquer de temps pour rencontrer tous les élèves, les indications suivantes peuvent vous faciliter l'organisation des entretiens :

- Les élèves qui évoluent de façon satisfaisante dans leurs activités individuelles et qui participent bien aux activités de groupe peuvent avoir
  besoin d'entretiens moins longs.
- Si plusieurs élèves ont lu le même livre, il est possible de faire un entretien
  de groupe.
- Les élèves peuvent s'entretenir mutuellement (ils peuvent noter les livres
  qu'ils ont lus et en remettre la liste à l'enseignant pour ses fichiers).
- Le directeur (pour les élèves qui ont moins besoin d'aide) et l'orthopédagogue (pour ceux qui éprouvent plus de difficulté) peuvent désirer s'entretenir avec quelques élèves.
- Les parents peuvent être invités à avoir des entretiens avec leur enfant ;
  vous leur transmettrez alors par écrit une description simple de la démarche.

L'ORGANISATION PERSONNELLE DE L'ÉLÈVE

L'élève aura à travailler de façon individuelle au cours d'une journée. Il
devra principalement choisir des livres pour sa période de lecture personnelle. Dans cette section, nous verrons comment l'élève peut tenir son
propre relevé de lectures et nous aborderons différentes méthodes pour
apprendre à choisir des livres qui lui conviennent.

Le relevé de lectures

L'élève doit être encouragé à tenir un relevé de ses lectures afin qu'il puisse
examiner les progrès qu'il fait (voir les figures 3.4 et 3.5). Il doit avoir le
temps de feuilleter des livres pour faire son choix ; une fois qu'il en a choisi
un, il est important qu'il en écrive le titre sur son relevé, même si, par la
suite, il dit seulement qu'il ne l'a pas terminé parce qu'il était trop difficile.
Soulignons que le relevé ne sert pas à vérifier si l'élève a lu le livre, mais à
permettre à l'enseignant de se tenir au courant de ses lectures.

FIGURE 3.4
Relevé de lecture sous forme de signet

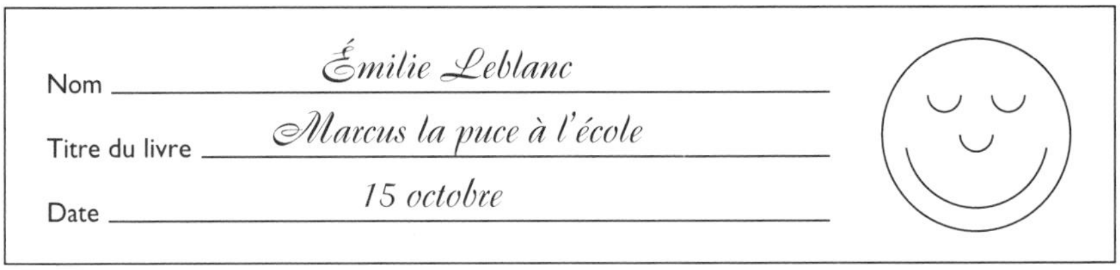

Nom *Émilie Leblanc*

Titre du livre *Marcus la puce à l'école*

Date *15 octobre*

FIGURE 3.5
Exemple de relevé de lectures

	Mes lectures	
Nom : _____		
Titre	**Date**	**Commentaires**
_____	_____	_____
_____	_____	_____
_____	_____	_____
_____	_____	_____
_____	_____	_____
_____	_____	_____
_____	_____	_____

En général, le relevé de lecture comprend les éléments suivants :

· le titre ;

· la date (du début et de la fin) ;

· une opinion brève sur le livre ou une évaluation du niveau de difficulté.

On peut varier le format de ces relevés, mais on doit s'assurer qu'ils peuvent être remplis facilement et rapidement. Les relevés n'ont pas la même fonction que les carnets de lecture qui sont utilisés dans les cercles de lecture. Ici, l'objectif est de constituer simplement un relevé des lectures tandis que les carnets servent à recueillir les réactions de l'élève. Il ne faut pas demander à l'élève de réagir par écrit à toutes ses lectures ; par contre, on peut l'inciter à noter régulièrement le titre des livres qu'il a lus. Vous prendrez connaissance de ces relevés lors de chaque entretien avec l'élève (environ tous les 10 jours). Cependant, dans une classe où l'enseignant ne fait pas appel aux entretiens, on suggère de ne demander des relevés que sur des périodes de deux semaines, à deux ou trois reprises durant l'année (Valencia et Place, 1994). Il est inutile de faire remplir des relevés si l'enseignant ne les examine pas régulièrement avec l'élève.

La sélection de livres par l'élève

Lorsque c'est l'enseignant qui fait tous les choix de textes, il n'est pas surprenant que certains élèves ne développent pas l'habileté à sélectionner des livres qui leur conviennent. Il faut donc apprendre aux élèves à choisir leurs livres en les initiant à certains critères de sélection. On commencera par sensibiliser les élèves au fait que le choix d'un livre demande toujours un ajustement.

Pour ce faire, on peut utiliser l'analogie de l'achat d'une paire de souliers (Cunningham et Cunningham, 1991). Lorsqu'un client veut acheter des souliers, il fait d'abord un choix d'après le style de souliers, puis le vendeur mesure le pied du client et lui fait essayer différents souliers, sous son œil critique. Le vendeur pose des questions de vérification pour s'assurer que les souliers conviennent (« Sont-ils trop serrés ? trop grands ? »). Parfois, lorsqu'il arrive à la maison, le client trouve que les souliers ne sont pas tout à fait confortables ; il doit alors les assouplir ou aller les échanger. Cependant, les souliers ont plus de chances d'être ajustés si le client les a essayés que s'il les a choisis en fonction de la pointure seulement.

Nous vous proposons trois techniques susceptibles d'aider les élèves à choisir des livres appropriés : la technique des cinq mots, la technique des tris et une technique en sept étapes pour le choix de livres plus longs.

LA TECHNIQUE DES CINQ MOTS

Une façon simple pour les jeunes lecteurs de déterminer si le livre leur convient consiste à vérifier le nombre de mots qu'ils ne peuvent lire ou comprendre dans une page (le nombre de mots par page augmente avec l'âge de la clientèle auquel le livre s'adresse). La technique est connue sous le nom de « la main pleine de mots », car on demande à l'élève de placer un doigt sur chaque mot difficile : quand il y a cinq mots ou plus, c'est un indice que le livre ne sera pas facile à lire (Glazer, 1992).

LA TECHNIQUE DES TRIS

Pour enseigner aux élèves à choisir des livres à leur portée, on peut utiliser la technique des tris de livres : on amène les élèves à classer les livres en trois catégories : les livres « trop faciles », les livres « juste comme il faut » et les livres « trop difficiles ». Cette classification correspond globalement aux trois niveaux de lecture (le niveau d'indépendance, le niveau d'apprentissage et le niveau de frustration). Les élèves apprennent à juger du niveau de difficulté des livres au moyen de facteurs comme la difficulté des mots et des concepts, la fluidité de leur lecture orale et l'importance de l'aide nécessaire à la lecture du livre.

UNE TECHNIQUE EN SEPT ÉTAPES

Cette stratégie concerne la manière de choisir un roman en déterminant si le style de l'auteur nous intéresse (voir la figure 3.6).

FIGURE 3.6
Étapes du choix d'un livre

Étape 1	Regarder le titre : « Le thème m'intéresse-t-il ? »
Étape 2	Regarder les illustrations : « Qu'est-ce que m'indiquent les illustrations sur l'atmosphère du livre ? »
Étape 3	Se questionner sur l'auteur : « Qu'est-ce que je connais de l'auteur ? Cet auteur m'a-t-il été recommandé par un de mes amis ? »
Étape 4	Lire le résumé au dos du livre.
Étape 5	Lire les deux ou trois premières pages.
Étape 6	Lire une page au tiers du livre.
Étape 7	Lire une page aux deux tiers du livre.

D'après Ollmann (1993).

Pour présenter cette façon de procéder aux élèves, il s'agit globalement d'expliquer comment vous utilisez le titre, l'auteur, les illustrations et le résumé pour vous faire une idée du ton du livre. Il faut ensuite lire la première page du livre, puis une page au tiers et une autre aux deux tiers du livre pour déterminer la densité et la complexité du langage utilisé. À l'aide de ces éléments, il s'agit de décider si on lira ou non le livre. À mesure que vous ferez cette démonstration, il est possible que certains élèves soient de plus en plus intéressés à lire le livre alors que d'autres arriveront à la conclusion inverse. C'est le moment de rappeler le fait que le choix des livres demeure un processus très personnel (Ollmann, 1993).

L'INTÉGRATION DES TYPES DE REGROUPEMENT : L'ATELIER DE LECTURE

Vous vous demandez comment vous pouvez trouver du temps pour intégrer toutes les suggestions de ce chapitre dans une semaine de classe ? L'atelier de lecture permet de répondre à cette préoccupation. Ce type d'organisation peut être utilisé à partir de la fin de la deuxième année (Reutzel et Cooter, 1991). Il s'agit d'une approche qui peut servir de grille de travail, mais qui doit être utilisée de manière flexible et fonctionnelle. L'atelier de lecture comprend cinq composantes (voir la figure 3.7) :

1. Une période d'échanges dirigée par l'enseignant.

2. Une mini-leçon.

3. Une période de planification.

4. Une période de lecture et d'écriture.

5. Une période d'échanges dirigée par les élèves.

Une période d'échanges dirigée par l'enseignant

Durant cette période, l'enseignant partage avec le groupe ses impressions sur un texte qu'il a choisi et qui concerne le thème abordé en classe. Il peut également présenter des livres qui viennent d'arriver. Après avoir fait la présentation du texte, il le lit à voix haute. Cette période peut parfois servir de déclencheur pour la mini-leçon qui suit. Durée : de 5 à 10 minutes.

Une mini-leçon

Les mini-leçons sont courtes, proposées par l'enseignant et effectuées avec tout le groupe. Elles servent à démontrer de nouvelles stratégies ou à préparer les élèves à lire un texte. Les sujets des mini-leçons sont tirés (1) des besoins identifiés lors des rencontres individuelles avec les élèves ; (2) du contenu du programme de lecture ; (3) des particularités des textes que les élèves ont à lire et pour lesquels ils ont besoin d'une préparation. Durée : de 5 à 10 minutes.

Une période de planification

Durant cette période, l'enseignant et les élèves planifient le déroulement de la période. Il est pertinent d'utiliser un tableau de planification. Durée : de 3 à 5 minutes.

Une période de lecture et d'écriture

Durant les 10 premières minutes de la période de lecture, les élèves lisent un livre de leur choix ou encore le chapitre prévu pour leur cercle de lecture. L'enseignant en profite pour lire également.

Durant la deuxième partie de la période, un sous-groupe établi d'avance rencontre l'enseignant pour une discussion sur un texte. Pendant ce temps, d'autres élèves peuvent se rencontrer en sous-groupes sans la présence de l'enseignant. Les autres continuent leur période de lecture personnelle ; ils ont le choix entre quatre activités : (1) remplir leur carnet de lecture pour la rencontre de groupe ; (2) poursuivre un projet de lecture ; (3) mettre à jour leur relevé de lectures ; (4) continuer une lecture personnelle.

La troisième partie de la période, soit les 10 dernières minutes, est consacrée aux entretiens individuels. L'enseignant rencontre deux élèves par jour. Pendant ce temps, les autres élèves continuent les activités décrites plus haut. Durée totale de la période : 40 minutes.

FIGURE 3.7
Atelier de lecture (70 minutes)

Période d'échanges (de 5 à 10 minutes) **Mini-leçon (de 5 à 10 minutes)** **Planification (5 minutes)**		
Activités de lecture personnelle (de 35 à 45 minutes)		
Lecture silencieuse	*Discussions en petits groupes*	*Rencontres individuelles*
• Livre choisi par l'élève • Chapitre à lire pour le cercle de lecture • Carnet de lecture (réponse écrite à la lecture) • Relevé de lectures	• Rencontre d'un sous-groupe avec l'enseignant • Rencontres de cercles de lecture • Projets de lecture et d'écriture	• Deux élèves par jour
10 minutes	De 15 à 20 minutes	De 10 à 15 minutes
Temps d'échanges (de 5 à 10 minutes)		

Adapté de Reutzel et Cooter (1991). Traduction de l'auteure.

Une période d'échanges dirigée par les élèves

La fin de l'atelier est réservée aux échanges sur les livres, les projets, les progrès, etc. Ce sont les élèves qui apportent les éléments qu'ils veulent partager, contrairement à la première période qui était menée par l'enseignant. Le seul problème est de s'en tenir à 10 minutes, car les élèves ont toujours beaucoup à dire. Durée : de 5 à 10 minutes.

L'adoption d'une organisation sous forme d'ateliers de lecture ne se fait pas du jour au lendemain. Si la formule vous intéresse et que vous ne soyez pas encore prêt à abandonner votre manuel de lecture, essayez une formule de transition. Commencez par une forme simplifiée qui inclut une mini-leçon de 10 à 15 minutes suivie d'une période de lecture libre ; pendant cette période, les élèves lisent individuellement et remplissent leur carnet de lecture. Au début, utilisez la formule une journée par semaine, puis augmentez graduellement la fréquence des ateliers (Swift, 1993).

CONCLUSION

Dans ce chapitre, nous avons vu qu'il est important de diversifier les types de regroupement des élèves ainsi que les types d'intervention. L'enseignant visera à créer dans la classe un climat qui mette l'accent sur les stratégies plutôt que sur la recherche de la bonne réponse. Il favorisera de plus les interactions entre les élèves, au cours d'activités d'apprentissage coopératif, de tutorat et de cercles de lecture. Enfin, il prendra le temps de rencontrer les élèves individuellement afin de discuter de leurs lectures et de montrer qu'il s'intéresse aux progrès qu'ils font.

CHAPITRE 4 Les textes

Sommaire

INTRODUCTION

Une des premières questions que se pose un futur enseignant est la suivante : « Faut-il s'en tenir à un seul manuel, combiner différents manuels ou encore ne pas utiliser de manuel du tout et choisir plutôt des textes de sources variées ? » Le choix des textes est en effet une décision qui sera majeure dans votre enseignement de la lecture. D'autres questions vous viendront également à l'esprit devant un texte particulier : « Le texte est-il bien construit ? Est-il intéressant pour l'élève ? Est-il accessible sur les plans de la forme et du contenu ? » Dans ce chapitre, nous aborderons le rôle des textes dans l'enseignement de la lecture sous l'angle des sources de textes, des classifications ainsi que des niveaux de difficulté.

LES SOURCES DE TEXTES

De façon générale, on peut dire que les élèves disposent de quatre sources de textes à l'école : le manuel de lecture (dans la plupart des classes), les manuels des matières (les mathématiques, les sciences humaines, les sciences de la nature), les documents et la littérature de jeunesse.

Les manuels de lecture

La très grande majorité des enseignants utilisent un manuel, même s'ils reconnaissent que ce n'est pas toujours la meilleure façon d'enseigner la lecture (Thomas et autres, 1991). Quatre-vingt pour cent des enseignants disent que, si on ne leur en imposait pas l'utilisation, ils se serviraient quand même d'un manuel ou d'une combinaison de manuels (Barksdale-Ladd et Thomas, 1993).

Souvent décriés, les manuels ont toutefois évolué au fil des ans ; ils sont devenus plus attrayants, plus diversifiés, moins empreints de stéréotypes. Les guides pédagogiques qui les accompagnent tiennent davantage compte des développements de la recherche en lecture et présentent des activités plus signifiantes. Nous décrirons maintenant les avantages et les désavantages des manuels de lecture.

LES AVANTAGES DES MANUELS

Parmi les aspects positifs des manuels, mentionnons d'abord le fait qu'ils contiennent des textes de différents types : des contes, des poèmes, des textes informatifs, des recettes, du bricolage, etc. Ajoutons qu'on en trouve pour tous les niveaux scolaires et qu'ils sont accompagnés de guides pédagogiques généralement fidèles au programme de lecture en vigueur. Enfin, leur principal avantage est probablement de permettre aux jeunes enseignants de se sentir plus en confiance face à l'enseignement de la lecture (Maria, 1990).

LES DÉSAVANTAGES DES MANUELS

On reproche habituellement aux manuels de ne présenter que des textes courts ou des extraits de textes qui ne sont pas représentatifs des textes véritables. Cela amène Nadon à dire que, dans les manuels, « [il] y a rarement d'auteurs à découvrir et à aimer » (1992, p. 86). De plus, étant donné que le matériel commercial est préparé en fonction d'une clientèle générale, il ne peut tenir compte des intérêts et des connaissances de tous les élèves.

Cependant, le principal désavantage des manuels réside dans la façon de les utiliser. Même si les concepteurs ne prétendent pas que le manuel soit le seul matériel à utiliser, les contraintes de temps font que c'est souvent ce qui se passe en réalité (Clary, 1992). L'utilisation des manuels en entier ramène souvent le travail de l'enseignant au fait de s'assurer que les élèves complètent la tâche prescrite ; ils se sentent coupables lorsqu'ils n'adoptent pas la démarche du manuel, car ils croient qu'ils auraient dû faire ce que les experts ont élaboré pour eux (Durkin, 1990). L'enseignant doit, au contraire, être convaincu de son rôle en tant que preneur de décision et se concentrer sur le contenu et la compréhension des élèves plutôt que sur la réalisation d'une tâche uniforme.

Cependant, même si certaines contraintes pèsent sur eux, comme l'obligation d'utiliser tel manuel ou tel cahier, les enseignants convaincus de leur rôle professionnel réussissent à effectuer des modifications importantes dans leurs manuels de lecture. De plus, les enseignants ont déjà une conception de ce qui devrait être changé dans les manuels. En effet, une enquête réalisée auprès d'eux a fait ressortir les principaux changements que ceux-ci aimeraient y voir apparaître : (1) moins de temps passé dans les cahiers d'exercices ; (2) plus de temps consacré à la lecture véritable ; (3) un enseignement intégré des habiletés ; (4) des textes de meilleure qualité (Tulley, 1991).

Bref, utilisés judicieusement, les manuels peuvent suggérer aux enseignants des pistes intéressantes à exploiter avec leurs élèves, mais ils ne devraient jamais remplacer l'enseignant. D'autre part, l'enseignant peut décider de ne pas utiliser de manuel de lecture et de bâtir plutôt son enseignement autour de la littérature de jeunesse et des documents.

Les manuels des matières

L'objectif des manuels de sciences de la nature et de sciences humaines n'est pas d'enseigner à lire mais de communiquer un contenu. Cependant, ils sont précieux pour l'enseignement de la lecture puisqu'ils permettent d'appliquer des stratégies de lecture dans une situation fonctionnelle. Même si l'intégration des matières est redevenue un thème à la mode, en réalité il se fait malheureusement peu d'enseignement de la lecture à travers les autres matières scolaires. Certains enseignants trouvent que les manuels des matières sont trop difficiles pour que leurs élèves puissent les lire de façon autonome; ainsi, ils préfèrent transmettre le contenu oralement. Au contraire, il serait important de prendre l'habitude d'associer ces manuels à l'enseignement de la lecture.

Les documents

Outre les manuels de lecture et les manuels des matières, il existe toute une panoplie d'outils de lecture qui font partie de l'environnement quotidien. Ces documents ont la plupart du temps une vocation utilitaire; citons, par exemple, les dépliants, les affiches, les catalogues, les cartes de souhaits, les horaires et les cartes géographiques. Ces écrits fonctionnels peuvent facilement être inclus dans les projets de recherche des élèves. Soulignons que le journal quotidien ou hebdomadaire constitue une source particulièrement intéressante, car il peut conduire les élèves à créer leur propre journal.

La littérature de jeunesse

On utilise les termes « littérature pour enfants », « littérature enfantine », « littérature de jeunesse » ou plus familièrement « livres de bibliothèque » pour désigner des livres qui ont été écrits pour le plaisir des enfants : le plaisir de la beauté d'un poème ou celui de la découverte des mystères de l'univers. À l'école, les élèves ont en général assez peu l'occasion de lire de la littérature de jeunesse, car on a tendance à considérer qu'il s'agit de livres de loisir à lire « quand on a fini de travailler dans le manuel ». Les élèves en difficulté, en particulier, n'ont pas souvent l'occasion d'aborder ces livres, car ils n'ont jamais fini leur travail. Cependant, on voit se dessiner depuis quelques années un mouvement clair vers l'utilisation de plus en plus grande de la littérature de jeunesse en classe. Ce mouvement est sans contredit de nature à favoriser l'apprentissage de la lecture au primaire.

Vous vous demandez peut-être s'il suffit qu'un livre soit classé dans la littérature de jeunesse pour qu'il soit considéré comme un livre de qualité. En fait, pour qu'un livre soit considéré véritablement comme de la littérature, il faut qu'il ajoute à la qualité de la vie, qu'il éveille des sentiments, qu'il stimule la pensée, qu'il favorise une prise de conscience, etc. Cependant, comme adultes, nous ne lisons pas toujours des classiques, il nous arrive de lire un roman à la mode. Les enfants devraient avoir la même possibilité : ils ne doivent pas être tenus de ne lire que des livres primés par les critiques. Il faut offrir aux élèves la qualité dans la diversité. En général, les livres pour jeunes qu'on trouve en classe peuvent être regroupés en trois catégories (Maria, 1990) :

1. Des livres que les enfants adorent, mais qui ne sont pas choisis par les critiques.

2. Des livres choisis à la fois par les enfants et par les critiques ; ce sont habituellement les livres dans lesquels les enfants s'attachent à un personnage.

3. Des livres choisis par les critiques, que les élèves ne liront qu'avec l'aide de l'enseignant afin d'en apprécier les subtilités.

Certains enseignants craignent que le fait d'utiliser la littérature de jeunesse dans l'enseignement de la lecture ne détruise l'intérêt des élèves pour ces livres. Cette crainte n'est pas justifiée, car on a vérifié à maintes reprises qu'il est possible d'exploiter la littérature de jeunesse dans l'enseignement de la lecture sans pour autant gâcher le plaisir de la littérature. Il est vrai que certains enseignants se servent de la littérature exactement comme ils le font des manuels de lecture, c'est-à-dire qu'ils posent une série de questions et font remplir des pages d'exercices aux élèves. Il est certain que si vous enseignez la grammaire à l'aide d'un poème, vous êtes sur la mauvaise route. Cependant, rien ne vous empêche d'attirer l'attention des élèves sur certaines parties d'un texte pour qu'ils en apprécient le sens. La littérature de jeunesse occupera donc une place importante dans votre classe. Elle sera utilisée non seulement pour les lectures personnelles, mais aussi pour des activités de lecture qu'accompliront tous les élèves de la classe.

Cependant, pour utiliser de la littérature de jeunesse, il faut d'abord connaître ces livres. Pour évaluer vos connaissances sur la littérature de jeunesse, répondez à la question ci-dessous :

Nommez cinq livres pour enfants, dans des genres différents, qui ont été publiés depuis cinq ans :

1. _____

2. _____

3. _____

4. _____

5. _____

Vous avez répondu sans difficulté à la question ? Tant mieux, vos connaissances en littérature de jeunesse vous seront précieuses dans l'enseignement. Vous n'avez pas réussi à répondre entièrement à la question et vous êtes déçu de votre performance ? Vous n'êtes pas le seul dans ce cas ; très peu d'enseignants du primaire possèdent des connaissances en littérature enfantine.

Si votre résultat vous a incité à vous informer davantage sur la littérature de jeunesse, nous vous suggérons de consulter régulièrement des périodiques québécois comme *Lurelu*, *Des livres et des jeunes* et *Québec français* et des productions européennes comme *La revue des livres pour enfants* et la revue *Trousse-livres*.

LES TYPES DE TEXTES

Depuis plusieurs années déjà, le milieu scolaire est sensibilisé à l'importance de faire lire aux élèves des types de textes variés. Traditionnellement, seuls les textes narratifs faisaient partie des manuels de lecture. Aujourd'hui, la plupart des manuels contiennent, théoriquement du moins, différents types de textes dont la proportion est équilibrée. On peut utiliser plusieurs classifications pour parler des textes, les principales étant les fonctions de la lecture, l'intention de l'auteur et le genre littéraire.

Les fonctions de la lecture

La première façon de classer les textes correspond aux deux fonctions fondamentales de la lecture : la fonction utilitaire et la fonction esthétique. Dans le milieu scolaire, on parlera de textes utilitaires et de textes imaginaires ou encore de textes courants et de textes littéraires. Cette classification place, d'un côté, les textes qui ont un but fonctionnel, comme le fait de s'informer ou de réaliser une tâche, et, de l'autre, les textes qui ont été écrits pour le plaisir du lecteur, c'est-à-dire les textes de fiction, la poésie.

L'intention de l'auteur

L'intention de l'auteur est un concept de mieux en mieux cerné et accepté par les enseignants. On reconnaît habituellement que l'auteur peut vouloir persuader, informer ou distraire le lecteur. C'est dans cette optique qu'on parlera de texte informatif, persuasif, incitatif ou injonctif. En général, il est possible d'identifier trois types d'intention des auteurs :

1. L'auteur peut vouloir agir sur les émotions du lecteur ; il écrira alors des textes expressifs ou narratifs, comme des poèmes, des contes ou des nouvelles.

2. L'auteur peut vouloir agir sur les comportements du lecteur ; il écrira alors des textes directifs, tels que des marches à suivre, des consignes de jeux, des modes d'emploi, des énoncés de problèmes ou des recettes. Ou encore, il écrira des textes persuasifs, comme des conseils de prudence ou des textes s'inscrivant dans une campagne antitabac.

3. L'auteur peut vouloir agir sur les connaissances du lecteur ; il écrira alors des textes informatifs, comme des monographies, des articles de revue, des comptes rendus ou des articles d'encyclopédie.

Le genre littéraire

Il existe plusieurs genres dans la littérature de jeunesse. Parmi ceux-ci, on trouve habituellement les albums, les contes, les romans, les documentaires, les bandes dessinées, la presse enfantine, la poésie et les textes humoristiques.

LES ALBUMS

Les albums sont des livres dans lesquels l'illustration tient une place importante. L'album se définit donc par sa présentation matérielle et non par son contenu. Dans les albums, on trouvera des contes, des poèmes, des textes informatifs. À cause de la prépondérance de l'illustration, les albums serviront surtout aux jeunes lecteurs. Cependant, il peut être pertinent d'utiliser des albums avec des élèves plus avancés, soit pour introduire un thème en sciences humaines ou en sciences de la nature, soit pour enrichir le thème par la suite (Farris et Fuhler, 1994). Par exemple, les élèves peuvent lire un album sur le système solaire avant d'aborder des documentaires plus abstraits sur ce thème (Hadaway et Young, 1994).

Les albums animés.   À l'intérieur de cette vaste catégorie qu'est l'album, il y a la sous-catégorie des albums animés. Les albums animés sont dotés de caches, de tirettes ou d'images en trois dimensions : lorsqu'on ouvre une page, le papier se déplie et l'image jaillit du livre, ou encore un objet apparaît lorsqu'on ouvre une fenêtre. La plupart de ces livres s'adressent aux enfants d'âge préscolaire, mais certains sont conçus pour le primaire ; on peut trouver, par exemple, un livre qui présente une animation détaillée du centre-ville de Tōkyō.

Les albums-objets.   Il existe également des livres qui incorporent d'autres éléments que le texte et l'illustration, comme différents types de fourrure ou des odeurs. Même si la plupart de ces livres sont destinés aux petits, on peut maintenant se procurer des livres-objets pour des élèves plus avancés, comme un documentaire sur l'histoire du papier et de la peinture qui contient des textures différentes de papier, des gaufrures, un morceau de papyrus, des transparents, etc.

LES CONTES, LES LÉGENDES ET LES RÉCITS FANTASTIQUES

Le conte traditionnel est un genre bien connu de la plupart des adultes et des enfants. Qui ne connaît en effet *Le petit chaperon rouge* ou *Boucles d'or et les trois ours* ? Le conte occupe une place privilégiée dans la vie des enfants : plusieurs auteurs ont en effet montré que les contes répondaient à des besoins émotionnels chez les enfants (Guérette, 1991). Même si on connaît surtout les contes traditionnels, signalons qu'il existe également des contes modernes.

Contrairement aux contes qui se situent dans des pays imaginaires, les légendes font référence à des endroits déterminés (par exemple, la légende la Dame blanche de Rivière-Ouelle). Quant aux récits fantastiques, leur nature est particulière : ils expriment la réalité d'une façon qu'il est impossible d'atteindre dans des textes réalistes. Le fantastique dépeint un monde qui inclut des éléments surnaturels et des phénomènes non rationnels ; curieusement, on utilise ces éléments pour rejoindre le lecteur dans sa réalité quotidienne. *Alice au pays des merveilles* est un bon exemple de récit fantastique.

LES ROMANS

Les romans pour enfants peuvent prendre différentes formes : les romans d'aventures, les enquêtes policières, de science-fiction, les romans historiques, etc. Si vous n'êtes pas familier avec la littérature de jeunesse, l'image que vous avez du roman est peut-être celle d'un livre épais dépourvu d'illustrations, destiné davantage aux adolescents qu'aux enfants. Il existe pourtant des romans pour des enfants de sept ou huit ans. Ces premiers romans initient graduellement les enfants aux romans plus longs en misant sur les illustrations et en présentant des chapitres plus courts.

LES DOCUMENTAIRES

Les documentaires comprennent à la fois les premiers livres pour les tout-petits (les abécédaires, les livres sur des concepts simples, etc.) et les livres traitant de différents sujets de façon plus ou moins élaborée. On peut faire entrer également dans cette catégorie les livres d'activités qui proposent diverses expériences aux enfants.

LES BANDES DESSINÉES

Les bandes dessinées sont très bien connues des enfants ; cependant, les adultes ne voient pas toujours d'un bon œil leur prédominance dans les lectures des enfants du primaire. Pourtant, la bande dessinée est un genre valable en soi et elle peut être considérée comme un « tremplin » pour des lectures plus variées (Therriault, 1994).

LA PRESSE ENFANTINE

La presse enfantine comprend des revues qui s'adressent à tous les âges, même aux enfants d'âge préscolaire. Ces revues contiennent des textes variés et peuvent offrir un complément fort intéressant à la banque de textes de la classe.

LES LIVRES DE POÉSIE

La poésie comprend les comptines et les poèmes en vers et en prose. Elle est souvent négligée à l'école ; on oublie que la poésie peut non seulement être comprise des élèves du primaire, mais de plus devenir une façon de les motiver à lire et à écrire. Les poèmes qui plaisent aux élèves du primaire ont habituellement un style narratif ; ils contiennent de l'humour et des expériences familières ; ils jouent sur les rimes et le rythme.

Vous ne connaissez pas de poèmes pour enfants ? Pour vous initier, procurez-vous d'abord une anthologie classique comportant des poèmes en tout genre. Puis choisissez des poèmes qui portent sur des thèmes particuliers. Par la suite, rassemblez des poèmes du même auteur.

LES TEXTES HUMORISTIQUES

Les enfants aiment les livres de blagues et de devinettes. La plupart du temps, les adultes sont portés à penser que ces livres n'apportent pas grand-chose aux enfants. Cependant, les textes humoristiques peuvent leur permettre de développer leur sens de l'humour et les préparer à lire des textes humoristiques plus élaborés.

Le fait de connaître les stades du développement de l'humour peut aider les enseignants à comprendre pourquoi les enfants aiment tel type d'histoires à tel âge (Wilson et Kutiper, 1993). À partir de quatre ans, les enfants commencent à apprécier les jeux de mots, principalement quand leur nom ou celui de leurs amis est mentionné (par exemple, Colette la galette). À cet âge, les enfants trouvent drôles tous les mots tabous, les exagérations de taille et de forme. Vers sept ou huit ans, ils aiment répéter les mêmes histoires et devinettes et les trouvent aussi drôles la dixième fois que la première ; ils commencent à se rendre compte que le langage n'est pas toujours utilisé de façon littérale. Entre 9 et 12 ans, les enfants aiment les histoires classiques, les jeux de mots ; ces histoires font souvent appel à des processus d'inférence assez élaborés.

Au lieu de bouder ces textes, pourquoi ne profiterions-nous pas de cet intérêt pour développer chez les enfants des habiletés en lecture ? Pourquoi ne finirions-nous pas la journée avec une histoire ou une devinette pour que les élèves quittent la classe en riant ?

LA STRUCTURE DES TEXTES

La structure du texte correspond à la manière dont les idées sont organisées dans un texte. Pour faire comprendre leurs idées, les auteurs organisent leurs textes de façon à faire ressortir la contribution des idées secondaires aux idées principales. Nous verrons, dans cette section, les structures particulières des textes narratifs, des textes informatifs et des textes directifs.

La structure des textes narratifs

Des chercheurs ont découvert que, dans notre civilisation, les récits étaient bâtis sur le même modèle ou le même schéma ; en effet, les récits tournent tous autour de l'idée qu'un personnage fait face à un problème qu'il veut résoudre ou à un but qu'il veut atteindre. Le schéma de récit comporte les parties suivantes : la situation initiale, l'événement déclencheur, la réaction du héros, la tentative pour trouver une solution au problème, le dénouement (résultat heureux ou non) et la fin à long terme.

1. La **situation initiale** ou situation de départ décrit les personnages, le temps, le lieu ainsi que le contexte dans lequel se trouvent les personnages au début de l'histoire. Elle est souvent introduite par l'expression « Il était une fois… ».

2. L'**événement déclencheur** ou perturbateur présente l'événement qui fait démarrer l'histoire. Il est souvent introduit par l'expression « Un jour… ».

3. La **réaction du héros** comprend ce que le personnage pense ou dit en réaction à l'élément déclencheur et ce qu'il décide de faire concernant le problème central du récit.

4. La **tentative pour trouver une solution** consiste dans l'effort du personnage pour résoudre ce problème.

5. Le **dénouement** dévoile les résultats fructueux ou infructueux de la tentative du personnage, c'est-à-dire la résolution du problème.

6. La **fin** indique la conséquence à long terme de l'action du personnage. C'est le cas de la phrase « Ils vécurent heureux jusqu'à la fin de leurs jours ». L'histoire comporte parfois également une morale formulée explicitement.

La plupart des parties sont présentes dans un récit, mais il arrive que certaines soient absentes ou à peine mentionnées. Par exemple, le temps ou le lieu, qui sont moins importants dans certains récits, peuvent être imprécis. Il en est de même de la fin ou de la morale, qui n'est pas toujours explicitée.

Pour mieux cerner les différentes parties du récit, examinez l'histoire simple présentée à la figure 4.1.

FIGURE 4.1
Texte analysé à l'aide du schéma de récit

Le loup et l'oiseau au long cou

Situation initiale	Un loup mangeait une proie qu'il avait tuée.
Événement déclencheur	Soudain, un petit os resta pris dans sa gorge.
Réaction du héros	Il ne réussit pas à s'en débarrasser et ressentit une douleur terrible.
	Il voulait faire cesser cette douleur.
Tentative	Il demanda à tous ceux qu'il rencontrait de lui enlever l'os de la gorge : « Je vous donnerai n'importe quoi si vous m'enlevez cet os », disait-il.
Dénouement — **Début**	Enfin, un oiseau au long cou dit qu'il pourrait essayer. Il demanda au loup de se coucher sur le côté et d'ouvrir la bouche aussi grande qu'il le pouvait. L'oiseau mit alors son long cou dans la gorge du loup et tira sur l'os avec son bec.
Fin	L'oiseau réussit enfin à sortir l'os.
	« Pouvez-vous me donner, s'il vous plaît, la récompense promise ? », dit l'oiseau au long cou.
	Le loup grogna, montra les dents et dit :
	« Compte-toi chanceux. Tu as mis ta tête dans la gueule du loup et tu t'en es tiré sain et sauf.
	C'est la récompense que je te donne. »

Adapté de Fitzgerald et autres (1985). Traduction de l'auteure.

Il est à remarquer que l'histoire présentée à la figure 4.1 ne contient qu'un épisode ; cependant, certaines histoires sont composées de plusieurs épisodes qui mènent à la résolution de l'intrigue. Dans ces récits, chaque épisode regroupe la tentative du personnage (ou des personnages) pour résoudre le problème et le résultat de cette tentative. L'histoire bien connue de *Boucles d'or et les trois ours* représente un exemple de récit comportant plusieurs épisodes.

Nous avons dit que l'événement déclencheur et le désir du personnage d'atteindre un but ou de résoudre un problème constituent le cœur des histoires. Cela explique comment les histoires sont composées, mais cela n'explique pas pourquoi les enfants aiment mieux telle histoire que telle autre. Il faut ajouter à cette description du récit que le but poursuivi par le héros doit être un but important ou que le personnage doit faire face à une conséquence significative. Par exemple, le fait d'aller à l'épicerie est sans conséquence à côté du fait d'échapper à une bouteille de soda explosive. Certains auteurs ont comparé l'intérêt d'élèves de maternelle, de première année et de deuxième année pour des histoires comprenant un suspense et pour des histoires où se déroulent des actions quotidiennes. Les élèves de deuxième année préfèrent les histoires ayant un suspense, les élèves de maternelle et de première année sont moins constants dans leur choix, mais tous choisissent de se faire relire l'histoire comportant un suspense (Jose et Brewer, 1990).

La structure des textes informatifs

Plusieurs auteurs ont proposé des classifications de textes informatifs, mais la classification la plus connue est certainement celle de Meyer (1985) qui répartit les textes informatifs selon les relations logiques de base qui y sont contenues. Cette classification comporte six catégories : (1) la description ; (2) l'énumération ; (3) la séquence ; (4) la comparaison ; (5) la cause et l'effet ; (6) le problème et la solution.

La description. Ce type de texte donne des informations sur un sujet en spécifiant certaines caractéristiques. Ordinairement, la proposition principale est présentée en premier et elle est suivie de propositions qui apportent des détails concernant, par exemple, la couleur ou la forme.

> *Exemple*
>
> Une grosse boule couverte de poils, un nez allongé, de tout petits yeux. Madame la Taupe ne se montre pas souvent à nous, car elle vit sous terre. Elle creuse des galeries, à la recherche de nourriture. Ses deux pattes de devant lui servent de pelles. Les jardiniers la détestent, car elle mange les racines des légumes. Elle se nourrit surtout d'insectes. Sa vue est mauvaise, aussi se guide-t-elle surtout… par son nez.

L'énumération. Ce type de texte présente une liste d'éléments qui ont un point commun.

> *Exemple*
>
> Aujourd'hui, dans la plupart des pays, on utilise la farine de blé pour faire du pain. Cependant, n'importe quelle farine peut être utilisée. En Allemagne et en Russie, le pain est noir, parce qu'il est fabriqué avec la farine de seigle. En Scandinavie, la farine d'orge produit de petits pains plats et secs. Les Mexicains mangent des *tortillas*, galettes à base de farine de maïs. Les pays pauvres utilisent une farine de riz et même une farine de pois séchés et écrasés.

La séquence. Ce type de texte se caractérise par un déroulement par étapes ou encore par une séquence présentée sous forme de cycle.

> *Exemple*
>
> L'eau est mystérieuse. Elle tombe du ciel en neige ou en pluie. Elle entre dans le sol. Elle coule dans les ruisseaux, dans les rivières et dans les fleuves, jusqu'à l'océan. Elle remonte vers le ciel sous forme de vapeur. Elle se condense en gouttelettes de pluie et retombe sur la terre. C'est le cycle de l'eau.

La comparaison. Ce type de texte compare des objets, des personnes ou des événements entre eux en tenant compte de leurs ressemblances et de leurs différences.

Exemple

On confond souvent l'alligator et le crocodile. Il peut être, en effet, difficile de les identifier si on les voit séparément. Le museau de l'alligator est large et assez plat, tandis que celui du crocodile est plutôt étroit et plus allongé au bout. Le crocodile et l'alligator se distinguent aussi par leur comportement. L'alligator est moins agressif et se déplace plus lentement que le crocodile.

La cause et l'effet.   Ce type de texte présente un événement ou un phénomène qui est la cause d'un autre événement. Il est alors possible d'identifier une relation causale entre les idées. Une idée est l'antécédent ou la cause et l'autre est la conséquence ou l'effet.

Exemple

C'est grâce aux éruptions de volcans que l'atmosphère s'est créée autour de la Terre. S'il n'y avait pas eu d'atmosphère, jamais la vie n'aurait pu apparaître sur notre planète. Ce sont aussi les volcans qui ont créé les océans et les continents.

Le problème et la solution (la question et la réponse).   Ce type de texte ressemble au type de texte de la cause et de l'effet en ce sens que le problème est l'antécédent de la solution, mais cette structure comporte de plus un certain rapport entre le problème et la solution.

Exemple

À notre époque, les animaux à fourrure sont toujours très recherchés. Aussi le nombre de ces animaux a-t-il beaucoup diminué. On s'est même demandé si certaines espèces n'allaient pas disparaître. Heureusement, deux remèdes ont été trouvés. Le premier consiste à fabriquer en usine des fourrures synthétiques, presque aussi belles que les vraies. L'autre moyen, c'est d'élever des animaux à fourrure dans des fermes, au lieu de détruire ceux qui vivent à l'état sauvage.

Soulignons que, bien que la notion de classification de la structure des textes soit utile dans l'enseignement, il faut considérer que la plupart des textes comportent une combinaison de structures.

La structure des textes directifs

Les textes directifs sont des textes qui transmettent au lecteur une série de directives à suivre comme une recette, les règles d'un jeu ou les étapes de la réalisation d'un objet. Il existe relativement peu de recherches sur les textes directifs ; on peut toutefois identifier certaines caractéristiques que l'on trouve dans la plupart de ces textes : (1) une séquence temporelle marquée ; (2) des structures de phrases elliptiques ; (3) une marche à suivre implicite ; (4) des abréviations particulières ; (5) un résultat attendu souvent ambigu. Prenons l'exemple d'une recette pour illustrer ces caractéristiques (Marshall, 1984) :

Les délices de tante Sarah

1 t. de sucre
2 œufs
2 cubes de chocolat
1/2 t. de beurre
1/3 t. de farine tamisée
1/2 c. à thé de sel
1/2 c. à thé de vanille
1 t. de noix hachées

Faire fondre le chocolat et le beurre. Battre les œufs avec le sucre. Ajouter la farine, le sel et la vanille au mélange. Ajouter le chocolat fondu. Battre. Ajouter les noix. Verser dans un moule graissé de 20 cm × 20 cm. Cuire au four à 180° pendant 30 à 35 minutes.

Une séquence temporelle marquée.   La liste des ingrédients et les directives sont données dans l'ordre de leur utilisation. Cet ordre est assez rigide et ne pourrait être inversé (on ne peut faire cuire le gâteau avant de mélanger les ingrédients).

Des structures de phrases elliptiques.   Les phrases sont du type télégraphique. Par exemple, « ajouter les noix » signifie « ajouter les noix hachées à la préparation ».

Une marche à suivre implicite.   Les étapes ne sont pas toutes indiquées ; par exemple, les termes « noix hachées » et « farine tamisée » font appel à des opérations qu'on doit effectuer avant de suivre les directives.

Des abréviations particulières.   Le lecteur doit connaître la signification des différentes abréviations (comme « t. » et « c. à thé »).

Un résultat attendu souvent ambigu.   Même si le lecteur suit toutes les étapes, il se peut qu'il ne soit pas certain du résultat. Dans l'exemple donné ici, la seule référence au produit attendu se trouve dans le titre. On suppose que le lecteur sait quel sera le produit final.

LA COMPLEXITÉ DES TEXTES

Qu'est-ce qu'un texte difficile ? Plusieurs facteurs expliquent la complexité d'un texte ; certains sont reliés au texte lui-même et d'autres au lecteur qui aborde le texte. Un texte peut être difficile pour tel élève, mais pas nécessairement pour tel autre. La familiarité avec le contenu et les connaissances préalables sont des facteurs qui déterminent la difficulté du texte pour un lecteur donné.

Les indicateurs de complexité

Un texte peut être difficile parce qu'il présente des caractéristiques particulières. Voici une liste de caractéristiques qui peuvent rendre un texte plus ou moins difficile :

- la longueur du texte ;
- le vocabulaire utilisé (abstrait ou concret, connu ou nouveau) ;
- la longueur de la phrase (on recommande une phrase d'au plus 15 mots pour un lecteur débutant ; la phrase peut compter jusqu'à 20 ou 25 mots à la fin du primaire) ;
- la structure de la phrase (le nombre de propositions) ;
- la densité de l'information (le nombre de mots d'information par proposition) ;
- la structure du texte (la façon dont les idées sont organisées et regroupées) ;
- la cohérence et l'unité du texte ;
- la difficulté intrinsèque du sujet ;
- la capacité de l'auteur de tenir compte des lecteurs ;
- le degré de traitement du sujet (superficiel ou complet) ;
- le niveau de difficulté des mots-liens (explicites ou implicites) ;
- le niveau d'explicitation des relations entre les motivations et les actions, entre les causes et les effets.

Les trois niveaux de difficulté des textes

On range habituellement les niveaux de difficulté des textes en trois catégories :

1. Le niveau d'indépendance. L'élève est à un niveau d'indépendance lorsqu'il peut lire le texte seul, sans aide.
2. Le niveau d'apprentissage. L'élève est à un niveau d'apprentissage lorsqu'il peut lire le texte avec de l'aide.
3. Le niveau de frustration. L'élève est à un niveau de frustration lorsqu'il ne peut comprendre le texte, même avec de l'aide.

Cette classification servira de cadre de référence en classe. Les textes pour lesquels l'élève est à un niveau d'indépendance seront utilisés durant les périodes de lecture libre où l'objectif est le plaisir de lire plutôt que l'acquisition d'habiletés nouvelles. Il est certain, cependant, que si les élèves ne lisent que des livres à leur niveau d'indépendance, leurs progrès seront assez lents. C'est pourquoi il faut introduire des livres qui posent un défi aux élèves tout en restant accessibles, c'est-à-dire des textes ajustés à leur niveau d'apprentissage. Ces textes seront amenés par une mise en situation, l'enseignant en guidera la lecture et ils seront discutés avec le groupe. Quant aux textes pour lesquels l'élève est à un niveau de frustration, il faudra les éviter, à moins que l'élève ne les choisisse lui-même parce qu'il s'intéresse énormément au sujet traité.

CONCLUSION

Il est important d'offrir aux élèves des textes variés. Ceux-ci peuvent provenir de différentes sources comme les manuels scolaires, les documents ou la littérature de jeunesse ; ces sources se complètent. En plus d'être variés, les textes présentés aux élèves doivent être de qualité et comporter un niveau de difficulté approprié. Enfin, il ne faut pas oublier que le choix du texte sera aussi important pour développer des stratégies de compréhension que pour favoriser chez les élèves la motivation à lire.

L'évolution du lecteur

5 L'enfant avant son entrée formelle dans l'écrit

Sommaire

INTRODUCTION

La dernière décennie a donné lieu à une nouvelle conception des premiers développements en lecture et en écriture chez l'enfant d'âge préscolaire. Le terme « émergence de la lecture et de l'écriture » ou plus simplement « émergence de l'écrit » (*emergent reading*) désigne cette nouvelle conception. L'émergence de l'écrit comprend toutes les acquisitions en lecture et en écriture (les connaissances, les habiletés et les attitudes) que l'enfant réalise, sans enseignement formel, avant de lire de manière conventionnelle. Dans ce chapitre, nous verrons comment les jeunes enfants commencent à s'intéresser à la lecture, quelles hypothèses ils formulent face aux symboles écrits de leur entourage et quel rôle tient l'environnement dans leur découverte de l'écrit. Nous parlerons également des différentes façons d'observer et de faciliter l'émergence de la lecture et de l'écriture chez les enfants des classes de maternelle.

L'ORIGINE DE LA CONCEPTION DE L'ÉMERGENCE DE LA LECTURE

Deux sources d'informations ont contribué à préciser comment se produisent les premières appropriations de l'écrit chez l'enfant d'âge préscolaire. La première est constituée des études dans le milieu naturel ; elle nous renseigne sur le rôle de l'environnement familial et social dans l'émergence de la lecture (Sulzby et Teale, 1991). La deuxième source d'informations consiste dans les études réalisées par le biais d'entrevues avec de jeunes enfants : dans ces entrevues, le chercheur place l'enfant devant des symboles écrits et discute avec lui de ses différentes hypothèses (Ferreiro, 1990). Ces deux types de recherches, qui sont complémentaires, ont contribué à dresser un portrait complet de la période d'émergence de la lecture.

Les recherches sur l'émergence de l'écrit ont convergé vers certains points sur lesquels s'entendent tous les chercheurs dans le domaine. Les points présentés ci-dessous résument ces recherches (Sulzby et Teale, 1991) :

1. Dans une société où l'écrit est présent, les enfants commencent à s'intéresser à la lecture et à l'écriture très tôt dans leur vie.

   Traditionnellement, on croyait que l'enfant commençait à s'intéresser à l'écrit en arrivant en première année. On tenait pour acquis qu'il entreprenait alors son apprentissage à partir de zéro. Au cours des deux dernières décennies, les chercheurs ont accumulé des observations sur des enfants d'âge préscolaire et ont découvert que ceux-ci commençaient très tôt à s'intéresser à l'écrit. Nous avons tous à l'esprit certains comportements de ces jeunes enfants. Par exemple, qui n'a jamais rencontré des enfants de deux ou trois ans qui reconnaissent des mots de leur environnement, comme le nom des supermarchés, des restaurants, des produits familiers? Qui n'a pas déjà vu un enfant de trois ou quatre ans « faire semblant » de lire un livre que ses parents lui ont lu à plusieurs reprises?

2. L'émergence de l'écrit s'effectue à l'aide de situations réelles dans lesquelles on utilise la lecture et l'écriture pour « faire quelque chose ». Les fonctions de la lecture font donc partie de l'apprentissage.

L'émergence de la lecture est intimement liée aux situations de la vie courante. La très grande majorité des expériences des jeunes enfants avec l'écrit sont intégrées dans des activités dans lesquelles l'adulte utilise l'écrit pour répondre à des besoins réels. Les enfants développent leurs connaissances sur la lecture en participant avec leurs parents à des activités comme écrire la liste des ingrédients nécessaires pour réaliser une recette, consulter un menu ou lire les étiquettes sur les cadeaux de Noël. Les enfants apprennent donc à quoi sert la lecture avant de savoir lire eux-mêmes.

3. La présence de personnes qui lisent et écrivent dans l'environnement de l'enfant joue un rôle primordial dans l'émergence de la lecture. Les interactions sociales avec les parents (ou des personnes qui savent lire), dans des activités qui intègrent la lecture, sont également très importantes.

Pour que l'enfant s'intéresse à l'écrit, il faut, bien sûr, la présence de modèles de lecteurs dans l'environnement, mais il faut surtout que ces personnes interagissent avec l'enfant. Si vous observez un adulte et un enfant d'âge préscolaire dans une activité intégrant l'écrit, vous constaterez facilement que les interactions langagières y jouent un rôle majeur.

4. Chez le jeune enfant, la lecture et l'écriture se renforcent l'une l'autre et se développent simultanément plutôt que de façon séquentielle.

Traditionnellement, on avait l'habitude de penser que l'écriture devait être enseignée après la lecture : l'argument était que les enfants devaient déjà fournir assez d'efforts pour apprendre à lire et qu'il était donc préférable d'attendre que les débuts en lecture soient bien effectués avant de le lancer dans l'écriture. L'observation des jeunes enfants nous oblige à remettre en question cette position : en général, on constate que les enfants d'âge préscolaire s'intéressent à l'écriture avant de s'intéresser à la lecture, ou du moins en même temps. Dans tous les pays, on a remarqué que les jeunes enfants ont une propension à écrire lorsqu'on leur fournit le matériel approprié.

5. Se faire lire des histoires joue un rôle crucial dans l'émergence de la lecture chez les enfants.

Faire la lecture aux enfants d'âge préscolaire est une pratique qui s'appuie sur une longue tradition en recherche. Depuis de nombreuses années, nous savons en effet que cette activité développe chez les enfants le vocabulaire, les structures de phrases, le schéma de récit, les connaissances des caractéristiques du langage écrit et l'intérêt pour la lecture (Morrow et autres, 1990 ; Robbins et Ehri, 1994). Les études corrélatives montrent que les enfants à qui les parents ont fait régulièrement la lecture durant leurs années préscolaires se trouvent parmi ceux qui ont le plus de chances de réussir leur apprentissage de la lecture (Adams, 1991). En fait, l'immersion dans l'écoute de textes en bas âge semble avoir le même effet sur l'apprentissage de la lecture que l'immersion dans un bain de langage sur le développement du langage oral.

Les enfants réalisent plusieurs apprentissages en écoutant des histoires :

a) Les enfants découvrent d'abord le plaisir de la lecture. Faites l'expérience suivante : fermez les yeux et essayez de visualiser une scène dans laquelle un parent fait la lecture à son enfant. Vous avez sans doute eu tout de suite dans la tête l'image d'une situation chaleureuse et intime. Effectivement, ce premier contact avec les livres est associé par les enfants au plaisir de lire.

b) Les enfants développent leur schéma de récit. Ils apprennent que les histoires ont un commencement, un milieu et une fin. Ils acquièrent des connaissances sur la façon dont se comportent, dans les histoires, des personnages comme les princesses, les loups ou les sorcières. Voici à ce propos une anecdote très révélatrice. Une enseignante racontait l'histoire d'un lion qui était trop vieux pour chasser ; il en était réduit à devoir attirer ses proies dans sa caverne. Il avait déjà mangé une poule naïve et un chien quand un renard se présenta sur son chemin. Un enfant de cinq ans s'exclama alors : « Gageons que le lion n'attrapera pas le renard. » L'enseignante lui demanda : « Comment le sais-tu ? » Et l'enfant de répondre : « Les renards sont toujours les plus rusés dans les histoires, on ne les attrape jamais. » Cette connaissance particulière, qui lui a permis de prévoir la fin de l'histoire, l'enfant l'avait évidemment acquise dans des lectures précédentes.

c) Les enfants apprennent des concepts reliés à l'écrit. Ils apprennent que le texte est porteur de sens, qu'il est stable et qu'il peut être relu de la même manière, que l'écriture est lue dans une certaine direction et que les mots à l'oral correspondent à des mots écrits.

d) Les enfants apprennent que le langage des livres est différent de celui qu'ils utilisent à l'oral, ils développent une « oreille » pour la langue écrite. Ils apprennent de nouvelles structures de langage. Une structure comme « Mais, Pierrot, dit maman » est une formulation improbable à l'oral ; c'est en écoutant des histoires que les enfants entendront de nouvelles structures de phrases qui les prépareront à leurs futures lectures. En écoutant des histoires, les enfants élargissent également leur vocabulaire : vous entendrez souvent des enfants réutiliser à l'oral des expressions et des tournures de phrases apprises grâce à la lecture faite par des adultes.

6. L'enfant établit ses propres hypothèses sur le fonctionnement de la lecture et de l'écriture et il passe par différents stades dans l'ajustement de ces hypothèses.

Une des principales découvertes du courant de l'émergence de l'écrit a été la constatation selon laquelle l'enfant fait des hypothèses sur le fonctionnement de l'écrit de la même façon qu'il fait des hypothèses sur tout ce qui l'entoure. Face à l'écrit, l'enfant doit résoudre des problèmes logiques : ses réponses ne lui sont pas simplement fournies par l'environnement (Ferreiro, 1990).

L'ÉMERGENCE DE LA LECTURE ET LES INTERVENTIONS À LA MATERNELLE

La diversité est ce qui caractérise le mieux les enfants de la maternelle. Les enfants de cinq ans en sont à des niveaux très différents dans leur émergence en lecture. Plusieurs ont déjà eu des contacts fréquents et diversifiés avec l'écrit dans leur milieu familial. D'autres ont rarement été placés devant l'écrit ; par exemple, plusieurs enfants arrivent à l'école sans avoir vécu l'expérience de se faire lire des histoires. Ainsi, dans l'échantillon d'une étude, les chercheurs ont trouvé un enfant, Jonathan, à qui les parents avaient lu plus de 6000 histoires avant son entrée à l'école et une autre, Rosie, à qui personne n'avait jamais lu un seul livre (Adams, 1991). Il est facile d'imaginer la différence de comportement en classe entre ces deux enfants.

Il n'y a pas de programme de lecture préétabli à la maternelle, ce qui permet de tenir compte plus facilement des différences individuelles. Pour suivre l'évolution de l'émergence de la lecture chez les enfants de votre classe, vous disposerez d'un outil puissant : l'observation dans des situations quotidiennes. Cependant, afin de faire une observation efficace, vous devez avoir en tête les indices d'évolution que vous pouvez attendre des enfants durant la période d'émergence de la lecture. Nous présentons dans les sections suivantes l'ensemble des comportements caractéristiques de cette période d'émergence, des grilles d'observation ainsi que des suggestions d'interventions pédagogiques. Nous aborderons plus particulièrement les composantes suivantes : (1) découvrir les fonctions de la lecture ; (2) « parler comme un livre » ; (3) établir des relations entre l'oral et l'écrit ; (4) maîtriser l'orientation de la lecture ; (4) connaître les concepts reliés à l'écrit ; (5) se sensibiliser à l'aspect sonore de la langue ; (6) découvrir le processus de l'écriture.

DÉCOUVRIR LES FONCTIONS DE LA LECTURE

L'enfant avant son entrée formelle dans l'écrit commence à découvrir à quoi sert la lecture, pourquoi il sera intéressant pour lui d'apprendre à lire. Plusieurs études ont montré que la conception que les enfants avaient de la lecture à la maternelle était un des meilleurs indices de prédiction de la réussite en lecture à la fin de la première année (Purcell-Gates et Dahl, 1991).

Ainsi, dans une étude menée auprès d'enfants de cinq ans, des chercheurs ont posé les questions suivantes : « Veux-tu apprendre à lire ? » et « Est-ce que c'est bien d'apprendre à lire ? » Tous les enfants ont répondu affirmativement. Cependant, lorsqu'on a demandé à ces mêmes enfants : « Pourquoi veux-tu apprendre à lire ? » et « À quoi sert la lecture, penses-tu ? », les réponses ont été très différentes. Certains enfants ont fourni des réponses qui révélaient leur découverte des principales fonctions de la lecture (imaginative, informative, communicative, etc.). D'autres enfants ont eu du mal à préciser les bénéfices et finalités de la lecture ; ils ont donné soit des arguments orientés vers les contraintes (pour faire plaisir à la maîtresse, pour faire ses devoirs), soit carrément des justifications circulaires (pour écrire, pour savoir ses lettres, pour apprendre à lire). Les résultats de l'étude ont indiqué que 80 % des enfants qui se situaient dans le premier groupe ont réussi par la suite sans problème à apprendre à lire, tandis que la majorité des enfants qui n'avaient pas une conception claire des fonctions de l'écrit ont éprouvé des difficultés dans leur apprentissage de la lecture (Chauveau et Rogovas-Chauveau, 1993).

L'observation

La conception de la lecture peut s'observer au cours des activités quotidiennes à travers les attitudes de l'enfant dans les activités qui incluent l'écrit. Si vous voulez interroger plus directement l'enfant, vous pouvez vous servir d'une page sur laquelle il y a quelque chose d'écrit et lui poser des questions comme les suivantes : « Y a-t-il quelque chose sur la page ? », « Qu'est-ce que c'est, penses-tu ? », « À quoi cela peut-il servir, d'après toi ? » Ou encore, vous pouvez demander à l'enfant : « Veux-tu apprendre à lire ? », « Pourquoi veux-tu apprendre à lire ? » La grille présentée au tableau 5.1 vous permettra de situer les réponses de l'enfant.

Les interventions pédagogiques

Pour que les enfants découvrent les fonctions de l'écrit, il faut tout d'abord que l'écrit soit présent dans la classe. Dans certaines classes, l'écrit est limité au calendrier et à quelques affiches. Étant donné que les enfants ne savent pas encore lire, certains enseignants croient qu'il est inutile d'exposer de l'écrit dans la classe. Pourtant, on ne penserait pas à ne pas parler à un jeune enfant sous prétexte qu'il ne sait pas encore parler. Il est possible de

TABLEAU 5.1
Grille d'observation de la conception des fonctions de l'écrit

Niveau 1	Rien n'indique qu'il y ait une conception des fonctions de la lecture.
Niveau 2	L'écrit considéré par l'enfant comme un objet appartenant à l'école, au même titre que les pupitres ou les chaises : « Les lettres, c'est pour l'école, pour le professeur, pour apprendre à l'école. »
Niveau 3	Vue fonctionnelle limitée à l'aspect personnel : « Les lettres servent à écrire notre nom. »
Niveau 4	Vue fonctionnelle plus large, mais encore limitée à l'étiquetage, aux signes ou marques sur les objets de l'environnement : « C'est pour des jeux, des jouets. »
Niveau 5	Évidence du concept de l'écrit porteur de sens. L'enfant donne divers exemples de fonctions, comme écrire une lettre à quelqu'un, donner des directives, s'informer.

D'après Purcell-Gates (1991).

créer un environnement physique qui favorise l'émergence de la lecture et de l'écriture sans pour autant couvrir les murs d'écrits ; il s'agira plutôt d'intégrer l'écrit de façon naturelle et fonctionnelle dans la classe.

Dans une classe de maternelle, les caractéristiques du matériel écrit seront les suivantes :

1. Il sera facilement accessible (il ne sera pas caché ou placé trop haut).

2. Il sera conçu pour être utilisé par les enfants (il ne servira pas de décoration).

3. Il comportera des phrases complètes (il ne sera pas limité à des listes de mots).

4. Il reflétera le langage des enfants (il ne sera pas constitué d'exercices de copie).

5. Il variera selon l'évolution des enfants (il ne sera pas installé en permanence).

Dans votre classe, les enfants auront l'occasion de voir la lecture utilisée non seulement pour le plaisir d'une histoire, mais aussi pour son aspect utilitaire. Il faut développer chez les enfants de la maternelle l'idée que la lecture comporte différentes fonctions et que ces dernières font appel à des supports variés. Pour des exemples détaillés d'activités, vous pouvez consulter les travaux de Tremblay et de Passillé (1990) et de Girard (1989, 1992). Nous présentons ci-dessous deux exemples de lecture utilitaire, soit l'utilisation du prénom écrit et le message du matin, puis nous aborderons un cas particulier de lecture fonctionnelle, soit la lecture dans les jeux symboliques.

RECONNAÎTRE ET ÉCRIRE SON PRÉNOM

Le prénom est une des premières utilisations fonctionnelles du langage écrit à la maternelle. Les enfants ont besoin de reconnaître leur prénom pour nombre de raisons et il est facile de leur expliquer l'importance de reconnaître également les prénoms de leurs amis. Par exemple, le prénom peut être employé pour le choix des activités, l'identification des travaux ou l'étiquetage des objets personnels.

Pour favoriser la reconnaissance des prénoms, vous pouvez fabriquer un album avec les photos de chacun des enfants de la classe. Sous chaque photo, vous ajouterez une pochette contenant l'étiquette du prénom de l'enfant. Les enfants pourront jouer à enlever les étiquettes des pochettes et à essayer de les replacer aux bons endroits.

LE MESSAGE DU MATIN

Cette activité consiste à écrire au tableau un message significatif au début de la journée. Le message peut se formuler de différentes façons, comme celles-ci : « Ce matin, nous avons la visite des grands de cinquième année », « Aujourd'hui, c'est l'anniversaire de Maxime ». Le message est deviné, analysé, vérifié par les enfants avec l'appui de l'enseignant. Cette activité, si simple en apparence, est très polyvalente : en plus de mettre l'accent sur l'aspect fonctionnel de la lecture, elle permet de faire un lien entre l'oral et l'écrit, de sensibiliser les élèves aux concepts de « lettre » et de « mot », de les amener à l'utilisation du contexte pour faire des hypothèses sur les mots nouveaux (Stewart et autres, 1990). Une enseignante raconte qu'elle commence toujours son message du matin par « Bonjour, les enfants » et le termine par sa signature ; cette régularité dans le message permet aux enfants de prévoir plus facilement le contenu (Thériault, à paraître).

LA LECTURE FONCTIONNELLE ET LES JEUX SYMBOLIQUES

La lecture fonctionnelle peut également être véhiculée à travers les jeux symboliques. Le jeu occupe une place importante dans le développement de l'enfant. À cinq ans, le jeu symbolique est le type de jeu privilégié pour les enfants : l'enfant joue à faire semblant, il construit une ville avec des blocs, il joue au pompier, à la maman, etc. Les situations de jeux symboliques se prêtent de façon naturelle à l'émergence de la lecture et de l'écriture. Par exemple, l'enfant qui joue à l'épicerie et qui identifie les étiquettes des boîtes de conserve s'initie à l'écrit (Pelligrini et Galda, 1993).

Dans la classe, on peut choisir certains coins qui seront plus particulièrement enrichis avec du matériel qui suscitera des comportements d'émergence de la lecture. Voici un exemple d'un coin de jeu symbolique enrichi par du matériel écrit :

Nom du coin : La boulangerie.

Matériel : Un bonnet blanc de cuisinier, un tablier, des moules à biscuits, un rouleau à pâte, des bols à mélanger, etc.

Matériel relié à l'émergence de la lecture :

- Des affiches géantes contenant les recettes de la classe.
- Un fichier contenant des recettes déjà écrites et des fiches libres pour en écrire de nouvelles.
- Un bloc-notes pour les commandes, des reçus, des macarons pour le nom du boulanger et de ses aides.
- Une affiche mentionnant les heures d'ouverture de la boulangerie.

Les coins enrichis peuvent être des coins comme le bureau de poste, la bibliothèque, la cuisine, le restaurant, la banque, l'épicerie ou le cabinet du médecin. Les coins sont présentés un à un ; après quelques semaines, ils sont transformés en d'autres coins. Les coins enrichis seront isolés des ateliers plus bruyants et ils seront délimités clairement, car les enfants jouent mieux dans des aires plus intimes. La figure 5.1 présente l'aménagement d'une classe dans lequel les coins de jeux symboliques répondent à ces critères. N'oubliez pas que les jeunes enfants ont des jeux plus riches et plus élaborés lorsqu'ils jouent avec des objets typiques. Les aires doivent correspondre à des situations connues ; par exemple, l'agence de voyages pourra être connue dans certains milieux, mais l'épicerie a plus de chances d'être connue de tous les enfants (Roskos et Neuman, 1992).

Quel sera votre rôle dans les aires de jeux symboliques ? Vous pouvez avoir un rôle actif lorsque le jeu des enfants s'essouffle : vous pouvez suggérer de l'extérieur quelque chose qui relancera l'activité (par exemple, au coin-épicerie, proposer que les clients se fassent une liste d'épicerie) ou intervenir de l'intérieur en entrant dans le groupe et en jouant temporairement un des rôles (à ce moment, vous pouvez, par exemple, modeler le comportement du client qui se fait une liste). Ces interventions doivent être limitées et n'auront lieu que si le jeu est dans une impasse ou s'il y a une occasion véritable d'enrichissement. Pour une description complète de l'utilisation des jeux symboliques pour l'émergence de la lecture, vous auriez avantage à consulter l'ouvrage de Thériault (à paraître).

« PARLER COMME UN LIVRE »

L'enfant d'âge préscolaire devient familier avec le style propre à l'écrit par le biais des lectures que lui font les adultes. Il met graduellement en place

FIGURE 5.1
Plan d'une classe de la maternelle

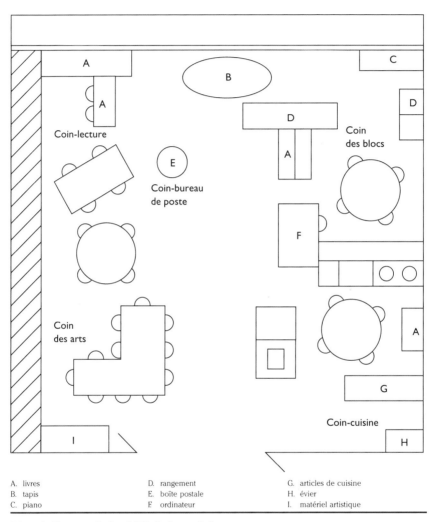

A. livres   D. rangement   G. articles de cuisine
B. tapis   E. boîte postale   H. évier
C. piano   F. ordinateur   I. matériel artistique

Adapté de Neuman et Roskos (1990). Traduction de l'auteure.

un comportement qu'on pourrait appeler « parler comme un livre », c'est-à-dire qu'il commence à assimiler les caractéristiques du langage écrit pour les reproduire dans son comportement lorsqu'il prend un livre et fait semblant de le lire. D'ailleurs, les adultes sont souvent étonnés lorsqu'ils entendent un jeune enfant redonner presque intégralement le texte d'un livre en y mettant l'intonation appropriée.

L'observation

Ce comportement s'observe lorsque l'enfant relit spontanément (pour lui-même ou pour un ami) un livre qui lui a été lu par l'adulte à plusieurs reprises. Vous pourrez également susciter ce comportement si vous demandez à l'enfant de vous lire un livre en faisant « comme s'il savait lire » ou comme s'il le lisait pour un enfant plus jeune. La grille présentée au tableau 5.2 permet de situer le comportement de l'enfant.

Les interventions pédagogiques

Faire la lecture quotidiennement sera le moyen privilégié pour développer la sensibilité des enfants au langage des textes écrits. Les enfants doivent avoir l'occasion d'entendre des textes variés, des textes de qualité, des textes qui captivent leur imagination. Au préscolaire, faire la lecture ne devrait pas être considéré comme une activité d'enrichissement, mais comme un apport fondamental au développement de la lecture. Il est donc primordial de faire la lecture **chaque jour** aux enfants. De plus, il est important de laisser aux enfants du temps pour lire eux-mêmes (pour manipuler les livres, les regarder, les feuilleter, les relire à leur façon).

FAIRE LA LECTURE AUX ENFANTS

Faire la lecture aux enfants ne signifie pas prendre un livre et le lire simplement d'une couverture à l'autre. Faire la lecture comprend également des interventions avant, pendant et après la lecture du livre. Les interventions dépendront du type de livre choisi. Par exemple, dans les histoires,

TABLEAU 5.2
**Grille d'observation du comportement consistant
à « parler comme un livre »**

Niveau 1	L'enfant nomme les personnes ou les objets illustrés, mais sans raconter d'histoire. Il semble considérer les pages comme étant indépendantes les unes des autres (par exemple : « Ici, il y a un chat, là une maison. »).
Niveau 2	L'enfant s'inspire des illustrations pour raconter une histoire. Lorsqu'on l'écoute, on a l'impression qu'il **raconte** une histoire et non pas qu'il **lit** une histoire (par exemple : « C'est un petit garçon, il va à l'école, ensuite il revient à la maison. »).
Niveau 3	Le comportement se situe entre le niveau 2 et le niveau 4.
Niveau 4	L'enfant s'inspire des illustrations, mais il donne l'impression de vraiment lire l'histoire. Il utilise le vocabulaire, le style et le ton habituel de la lecture (par exemple : « Il était une fois une méchante sorcière qui vivait dans un pays lointain. »).
Niveau 5	L'enfant lit le texte et non les illustrations.

D'après Sulzby (1991).

les interventions concerneront les personnages alors que, dans les textes informatifs, elles porteront surtout sur les concepts. Nous présentons au tableau 5.3 des façons de faire la lecture tant pour les livres d'histoire que pour les textes informatifs.

Pour faire la lecture aux enfants, vous pouvez également avoir recours à des volontaires (des élèves plus âgés, des parents, des grands-parents). Vous pouvez organiser dans la classe un coin permanent d'invités-surprises dont l'objectif sera de fournir plusieurs modèles de lecteurs aux enfants. En premier lieu, c'est vous qui choisirez les invités, mais graduellement les enfants pourront faire des suggestions. Vous écrirez la lettre d'invitation avec toute la classe. Le fait de recevoir la réponse de l'invité confirmera, de plus, pour les enfants l'utilité de la lecture et de l'écriture.

FAVORISER LA LECTURE PERSONNELLE

Outre la période de lecture en groupe, il est important de laisser aux enfants un moment pour feuilleter personnellement des livres. Vous inviterez les enfants à se choisir un livre et à se trouver un coin confortable où ils pourront le regarder. Ils auront aussi la possibilité de partager un livre avec un ami et de discuter de l'histoire avec lui. Encouragez les enfants à reprendre les livres que vous avez lus au groupe ; ils les reliront pour eux-mêmes, pour un ami et même pour une poupée ou un ourson.

Il est primordial que les enfants puissent avoir accès à un endroit agréable et intime pour regarder et lire des livres. Ce coin-lecture comprendra idéalement un tapis et des oreillers et même, pourquoi pas, une baignoire remplie de coussins. Le fait de placer le coin en évidence, de le rendre attrayant et bien pourvu de matériel augmentera spontanément sa fréquentation par les enfants.

Le coin-lecture comprendra un éventail de livres de différentes natures (Strickland et Morrow, 1990) :

· des contes traditionnels (comme *Les trois petits cochons*) ;

· des histoires réalistes (qui portent sur des problèmes rencontrés par les enfants, comme l'arrivée d'un nouveau bébé) ;

· des fables et légendes (qui proviennent de plusieurs pays) ;

· des livres faciles à lire pour les lecteurs débutants (les livres très simples attirent l'attention des enfants sur l'écrit) ;

· des documentaires sur des thèmes variés (contrairement à la croyance populaire, les enfants comprennent aussi bien les livres informatifs que les histoires et préfèrent même parfois ceux-là [Pappas, 1993]) ;

· des livres de poésie, des comptines ;

· des livres qui sollicitent la participation de l'enfant (qui demandent à l'enfant de toucher, de sentir, de manipuler) ;

TABLEAU 5.3
Interventions avant, pendant et après la lecture

Lire une histoire	Lire un texte informatif
Avant la lecture	**Avant la lecture**
• Montrer la couverture du livre aux enfants. Encourager les prévisions sur le contenu du livre. • Discuter de l'auteur et de l'illustrateur. • Permettre aux enfants de parler de leurs propres expériences qui sont reliées à celle de l'histoire. • Discuter du type de texte que les enfants vont entendre (une histoire fantastique, une histoire réaliste, une fable, un conte). • Présenter les personnages et la situation. • Donner aux enfants une intention avant d'écouter l'histoire.	• Déterminer le niveau de connaissances des élèves sur le contenu du livre par le biais d'une discussion sur les illustrations et les expériences personnelles des enfants. • Fournir des démonstrations pour les concepts difficiles (par exemple, comment se forme l'ombre). • Donner aux enfants une intention de lecture. • Établir un lien entre les connaissances des enfants et ce qu'ils vont apprendre dans le texte.
Pendant la lecture	**Pendant la lecture**
• Encourager les enfants à faire des commentaires sur l'histoire. • Élaborer les idées du texte lorsque cela peut aider les enfants à comprendre le langage utilisé dans le livre et les parties importantes de l'histoire. • Poser des questions à l'occasion pour consolider la compréhension des enfants. • Reformuler le texte lorsqu'il est clair que les enfants n'ont pas compris l'idée exprimée. • Aux endroits appropriés, demander aux enfants de prédire ce qui pourrait arriver.	• Poser des questions régulièrement pour voir si les enfants comprennent le contenu. Les questions formulées dans le texte même sont susceptibles de stimuler la discussion. • Définir les nouveaux concepts par des démonstrations, des exemples ou des illustrations. • Encourager les commentaires sur les démonstrations et les illustrations pour rendre les concepts plus familiers aux enfants. • Fournir des suggestions d'activités à réaliser pour poursuivre le thème.
Après la lecture	**Après la lecture**
• Revoir les parties de l'histoire (la situation initiale, le problème, la tentative de résolution, le dénouement). • Aider les enfants à effectuer des liens entre les événements qui arrivent au personnage principal et des événements de leur propre vie. • Engager les enfants dans une activité de réinvestissement qui les amènera à réfléchir sur l'histoire.	• Permettre aux enfants de poser des questions sur le texte. • Aider les enfants à voir comment ils pourront utiliser les informations contenues dans le texte pour comprendre leur propre monde. • Offrir des activités qui aideront les enfants à relier les concepts du texte à leurs expériences.

Adapté de Mason et autres (1989). Traduction de l'auteure.

• des livres portant sur le même personnage ;

• des livres reliés à des émissions de télévision pour enfants ;

• des livres-cassettes.

Le coin-lecture peut comprendre également des poupées et des animaux en peluche qui rappellent les personnages des histoires ainsi que des marionnettes pour les enfants qui veulent « jouer » les histoires.

ÉTABLIR DES RELATIONS ENTRE L'ORAL ET L'ÉCRIT

L'enfant d'âge préscolaire découvrira que le langage oral peut se traduire en langage écrit. Il découvrira, d'une part, que les mots sont écrits dans l'ordre de leur émission, c'est-à-dire dans l'ordre dans lequel ils ont été dits, et, d'autre part, que tous les mots sont écrits.

Comme adultes, nous sommes portés à penser que si nous disons à un jeune enfant « J'ai écrit : Marie mange une pomme », il saura que chaque mot est écrit et dans l'ordre donné ; nous sommes convaincus qu'il saura que le mot « Marie », le mot « mange », le mot « une » et le mot « pomme » sont écrits séparément dans la phrase. Mais est-ce bien ce qui se passe dans la tête des petits ? Non. Le jeune enfant ne découvre que graduellement l'existence d'une relation directe entre l'oral et l'écrit. Au premier stade, on peut observer deux types de comportements : (1) l'enfant pense que seuls les noms de personnes ou d'objets sont écrits (par exemple, l'enfant dira que le mot « pomme » est écrit, mais pas le mot « mange ») ; (2) ou encore, l'enfant pense que toute la phrase est écrite dans le premier mot (le reste de la phrase peut vouloir dire, par exemple, « papa mange une poire »). Au deuxième stade, l'enfant croit que les noms sont écrits et que le verbe n'est pas écrit séparément ; il dira que « mange » n'est pas écrit et que « mange une pomme » est écrit. Au troisième stade, l'enfant pense que tout est écrit, sauf les articles. Par exemple, si on lui demande de compter les mots, il ne comptera pas l'article parce que « C'est trop court pour être un mot ». Au dernier stade, l'enfant s'aperçoit que tous les mots dits sont écrits, y compris les articles.

On tient souvent pour acquis que tous les enfants ont atteint le dernier stade au moment de leur entrée à la maternelle. Tel n'est pas le cas. En effet, la plupart des enfants de la maternelle croient que les articles ne sont pas écrits dans une phrase (Ferreiro et Gomez, 1988).

L'observation

Vous pouvez observer cette découverte de la relation entre l'oral et l'écrit lorsque l'enfant pointe le doigt vers un texte en faisant semblant de lire. Pour une évaluation plus systématique, vous pouvez profiter d'une phrase que l'enfant connaît et lui demander s'il pense que tel mot est écrit et à quel endroit il est écrit dans la phrase (au début, au milieu ou à la fin).

Une autre façon d'observer le lien que l'enfant effectue entre l'oral et l'écrit consiste à observer comment il dicte un texte à l'adulte. En effet, le fait de tenir compte du scripteur dans cette activité indique que l'enfant a établi une relation entre les mots dictés et les mots écrits. Le tableau 5.4 présente l'évolution du comportement de l'enfant dans le déroulement de cette activité.

TABLEAU 5.4
**Grille d'observation du comportement
consistant à dicter un texte à l'adulte**

Niveau 1	L'enfant dicte le texte d'une façon qui ressemble au langage oral, sans tenir compte du scripteur.
Niveau 2	Il est capable de faire des pauses si on le lui demande.
Niveau 3	Il fera lui-même des pauses très marquées (parfois exagérées) pour le scripteur ; il suivra attentivement le scripteur pour s'ajuster à son rythme d'écriture.

Les interventions pédagogiques

L'activité qui consiste, pour l'enfant, à dicter à l'adulte un texte que celui-ci écrira permet de développer chez lui la relation entre l'oral et l'écrit. Cette activité sert d'abord à amener l'enfant à comprendre que ce qui est dit peut être écrit. Ce type d'activité provient du mouvement Language Experience Approach dont les principes peuvent s'énoncer comme suit :

1. Ce que je pense, je peux le dire.

2. Ce que je peux dire, je peux l'écrire (ou quelqu'un peut l'écrire pour moi).

3. Ce que je peux écrire (ou ce que d'autres personnes écrivent pour moi), je peux le lire.

L'activité consiste essentiellement à inviter l'enfant à composer oralement une histoire ; l'adulte écrit l'histoire dictée par l'enfant pendant que ce dernier le regarde écrire. Les enseignants se demandent souvent s'il faut écrire exactement ce que l'enfant dit ou s'il est préférable de corriger les structures de phrases boiteuses. Tout dépend de l'objectif visé. Si on veut que l'enfant comprenne que l'oral peut se transposer en écrit, on écrira simplement l'histoire sans redire chaque mot après l'enfant et sans travailler les structures de phrases (Sulzby et Barnhart, 1992). Par contre, si on veut que l'enfant découvre qu'il y a une relation directe entre les mots dits et les mots écrits, on écrira ce que l'enfant dit en répétant chaque mot. Enfin, si on veut utiliser le texte comme matériel de lecture, on suggérera à l'enfant certaines modifications dans les structures de phrases ; on suivra cependant la règle consistant à rester le plus près possible du langage de l'enfant.

LA DÉMARCHE

L'activité peut se réaliser avec le groupe-classe ou un sous-groupe, mais pour un enfant qui est peu conscient de la relation entre l'oral et l'écrit, il peut être pertinent pour lui d'écrire sa propre histoire plutôt que celle du groupe. Évidemment, ce type de travail individuel pose le problème du temps qu'il nécessite. Une solution possible réside dans l'utilisation de volontaires (des parents ou des enfants plus âgés) qui écriront les textes individuels des enfants.

Dans ce cas, vous pouvez préparer des directives, comme les suivantes, que vous donnerez verbalement ou par écrit à vos tuteurs :

- Créez une atmosphère agréable dès le début de la rencontre. S'il n'y a pas de sujet particulier dont l'enfant aimerait parler, suggérez-lui différents thèmes : les vacances, les saisons, la famille, les amis, etc. Vous pouvez utiliser un fichier d'images pour stimuler l'enfant.

- Laissez d'abord l'enfant parler du sujet qu'il a choisi ; demandez-lui ensuite de choisir un titre pour son histoire. Lorsque vous écrivez l'histoire dictée, laissez l'enfant compléter sa phrase avant de l'écrire, car il peut changer d'idée en cours de route. Assurez-vous que l'enfant regarde ce que vous écrivez.

- Une fois l'histoire terminée, relisez-la à l'enfant de façon naturelle, mais en montrant chacun des mots.

- Demandez à l'enfant de vous dire le mot qu'il préfère dans l'histoire et aidez-le à le trouver dans son petit livre. Soulignez ce mot, puis écrivez-le sur une fiche que vous remettrez à l'enfant.

- Suggérez à l'enfant d'illustrer son histoire, puis de la partager avec un ami.

Pour varier l'activité, vous pouvez utiliser un polaroïd. Après que les enfants auront été initiés au fonctionnement de l'appareil, ils joueront à tour de rôle au photographe. Ils photographieront des compagnons en train de jouer. Une fois la photo obtenue, chaque enfant dictera une histoire à l'aide de la photo et la page sera insérée dans l'album de la classe.

LA FABRICATION DE PETITS LIVRES POUR LES TEXTES DES ENFANTS

Pour conserver les textes dictés par les enfants, il est pertinent de les écrire dans de petits livres qui pourront être déposés dans le coin-lecture. Il est possible de préparer une série de ces petits livres au moyen de techniques très simples. La figure 5.2 présente une technique permettant de produire rapidement des petits livres qui sont prêts à être utilisés par les enfants.

FIGURE 5.2
Technique de création de petits livres

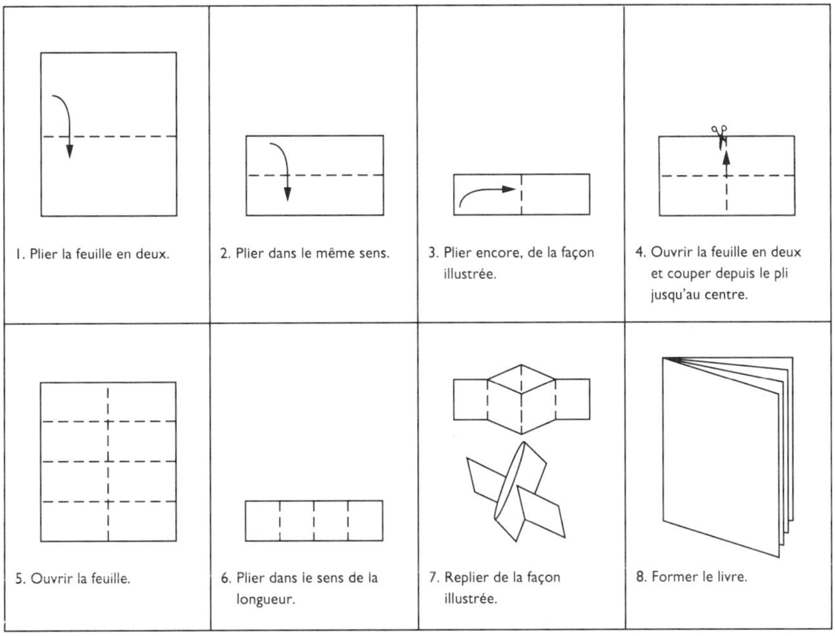

1. Plier la feuille en deux.	2. Plier dans le même sens.	3. Plier encore, de la façon illustrée.	4. Ouvrir la feuille en deux et couper depuis le pli jusqu'au centre.
5. Ouvrir la feuille.	6. Plier dans le sens de la longueur.	7. Replier de la façon illustrée.	8. Former le livre.

Adapté de Eisele (1991). Traduction de l'auteure.

MAÎTRISER L'ORIENTATION DE LA LECTURE

Dans notre langue, la lecture se fait de gauche à droite de la ligne et de haut en bas de la page. Il faut se rappeler que l'orientation gauche-droite de la langue française écrite est tout à fait arbitraire. En effet, certaines langues, comme l'arabe, ont une orientation opposée à la nôtre.

Chez les enfants d'âge préscolaire, l'habileté d'orientation en lecture n'est pas encore stabilisée. À la maternelle, vous risquez de trouver souvent des situations qui ressemblent à celle décrite dans l'anecdote suivante. Un enfant de cinq ans avait en main un livre intitulé *Le cauchemar*; ce livre illustre, sur la page de gauche, un petit garçon couché dans son lit et qui a peur, et, sur la page de droite, le petit garçon qui a placé sa couverture sur sa tête. L'enfant qui présentait ce livre à son ami expliquait, en regardant les illustrations de droite à gauche : « Tu vois, ici, il avait sa couverture sur la tête, et là, il l'a enlevée. »

Si vous demandez à un enfant de la maternelle de suivre un texte avec son doigt pendant que vous lisez, vous risquez d'observer les comportements suivants :

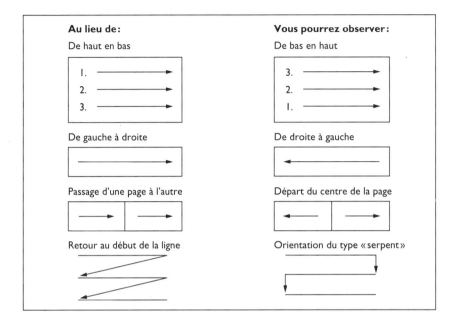

Signalons que le mouvement de retour à la ligne de notre système d'écriture n'est pas naturel. Le mouvement le plus économique serait, au contraire, le retour de droite à gauche sur la ligne suivante, un peu à la manière du laboureur qui arrive au bout de son champ et qui ne fait que changer de direction pour entreprendre le prochain sillon. Notons que, chez les enfants, le mouvement de gauche à droite est plus facilement acquis que le mouvement de retour à la ligne.

Les enfants de la maternelle qui n'ont pas encore maîtrisé l'orientation inversent souvent des lettres ou des mots dans leur écriture ; c'est ce qu'on appelle habituellement l'« écriture en miroir » :

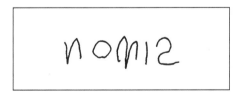

Ce type d'écriture inquiète souvent les enseignants et les parents. On pense tout de suite que l'enfant commence à éprouver des problèmes d'apprentissage. Contrairement à une croyance répandue, l'inversion des lettres à cinq ans n'est pas reliée à la réussite future en lecture. Dans une étude récente, des chercheurs n'ont trouvé aucune corrélation entre le fait d'écrire une lettre ou une série de lettres de façon inversée à cinq ans et la réussite en lecture en première année. Les enfants qui deviendront de bons lecteurs ne font pas moins d'inversions que les autres et ceux qui deviendront des lecteurs en difficulté ne font pas plus d'inversions (Mann, 1993). Cependant, si ce comportement persiste plus tard au primaire, il devra être pris en considération.

La connaissance de l'orientation n'est pas irréversible ; elle se fait plutôt par bonds et retours en arrière. Les résultats d'un test d'orientation en lecture auprès d'enfants à la fin de la maternelle ont montré que 78 % des enfants réussissaient le test ; mais, un mois plus tard, les résultats n'étaient pas les mêmes, c'est-à-dire que certains enfants qui avaient réussi le test la première fois échouaient la seconde fois, et vice versa (Bélanger et Labrecque, 1984).

L'observation

Le comportement d'orientation peut s'observer dans des situations sponta-nées, mais il s'observera plus facilement si vous demandez à l'enfant de suivre avec son doigt pendant que vous lui lisez une histoire. Vous deman-derez à l'enfant à quel endroit il faut commencer à lire, où il faut aller ensuite. Choisissez un livre qui comporte du texte sur deux pages adjacentes afin d'observer les différents types d'orientation. Le tableau 5.5 regroupe les principales manifestations de l'orientation de la lecture.

N'oublions pas que ce comportement peut fluctuer d'une journée à l'autre. Par conséquent, il faut voir si l'enfant utilise l'orientation conven-tionnelle, non pas dans toutes les situations, mais dans la plupart de celles-ci.

Les interventions pédagogiques

La meilleure façon de développer l'orientation de la lecture chez les enfants consiste à suivre le texte du doigt lorsque vous lisez un texte devant le groupe. Vous pouvez également ajouter, à l'occasion, des flèches indiquant

TABLEAU 5.5
Grille d'observation de l'orientation de la lecture

	Au hasard	La plupart du temps	Toujours
De haut en bas sur une page			
De gauche à droite sur une ligne			
Retour à la ligne suivante			
Passage de la fin d'une page au début de la page suivante			

la direction de l'écrit. Il vous faudra être particulièrement attentif aux enfants dont l'orientation alterne constamment ; cet état de confusion les empêche de s'intéresser à d'autres aspects de l'écrit. Il faut donc veiller à ce que l'orientation gauche-droite apparaisse plus souvent que l'inverse. Enfin, signalons que, lorsqu'un enfant qui semblait maîtriser l'orientation se met à écrire en miroir, il est fort probable qu'il a tout simplement choisi le mauvais point de départ et inversé le processus en entier. Il suffira ordinairement de lui donner un léger indice (un astérisque ou une marque dans le coin gauche de la page) pour qu'il retrouve l'orientation gauche-droite.

CONNAÎTRE LES CONCEPTS RELIÉS À L'ÉCRIT

Il existe certains concepts dont la maîtrise est fort utile aux apprentis lecteurs ; ce sont les concepts de « lettre », de « mot » et de « phrase ». La connaissance de ces concepts permet à l'enfant de communiquer avec l'adulte au sujet de la lecture et de l'écriture. Il existe une corrélation significative entre la maîtrise de ces concepts et la réussite en lecture en première année (Fijalkow, 1993).

Le concept de « lettre » et la connaissance du nom des lettres

L'enfant d'âge préscolaire apprendra graduellement à faire la distinction entre les lettres, les dessins, les chiffres et les signes de ponctuation. Les enfants différencient assez tôt les dessins et les lettres : déjà à quatre ans, l'enfant ne confond plus ce qui est de l'écrit et ce qui n'en est pas. La distinction entre les lettres et les chiffres est cependant plus longue à établir. Les enfants de la maternelle savent habituellement que les lettres servent à lire et les chiffres à compter, mais ils font souvent une généralisation excessive du terme « chiffre ». En effet, ce dernier est appliqué autant aux chiffres qu'aux lettres ; cependant, les chiffres sont rarement appelés des lettres ou des mots. Il s'agit non pas d'une confusion cognitive, mais simplement d'une erreur d'appellation, car si on demande aux enfants de séparer les chiffres des lettres, ils réussissent bien la tâche. L'enfant apprendra ensuite à distinguer les lettres des signes de ponctuation. Il comprendra petit à petit que ces signes ont une autre fonction que celle des lettres et il dira : « Ce ne sont pas des lettres, mais ça va avec les lettres. »

Quant au nom des lettres, d'habitude les enfants apprennent d'abord la première lettre de leur prénom ; ils ne savent pas nécessairement le nom de cette lettre et diront souvent : « C'est la lettre de mon nom. » Ils apprennent ensuite le nom de quelques lettres associées à des personnes, puis graduellement le nom des autres lettres. Soulignons que le nom des lettres est transmis culturellement : l'enfant ne peut deviner le nom des lettres, c'est pourquoi les connaissances seront très différentes selon les milieux (Worden et Boettcher, 1990).

De façon générale, on a constaté que les enfants reconnaissent et écrivent plus aisément les lettres majuscules que les lettres minuscules à cause de la plus grande simplicité des premières et de leur présence plus fréquente dans les jeux. Certaines lettres sont plus faciles et d'autres plus difficiles pour l'ensemble des enfants ; par exemple, la lettre majuscule O est la plus aisément reconnue alors que le *d* minuscule crée souvent des problèmes. Les enfants n'arrivent pas facilement à écrire le Z majuscule alors qu'ils reproduisent bien le *i*. Les lettres les plus souvent confondues sont : (1) *e, a, s, c, o* ; (2) *f, l, t, h* ; (3) *b, d, p, q* ; (4) *u, n, m*.

Le concept de « mot » et le concept de « phrase »

Le concept de « mot » est un concept qui se développe avec le concours de l'écrit. En effet, à l'oral, nous ne séparons pas les phrases en mots. Pour un enfant, « Jévuunnoiseau » est un tout ; il ne s'aperçoit pas encore que cette phrase comporte en fait plusieurs mots : « J'ai vu un oiseau. » Vous verrez souvent, par exemple, des enfants vous demander comment on écrit le mot « noiseau ». Les mots qui sont séparés par des blancs à l'écrit ne correspondent pas aux pauses en langage oral. Reconnaître la présence de mots à l'écrit, c'est reconnaître le rôle des espaces entre les mots. À la fin de la maternelle, le concept de « mot » n'est pas encore stable chez les élèves (Roberts, 1992). Ce dernier s'acquiert après le concept de « lettre » et avant celui de « phrase ». Par exemple, dans une étude, on a demandé à des enfants de la fin de la maternelle d'entourer une lettre, un mot et une phrase sur une page : 94 % des enfants ont entouré correctement une lettre. Cependant, quand on leur a demandé d'entourer un mot, seulement 32 % des enfants l'ont fait ; les autres ont encore entouré une lettre. Quant à la phrase, 1 % seulement des enfants ont réussi la tâche (Bélanger et Labrecque, 1984). D'autres études ont noté une confusion entre la phrase et la ligne chez les enfants de la maternelle (Fijalkow, 1993).

Mettez-vous à la place d'un enfant qui confond des termes comme « mot », « lettre » et « phrase » et à qui l'enseignant donne la directive ci-dessous, après avoir écrit au tableau une phrase simple comme « Pierre aime Paula » :

> Regardez la *rum* que j'ai écrite au tableau. Avez-vous remarqué qu'il y avait deux *flucs* qui commençaient par la même *vim* dans cette *rum* ? Regardez bien, le premier *fluc* et le dernier *fluc* de la *rum* commencent par la même *vim*.

Comment avez-vous réagi à cette directive ? Avez-vous eu l'impression d'être bombardé de mots nouveaux ?

Pour conclure cette partie sur les concepts, nous vous suggérons l'activité décrite à la page précédente. Il peut se passer bien du temps avant que l'enfant ne comprenne que l'enseignant voulait dire:

> Regardez la phrase que j'ai écrite au tableau. Avez-vous remarqué qu'il y avait deux mots qui commençaient par la même lettre dans cette phrase? Regardez bien, le premier mot et le dernier mot de la phrase commencent par la même lettre.

Bref, étant donné leur rôle comme outil de communication entre l'adulte et l'enfant, les concepts reliés à l'écrit recevront une attention particulière à la maternelle.

L'OBSERVATION

Vous pouvez observer l'acquisition des concepts reliés à l'écrit, au cours des activités quotidiennes, lorsque vous demandez à l'enfant d'identifier une lettre, de compter les mots d'une phrase ou de localiser une phrase dans un texte connu. Le tableau 5.6 résume les principaux concepts qu'il faut observer. N'oublions pas, cependant, que lorsqu'on demande aux enfants d'identifier la première lettre du mot ou le premier mot de la phrase, on utilise des concepts «gigognes», c'est-à-dire des concepts pour lesquels on doit comprendre deux choses à la fois: le concept de «lettre» ou de «mot» et le concept «premier» appliqué à un mot ou à une lettre.

LES INTERVENTIONS PÉDAGOGIQUES

Montrer les mots en lisant est une bonne façon de développer chez les enfants l'intuition du concept de «mot». Souvent les enseignants évitent de montrer les mots de peur de créer chez les enfants la mauvaise habitude de suivre leur lecture avec leur doigt. Il n'y a aucun inconvénient à suivre le texte avec le doigt en lisant pour faire acquérir aux enfants d'âge préscolaire

TABLEAU 5.6
Grille d'observation des concepts reliés à l'écrit

Concepts	Appréciation*
Lettre	
Mot	
Phrase	
Première lettre du mot	
Dernière lettre du mot	
Premier mot de la phrase	
Dernier mot de la phrase	

*Appréciation   A: Acquis   E: En voie d'acquisition   N: Non acquis

l'orientation de la lecture et le concept de « mot ». En fait, pour apprendre aux enfants l'orientation de la lecture, un mouvement suivi de la main de gauche à droite est suffisant, tandis que la désignation de chaque mot facilite le développement du concept de « mot ». Bien entendu, vous ne pointerez pas le doigt sur tous les mots de tous les textes ; vous le ferez pour les phrases et les textes courts. Pour faciliter l'acquisition du concept de « mot », vous pouvez également accroître les espaces entre les mots lorsque vous écrivez au tableau (mais non les espaces entre les lettres d'un mot) ou encore vous pouvez utiliser des masques (petits cartons) pour mettre en évidence les lettres ou les mots d'une phrase (voir la figure 5.3).

Quant à l'apprentissage du nom des lettres, il ne sera pas soumis à un enseignement mécanique et systématique ; vous utiliserez plutôt le nom des lettres de façon naturelle dans les activités. Vous pouvez exposer l'alphabet sous forme de guirlande, recourir aux abécédaires ou demander aux élèves de réaliser leur propre alphabet avec des dessins ou des découpures.

FIGURE 5.3
Cache pour la mise en évidence d'un mot

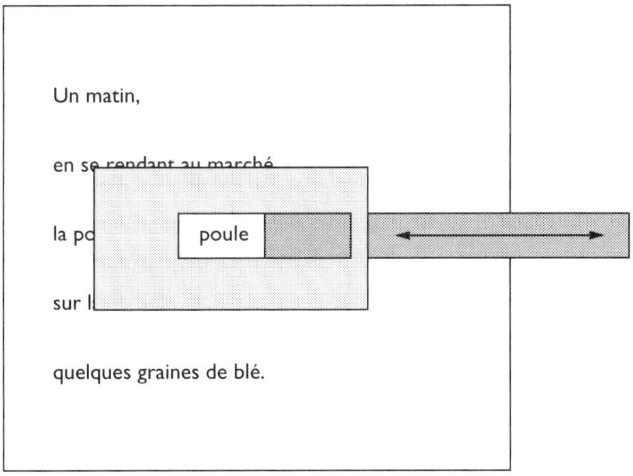

SE SENSIBILISER À L'ASPECT SONORE DE LA LANGUE

Dans le langage oral, nous portons attention au sens, et non aux sons ; nous cherchons à comprendre ce qui est dit, et non à analyser les mots en syllabes ou en sons. Cependant, pour apprendre à lire, il faut ajouter à cette compétence langagière initiale une deuxième compétence, qu'on pourrait qualifier de métalinguistique, et qui consiste à réfléchir sur le langage en tant qu'objet. Cette deuxième compétence semble plus difficile à acquérir que le langage oral. On nomme conscience phonologique « cette habileté consciente à segmenter les mots oraux en phonèmes et à manipuler les phonèmes » (Sulzby et Teale, 1991, p. 746). En d'autres termes, développer une conscience phonologique, c'est découvrir que les mots sont composés de sous-unités. La perception de la séquence des phonèmes dans un mot est une tâche difficile ; comme adultes, il suffit de penser à la difficulté que nous avons parfois à percevoir la séquence des notes dans une mélodie.

Cette analyse du langage pour le langage lui-même, et non pour la communication, apparaît de façon spontanée chez les enfants sous forme de jeu. En effet, plusieurs habiletés cognitives des enfants se développent d'abord lorsqu'ils jouent. Les parents et les éducateurs de la prématernelle utilisent souvent des comptines, des poèmes et des chansons qui incitent les enfants à jouer avec le langage. Cependant, certains enfants n'ont pas bénéficié de cette exploration du langage sous forme de jeu et ils entrent à l'école démunis pour ce qui est de la conscience phonologique (Cazden, 1992).

La séquence de développement de la conscience phonologique

On trouve une certaine séquence dans le développement de la conscience phonologique chez les enfants. Ceux-ci commencent à être sensibles aux rimes vers l'âge de quatre ans. Puis leur performance dans la connaissance et la manipulation des diverses unités semble augmenter dans l'ordre suivant (Haskell et autres, 1992 ; Lecoq, 1991 ; Peterson et Haines, 1992) :

1. Découper un mot en syllabes orales : par exemple, séparer le mot « cheval » en « che-val ».

2. Découper une syllabe en deux parties. La syllabe n'est pas une simple combinaison de phonèmes ; elle possède une structure qui lui est propre. Elle contient deux parties distinctes : la rime et l'attaque. La rime est la partie essentielle de la syllabe, qui contient la voyelle et toute consonne qui la suit. L'attaque (ou la partie initiale) de la syllabe (s'il y en a une) est constituée par toute consonne qui précède la voyelle.

Syllabe	Attaque	Rime
ma	m	a
bon	b	on
bleu	bl	eu
crac	cr	ac

Les deux parties de la syllabe sont des unités cohérentes qui ont une valeur pratique : il est plus facile de découper la syllabe suivant l'attaque et la rime que de la découper n'importe où ailleurs. Par exemple, dans le cas du mot « bleu », il est plus facile de découper « bl-eu » que de découper « b-leu ».

3. Séparer le mot en phonèmes : par exemple, séparer le mot « par » en trois phonèmes ; *p, a, r.*

Où se situent les enfants de la maternelle dans cette séquence ? En général, on peut dire que les enfants de cinq ans réussissent bien les tâches de séparation de mots en syllabes, mais non les tâches de séparation de mots en phonèmes ; leur performance dans l'analyse de la syllabe (attaque et rime) se situe entre les deux (Wagner et autres, 1993).

Le rôle de la conscience phonologique

Les résultats de tests de conscience phonologique réalisés à la fin de la maternelle sont de bons prédicteurs de la réussite en lecture en première année (Dreher et Zenge, 1990 ; Mann, 1993). En d'autres mots, les enfants qui possèdent une bonne conscience phonologique à la fin de la maternelle ou au début de la première année ont plus de chances de réussir leur apprentissage de la lecture au primaire.

On pourrait alors être porté à penser que la conscience phonologique mène à l'apprentissage de la lecture. Ce n'est que partiellement vrai. Certes, la conscience phonologique constitue une habileté fondamentale pour l'apprentissage du code graphique. Cependant, si on ne trouve pas de bons lecteurs qui soient faibles en analyse phonologique, on trouve par ailleurs des lecteurs faibles qui n'ont pas de problème sur le plan de l'analyse phonologique. Celle-ci constitue une habileté nécessaire mais non suffisante pour l'utilisation du principe alphabétique (Sindirian, 1992). De plus, on sait que si un certain niveau de conscience phonologique est nécessaire pour apprendre à lire, d'autre part la conscience phonologique se développe avec la lecture. La plupart des auteurs soutiennent l'hypothèse de l'interaction de la conscience phonologique avec la lecture (Barron et autres, 1992).

Enfin, précisons le rôle de la connaissance des lettres dans le développement de la conscience phonologique. Une étude a montré qu'il y a rarement un développement de la conscience phonologique sans la connaissance du nom des lettres (Griffith et Olson, 1992). Un entraînement à la conscience phonologique a un effet sur les habiletés subséquentes en lecture, mais l'entraînement au seul nom des lettres n'a pas d'effet significatif (Ball et Blachman, 1991).

L'OBSERVATION

On observe la présence de la conscience phonologique lorsque l'enfant reconnaît des rimes, sépare un mot en syllabes orales ou identifie deux mots commençant par le même son dans les activités de langage en groupe. Nous ne présentons pas ici de grille d'observation détaillée, car les tests de conscience phonologique existants n'ont pas été conçus pour une utilisation informelle en classe.

LES INTERVENTIONS PÉDAGOGIQUES

Vous pouvez sensibiliser les enfants à l'aspect sonore ou phonologique des mots à l'intérieur d'activités quotidiennes. Il est indiqué de se servir de comptines et d'histoires rythmées, de textes qui jouent avec le langage par l'emploi de rimes ou d'allitérations. Ici on s'intéresse plus à la forme qu'au contenu : en effet, les comptines sont souvent sans véritable signification, mais leur valeur sonore est très puissante (voir la figure 5.4). Ces textes ont le potentiel de centrer l'attention des enfants sur les syllabes et les phonèmes (Juel, 1991 ; Griffith, 1991). Dans ces activités, les mots sont chantés, rythmés, scandés, segmentés, déformés. Par exemple, vous inventez un personnage qui présente des cadeaux avec une intonation spéciale, syllabe par syllabe : les enfants ont à découvrir le cadeau en question.

FIGURE 5.4
Comptine

Baba, bibi, bonbon

Baba, bibi, bonbon
Boule de bille
Et beau ballon.

Baba, bibi, bonbon,
Biquète s'habille
D'un bonnet rond

J.-Y. Roy, *Au clair de la lune*, Québec, Les Presses Laurentiennes, 1981.

Les activités seront réalisées de préférence dans le cadre du groupe de façon à stimuler les interactions sociales. En effet, les jeux de langage se développent bien dans un contexte social (Yopp, 1992). L'écriture est également un bon moyen de développer la conscience phonologique. L'enfant découvre plus facilement la nature du code écrit quand il essaie de transmettre un message par écrit que lorsqu'il en reçoit un.

Bref, il existe trois types d'activités de sensibilisation à la conscience phonologique : (1) utiliser des textes qui jouent avec le langage ; (2) encourager l'accompagnement des mots ou des syllabes par des mouvements (frapper, scander, marcher, etc.) ; (3) fournir aux enfants de nombreuses occasions d'écrire (Griffith et Olson, 1992).

DÉCOUVRIR LE PROCESSUS DE L'ÉCRITURE

Les jeunes enfants établissent des hypothèses non seulement sur la lecture, mais également sur l'écriture. Dans cette partie, nous distinguerons la conception du fonctionnement de l'écriture, la découverte du système alphabétique et la formation des lettres.

La conception du fonctionnement de l'écriture

L'enfant d'âge préscolaire découvre l'idée fondamentale que c'est le scripteur et non le lecteur qui met le message dans le texte et que le scripteur peut relire son message. À un certain stade, le jeune enfant croit que c'est le lecteur qui a le pouvoir de choisir le sens du message écrit. Ainsi, des enfants vous demanderont, en vous présentant une page de gribouillis : « Qu'est-ce que j'ai écrit ? »

L'OBSERVATION

Dans les activités quotidiennes, vous pourrez observer la conception de l'écriture de l'enfant à travers la signification qu'il accorde à ses productions. Pour une observation plus poussée, demandez à l'enfant d'écrire une histoire portant, par exemple, sur la façon dont il a appris à rouler à bicyclette. Dites-lui qu'il ne s'agit pas d'écrire « comme les grands », mais d'écrire comme on écrit à la maternelle ou d'écrire comme il l'entend. Demandez-lui ensuite de vous relire ce qu'il a écrit. Le tableau 5.7 peut vous permettre de situer le niveau de conception de l'enfant.

Notons que l'enfant qui refuse d'écrire n'est pas nécessairement un enfant qui ignore comment fonctionne l'écriture ; il peut s'agir au contraire d'un enfant plus avancé qui refuse d'écrire de peur de se tromper.

La découverte du système alphabétique

Dans les premiers essais d'écriture des jeunes enfants, il n'y a pas de relation entre la façon d'écrire le mot et sa prononciation. À ce stade, les enfants s'attendent souvent à ce que le mot écrit soit proportionnel à la grosseur de l'objet qu'il désigne plutôt qu'à la longueur du nom à l'oral (par exemple, l'enfant pensera qu'il faut plus de lettres pour écrire « train » que pour écrire « papillon »).

TABLEAU 5.7
Grille d'observation de la conception de l'écriture

Niveau 1	L'enfant ne fait pas de tentative pour écrire ou pour lire.
Niveau 2	Il fait une tentative pour écrire en utilisant des marques graphiques au hasard, mais il ne fait pas de tentative pour lire.
Niveau 3	Il écrit avec un système quelconque, mais il refuse de se relire.
Niveau 4	Il écrit avec un système quelconque et relit sans regarder le texte.
Niveau 5	Il écrit avec un système quelconque et relit en regardant le texte.
Niveau 6	Il écrit avec un système organisé et relit en regardant le texte.
Niveau 7	Il écrit sous une forme lisible et se sert du texte pour relire.

D'après Barnhart (1991).

L'enfant franchit une étape importante lorsqu'il se rend compte que, si des mots sont différents à l'oral, il faut aussi les écrire différemment (Ferreiro, 1990). Plusieurs enfants ne connaissent que les lettres de leur prénom et la seule façon d'écrire des mots différents consiste à varier l'ordre de ces lettres. Dans l'exemple suivant, Michel, un enfant de cinq ans, a utilisé les lettres de son nom pour écrire les mots « papa », « cadeau », « camion » et « banane » :

L'enfant comprend ensuite que les différences entre les mots écrits doivent s'appuyer sur une base objective. Il fait d'abord l'hypothèse que chaque lettre écrite correspond à une syllabe orale. Il abandonne rapidement cette hypothèse et s'aperçoit que la distinction se situe non pas sur le plan de la syllabe, mais sur celui des sons. C'est le début de la découverte du système alphabétique. L'enfant utilise habituellement toute son énergie pour écrire le début du mot en faisant correspondre les lettres et les sons. Le reste du mot contient des lettres écrites au hasard : l'enfant rajoute des graphies pour remplir l'espace (Besse, 1993).

La représentation des phonèmes s'élargit ensuite dans l'écriture de l'enfant. On appelle « écriture provisoire » ces productions d'enfants qui essaient d'utiliser le « nom » et le « son » des lettres qu'ils connaissent pour écrire des mots. Ces enfants ne sont pas encore des lecteurs : ils peuvent fort bien être incapables de lire des mots nouveaux, mais être capables d'écrire des mots en utilisant l'écriture provisoire. Par exemple, dans une étude, on trouve l'exemple d'un enfant de quatre ans qui, pour écrire le mot « tache », a produit « th » en utilisant le « son » du *t* et le « nom » de la lettre *h* (Sirois, 1986).

Très peu d'enfants de la maternelle arrivent au stade de la découverte du système alphabétique ; cette découverte caractérisera plutôt le lecteur débutant. Cependant, comme vous aurez probablement dans votre classe des enfants qui parviendront à cette découverte au cours de l'année, il est important que vous connaissiez l'ensemble des stades de développement afin de donner à ces enfants le soutien approprié.

L'OBSERVATION

Pour observer l'évolution de la découverte du principe alphabétique, vous pouvez analyser les productions spontanées des enfants, mais il peut être pertinent également de demander à l'enfant d'écrire quelques mots que vous lui suggérerez. Dites bien à l'enfant que vous savez qu'il ne sait pas encore écrire comme les grands et que vous voulez qu'il écrive à sa façon.

Nous vous proposons la liste suivante qui comprend quatre mots variant d'une à quatre syllabes orales : coq, girafe, éléphant, alligator.

Les mots suggérés contiennent tous au moins un phonème qui correspond au nom d'une lettre (par exemple, le début du mot « girafe » correspond à la lettre *j*, le début du mot « coq » à la lettre *k*). Vous pourrez voir ainsi si l'enfant se sert de ce qu'il connaît au sujet du nom des lettres pour écrire des mots. Vous pourrez aussi observer si l'enfant utilise plus de lettres pour écrire un mot long que pour écrire un mot court.

La première grille ci-dessous (voir le tableau 5.8) permet d'analyser la liste des mots dictés, tandis que la seconde (voir le tableau 5.9) sert à analyser de façon globale l'ensemble des productions de l'enfant (Mann, 1993).

TABLEAU 5.8
Grille d'analyse des mots dictés

	Mot écrit par l'enfant	Cote
coq		
girafe		
éléphant		
alligator		
		Cote moyenne :

TABLEAU 5.9
Grille d'analyse de la découverte du système alphabétique

Niveau 1	Rien n'indique que l'enfant ait compris le principe du système alphabétique (il n'existe pas de relation entre le mot écrit et le mot dicté).
Niveau 2	On trouve quelques usages du système alphabétique (le début du mot écrit correspond au début du mot oral ou des voyelles sont écrites correctement).
Niveau 3	Il y a une relation permanente entre l'oral et l'écrit (le mot comprend l'ensemble des phonèmes).
Niveau 4	L'orthographe est standard.

La formation des lettres

Sur le plan graphique, le jeune enfant commence par faire des gribouillis, puis ses gribouillis ressemblent de plus en plus à des dessins ; l'enfant fait ensuite des tracés qui ressemblent non plus à des dessins, mais à des lettres ; il écrira ensuite des pseudo-lettres pour en arriver aux lettres standard. Notons que, parallèlement à cette évolution, l'enfant peut imiter l'écriture cursive de l'adulte, c'est-à-dire une écriture sous forme de vagues (voir la figure 5.5).

Il faut distinguer entre la conception de l'écriture et la formation des lettres. Un enfant peut reproduire parfaitement un message écrit et penser qu'il a «dessiné» un message, alors qu'un autre enfant peut ne produire que des pseudo-lettres tout en ayant eu clairement l'intention d'écrire quelque chose.

FIGURE 5.5
Exemples d'écriture d'enfants

| Gribouillis | Écriture sous forme de vagues |
| Gribouillis ressemblant à des lettres | Pseudo-lettres |

L'OBSERVATION

Les enfants peuvent utiliser différents types d'écriture lorsqu'ils en sont au même point dans leur développement (Sulzby et Teale, 1991). Ils recourent par exemple à des lettres standard pour écrire des mots courts ou familiers, mais ils emploient l'écriture sous forme de vagues pour écrire une phrase ou un texte plus long. Le tableau 5.10 présente une grille d'observation des formes d'écriture.

TABLEAU 5.10
Grille d'observation de l'aspect graphique de l'écriture

Niveau 1	Dessins ou gribouillis
Niveau 2	Gribouillis ressemblant à de l'écriture
Niveau 3	Pseudo-lettres
Niveau 4	Lettres réelles

Les interventions concernant les différents aspects de l'écriture

Nous regrouperons dans cette sous-section les interventions concernant les différents aspects de l'écriture, car ces derniers seront tous présents dans une activité d'écriture.

LA CRÉATION D'UN COIN-ÉCRITURE

La présence d'un coin-écriture dans votre classe sera un atout pour l'émergence de l'écriture des enfants. Ces derniers s'intéresseront au coin-écriture s'il est organisé de façon attrayante et si vous encouragez l'écriture dans la classe (Sulzby et Barnhart, 1992). Le coin-écriture contiendra, outre la table et les chaises, du papier et des crayons de formats et de couleurs variés (du papier en couleurs, du papier ligné ou non ligné ; des crayons, des marqueurs, des craies) ; des exemples d'écriture ; du matériel pour fabriquer des livres (du carton, une agrafeuse, des magazines) ; la liste de mots que les élèves veulent souvent écrire ; des abécédaires ; des lettres mobiles ; un magnétophone pour que l'enfant dicte une histoire que vous copierez plus tard ; un babillard pour afficher les productions des enfants, etc.

Si vous avez la chance d'avoir un ordinateur ou une machine à écrire, il peut être intéressant de les placer sur des tables séparées de manière à reproduire un secrétariat ou un poste de travail : les enfants pourront ainsi jouer à « aller travailler », à envoyer des lettres, à remplir des commandes, et ainsi de suite. Il est également souhaitable que le coin des arts ou le coin-lecture soient près du coin-écriture de façon que l'enfant qui veut illustrer son texte ait des moyens variés à sa disposition et que celui qui désire regarder des livres comme source d'inspiration puisse le faire.

FAVORISER L'ÉCRITURE PERSONNELLE

L'intervention en écriture, dans les classes de la maternelle, se résume souvent à la copie du prénom et à la transcription de quelques mots sur une carte de souhaits. Cependant, si on considère que l'écriture se développe par approximations successives dans l'interaction avec des scripteurs plus avancés, on permettra aux enfants de faire leurs propres essais d'écriture.

Précédemment, nous vous avons proposé d'observer la conception de l'écriture de l'enfant en lui demandant d'écrire une histoire et de vous la relire. Face à cette proposition, il y a de fortes chances pour que votre première réaction ait été de dire : « Comment peut-on demander aux enfants d'écrire une histoire alors qu'ils ne savent pas écrire ? On pourrait peut-être leur demander d'écrire leur prénom, mais certainement pas une histoire. » Ou encore, vous avez peut-être pensé : « L'enfant aura-t-il des modèles ? L'adulte lui dira-t-il comment écrire chaque mot ? » Ces réactions sont normales. Mais supposons que vous acceptiez de faire l'activité avec les enfants et que vous les invitiez quand même à écrire une histoire ; que pensez-vous qu'il se passera ? Eh bien, tous les enfants écriront. Bien sûr, ils écriront d'une manière libre, non conventionnelle, mais ils écriront. Vous verrez alors apparaître des comportements très variés, révélateurs de stades d'écriture différents.

Maintenant que vous avez franchi cette étape (qui n'est pas facile, car elle nécessite une nouvelle vision de l'évolution de l'écriture), votre rôle sera de soutenir les enfants dans leur démarche. Pour ce faire, certaines lignes de conduite vous seront utiles :

1. Donnez des directives claires. Si vous voulez que les enfants écrivent, dites-leur : « Écris une histoire » ou « Écris une lettre à ta mère », et ensuite demandez-leur : « Lis-moi ton histoire », « Lis-moi ta lettre ». Il faut que les enfants aient un objectif pertinent pour écrire.

2. Rassurez l'enfant en lui disant : « Ce n'est pas nécessaire que tu écrives comme les grands, écris simplement à ta manière » (Sulzby et Barnhart, 1992). Acceptez toutes les formes d'écriture produites par les enfants, car ils en sont à différents stades. Cela ne veut pas dire, cependant, que vous n'aiderez pas l'enfant à évoluer à travers les stades. En effet, un des dangers de l'approche consiste à laisser les enfants tourner en rond et à ne pas les amener à accéder à des formes d'écriture plus avancées.

3. Malgré le fait que des enseignants n'oseront pas laisser partir pour la maison des textes d'enfants qui ne sont pas écrits dans une orthographe standard, il est important de donner des explications claires aux parents sur ce que vous faites et de leur souligner qu'il s'agit d'un processus d'évolution. On ne peut pas demander à un enfant qui écrit sous forme de gribouillis de corriger son texte pour qu'il ait une orthographe standard. Mais on pourra faire cela avec un enfant qui fait appel à un mélange d'orthographe standard et d'écriture provisoire.

4. Prévoyez des activités qui facilitent l'écriture. Les enfants peuvent signer leur présence en arrivant en classe, ils peuvent écrire sous leurs dessins, s'envoyer des messages les uns aux autres dans un système postal organisé dans la classe, etc. Dans le coin-écriture, il est important d'exposer les échantillons d'écriture des élèves plus avancés ; ces échantillons permettront souvent à un enfant qui ne faisait que des gribouillis de commencer à faire des pseudo-lettres ou à un autre qui faisait des pseudo-lettres d'écrire des lettres standard.

5. Vous ne modèlerez pas l'écriture provisoire vous-même, car il s'agirait d'un processus artificiel. Comme adulte, vous savez écrire les mots correctement et vous n'utilisez plus l'écriture provisoire. Mais pourquoi ne pas laisser les enfants qui en sont au stade de l'écriture provisoire modeler pour d'autres enfants moins avancés ce qu'ils font pendant qu'ils écrivent ?

CONCLUSION

L'émergence de la lecture est une période fascinante à observer chez l'enfant. Plus vous posséderez de connaissances sur l'émergence de la lecture, plus vous pourrez faciliter cette émergence dans le respect du développement de l'enfant. Les interventions à la maternelle porteront sur les caractéristiques qui jalonnent l'émergence de la lecture ; elles amèneront essentiellement les enfants à découvrir la nature et les fonctions des processus de lecture et d'écriture.

CHAPITRE 6 Le lecteur débutant

Sommaire

INTRODUCTION

L'enfant qui arrive en première année possède déjà une certaine conception de la lecture, mais à l'école il recevra un enseignement plus formel. On s'attend qu'à la fin de l'année il fasse partie du «grand club des lecteurs», c'est-à-dire qu'il soit autonome devant des textes de lecteurs débutants. Quel chemin devra-t-il parcourir au cours de cette année? Comment se fait le passage vers le statut de lecteur débutant? Comment l'enfant passe-t-il de la reconnaissance des symboles écrits dans l'environnement à la lecture autonome d'une page qu'il aborde pour la première fois? Dans ce chapitre, nous traiterons précisément de la période d'acquisition des stratégies initiales de lecture en première année.

L'IMPORTANCE DE LA PREMIÈRE ANNÉE

Toutes les personnes qui ont travaillé avec des enfants de première année savent à quel point cette année est cruciale dans le développement scolaire ultérieur des enfants. Dans la langue familière, on dira qu'il faut «donner un bon départ à l'enfant». Plusieurs études ont montré que les enfants qui sont en difficulté en lecture à la fin de la première année se situent encore parmi les lecteurs faibles en troisième et en quatrième année (Clay, 1991; McGill-Franzen et Allington, 1991). Des données sur l'abandon scolaire au Québec révèlent que 49,6 % des élèves qui ont doublé leur première année ne terminent pas leurs études secondaires (Ministère de l'Éducation du Québec, 1991).

Vous êtes angoissé face à une telle responsabilité? Vous vous dites peut-être: «Et si les enfants de ma classe n'apprenaient pas à lire?» Vous devrez en venir à faire confiance aux capacités d'apprentissage de vos élèves. Les enfants qui arrivent en première année ont réalisé des apprentissages extraordinairement complexes depuis leur naissance. Ils sont habiles à apprendre quand on leur laisse la chance d'utiliser au maximum leur capacité d'apprentissage. En outre, rien n'est plus gratifiant pour un enseignant que de voir les enfants évoluer de façon si surprenante au cours de la première année.

LES PROFILS DE LECTEURS DÉBUTANTS

Les 25 élèves (plus ou moins) qui forment une classe de première année sont très différents les uns des autres. Cette diversité, déjà apparente à la maternelle, ne fait que s'accentuer en première année. Certains enfants apprendront facilement à lire alors que d'autres prendront du retard. Dès le début de l'année, vous observerez divers profils de lecteurs.

Les lecteurs précoces

Vous aurez peut-être dans votre classe un enfant qu'on appelle « lecteur précoce ». Sur 100 enfants qui entrent en première année, on trouve au moins un enfant qui sait déjà lire (Giasson et autres, 1985). Ces enfants sont une richesse pour votre classe ; ils peuvent servir de modèles de lecteurs et de tuteurs pour leurs pairs, ils peuvent vous aider à stimuler la classe de différentes façons. Il ne faudra pas les laisser de côté en attendant que les autres les rattrapent ; au contraire, il faudra leur fournir des livres à leur niveau, ce qui ne sera pas difficile si votre bibliothèque de classe est bien garnie.

Les explorateurs

Une bonne proportion des enfants de votre classe ne demanderont qu'à apprendre à lire. Ces enfants ont déjà fait un nombre considérable d'acquisitions avant leur entrée formelle dans l'écrit ; souvent, on dit d'eux qu'ils apprendraient à lire avec n'importe quel type d'enseignement. Cela ne signifie pas que votre rôle aura moins d'importance ; il sera du même genre qu'avec les lecteurs précoces, c'est-à-dire qu'il faudra leur donner la chance de se développer. Ce type de lecteurs qu'on pourrait appeler « explorateurs autonomes » présentent trois caractéristiques (Purcell-Gates, 1991) :

1. Ils entrent à l'école avec un intérêt marqué pour l'écrit ; ils s'attendent à trouver un sens dans ce qu'ils lisent et écrivent.

2. Ils sont actifs dans leur exploration de l'écrit ; ils cherchent à lire tout ce qui peut se lire dans l'environnement. Dans les activités de lecture, ils s'offrent toujours à lire et, pendant les temps libres, ils choisissent des activités de lecture.

3. Ils sont capables de combiner des stratégies différentes (utiliser l'image, déchiffrer, prévoir). Avant tout, ils recherchent le sens. Au milieu de la première année, ils lisent autant dans des livres de bibliothèque que dans leur manuel de lecture.

Les lecteurs dépendants

Vous aurez ensuite vraisemblablement dans votre classe quelques enfants qui présenteront un profil de lecteurs dépendants. Ces enfants finissent d'habitude par réussir leur apprentissage grâce à un soutien important autant de la part des parents que de la part de l'enseignant. Les caractéristiques de ce type de lecteurs sont les suivantes :

1. Ils peuvent laisser croire qu'ils sont à la tâche, mais ils s'engagent peu dans leur apprentissage. Pour eux, lire consiste à dire les mots qu'ils connaissent et à attendre que quelqu'un leur dise les autres.

2. Ils intègrent difficilement les différents concepts reliés à la lecture. Ils sont capables de remplir des pages d'activités, mais ils ont de la difficulté à coordonner l'ensemble des stratégies et à les généraliser.

3. Ils s'attendent à ce que l'école leur enseigne à lire sans qu'ils aient à faire d'efforts. Ils se fient également au soutien donné à la maison pour les aider à l'école.

Les lecteurs dépassés par le programme

Il y a de fortes chances pour que vous retrouviez également dans votre classe un ou quelques enfants (en proportion variable selon les milieux) qui répondront au profil de « lecteurs dépassés par le programme ». Ces enfants, qui demanderont plus d'attention de votre part, présentent les caractéristiques suivantes (Purcell-Gates, 1991 ; McIntyre, 1992) :

1. Il y a un gouffre entre leur conception de la lecture et ce qui est enseigné en classe. Ces enfants considèrent les mots comme des dessins. Ils ne font pas de distinction entre le concept de « lettre » et celui de « mot » ; la relation entre les lettres et les sons est loin d'être claire pour eux. Ils pensent que la seule façon d'apprendre les mots consiste à s'en faire une image en utilisant un indice ou l'autre ; ils essaient de deviner le mot à l'aide de la première lettre, sans l'analyser et sans s'occuper du contexte.

2. Ils interprètent mal les tâches de lecture. Ils utilisent des stratégies inefficaces : ils répondent au hasard ou copient sur leur voisin. Dans les lectures en groupe, ils peuvent donner l'impression de lire, mais ils ne regardent pas le texte. Dans les activités libres, ils ne s'intéressent pas à l'écrit.

3. Ils recherchent constamment de l'aide individuelle et retirent peu de chose de l'enseignement de groupe. Ce ne sont pas des enfants passifs ; au contraire, ils essaient activement d'utiliser l'information donnée par l'enseignant, mais ils n'ont pas assez d'expérience pour y arriver. Cette non-efficacité des stratégies conduit certains enfants à la frustration et à l'agressivité.

En bref, les enfants arrivent en première année à des niveaux différents d'émergence de la lecture. L'enseignant aura pour défi de tenir compte de ces différences afin que chaque enfant ait la chance de progresser.

COMMENT COMMENCE-T-ON L'ENSEIGNEMENT DE LA LECTURE ?

Vous n'avez jamais enseigné en première année et vous vous demandez comment les enfants peuvent apprendre tant de choses en si peu de temps. Votre première réaction est peut-être de penser qu'il faut enseigner aux élèves d'abord les lettres de l'alphabet, puis les syllabes et enfin des mots.

À première vue, l'idée semble logique puisque notre système d'écriture est un système alphabétique. Depuis l'invention de l'alphabet, la façon courante de concevoir l'enseignement de la lecture a été, en effet, d'enseigner aux enfants le nom des lettres, puis de les amener à associer les lettres pour former des syllabes et des mots. On rapporte même qu'au temps de la Rome antique un riche Romain avait acheté 25 esclaves pour enseigner à lire à son fils : chaque esclave portait le nom d'une lettre et, en se tenant par la main deux à deux, ils pouvaient former des syllabes. Le père voulait ainsi concrétiser pour son fils l'apprentissage de la lecture.

Le procédé qui consiste à assembler des lettres pour former des syllabes semble facile puisqu'on passe d'une unité simple, la lettre, à une unité plus complexe, la syllabe. Cependant, nous avons appris au fil des expériences que, pour un enfant, le mot est une unité plus simple que la syllabe ou le son parce que le langage oral n'exige pas l'analyse en syllabes et en sons.

Pour vous permettre de comprendre ce que représente un enseignement qui mise sur le déchiffrage comme stratégie initiale et unique, faites l'expérience suivante. Vous avez à votre disposition une liste de symboles et la lettre qui est associée à chacun d'eux. Votre tâche sera de déchiffrer quelques phrases codées à l'aide de ces symboles ; mentionnons que ces phrases sont tirées de manuels de lecture traditionnels dans lesquels on enseignait d'abord des lettres, puis des syllabes et des mots.

Code

¬	a	=	f	!	l	]	r	»	x
"	b	«	g	-	m	[	s	'	y
%	c	;	h	/	n	(	t	£	z
<	d	?	i	$	o	#	u		
*	e	&	j	)	p	>	v		
+	é	:	k	,	q	.	w		

Texte à déchiffrer

!#!# ¬ +)*!+: (#!?)*,$)¬!* *(+($!*.

(?(? ¬ ># ($($ *(?! ¬ =?!+.

?! ¬ <+-$!?!¬ <#/*.

?! ¬ }¬-¬]]+!¬ >?].

Avez-vous lu tout le texte codé? Avez-vous été irrité par ce travail laborieux et peu agréable? Il y a de fortes chances pour que vous ayez arrêté l'exercice en cours de route. Imaginez alors un enfant de première année à qui la lecture est présentée sous cet angle.

Ainsi, on ne commencera pas l'enseignement de la lecture en présentant une à une des lettres qui se combineront en syllabes et en mots. Que fera-t-on alors? On soumettra aux enfants des textes qui se rapprochent de leur langage et on leur enseignera **graduellement** à utiliser une **combinaison** d'indices en leur donnant beaucoup d'aide au début de l'apprentissage. Parmi ces indices, on trouvera, bien sûr, les lettres et les syllabes, mais ces dernières ne seront pas les seuls indices et, de plus, elles seront analysées dans un contexte significatif.

Mais avant de parler de stratégies de lecture, nous examinerons un point capital: la conception de la lecture chez les lecteurs débutants.

COMPRENDRE QUE LA LECTURE EST UNE RECHERCHE DE SENS

La conception que les lecteurs débutants ont de la lecture constitue une variable de grande importance. Nous avons vu, dans le chapitre 5 portant sur l'émergence de la lecture chez l'enfant d'âge préscolaire, que cette conception était clairement reliée à la réussite en fin d'année. Les enfants qui réussissent sont ceux qui arrivent à l'école convaincus non seulement qu'ils perceront les mystères de la lecture, mais également que ces mystères en valent la peine.

En premier lieu, il faut ancrer précocement, chez tous les élèves, la conviction que la lecture est synonyme de compréhension et que, par conséquent, toute forme d'incompréhension n'est pas de la lecture. Le message clair transmis aux enfants peut se formuler dans les termes suivants:

> Lire, c'est comprendre ce que l'auteur d'un livre a à vous dire. Vous devez comprendre ce que vous lisez aussi clairement que si l'auteur vous parlait. Si vous ne comprenez pas ce que quelqu'un vous dit, vous lui demandez: «Eh, que dis-tu? Je ne comprends pas.» Vous

ne le laissez pas continuer avant d'avoir compris ce qu'il dit. Quand vous lisez et que vous ne comprenez pas, vous devez faire la même chose. Si ce que vous lisez n'a pas de sens, arrêtez-vous et demandez-vous pourquoi. Vous lisez pour vous faire plaisir à vous-même et non pour faire plaisir à l'enseignant ou à quelqu'un d'autre.

Pour connaître plus précisément la conception que l'enfant a de la lecture, vous pouvez exploiter de façon informelle, au cours d'entretiens individuels, des questions comme celles présentées ci-dessous (Sturtevant et autres, 1991) :

---

1. Aimes-tu lire ? Pourquoi ?
2. Quel est le meilleur lecteur que tu connais ? Qu'est-ce qui en fait un bon lecteur ?
3. Connais-tu un enfant qui ne sait pas lire ? Comment lui expliquerais-tu ce qu'est la lecture ?
4. Que font les adultes pour t'aider à apprendre à lire ?
5. Que fais-tu quand tu rencontres un mot que tu ne connais pas ?
6. Que fais-tu si tu ne comprends pas ce que tu lis ?
7. Quel est le meilleur moyen de devenir un bon lecteur ?
8. Penses-tu que tu es un bon lecteur ? Pourquoi ?

Il arrive souvent que des enfants fassent des découvertes capitales sur le fonctionnement de la lecture lors des entretiens qui exploitent ce type de questions. Ces entretiens sont particulièrement importants pour les enfants qui démarrent plus lentement que les autres parce qu'ils n'ont pas saisi l'enjeu de la lecture (Rogovas-Chauveau, 1993).

LES STRATÉGIES QUE LE LECTEUR DÉBUTANT DOIT ACQUÉRIR

L'autonomie chez le lecteur débutant dépendra non pas de l'acquisition d'une habileté unique, mais de l'utilisation combinée d'un ensemble d'habiletés. Les enfants doivent être très tôt conscients qu'une seule habileté est insuffisante pour lire un texte. Nous exposerons maintenant ces stratégies, puis nous verrons comment le lecteur peut intégrer celles-ci.

Les stratégies du lecteur débutant

Essentiellement, le lecteur débutant doit apprendre à formuler des hypothèses et à tenter de les vérifier. Il devra alors acquérir des stratégies d'échantillonnage, de prédiction, de confirmation et d'auto-correction.

Ces stratégies s'appuient sur plusieurs catégories d'indices :

- des indices sémantiques (le sens de la phrase et l'illustration) ;
- des indices syntaxiques (la structure de la phrase) ;
- des indices visuels (les mots reconnus globalement ou des parties de mots) ;
- des indices phonologiques (les correspondances grapho-phonétiques, les syllabes) ;
- des indices morphologiques (les marques de pluriel, les terminaisons des verbes).

Depuis quelques années, l'enseignement explicite des stratégies d'identification de mots fait partie de la plupart des guides pédagogiques qui s'adressent aux enseignants de première année. La plupart des manuels de lecture incluent également des analogies pour enseigner aux enfants les stratégies d'identification de mots qu'ils peuvent utiliser au cours de la lecture. Selon les manuels, on parlera de « clés pour la lecture » (*En tête* de Gaouette, 1989), de « pistes » (*Mémo 1* de Guillemette et autres, 1990), de « supertrucs » (*Capsule 1* de Bolduc, 1993). Des symboles visuels servent souvent à rappeler ces stratégies aux enfants. On utilisera, par exemple :

- pour la reconnaissance globale, un appareil photographique ;
- pour l'analyse du mot, une loupe ou des ciseaux ;
- pour l'utilisation du contexte, le hibou ou le lapin qui bondit en avant ou en arrière ;
- pour la morphologie, des mots masqués ou déguisés.

Ces symboles, habituellement affichés en classe ou reproduits pour chaque élève, peuvent tout à fait sensibiliser le lecteur débutant au fait qu'il existe plusieurs stratégies pour identifier un mot et qu'en cas de besoin il peut faire des tentatives de façon autonome avant d'avoir recours à une aide extérieure.

L'intégration des stratégies

Concrètement, le lecteur commence par sélectionner des indices qui lui sont familiers, par exemple des mots connus globalement ou des indices graphiques. En s'appuyant sur ce qu'il a échantillonné, il fait une prédiction au sujet des autres mots ; le contexte l'aidera alors à réduire les possibilités de choix. Pour confirmer son hypothèse, il se demandera si la phrase produite respecte la syntaxe et le sens de la phrase, si le mot prédit correspond aux relations entre les lettres et les sons qu'il attendait. Si la confirmation n'a pas lieu, il cherchera d'autres indices et modifiera ses prédictions.

La figure 6.1 illustre la combinaison de ces indices. Dans cette figure, on peut voir que le lecteur pose des hypothèses et les vérifie non pas de façon séquentielle, mais de façon croisée, à la manière d'une matrice pour ainsi dire. Le fait d'utiliser un ensemble de stratégies de vérification permet de tolérer les exceptions et les irrégularités. Par exemple, des mots comme « femme » ou « monsieur » ne peuvent être lus par un simple déchiffrage car ils sont irréguliers, mais ils peuvent être compris dans l'ensemble de la phrase.

FIGURE 6.1
Indices utilisés par le lecteur

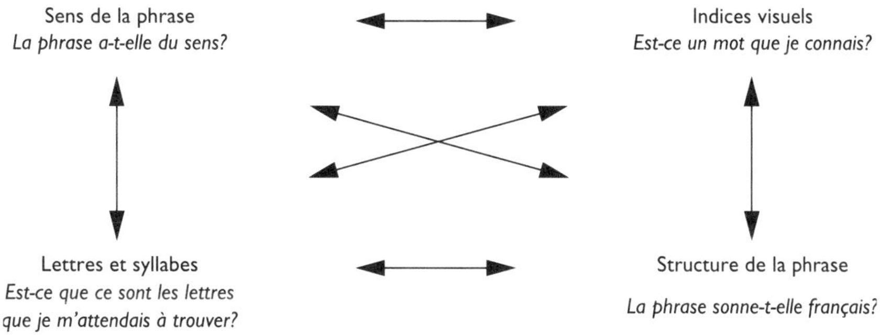

Adapté de Cazden (1992). Traduction de l'auteure.

Ces stratégies s'acquerront graduellement. Pour commencer, l'enfant aura besoin d'aide de la part de l'adulte, car il reconnaît peu de mots globalement et connaît peu d'indices graphiques. Au début de l'année, vous interviendrez probablement plus sur le plan du contexte et des mots connus globalement, mais vous attirerez quand même l'attention des enfants sur des éléments à l'intérieur même du mot (les lettres, les syllabes, etc.). Il ne s'agira pas d'enseigner des mots globalement pendant plusieurs semaines, puis de changer soudainement de cap et de vous mettre à insister sur le déchiffrage. Il s'agira plutôt d'élargir petit à petit les indices que les élèves utilisent. Le principe de continuité est important.

Les élèves atteignent le stade de lecteur débutant lorsqu'ils arrivent à coordonner les différents indices. Ils utilisent alors l'ensemble des indices et les mettent en relation dans un processus actif de recherche et de vérification. À la fin de la première année, la plupart des enfants en sont à ce niveau : ils lisent en portant attention à la signification, ils vérifient plusieurs sources d'information, presque simultanément. En cas d'échec, ils se concentrent sur l'un ou l'autre des indices (comme les relations entre les lettres et les sons ou des groupes de lettres) tout en gardant en tête le sens du texte.

Cependant, les élèves qui ont un « départ » difficile en lecture utilisent moins de stratégies et se fient souvent à un seul indice : la mémoire, les lettres ou l'aide des autres. Certains se fient trop à leur mémoire et négligent les indices visuels ; ces lecteurs semblent incapables d'utiliser des éléments plus petits que le mot. D'autres portent tellement attention aux lettres qu'ils en oublient le message. D'autres enfin ne semblent pas savoir quand leur comportement est approprié ; ils ont besoin d'une supervision fréquente (voir Van Grunderbeeck [1994] pour une description détaillée des types de lecteurs).

Dans les prochaines sections, nous verrons de façon plus détaillée les différents types d'indices utilisés par le lecteur : le contexte (le sens, la syntaxe et l'illustration), la lecture globale de mots et les indices graphiques (les correspondances entre les lettres et les sons, les syllabes, les indices morphologiques).

L'UTILISATION DU CONTEXTE

Dans son langage, l'enfant se sert de la syntaxe et du sens pour prédire et pour confirmer ses hypothèses. Les mêmes habiletés seront transférées à l'écrit. Le contexte peut être utilisé, par exemple (Goigoux, 1991) :

- pour prédire ce qui va être lu ; le lecteur n'effectue alors qu'une analyse partielle des données graphiques ;

- pour contrôler la validité et la reconnaissance du mot ;

- pour reconnaître des mots irréguliers, difficilement déchiffrables ;

- pour faciliter un déchiffrage partiel, amorcé avec la première syllabe, le nombre de mots acceptables se trouvant considérablement réduit.

Toutes les activités du type *closure* sont de nature à faire comprendre aux élèves l'utilité du contexte. Cette technique consiste à enlever un mot dans une phrase et à demander aux élèves de la compléter. Les activités de ce type permettent aux élèves de se rendre compte que leurs connaissances du langage oral leur servent à prédire ce qu'ils peuvent rencontrer dans un texte. Prenons la phrase « Papa a décoré le sapin de… » Les enfants prédiront sans problème le mot « Noël », même si ce mot est nouveau à l'écrit pour eux.

Quant aux illustrations, elles peuvent être des indices complémentaires importants au début de l'apprentissage. Cependant, l'image doit rapidement devenir une aide globale plutôt qu'un recours direct pour l'identification de mots particuliers.

Utiliser le contexte n'est pas synonyme de lire par cœur

Utiliser le contexte est souvent associé à lire par cœur. Que penser des lecteurs qui, au début de l'année, lisent leur texte en utilisant presque exclusivement leur mémoire? Il n'y a rien de mal à ce que la mémorisation d'un texte appuie la lecture d'un débutant, à condition que cela donne lieu à d'autres comportements, à la prise en considération d'autres indices. La mémoire est en effet une aide intéressante à utiliser au début de l'apprentissage de la lecture, mais on ne doit pas faire apprendre le texte jusqu'à ce que les enfants le récitent sans même regarder le livre. Il faut que l'enfant puisse se servir de sa mémoire pour faciliter ses hypothèses, mais il doit en même temps utiliser des stratégies axées davantage sur le texte lui-même.

Utiliser le contexte n'est pas synonyme de deviner

Vous avez probablement déjà rencontré des enfants qui font des hypothèses parfois fort différentes du contenu du texte: on dira que ce sont des enfants qui « devinent » au lieu de lire. En effet, certains enfants font une lecture fantaisiste sans s'apercevoir, apparemment, qu'il faut tenir compte du message de l'auteur. Il s'agit là d'un exemple d'adoption d'une seule stratégie. Il est important d'intervenir pour amener ces lecteurs à sélectionner également des indices graphiques lorsqu'ils feront des hypothèses et les vérifieront.

Utiliser le contexte ne remplace pas le déchiffrage

Aujourd'hui, le déchiffrage a perdu, au profit de la compréhension, la place exclusive qu'il occupait dans les méthodes traditionnelles. Certains ont pensé que l'utilisation du contexte pouvait remplacer le déchiffrage. Tel n'est pas le cas. De nombreuses recherches ont montré que l'habileté à déchiffrer est reliée à la compréhension. Les premières études psycholinguistiques avaient émis l'hypothèse que les bons lecteurs se concentraient sur le contexte et les mauvais lecteurs sur le déchiffrage. Des études ultérieures ont indiqué que ce qui distingue en fait les bons lecteurs des moins bons lecteurs, ce n'est pas l'utilisation du contexte mais l'habileté à reconnaître les mots efficacement et rapidement. Bref, les mauvais lecteurs recourent au contexte au détriment des autres stratégies dans l'identification de mots, tandis que les bons lecteurs emploient une combinaison de stratégies (Stanovich, 1991).

LE VOCABULAIRE GLOBAL

Pour apprendre un vocabulaire global aux élèves, vous aurez à tenir compte de certains facteurs comme les critères du choix des mots à enseigner, l'importance des mots fréquents ainsi que les stades par lesquels les enfants passent pour arriver à lire les mots globalement.

Le choix des mots à enseigner globalement

Le lecteur débutant apprendra à reconnaître certains mots de façon globale. On parlera de « capital de mots » pour désigner ce bagage personnel de mots connus globalement. Comment peut-on choisir les mots à enseigner globalement ? Le capital de mots se compose généralement des prénoms des enfants de la classe, des objets étiquetés dans l'environnement, des mots des textes lus et analysés en groupe et de certains mots qui ont attiré l'attention des élèves. Les mots fréquents forment une catégorie particulière à l'intérieur du vocabulaire global, c'est pourquoi ils font l'objet de la sous-section suivante.

Les mots fréquents

Il existe une liste de mots qui composent à peu près 50 % des textes de la langue française, que ce soit des textes pour enfants ou des textes pour adultes (voir le tableau 6.1). Cette liste est formée en grande partie de mots-outils abstraits.

TABLEAU 6.1
Liste de mots fréquents en français

à, au, aux	en	où	soi
aller	et	par	son, sa ses,
autre	être	pas	sur
avec	faire	plus	t', te, tu, toi
avoir	il, ils	pour	ton, ta, tes
bien	j', je, m', me, moi	pouvoir	tout, tous
c', ce, cet, cette, ces	jour	prendre	un, une, uns, unes
comme	l', le, la, les	qu', que	venir
d', de, du, des	leur, leurs	qui	voir
dans	lui	s', se	votre, vos
dire	mais	sans	vouloir
donner	mon, ma, mes	savoir	vous
elle, elles	n', ne	si	y

Note : Toutes les conjugaisons du verbe sont considérées comme faisant partie de la liste (par exemple, « avons », « aurais », « avez » font partie du verbe « avoir »).

Vous êtes peut-être sceptique à l'idée qu'une si courte liste puisse composer plus ou moins 50 % des textes de la langue française. Pour vous convaincre de la prépondérance de ces mots dans les textes, examinez l'analyse effectuée à la figure 6.2. Vous pouvez constater que le texte présenté est composé à 63 % de mots fréquents.

FIGURE 6.2
Analyse d'un texte en fonction des mots fréquents

Texte	Mots fréquents
Fiction	
Moi, je voulais un chien. Maman ne voulait pas.	moi, je, voulais, un, ne, voulait, pas
J'ai pleuré, j'ai boudé. C'était non ! Pas de chien !	j', ai, j', ai, c', était, pas, de
J'ai même fait mon lit pendant une semaine !	j', ai, même, fait, mon, une
C'était toujours non !	c', était
Alors, j'ai inventé un chien : Fiction. Je l'ai appelé	j', ai, un, je, l', ai
Fiction parce que la fiction c'est une chose qui n'est	que, la, c', est, une, qui, n', est
pas vraie. Papa me l'a dit.	pas, me, l', a, dit
Fiction n'est pas un vrai chien. C'est pour	n', est, pas, un, c', est, pour
faire semblant. Je fais semblant de dormir	faire, je, fais, de
avec Fiction. Je fais semblant de lui donner	avec, je, fais, de, lui, donner
son bain.	son
Ah ! Si Fiction était un vrai chien !	si, était, un
	Pourcentage de mots fréquents : 63 %

S. Guillemette et autres, *Mémo I. Manuel de l'élève 4*, Boucherville, Graficor, 1990, p. 20.

Il est bien évident que, si le lecteur reconnaît les mots fréquents de façon instantanée, il pourra porter plus d'attention aux autres mots de la phrase. Cependant, comme ces mots apparaissent dans tous les textes, il n'est pas nécessaire de les présenter isolément. Ils feront toutefois partie des mots-étiquettes manipulés en classe par les enfants pour former des phrases.

L'enseignement du vocabulaire global

Le vocabulaire global ne s'acquiert pas spontanément. Il est le fruit de la lecture régulière de textes, des expériences d'écriture des enfants, du fait de voir les mêmes mots à plusieurs reprises sur les affiches et sur les étiquettes.

Pour regrouper les mots qui proviennent des textes lus par le groupe, vous pouvez utiliser un tableau d'affichage ou un dictionnaire mural sur lequel vous ajouterez de 5 à 10 mots par semaine. Les mots seront écrits (agrandis) sur des cartons et classés selon un système de votre choix : l'ordre alphabétique, les catégories de mots (les verbes, les noms, etc.) ou le contenu (les animaux, les aliments, les personnes, etc.). Ces mots seront également reproduits sous forme de mots-étiquettes pour chacun des enfants ; ceux-ci pourront ainsi les manipuler pour composer des phrases. Signalons que cette banque de mots servira aux enfants de points de repère dans les périodes de rédaction de textes personnels.

Le lecteur débutant apprendra donc à lire des mots globalement. Cependant, tous les mots ne pourront être appris de façon globale, car après l'acquisition d'un premier bagage de vocabulaire visuel, il se produit rapidement une saturation de l'apprentissage. La reconnaissance de mots passera par différents stades que nous présentons dans la sous-section qui suit.

Les stades de reconnaissance de mots

Comment le lecteur débutant se comporte-t-il lorsqu'il identifie un mot ? Utilise-t-il les mêmes processus que l'adulte ? Oui et non. Tout dépend du stade où il est rendu. Plusieurs auteurs ont tenté de décrire ces stades d'identification de mots (Juel, 1991). Après avoir découvert que l'écrit est porteur de sens, l'enfant semble passer par les stades suivants pour identifier les mots rencontrés et s'en souvenir. Notons que ces stades peuvent se chevaucher les uns les autres.

LE STADE LOGOGRAPHIQUE

Au stade logographique, l'enfant identifie des mots qui sont présents dans son environnement en choisissant des indices comme la typographie ou le dessin qui accompagnent le mot ; ici, l'indice choisi est visuel, mais non phonétique (Scott et Ehri, 1990).

Par exemple, la plupart des enfants québécois de cinq ans reconnaissent le mot « McDonald » présenté dans sa forme originale. Cependant, très peu d'entre eux reconnaissent le même mot écrit à la main. Dans une étude classique (Masonheimer et autres, 1984), les chercheurs ont présenté à des enfants non lecteurs des mots de l'environnement sous trois formes différentes : (1) dans leur contexte original ; (2) dans leur forme graphique originale mais sans l'illustration ; (3) écrits à la main (voir la figure 6.3). Les résultats ont montré que la reconnaissance des mots par les enfants diminue en même temps que diminue le contexte. La plupart d'entre eux reconnaissent les mots présentés dans leur contexte total, mais très peu identifient les mêmes mots écrits à la main. Dans une autre partie de l'expérimentation, les chercheurs ont présenté le logo initial, mais en changeant une des lettres du mot : les enfants ne se sont pas rendu compte de la substitution (Masonheimer et autres, 1984).

FIGURE 6.3
**Mot de l'environnement présenté dans trois contextes différents et avec
une altération de la graphie**

 PEPSI pepsi

Une autre recherche illustre bien l'identification de mots par des enfants non lecteurs (Juel, 1991). On a présenté aux sujets quatre fiches comportant chacune un mot : une des fiches portait l'empreinte d'un pouce. Les résultats ont indiqué que les enfants apprennent plus vite le mot portant l'empreinte du pouce, mais ils ne le reconnaissent pas lorsque l'empreinte disparaît ; par contre, si on leur montre un mot avec une empreinte, ils répondent par le mot qui était imprimé au-dessus auparavant. L'indice utilisé n'est donc pas celui des lettres, mais un indice du contexte physique.

À ce stade, les enfants peuvent aussi faire appel à la longueur des mots comme indice de distinction entre les mots (Lipscomb et Gough, 1990).

LE STADE DE SÉLECTION DE LETTRES

Le deuxième stade est en fait un stade intermédiaire entre la lecture purement logographique et la lecture par déchiffrage. À ce stade-ci, l'enfant commence à utiliser des indices phonétiques, mais sans les maîtriser complètement.

Ce stade apparaît lorsque l'enfant connaît le nom des lettres et possède une certaine conscience phonologique. Il s'appuie alors seulement sur quelques indices phonétiques et non sur l'ensemble des relations entre les lettres et les sons du mot. On pense ici à un enfant en début de première année qui reconnaît globalement plusieurs mots, mais qui confond des mots comme « jolie » et « joue » parce qu'il a utilisé les deux premières lettres pour les identifier.

LE STADE ALPHABÉTIQUE

À ce stade, l'enfant identifie les mots nouveaux en employant un maximum d'indices graphiques. Par exemple, l'enfant qui rencontre le mot « rivière » pour la première fois peut l'identifier en utilisant les correspondances lettres-sons ou les syllabes (ri-viè-re). « À ce niveau de l'apprentissage, l'effort attentionnel est principalement consacré à la mise en correspondance de l'écrit avec l'oral. Cette mise en correspondance utilise les règles de conversion entre graphèmes et phonèmes, mais aussi des correspondances entre unités plus larges et exploite les analogies entre mots » (Gombert, 1993).

LE STADE ORTHOGRAPHIQUE

Au stade orthographique, le lecteur reconnaît les mots globalement, mais il ne s'agit pas du même type de reconnaissance globale qu'au stade logographique ou au stade de sélection de lettres. Ici, le lecteur ne confond plus les mots qui se ressemblent ; il combine la forme du mot avec certains traits distinctifs du mot. C'est le mode de reconnaissance globale utilisé par l'adulte. Ce stade « semble s'installer à partir de la huitième année [8 ans], l'enfant apprend à utiliser un système de mise en relation de l'écrit et de l'oral beaucoup plus complexe. Il sait réguler les correspondances graphophonétiques en fonction de leur contexte graphique, utiliser les correspondances orthographiques (pour rattacher directement un mot à sa famille, par exemple) et décomposer les mots pour repérer ce qui, dans chacun d'eux, relève des morphèmes grammaticaux (désinences verbales, marques de pluriel, etc.) ou de l'élément lexical proprement dit » (Ministère de l'Éducation nationale et de la Culture, 1992, p. 138).

LE DÉCHIFFRAGE

Une des découvertes que doit faire l'enfant dans sa démarche d'appropriation de la langue écrite est celle qui consiste à reconnaître que, contrairement à l'oral, la lecture demande une analyse des mots. Il doit se rendre compte qu'il existe une relation régulière (jusqu'à un certain point) entre l'oral et l'écrit. Il doit comprendre que cette relation entre le mot oral et le mot écrit s'établit par des unités inférieures au mot, c'est-à-dire des syllabes, des parties de mots, des phonèmes. Bref, il doit découvrir la nature alphabétique de la langue.

D'après des études réalisées avec des enfants de première année, relativement peu d'entre eux ont fait cette découverte avant d'entrer à l'école (Lavoie, 1989). Cependant, plusieurs enfants qui ont évolué dans leur entrée dans l'écrit feront cet apprentissage rapidement et sans problème. Par contre, pour certains enfants, cette découverte sera plus difficile ; moins l'enfant aura développé sa conscience phonologique, plus il faudra l'appuyer dans sa découverte du système écrit.

Pour amener les enfants à recourir au déchiffrage comme outil permettant de lire des mots de façon autonome, on doit prendre en considération trois facteurs. Il faut que les enfants (1) découvrent la nature alphabétique de la langue ; (2) accroissent leur bagage d'unités graphiques connues et (3) utilisent une stratégie de résolution de problèmes pour déchiffrer les mots.

Découvrir la nature alphabétique de la langue

Notre système d'écriture est un système alphabétique : la combinaison de 26 lettres permet de construire des milliers de mots différents. C'est ce que l'enfant doit découvrir. Cependant, dans notre système, la relation entre les lettres et les sons n'est pas parfaite. Il existe dans la langue française 37 phonèmes représentés par plus de 500 graphèmes. On entend par « phonèmes » les sons distinctifs de la langue et par « graphèmes » les lettres ou les groupes de lettres qui représentent ces phonèmes. Par exemple, le phonème [o] peut être représenté par les graphèmes suivants : o, ot, au, eau, ôt, eaux, ault, etc. Le tableau 6.2 présente les phonèmes de la langue française. Pour une liste complète des graphèmes de la langue française, vous pouvez consulter Giasson et Thériault (1983).

TABLEAU 6.2
Alphabet phonétique international

Voyelles		Consonnes		Semi-consonnes	
[i]	riz	[p]	poivre	[j]	yeux
[e]	clé	[t]	trop	[w]	oie
[ɛ]	mère	[k]	cri	[ɥ]	huit
[a]	natte	[b]	bonbon		
[ɑ]	pâte	[d]	drap		
[ɔ]	donner	[g]	gant		
[o]	eau	[f]	photo		
[u]	genou	[s]	sel		
[y]	plutôt	[ʃ]	chat		
[ø]	peu	[v]	voler		
[œ]	fleur	[z]	zéro		
[ə]	ce	[ʒ]	je		
[ɛ̃]	matin	[l]	lumière		
[ɑ̃]	dans	[r]	route		
[ɔ̃]	long	[m]	maison		
[œ̃]	un	[n]	nœud		
		[ɲ]	vigne		
		[h]	hop !		

Comment peut-on faire découvrir la nature alphabétique de notre système de langage ? Certains enfants la découvriront spontanément lorsqu'ils seront placés devant des textes variés, mais la plupart des enfants auront besoin de votre aide pour faire cette découverte. Il existe en fait deux grands types d'approches : celle qui part de l'écrit et qui associe des sons aux symboles écrits et celle qui part de l'oral et qui associe des lettres aux sons entendus.

L'APPROCHE QUI PART DE L'ÉCRIT POUR ALLER VERS L'ORAL

Dans la démarche traditionnelle, on part de l'écrit pour aller vers l'oral. Dans cette façon d'enseigner les correspondances entre l'oral et l'écrit, on procède en présentant les lettres isolément et en demandant aux élèves d'associer un son à la lettre puis de fondre plusieurs sons pour arriver à des syllabes.

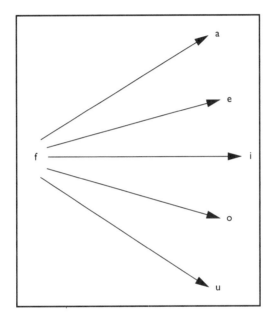

Ce procédé est abstrait, surtout pour les enfants qui ne reconnaissent pas les phonèmes dans le mot. De plus, les enfants qui utilisent cette approche ont souvent de la difficulté à fondre les sons.

L'APPROCHE QUI PART DE L'ORAL POUR ALLER VERS L'ÉCRIT

L'inconvénient de l'approche précédente, c'est qu'elle ne respecte pas la séquence naturelle de développement. « On exige de l'apprenti-lecteur, depuis le début, qu'il prononce comme c'est écrit, inversant de fait les relations fondamentales entre parole et écriture : **ce ne sont pas les lettres qui "se prononcent" d'une certaine manière ; ce sont les mots qui s'écrivent d'une certaine façon** » (Ferreiro, 1990, p. 7).

Nous proposons plutôt que l'enfant parte de l'oral, du mot qu'il entend, pour aller vers l'écrit. Ce procédé mise sur ce que l'enfant connaît déjà, c'est-à-dire l'oral. La séquence suivante facilitera la découverte des premières relations :

1. Écouter les mots oralement pour identifier les sons qui les composent : « Écoutez bien ces mots, vous les connaissez tous : fée, fois, fille. Pouvez-vous me dire ce qu'il y a de semblable dans ces mots ? »

2. Regarder les mots et associer les sons aux lettres : « Regardons maintenant comment ces mots s'écrivent. Qu'est-ce que vous remarquez ? », « Soulignons la lettre qui est semblable dans tous les mots. Quel est son nom ? Quel prénom d'enfant de la classe commence par un F ? Quels objets dans la classe commencent par un *f* (objets étiquetés) ? »

3. Appliquer l'information dans une lecture en contexte : « Regardons maintenant ces phrases et voyons si nous pouvons utiliser ce que nous avons appris pour lire les mots qui manquent : "Un bouquet de … fleurs", "Bonne … fête" ».

Soulignons ici que, pour faciliter la découverte de la nature alphabétique de notre système, il est préférable de présenter les correspondances entre la lettre et le son qui sont les plus évidentes. Par exemple, il est plus facile de faire comprendre qu'il existe une relation entre la lettre *f* et le son [f] au début du mot « fête » que de faire saisir la relation entre la lettre *c* et le son [k] au début du mot « cadeau ». En effet, les phonèmes dont on peut allonger les sons (les consonnes continues par rapport aux consonnes occlusives) permettent de faire ressortir plus facilement le phonème en cause.

L'APPROCHE QUI PART DE L'ÉCRITURE

L'écriture est un bel exemple d'approche qui part de l'oral pour aller vers l'écrit. Écrire est en fait la tâche la plus naturelle pour apprendre à déchiffrer, car l'écriture fait appel à la séquence des lettres dans le mot. Cette approche s'emploie dans les situations quotidiennes d'écriture de textes. Il peut être bon, cependant, de réserver certains moments pour des activités plus encadrées. Il s'agira alors de remettre aux élèves un nombre limité de lettres mobiles et de leur donner un mot à composer. Les enfants le composeront à leur place pendant qu'un enfant ira écrire le mot avec des lettres géantes sur le rebord du tableau. Cette activité commence avec des mots courts pour aller vers des mots plus longs. L'objectif ici n'est pas de travailler l'orthographe des mots, mais de faire découvrir les relations entre l'oral et l'écrit.

Accroître le bagage d'unités graphiques connues

Lorsque les élèves ont découvert le principe alphabétique, c'est-à-dire lorsqu'ils ont compris que la combinaison d'un ensemble limité de lettres permet la lecture d'une infinité de mots, ils doivent accroître leur capital d'unités graphiques. Précisons d'abord qu'il existe plusieurs unités graphiques que le lecteur débutant peut utiliser pour déchiffrer un mot. On compte :

1. Les relations entre les lettres et les sons, qui consistent à associer un phonème à un graphème.

2. Les syllabes, qui consistent à associer une syllabe orale à une syllabe écrite.

3. Les morceaux de mots, soit des séquences de lettres qu'on trouve souvent dans la langue (par exemple, « tion »). Soulignons qu'il ne s'agit pas ici de trouver « le petit mot dans le grand mot ». Cette dernière stratégie ne peut être utile que lorsqu'il s'agit de lire un mot composé comme « bonhomme » ou « parapluie ».

4. Les unités qui marquent le pluriel ou la terminaison des verbes (par exemple, les lapin**s**, ils chante**nt**).

Le lecteur débutant peut utiliser une combinaison de ces unités ; cependant, plus l'unité sera grande (par exemple, « tion » par rapport à « t »), plus facile sera la lecture. Il n'est donc pas nécessaire de déchiffrer en n'utilisant que les plus petites unités, c'est-à-dire la correspondance entre un graphème et un phonème.

Pour faciliter l'acquisition et l'accroissement de ce bagage d'unités graphiques, il est pertinent d'afficher en classe des cartes représentant les indices graphiques qui auront été dégagés avec les enfants. La plupart des manuels de lecture proposent des « cartes de sons » qui peuvent être affichées en classe (voir la figure 6.4). Habituellement, ces cartes mettent en relief un phonème, un mot contenant ce phonème et une illustration ; ces

FIGURE 6.4
Carte de phonème

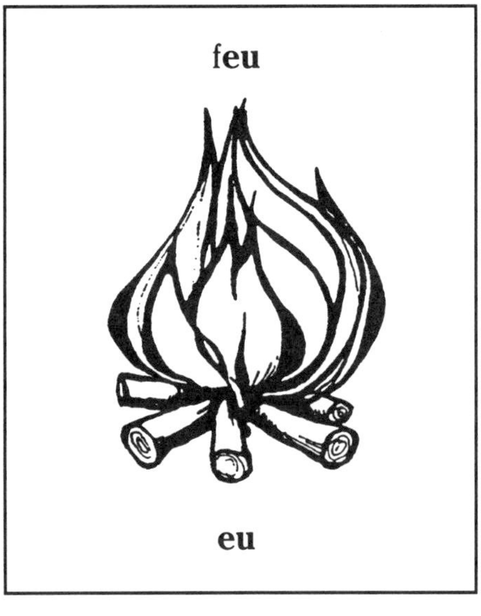

feu

eu

cartes sont pratiques car elles portent sur tout l'éventail des phonèmes. Cependant, l'idéal est encore de faire participer les enfants à l'élaboration d'affiches qui seront constituées de listes de mots contenant le même phonème, la même syllabe, la même unité ; elles seront personnalisées avec les prénoms des enfants de la classe et les phrases travaillées en commun.

Utiliser une stratégie de résolution de problèmes

Il est indispensable de donner au lecteur débutant une grille mentale qui lui permettra de s'engager dans un processus de résolution de problèmes face à la lecture d'un mot nouveau. Dès le départ, le déchiffrage sera associé à la recherche de sens. Voici une démarche de résolution de problèmes pour les lecteurs débutants :

> Quand tu rencontres un mot nouveau, regarde les premières lettres du mot, sans oublier de quoi parle l'histoire, et demande-toi : « Quel mot commençant par ces lettres pourrait avoir du sens ? » Ordinairement, un mot te viendra à l'esprit. Ensuite, vérifie si c'est le bon mot en écoutant comment le mot finit et vérifie si les lettres à la fin du mot font bien l'affaire.

Quand tu rencontres un mot nouveau :

- **D'abord**, pense au sens de la phrase et au son des premières lettres.

- **Ensuite**, pense à un mot qui va bien dans la phrase.

- **Mais** vérifie si les lettres à la fin du mot correspondent au son que tu entends à la fin du mot.

Il s'agit d'une stratégie générale qui a pour objectif d'amener l'élève à prédire et à confirmer ses prédictions en utilisant un ensemble d'indices. On peut suggérer la gradation suivante dans la stratégie :

Sélectionner la première lettre $\longrightarrow$ vérifier par le sens et la dernière lettre
Sélectionner les premières lettres
    (« bl », « br ») $\longrightarrow$ vérifier par le sens et les lettres finales
Sélectionner la première syllabe $\longrightarrow$ vérifier par le sens et les autres syllabes

Insistons sur le fait que la meilleure façon d'amener les enfants à exercer les habiletés de déchiffrage consiste à leur faire lire des textes. Les activités qui consistent à entourer des mots, à les colorier, à les découper et à les coller risquent d'être une perte de temps. L'enfant a besoin de rencontrer les mots dans un texte dont il cherche à comprendre le sens.

Bref, les capacités de déchiffrage des élèves se développeront par une combinaison de moyens : des indices explicites donnés par l'enseignant, l'insistance sur l'écriture, la lecture variée et intensive dans des textes réels (Pearson, 1993).

L'INTÉGRATION DES STRATÉGIES DANS LES DIFFÉRENTES ACTIVITÉS

Nous avons vu séparément les stratégies que le lecteur débutant doit acquérir. Cependant, on n'enseignera pas ces dernières isolément, mais on les
intégrera dans des activités de lecture.

Nous présentons à la figure 6.5 un modèle qui articule les différentes
activités de lecture autour de l'étude d'un thème. Les composantes de ce
modèle sont les suivantes : (1) les activités d'exploration et de langage ; (2)
la lecture de livres par l'enseignant ; (3) la lecture partagée ; (4) la lecture
guidée ; (5) l'écriture partagée ou les textes dictés à l'adulte ; (6) la lecture
autonome.

FIGURE 6.5
Modèle d'intégration des activités de lecture en première année

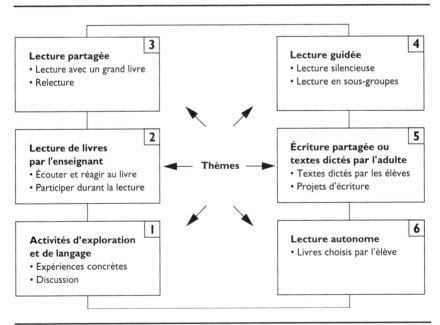

Dans ce modèle, la gradation de l'autonomie de l'élève pourrait se situer
sur l'échelle suivante :

La lecture à l'élève :   l'enseignant lit pour les enfants.

La lecture partagée :   l'enseignant lit avec l'enfant.

La lecture guidée :   l'enfant lit à l'enseignant.

La lecture autonome :   l'enfant lit pour lui-même.

Soulignons que ces activités ne sont pas linéaires, mais cycliques ; elles varient avec le niveau de difficulté du texte et le développement des habiletés des élèves.

Les activités d'exploration et de langage

L'acquisition des connaissances et celle du langage sont des éléments qu'il est essentiel de prendre en considération dans l'apprentissage de la lecture. On doit fournir aux enfants des expériences variées reliées au thème qu'on étudie en classe. Vous pourrez apporter différents objets en classe (des graines de légumes, un nid d'oiseau, etc.), faire des démonstrations (comme le mélange de couleurs), inviter des personnes à venir témoigner de leurs expériences (de différents métiers, de différentes nationalités). Mais, afin que les expériences puissent servir à la compréhension des textes, il est nécessaire d'utiliser le langage pour revenir sur les expériences vécues et pour encourager les enfants à manipuler le vocabulaire relié au thème présenté. Il est important de poser aux élèves des questions qui stimulent la pensée : leur suggérer un problème à résoudre, leur faire faire des hypothèses, les amener à comparer, à classifier, et ainsi de suite. Il importe également d'encourager les élèves à réfléchir sur des événements éloignés dans le temps et dans l'espace. Ces habiletés en langage oral plus « décontextualisé » faciliteront la compréhension de textes.

La lecture de livres par l'enseignant

Chaque jour, vous ménagerez un moment pour lire aux enfants un livre de littérature enfantine stimulant. Il s'agira de choisir non pas un livre facile, mais un livre intéressant pour les enfants. Ces livres, que les enfants ne sont pas encore en mesure de lire seuls, sont des sources très riches pour travailler à l'acquisition des capacités de prédiction et de vérification des élèves. Ils constituent également des moments privilégiés au cours desquels les élèves réagiront à l'histoire, aux personnages, aux valeurs, etc.

La lecture partagée

La lecture partagée a comme objectif de procurer aux enfants le plaisir de lire une histoire tout en les sensibilisant à l'aspect graphique du texte. Cette activité a pour modèle la lecture qui est faite à la maison par les parents à leur enfant d'âge préscolaire. Dans cette situation, l'enfant est assis près du parent, il voit le livre et voit le parent montrer l'image et le texte ; il interagit pendant la lecture et très souvent il demande qu'on lui relise l'histoire.

Pour reproduire cette situation en classe, l'enseignant exposera les textes dans un grand format, lequel permettra à tous les enfants de suivre le texte en même temps. On peut utiliser des textes écrits au tableau, présentés au rétroprojecteur, transcrits sur de grands cartons. On privilégiera toutefois le grand livre.

LE CHOIX DES TEXTES

Autrefois, les textes pour les lecteurs débutants étaient rigidement contrôlés. Par exemple, dans les méthodes synthétiques, on présentait une lettre à la fois et les mots qu'on montrait étaient composés uniquement des lettres déjà vues. Essayez de vous imaginer un texte composé des voyelles *a, e, i, o, u* et des consonnes *l* et *p*. Vous arriverez à des phrases du type « Léa a la tiare du pape ». Ces textes sont difficiles parce que l'enfant ne peut faire appel à son propre langage. En voulant simplifier l'apprentissage, on le complique, car on enlève un indice important, l'utilisation du langage.

Par l'effet du retour de balancier, on a proposé de n'apporter aucune restriction dans les textes pour les lecteurs débutants, de n'utiliser que de la littérature pour enfants. Malheureusement, peu de ces livres sont à la portée des jeunes lecteurs.

La position du juste milieu consiste non pas à contrôler les textes comme dans les anciens manuels, mais à présenter aux enfants des textes qui sont près de leur langage. Ces textes offrent la particularité d'être prévisibles, c'est-à-dire qu'ils possèdent des caractéristiques qui permettent aux enfants de faire aisément des prédictions sur leur structure et leur contenu. Les textes prévisibles se caractérisent de la façon suivante (Reutzel et Fawson, 1991 ; McGill-Franzen, 1993) :

1. L'illustration correspond au texte et l'appuie.

2. Le texte contient des rimes ou est rythmé ; dans ces histoires « le rythme est tellement marqué que les élèves ne peuvent s'empêcher de battre la mesure avec leurs mains ou leurs pieds, ou de chanter » (Barrett, 1988) :

> Lili, Lili, Lili Tire-Bouchon
> Change les boutons en petits cochons

3. L'histoire contient des structures répétitives. Le terme « structure répétitive » est utilisé ici au sens large et il englobe toute une série de structures qui facilitent les prédictions en cours de lecture ; par exemple :

   a) la séquence cumulative, où un élément est introduit, suivi d'un deuxième avec la répétition du premier élément, et ainsi de suite ;

   b) la liste ordonnée, soit l'organisation culturelle courante comme l'alphabet, les chiffres, les jours de la semaine ;

   c) la structure narrative, ou l'ordre des éléments du schéma de récit ;

   d) les questions et réponses, où l'auteur pose des questions sur le même modèle.

L'ORGANISATION DE LA LECTURE PARTAGÉE

Les enfants sont assis par terre le plus près possible de l'enseignant de façon à pouvoir voir le texte ou le livre aisément. Si l'enseignant utilise un grand livre, ce dernier sera placé sur un chevalet ; s'il se sert d'un texte écrit sur un carton ou sur une grande feuille, celui-ci pourra être retenu, à l'aide d'une grosse pince, à un tableau sur trépied. Notons qu'il est pertinent d'employer une règle transparente, ce qui permet de montrer des éléments sans cacher le reste du texte avec le mouvement du bras.

Il se crée une dynamique particulière dans le fait de partager la lecture comme lorsqu'on présente des textes géants. La proximité physique, l'intensité de l'engagement des enfants, le plaisir de l'expérience font partie des caractéristiques essentielles de ces activités. Il est difficile de recréer cette synergie dans d'autres activités d'exercice en groupe (Swindal, 1993).

LA PRÉSENTATION DU TEXTE

Les futurs enseignants sont souvent étonnés de voir qu'on peut présenter des textes complets à des enfants qui ne savent pas encore lire. Comment est-ce possible ? Tout est dans l'aide qui sera donnée aux élèves. Au début de l'année, cette aide sera complète, en ce sens que vous lirez tout le texte pour les élèves ; vous veillerez cependant à suivre le texte avec le doigt pour que les élèves établissent la relation entre les mots lus et les mots écrits. Déjà à la deuxième lecture du texte, certains enfants auront reconnu le nom du personnage ou un mot contenant une lettre familière ; ils commenceront alors à participer à la lecture. Cette participation deviendra de plus en plus grande, grâce à vos interventions qui pousseront les enfants vers les stratégies de lecture.

Les séances s'amorceront par une discussion sur le titre et les illustrations. Vous inviterez les élèves à prédire ce dont il sera question dans le texte ; ils seront ainsi déjà préparés au vocabulaire et au contenu du texte. Il s'agira ensuite de lire le texte avec les enfants. Au cours de la lecture, vous choisirez certains éléments sur lesquels vous attirerez leur attention : certaines unités graphiques, certains mots, certaines stratégies de lecture, etc. Il est important de choisir quelques éléments seulement, car il ne faut pas étudier l'histoire jusqu'à épuisement de l'intérêt.

Une bonne façon de faire participer davantage les enfants consiste à leur demander : « Qu'avez-vous remarqué dans le texte ? » Certains auront remarqué un mot qu'ils connaissent, d'autres la première lettre de leur nom, d'autres encore une syllabe familière. Cette manière de procéder en groupe est préférable à la lecture à tour de rôle parce que tous les élèves sont actifs au même moment. De plus, chacun y trouve son compte : l'enfant moins avancé s'identifie avec le groupe et prend de l'assurance, et l'élève plus habile découvre d'autres aspects du texte.

Après la lecture, il faut donner aux enfants le temps de réagir à l'histoire. Ce travail en groupe sur un texte signifiant leur permet de mieux comprendre les relations entre les personnages et de faire des liens avec leur propre expérience. On peut aussi proposer des activités de réinvestissement, comme l'écriture d'une recette d'un gâteau dont il a été question dans l'histoire.

La lecture guidée

Après quelques semaines de lecture partagée, les élèves seront prêts à aborder graduellement la lecture silencieuse sous forme de lecture guidée. La lecture guidée permet aux élèves d'appliquer les stratégies qu'ils ont apprises et à l'enseignant de voir comment ceux-ci intègrent les stratégies et de quel type d'aide ils ont besoin.

Idéalement, la lecture guidée se fait en petits groupes avec l'enseignant, mais elle peut s'effectuer avec toute la classe. Chaque élève possède une copie du texte. Le texte choisi présente un défi tout en étant accessible aux élèves. Il est préférable de choisir un texte trop facile qu'un texte trop difficile ; souvenez-vous que la lecture ne doit jamais devenir un combat.

Avant la lecture.   Commencez par stimuler l'intérêt des enfants. Lorsque les enfants commencent à lire, ils doivent :

- savoir si l'histoire va les amuser ou les informer ;
- avoir certaines questions en tête pour lesquelles ils chercheront des réponses ;
- posséder des connaissances sur la façon de faire face aux difficultés qu'ils rencontreront ;
- avoir envie de lire le texte.

Pendant la lecture.   Durant les premières rencontres, la lecture portera sur de courtes parties de textes. Vous lirez une phrase ou deux, puis vous demanderez aux enfants de faire une hypothèse sur la suite du texte ; ils devront ensuite confirmer cette hypothèse en lisant silencieusement. On peut également demander aux enfants de redire une partie du texte dans leurs mots ou de relire une partie du texte pour appuyer un point dans une discussion. À mesure que l'année avance, les élèves pourront lire des parties de textes plus longues.

Après la lecture.   Il s'agira de discuter des personnages et de l'histoire et de susciter des réactions face au texte.

L'écriture partagée ou les textes dictés à l'adulte

On recourt aux textes dictés par l'enfant à l'adulte aussi bien avec les enfants d'âge préscolaire qu'avec les lecteurs débutants. Avec les enfants d'âge préscolaire, il s'agissait de les amener à comprendre que ce qui se dit peut s'écrire. Avec les lecteurs débutants, les textes dictés à l'adulte viseront à consolider ce premier apprentissage, de même qu'à fournir des textes qui serviront de matériel de lecture aux enfants.

L'essentiel, dans cette activité, est de partir d'une expérience vécue par les enfants de façon que le texte qu'ils dictent reflète à la fois leur vocabulaire et leurs connaissances ; le texte peut porter sur une expérience commune comme une sortie, la venue d'un visiteur ou une expérience. Le texte peut avoir trait non seulement à ce que les enfants ont fait, mais aussi à ce qu'ils feront ou auraient pu faire.

Cette activité d'élaboration de textes se réalise avec tout le groupe d'enfants ou avec un sous-groupe. Le texte est écrit en collaboration ; il résulte du consensus du groupe. Au cours de l'activité, vous prendrez le temps d'expliquer les diverses possibilités et les raisons des choix qui sont faits. On écrira le texte devant les enfants au tableau ou sur une grande feuille ; par la suite, on pourra le recopier et le distribuer à tous. Ce texte sera relu avec le groupe, puis individuellement.

L'ensemble de la démarche peut se résumer ainsi :

Expérience → langage oral → langage écrit → lecture → relecture

Afin de faciliter l'écriture d'un texte en groupe, on peut s'inspirer d'un texte déjà connu et le transformer. Par exemple, en s'appuyant sur l'histoire de *Jacques et le haricot magique*, on changera la maison pour une tente ou un hôtel et on fera les substitutions appropriées. Vous pouvez également tirer parti des livres illustrés sans textes ; les illustrations incitent les élèves à raconter l'histoire dans leurs propres mots.

La lecture autonome

La période de lecture personnelle fera partie des activités habituelles de la classe dès le début de l'année. Vous pensez peut-être qu'il est impossible d'établir une période de lecture personnelle avec les enfants au début de l'année, puisqu'ils ne savent pas encore lire de manière autonome. Nous vous suggérons donc deux façons de procéder : la première pour le début de l'année et la deuxième après quelques semaines.

LA LECTURE DEUX À DEUX

Il s'agit d'abord de mettre les élèves deux à deux en prenant soin de placer un élève moins habile avec un autre plus habile (Neuman et Soundy, 1991). Chaque élève choisit un livre dans la bibliothèque de classe et le feuillette assez longuement pour être certain qu'il a le goût de le lire.

Les partenaires se réunissent pendant une période de 15 minutes : un des deux élèves est désigné pour lire son livre à son partenaire. Bien entendu, la plupart des enfants en sont à un stade de lecture qui n'est pas conventionnelle, aussi leur demanderez-vous de « jouer à lire » le livre plutôt que d'essayer laborieusement de décoder chaque mot. Vous leur donnerez comme consigne de faire « comme un professeur qui lit une histoire ». Vous les encouragerez à poser des questions à leur partenaire, à lui faire faire des prédictions, etc.

La plupart du temps, les deux élèves ont le temps de lire leur livre durant la période de 15 minutes ; cependant, s'il arrive qu'un seul livre soit lu, la prochaine période commencera avec le partenaire qui n'a pas eu le temps de lire son livre. Cette activité permet à une relation d'entraide de se développer entre les deux partenaires au cours des semaines.

LES LIVRES SÉLECTIONNÉS D'AVANCE

La technique suivante simplifie la tâche pour les élèves en introduisant un éventail délimité de livres parmi lesquels ils peuvent faire des choix (Cunningham, 1991).

Il s'agit de regrouper les pupitres en cinq îlots, de répartir les livres dans cinq boîtes et de placer une boîte sur chaque îlot :

- La première boîte contient des livres reliés au thème étudié en sciences (les graines, les poissons, etc.).
- La deuxième boîte contient les livres toujours appréciés des enfants (des livres déjà lus à toute la classe).
- La troisième boîte contient des livrets de collections pour lecteurs débutants (livres faciles).
- La quatrième et la cinquième boîte contiennent des livres de bibliothèque, certains faciles, d'autres un peu moins faciles.

Les boîtes changent d'îlot chaque jour. Les enfants choisissent un livre et ils lisent, seuls ou avec un compagnon. Il est particulièrement indiqué d'encourager la lecture avec un ami chez les lecteurs débutants (Slaughter, 1993).

Soulignons ici l'importance des collections de petits livres pour les lecteurs débutants. Ces livres permettent aux enfants de s'exercer à intégrer leurs habiletés, ce qui n'est pas possible avec des textes difficiles. Les livres qu'on pourrait appeler « livres que je peux lire tout seul » sont constitués de courts textes illustrés ; il y a peu de texte à chaque page et le niveau de difficulté des textes est adapté aux lecteurs débutants. Ces livres ont été conçus comme un complément de l'enseignement de la lecture : le contenu est fonction du niveau de difficulté du texte. Ces livres faciles permettent aux élèves de faire des lectures autonomes en se concentrant sur la compréhension.

Ajoutons, en terminant, qu'il faut permettre aux élèves de relire leur livre autant de fois qu'ils le voudront. La relecture n'est pas très populaire auprès des enseignants ; on veut toujours que les élèves lisent des livres qu'ils n'ont jamais vus. Il est certain que réciter un livre ne fait pas évoluer l'enfant, mais le fait de pouvoir relire un livre permet à l'enfant d'être plus à l'aise avec le texte et d'en découvrir d'autres aspects.

CRÉER DU MATÉRIEL DE LECTURE

Comme nous l'avons vu précédemment, le matériel au format agrandi est indispensable en première année, que ce soit les poèmes ou comptines sur des feuilles géantes ou les grands livres de toutes sortes. Vous pouvez créer vous-même ou avec l'aide de parents et de bénévoles du matériel de lecture qui conviendra à vos élèves.

Les textes de grand format

Vous pouvez utiliser du papier grand format (ou un carton léger) pour écrire les poèmes que vous avez choisi de faire lire aux enfants ou pour écrire les histoires composées en groupe par les enfants eux-mêmes.

À mesure que vous accumulez de grandes feuilles avec des poèmes ou des textes de toutes sortes, vous aurez besoin d'un rangement qui les rende rapidement accessibles. Voici deux suggestions à cet effet :

1. Laminez les feuilles, ajoutez des anneaux de métal et accrochez-les à des supports pour les vêtements.

2. Roulez la feuille, attachez-la avec un ruban et écrivez le titre de l'histoire en travers du rouleau ; les feuilles seront alors faciles à ranger.

Les grands livres

Il existe maintenant sur le marché de nombreux grands livres. Vous pouvez en acheter, mais vous pouvez en fabriquer vous-même. Voici quelques suggestions pour vous aider à créer vos grands livres :

- La grandeur du livre peut varier (de 30 cm sur 45 cm à 60 cm sur 75 cm) : l'important est que le texte soit écrit assez gros pour qu'un groupe d'enfants puisse le voir facilement. Laissez beaucoup d'espace entre chaque mot et de préférence écrivez au haut de la page pour que les enfants qui sont assis en arrière voient bien. On peut écrire le texte au traitement de texte (en gros caractères) et coller la bande de papier dans le grand livre.

- Achetez deux exemplaires d'un livre d'occasion. Découpez les illustrations, collez-les sur de grandes pages ; écrivez le texte en gros caractères (recopiez le texte original ou composez un nouveau texte).

- Faites participer les enfants à la confection d'un livre : chaque enfant dessine une page. S'il y a trop d'enfants pour le nombre de pages, faites faire les illustrations par des équipes.

- Prévoyez une couverture assez rigide. À la dernière page, vous pouvez ajouter une série de mots clés que vous choisirez vous-même ou avec les élèves (voir la figure 6.6).

FIGURE 6.6
Grand livre avec pochettes

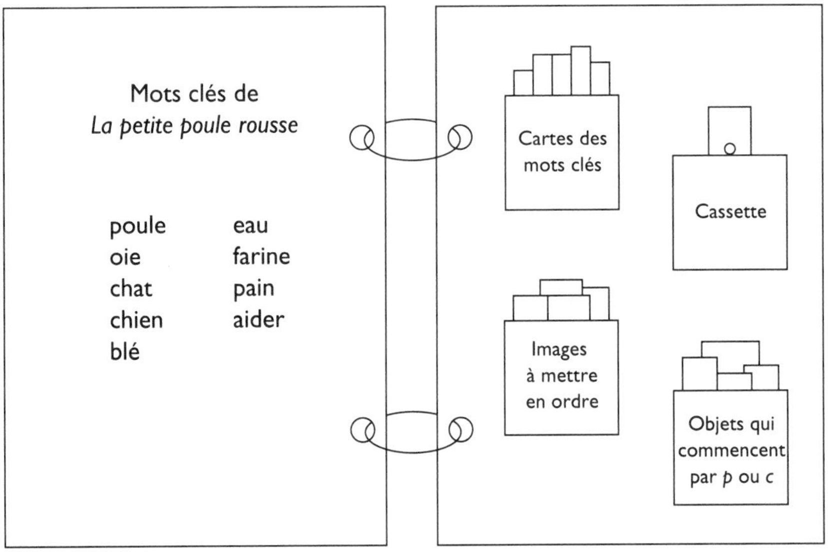

Adapté de Slaughter (1993). Traduction de l'auteure.

Les livres géants ne peuvent tenir sur une tablette de bibliothèque. Voici quelques suggestions pour faciliter leur rangement (Slaughter, 1993) :

- Rangez les grands livres sur un support de bois ou de métal qu'on utilise habituellement pour faire sécher la lessive.

- Placez les livres sur un support étagé fait de carton rigide ou de bois.

- Placez les livres sur de larges tablettes ; comme les titres ne sont pas visibles, attachez un ruban-étiquette au livre et laissez-le dépasser pour pouvoir repérer facilement le livre désiré.

CONCLUSION

L'enfant qui arrive en première année a déjà eu des expériences plus ou moins variées avec l'écrit. Au cours de l'année, il apprendra à devenir autonome devant des textes de son niveau. Pour ce faire, il développera des habiletés intégrées : il en viendra à combiner les indices sémantiques, syntaxiques et graphiques. Il développera également ses capacités d'auto-correction et apprendra que lire, c'est avant tout rechercher le sens.

7 Le lecteur en transition

Sommaire

INTRODUCTION

Dans le chapitre précédent, nous avons vu que l'enfant atteint le stade de lecteur débutant lorsqu'il utilise de façon intégrée un ensemble de stratégies, ce qui lui permet d'être autonome devant un texte de son niveau. Ici, nous poursuivons notre description en mettant l'accent sur le lecteur qui développe sa fluidité en lecture. C'est habituellement au tournant de la deuxième année que les enfants commencent à lire avec plus de fluidité. Nous présenterons, dans ce chapitre, des données relatives au développement de la fluidité des jeunes lecteurs et des activités de nature à faciliter ce développement.

LE PASSAGE DE LECTEUR DÉBUTANT À LECTEUR EN TRANSITION

La période de développement de la fluidité est marquée au sceau de l'auto-apprentissage. L'enfant apprend chaque fois qu'il lit, indépendamment de l'enseignement qu'il reçoit. Grâce aux stratégies de lecteur débutant qu'il a acquises, l'enfant peut maintenant lire et relire des centaines de mots qu'il reconnaîtra de plus en plus rapidement. Il sait si sa lecture est correcte ou non grâce à cet outil puissant qu'est la compréhension ; celle-ci produit sa propre rétroaction. Par conséquent, un des rôles importants de l'enseignant, durant cette période, sera de donner à l'enfant beaucoup de temps de lecture (Stanovich, 1991).

Cependant, si l'enfant qui évolue bien en lecture devient de plus en plus habile par le fait même qu'il lit de plus en plus, l'inverse est vrai pour l'enfant qui n'est pas entré facilement dans le jeu de la lecture. Pour celui qui éprouve de la difficulté à identifier les mots, trouver le sens d'un texte est une tâche ardue. Étant donné que, pour lui, lire n'est pas gratifiant, il s'engage moins dans les activités de lecture. Ce manque de fréquentation de l'écrit, de pratique de la lecture retarde le moment où l'enfant lira couramment, sans effort (Stanovich, 1991). C'est le cycle de l'échec qui commence (voir la figure 7.1).

Les recherches ont indiqué que c'est vers l'âge de huit ans que les enfants se divisent en deux groupes : ceux qui deviennent meilleurs en lecture chaque fois qu'ils lisent et ceux qui ont commencé à prendre du retard et qui se démarqueront de plus en plus des bons lecteurs. Tous les enseignants connaissent bien cet effet cumulatif selon lequel les élèves en difficulté prennent de plus en plus de retard par rapport aux autres.

FIGURE 7.1
Cycle de la lecture

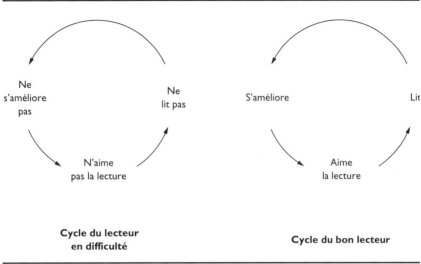

| Cycle du lecteur | Cycle du bon lecteur |
| en difficulté | |

LES COMPOSANTES DE LA FLUIDITÉ

La fluidité repose d'abord sur l'habileté à reconnaître des mots instantané-ment. Cependant, cette seule habileté n'explique pas tout le phénomène, car les recherches ont montré que des activités de relecture du même texte améliorent plus la fluidité que des activités de reconnaissance de mots isolés. La fluidité requiert aussi l'habileté à lire par groupes de mots, c'est-à-dire à utiliser la syntaxe et le sens de la phrase. Nous présenterons main-tenant ces deux composantes de la fluidité.

La reconnaissance instantanée des mots

La reconnaissance instantanée des mots, qui constitue la première compo-sante de la fluidité, se développe, comme nous l'avons dit, par le contact répété avec des mots écrits. La différence entre les lecteurs quant au nombre de mots lus au cours d'une année est considérable. Ainsi, dans une recher-che, on rapporte qu'en première année le nombre de mots lus durant une semaine peut varier de 16 mots chez un élève faible à 1933 mots chez un élève habile. À la fin du primaire, les élèves moins motivés peuvent lire 100 000 mots par année, alors qu'un lecteur moyen peut en lire 1 000 000 et qu'un lecteur avide peut en lire de 10 000 000 à 50 000 000 (Sheveland, 1993). D'autres études indiquent que les élèves faibles lisent quatre fois moins de mots durant l'année que les élèves forts (Clay, 1991). Bref, la reconnaissance instantanée des mots ne se fait pas par magie, elle se construit par le contact répété avec les mêmes mots au cours des lectures.

Lorsque l'élève ne reconnaît pas rapidement les mots du texte, il doit utiliser des stratégies pour les identifier, ce qui ralentit beaucoup sa lecture. Plus il y a de mots que l'élève ne reconnaît pas rapidement dans la phrase, plus celui-ci aura de la difficulté à comprendre cette phrase. Faisons ici un parallèle avec l'oral. Les mots prononcés doivent être entendus à l'intérieur d'une période donnée pour qu'il y ait compréhension ; si une phrase est dite trop lentement, sa structure s'effritera et il ne restera qu'une série de mots n'ayant aucune relation entre eux. Faites-en l'expérience : essayez de comprendre une phrase dont un mot est prononcé toutes les cinq secondes ; vous verrez qu'il est difficile de garder l'information dans la mémoire. Cela s'applique aussi à la lecture : si les mots sont lus trop lentement, il y aura trop peu de mots à la fois dans la mémoire à court terme pour permettre au lecteur de les relier les uns aux autres (Eldredge, 1990).

> Il semble en effet important d'atteindre une vitesse suffisante pour enregistrer la totalité du message induit par une phrase et, à plus forte raison, par un texte. Le lecteur trop lent oublie le début de la phrase dont il est en train de découvrir la fin, et, de ce fait, éprouve des difficultés à comprendre. Il est vrai que certains lecteurs mettent en œuvre des stratégies détournées pour capter des informations et arrivent à un bon score de compréhension malgré leur peu de rapidité. Mais ils y parviennent au prix d'un effort qu'ils ne peuvent accomplir que sur un bref parcours : un exercice, un texte. Dès que la quantité à lire augmente, notamment dans toutes les activités où il faut utiliser l'écrit, l'entreprise se révèle beaucoup plus hasardeuse. La lassitude et l'abandon surviennent à plus ou moins longue échéance (Bentolila et autres, 1991, p. 37).

Cependant, même si la vitesse peut donner certains indices sur la lecture de l'enfant, il est presque impossible de donner des normes de vitesse pour les différents niveaux du primaire, car les données des études montrent une grande variabilité dans le comportement des élèves. Par exemple, dans une étude, on a comparé la vitesse de lecture chez des élèves forts et chez des élèves faibles de deuxième année (Lipson et Smith, 1990). Les résultats ont indiqué de grandes variations chez le même lecteur selon le texte lu : ainsi, la performance du même élève fort va de 74 à 159 mots par minute, alors que celle de l'élève faible va de 31 à 41 mots par minute. La meilleure performance du lecteur faible n'atteint pas la plus faible performance du lecteur fort. Le seul résultat stable est donc que les élèves forts lisent plus rapidement que les élèves faibles, mais il est impossible de dégager des normes précises de vitesse en lecture parce que le comportement individuel varie beaucoup. L'enseignant doit décider si le manque de fluidité d'un élève est dû à un développement normal ou s'il constitue un problème auquel il faut apporter une solution.

La lecture par groupes de mots

La lecture par groupes de mots, qui est la deuxième composante de la fluidité, consiste à utiliser les indices syntaxiques pour identifier dans la phrase des éléments qui sont reliés par le sens et qui forment une sous-unité. Tous les auteurs s'accordent pour dire que la lecture par groupes de mots est un processus de base employé par les bons lecteurs. Même si le lecteur reconnaît tous les mots individuellement, il doit également les regrouper pour saisir le sens d'une phrase. Pour concrétiser ces notions de reconnaissance des mots et de lecture par groupes de mots, lisez le texte suivant qui est composé de mots inversés. Pour cela, il s'agit de lire de droite à gauche le premier mot, ensuite le deuxième, et ainsi de suite (par exemple, « seL » se lira « Les », « secnassiannoc » se lira « connaissances »).

Lisez le texte en portant attention à l'effet, sur votre compréhension, de l'impossibilité de lire par groupes de mots :

> seL secnassiannoc ud leér seriassecén à al erutcel tnerèiuqca's rap sel secneirépxe selpitlum ed tnafne'l à elocé'l te sruellia. aL étilauq te al étitnauq ed sec secnas-siannoc tnos seéil à elbmesne'l sed serèitam serialocs te ua ueilim lailimaf-oicos ùo li eulové. sellE en tnos sap nu fitcejbo euqificéps à egassitnerppa'l ed al erutcel, siam neib nu fitcejbo larénég ed elocé'l.

L'exercice vous a probablement permis de vous rendre compte qu'il est difficile de comprendre un texte quand il est impossible de regrouper les mots de façon significative.

Pour lire par groupes de mots, le lecteur doit utiliser des indices graphiques. Si la phrase est trop longue pour être traitée en un seul cycle, le lecteur doit faire lui-même une coupure ; il se fie alors non à la fin de la phrase, mais à un élément de frontière mineur ; trouver cet élément de frontière plausible demande des ressources et en laisse moins aux autres opérations, d'où la perte d'efficacité de la lecture. C'est pourquoi la longueur de la phrase doit être ajustée aux capacités de traitement du lecteur.

La ponctuation peut apporter certains indices dans le découpage du texte ; le jeune lecteur apprendra donc à se servir de la ponctuation pour repérer les phrases : la majuscule, le point, le point d'interrogation et le point d'exclamation. La langue française écrite ne facilite cependant pas la tâche aux lecteurs : la ponctuation marque habituellement de larges unités de sens, mais elle n'est pas suffisante pour identifier tous les groupes de mots reliés par le sens.

LE DÉVELOPPEMENT DE LA FLUIDITÉ

Toutes les études montrent que la fluidité se développe par l'exercice de la lecture, incluant l'exercice en dehors de l'école (Curtis, 1990 ; Sheveland, 1993). On ne répétera jamais assez que l'élève doit lire de façon régulière pour lire avec aisance. Le meilleur enseignement de la lecture fluide sera donc l'enseignement indirect où l'élève sera soumis fréquemment à un matériel varié comportant le niveau de difficulté approprié. Deux conditions sont essentielles au développement de la fluidité : le jeune lecteur doit lire souvent et il doit lire des textes faciles, c'est-à-dire des textes qui ne lui posent pas de problème d'identification des mots ou de compréhension. La lecture facile est considérée comme un moyen primordial par lequel les enfants peuvent arriver à orchestrer les différentes stratégies de lecture.

Durant la période de développement de la fluidité, un de vos principaux rôles sera donc d'offrir aux élèves des périodes de lecture personnelle en classe. Vous insisterez également sur la lecture à la maison ; certains élèves auront besoin d'une aide plus constante de la part de leurs parents et vous devrez donner à ceux-ci les suggestions appropriées (Giasson, 1994b).

Mentionnons qu'outre le fait de procurer aux élèves du temps de lecture, un deuxième rôle de l'enseignant consistera à orienter ceux-ci vers des réponses du type réaction au texte. Comme l'aspect perceptif devient plus automatique chez le lecteur de cet âge, son énergie cognitive est plus en mesure de réagir de façon approfondie au texte, il est plus à même de donner des réponses émotionnelles et de faire des liens entre le texte et ses connaissances et expériences.

DES ACTIVITÉS QUI FAVORISENT LE DÉVELOPPEMENT DE LA FLUIDITÉ

Même si tous reconnaissent l'importance de développer la fluidité en lecture, les méthodes de lecture font peu de place au développement de cette dernière ; comme les enseignants se fient beaucoup aux manuels, il se fait relativement peu d'enseignement visant la fluidité en classe (Sinatra et Royer, 1993).

Certains principes peuvent être pris en considération lorsqu'on pense à un enseignement qui vise la fluidité en lecture (Rasinski et autres, 1994) :

1. Servir de modèle de fluidité pour les élèves.

2. Donner aux élèves une rétroaction sur leur fluidité.

3. Fournir une aide pendant la lecture (la lecture rythmée, la lecture à l'unisson, etc.).

4. Favoriser la relecture d'un texte.

5. Découper le texte en unités.

6. Fournir des textes faciles.

Nous présentons ci-dessous quelques activités qui répondent à ces principes.

Des activités de relecture

Pour développer sa fluidité, nous avons vu que le lecteur doit lire souvent et qu'il doit lire des textes ne lui créant pas trop de difficultés afin qu'il puisse se concentrer sur la compréhension. Afin de rendre un texte facile, vous pouvez le faire lire plusieurs fois. Le fait de relire le même texte donne de l'assurance au lecteur et augmente sa fluidité ; après une deuxième ou une troisième lecture, le lecteur est plus familier avec les mots et il s'est fait une idée du contexte. Plusieurs recherches ont montré que la relecture avait un effet sur la fluidité ; entre la première et la troisième lecture, la vitesse augmente de manière significative. Avec la relecture des textes, les élèves font moins d'erreurs et sont plus habiles à les détecter et à les corriger s'ils en font ; ils lisent avec plus de facilité et comprennent mieux le texte (Askew, 1991 ; Sindelar et autres, 1990).

La relecture peut sembler inintéressante pour des élèves ; cependant, ils le feront volontiers si la situation comporte un objectif pertinent qui exige de façon naturelle l'exercice d'un texte. Certaines activités exigent en soi la lecture répétée, comme celles consistant à se préparer à :

· faire la lecture à un plus jeune ;

· faire la lecture aux autres membres de la classe ;

· enregistrer un livre-cassette ;

· participer à un théâtre de lecteurs (voir le chapitre 10).

La lecture à l'unisson

Comme son nom l'indique, la lecture à l'unisson consiste à faire lire le texte par plusieurs lecteurs en même temps. Le but de l'activité est de lire avec l'expression nécessaire pour faire ressortir le sens du texte, ce qui demandera plusieurs lectures. Elle convient particulièrement aux élèves qui ont besoin d'accroître leur confiance en soi. On sait que l'enfant en difficulté et l'enfant timide n'aiment pas lire à voix haute en classe, mais ils se sentiront plus à l'aise perdus dans le groupe (McCauley et McCauley, 1992). Les poèmes courts et rythmés sont les meilleurs candidats pour la lecture à l'unisson. Les enfants peuvent accompagner la lecture de mouvements comme taper des mains ou claquer des doigts, ce qui rend plus concret le découpage du texte en groupes de mots significatifs.

La lecture assistée en duo

La lecture en duo consiste à apparier un élève peu habile en lecture et un élève habile de la classe qui lui servira de tuteur ; ce dernier peut être différent chaque semaine. On choisira les textes parmi tout ce qui peut être lu par le tuteur et qui intéresse les deux enfants. Les élèves appariés s'assoient côte à côte et lisent à voix haute le même livre. Le tuteur suit le texte avec le doigt en lisant. Il lit à un rythme normal, évitant le mot à mot. Son compagnon regarde les mots à mesure qu'ils sont lus et essaie de lire autant qu'il le peut. Plusieurs recherches ont confirmé l'efficacité de cette technique (Eldredge, 1990).

La présentation des textes par groupes de mots

Une autre façon de favoriser la fluidité en lecture consiste à découper le texte en unités de sens. Cette stratégie part du point de vue que si l'élève éprouve de la difficulté à regrouper les mots qui forment une unité, la présentation de textes qui marquent graphiquement cette structure de l'écrit devrait faciliter la lecture.

Dans la plupart des recherches sur le sujet, on a montré que le découpage du texte en unités de sens facilitait la compréhension des lecteurs moins habiles, mais n'avait pas d'effet sur les lecteurs habiles (Rasinski, 1989). Il est fort probable que ce résultat est dû au fait que cette habileté est déjà acquise par les bons lecteurs.

Concrètement, il s'agit d'aménager le texte sous une ou l'autre des formes suivantes : (1) mettre des espaces très marqués entre les groupes de mots ; (2) intégrer des barres obliques dans le texte ; (3) présenter une unité par ligne (voir la figure 7.2).

Le découpage par groupes de mots ne sera pas nécessaire avec tous les enfants mais seulement avec ceux qui éprouvent plus de difficulté à regrouper les unités significatives dans une phrase. Il est important d'expliquer à l'élève que les indices visuels (comme les barres obliques ou les espaces) représentent des unités de pensée et que, s'il lit en utilisant ces indices, il comprendra mieux le texte. Ces indices ne seront employés que temporairement.

FIGURE 7.2
Trois façons de découper le texte en groupes de mots

Il y a des enfants   qui ont peur de l'orage.   Quand le tonnerre gronde,   ils vont
se cacher   sous leur lit.

Il y a des enfants / qui ont peur de l'orage. / Quand le tonnerre gronde, / ils vont se
cacher / sous leur lit.

Il y a des enfants
qui ont peur de l'orage.
Quand le tonnerre gronde,
ils vont se cacher
sous leur lit.

Une activité-synthèse

L'activité qui suit offre la particularité d'intégrer plusieurs principes du développement de la fluidité. Elle se déroule durant une période quotidienne de 10 à 15 minutes (Rasinski et autres, 1994).

Chaque élève reçoit la copie d'un texte de 50 à 100 mots. On prend un texte différent chaque jour. Les textes sont choisis pour leur contenu, leur structure prévisible, leur rythme (les poèmes et les textes narratifs sont particulièrement indiqués). Par ailleurs, les textes utilisés au début peuvent être réutilisés plus tard. Le déroulement de l'activité comprend les séquences suivantes :

1. Présentez le titre du texte et faites faire des prédictions aux élèves.

2. Donnez un modèle de lecture fluide en lisant le texte pour la classe.

3. Animez une discussion sur le contenu du texte et sur votre façon de lire : vous accorderez une attention particulière à l'expression et à l'intonation que vous avez utilisées durant la lecture. Insistez sur le lien existant entre la compréhension et la manière de lire.

4. Invitez la classe à lire le texte à l'unisson.

5. Divisez le groupe en équipes. Chacune d'elles se trouve un endroit raisonnablement tranquille dans la classe ou le corridor. Le premier lecteur lit son texte trois fois ; il peut demander de l'aide au besoin à son partenaire. Après la deuxième et la troisième lecture, celui qui écoute dit au lecteur comment il s'est amélioré durant sa lecture.

6. Lorsque les élèves reviennent à leur place, invitez soit un élève, soit une équipe, ou bien un petit groupe à lire le texte pour la classe.

7. Les élèves placent leur texte dans un cahier et sont invités à le lire à leurs parents.

LA FLUIDITÉ AU REGARD DE LA LECTURE ORALE ET DE LA LECTURE SILENCIEUSE

Dans cette section, nous aborderons le rôle de la lecture orale et celui de la lecture silencieuse dans l'apprentissage des jeunes lecteurs. Nous verrons d'abord la différence entre une lecture fluide et une lecture orale parfaite, nous aborderons ensuite le développement de la lecture orale et de la lecture silencieuse au primaire ainsi que des principes d'intervention concernant ces deux modes de lecture.

La différence entre la fluidité et la lecture orale parfaite

L'objectif du développement de la fluidité n'est pas d'amener l'élève à faire « une belle lecture », mais plutôt d'augmenter sa compréhension par une plus grande aisance en lecture. Un lecteur en transition ne lira pas nécessairement tous les textes sans hésitation. La fluidité est influencée par certains facteurs comme la complexité du texte, sa prévisibilité, sa syntaxe, le but et l'intérêt du lecteur, sa familiarité avec le sujet (Martens et autres, 1993). Un autre facteur connu est celui de la position dans le texte : par exemple, on sait que, vers le milieu d'un texte prévisible, les lecteurs moins habiles lisent avec autant de facilité que les bons lecteurs (Lipson et Smith, 1990).

Bref, la fluidité est reliée aux mécanismes de lecture plutôt qu'à l'oralisation parfaite d'un texte. Le lecteur en transition est celui qui a exploité sa capacité de reconnaître les mots rapidement et de lire par groupes de mots. Un lecteur qui lit avec expression manifeste certes qu'il lit avec fluidité, mais un lecteur peut être handicapé par la timidité à l'oral, tout en étant capable de lire silencieusement par groupes de mots.

L'évolution des habiletés en lecture orale et en lecture silencieuse au primaire

La lecture orale et la lecture silencieuse se développent de façon différente au cours du primaire. Voyons les grandes lignes de cette évolution.

L'enfant de première année aime d'habitude lire oralement ; en fait, il éprouve de la difficulté à lire silencieusement et, lorsqu'il le fait, un murmure accompagne sa lecture. La lecture orale semble servir de système de rétroaction chez lui : tout se passe comme si le fait d'entendre ses méprises lui permettait de les corriger. La lecture orale joue donc un rôle de soutien chez les jeunes lecteurs. Notons que les lecteurs adultes sont eux aussi portés à lire oralement un texte très difficile.

Graduellement, le jeune lecteur cesse de faire un détour par la lecture orale. Chez le lecteur de deuxième année, la lecture silencieuse devient plus naturelle, mais la vitesse en lecture silencieuse reste la même que la vitesse en lecture orale. La subvocalisation demeure tout juste sous la surface. La subvocalisation est le comportement physiologique qui accompagne la lecture, comme de légers mouvements des lèvres, des mouvements dans la gorge. Il n'est pas nécessaire d'empêcher les élèves de subvocaliser durant les premières années : ce qui est important, c'est qu'ils lisent pour eux-mêmes. Disons pourtant qu'une subvocalisation très marquée chez un lecteur de la fin du primaire peut nuire à sa lecture ; c'est pourquoi on devrait y porter attention.

Chez le lecteur de troisième ou de quatrième année, la lecture silencieuse commence à se démarquer et à devenir plus rapide que la lecture orale. À cet âge, l'élève peut lire à l'aise silencieusement, mais il éprouve de la difficulté à passer de la lecture silencieuse à la lecture orale, car il a du mal à ajuster le rythme de sa lecture orale aux mouvements de ses yeux. Le phénomène est le suivant : lorsque nous lisons oralement, nos yeux sont toujours de deux ou trois mots en avant de notre lecture ; en d'autres termes, pendant que nous prononçons les mots, nous regardons les mots qui s'en viennent dans le texte. Faites-en l'expérience : commencez à lire un texte oralement et fermez les yeux au milieu d'une phrase ; vous verrez que vous pourrez continuer sans problème à dire le reste de la phrase. L'élève de troisième ou de quatrième année, qui est en train de passer à une lecture silencieuse plus rapide, n'a pas encore ajusté ses procédés ; c'est pourquoi il détestera souvent lire à haute voix. Il y a donc un moment où il ne sera pas pertinent d'insister sur la lecture orale auprès de l'élève.

À la fin du primaire, les élèves auront appris à lire à voix haute pour un auditoire, ils auront appris à coordonner le texte avec la voix. Il s'agit d'une tout autre habileté que la lecture orale du lecteur débutant. On pourrait dire que, dans le cas du lecteur débutant, il s'agit d'une oralisation (la prononciation des mots à mesure qu'ils sont identifiés) alors que, chez le lecteur plus avancé, il s'agit d'une véritable lecture orale. À la fin du primaire, les élèves lisent plus vite silencieusement qu'oralement : mentionnons que la vitesse de la lecture orale plafonnera autour de 150 mots par minute, ce qui représente le débit de la conversation. Quant à la vitesse en lecture silencieuse, elle continuera à évoluer et atteindra, chez l'adulte, de deux à trois fois la vitesse de la lecture orale.

La place respective de la lecture orale et de la lecture silencieuse

Faut-il faire lire les élèves oralement ou silencieusement au primaire ? Faut-il privilégier un mode de lecture par rapport à l'autre ? Disons tout de suite que les deux modes de lecture seront utilisés à l'école, mais l'objectif à long terme sera de développer la lecture silencieuse. Plusieurs raisons militent en faveur de cette dernière :

1. La lecture silencieuse est plus efficace, elle permet de lire plus rapidement.

2. Tous les élèves peuvent lire en même temps au lieu d'un seul comme en lecture orale.

3. Les élèves ont tendance à se concentrer sur la précision plutôt que sur la compréhension lorsqu'ils lisent oralement.

4. L'objectif de l'enseignement de la lecture est de permettre aux élèves d'acquérir des stratégies qu'ils utiliseront de façon autonome ; dans la vie courante, le mode de lecture le plus fréquent est celui de la lecture silencieuse.

La lecture orale ne sera pas pour autant absente de la classe. Précisons que l'intérêt pour la lecture orale s'est modifié avec les époques. Au siècle dernier, la lecture orale parfaite du texte était un objectif primordial de l'enseignement de la lecture ; on visait une performance d'orateur. Par la suite, les pédagogues ont mis à l'honneur la lecture silencieuse au détriment de la lecture orale, en réaction aux pratiques pédagogiques centrées sur la précision plutôt que sur la compréhension. Nous arrivons aujourd'hui à un troisième temps, qui n'est pas un simple retour aux anciennes pratiques, mais une intégration des expériences passées. La lecture silencieuse continue à être le mode privilégié, puisqu'elle est le plus près de ce que le lecteur adulte vit dans son quotidien. Cependant, la lecture orale n'est plus décriée ; elle est considérée non plus comme une fin en soi, mais comme un outil pour développer la compréhension. Bref, aujourd'hui, on reconnaît que les deux types de lecture peuvent coexister au primaire et qu'ils répondent à des objectifs différents (Reutzel et autres, 1994).

Il existe toutefois une forme de lecture orale qui est à déconseiller : il s'agit de la lecture traditionnelle qui consiste à faire lire oralement les élèves à tour de rôle, tous les élèves suivant le texte des yeux pendant qu'un élève lit à voix haute. Cette pratique qu'on pourrait nommer « chacun son tour de faire face à la musique » laisse habituellement de mauvais souvenirs aux élèves. Essayez de vous souvenir de vos propres expériences de lecture à tour de rôle du primaire. Il y a fort à parier que vous en avez conservé une image plutôt négative.

La lecture à tour de rôle est une activité dans laquelle on vise la perfection : il n'est pas permis de se tromper. Pour éviter de buter sur le texte, les élèves essaient de deviner la phrase qu'ils auront à lire et s'exercent à l'avance. Une fois leur tour passé, ils n'ont plus aucune raison de suivre la lecture de leurs compagnons. Il s'agit d'une approche de nature corrective qui centre l'attention des élèves sur des éléments isolés. L'intervention qui est faite durant la lecture à tour de rôle consiste presque exclusivement à reprendre un élève qui a fait une méprise. Ce genre d'intervention n'encourage pas le développement de stratégies de compréhension, il encourage plutôt les élèves à concentrer leurs efforts sur le déchiffrage exact au détriment de la recherche de sens.

De plus, dans cette activité, les élèves n'ont pas de modèle d'une bonne lecture orale : le seul modèle adéquat est le bon lecteur du groupe. En général, à l'école, on observe que plus les enfants sont jeunes et plus ils sont en difficulté, plus on a tendance à les faire lire à tour de rôle. Ainsi, les jeunes enfants et les enfants en difficulté passent beaucoup de temps à écouter la lecture d'un autre enfant qui n'est pas forcément un bon modèle de lecteur.

Enfin, la lecture à tour de rôle peut rendre plusieurs enfants anxieux et contribuer à développer chez eux des attitudes négatives face à la lecture. C'est pourquoi il faut observer les élèves et décider pour quel élève et à quel moment la lecture orale devant le groupe sera appropriée, voire bénéfique, et à quel moment elle sera problématique.

LES MÉPRISES EN LECTURE

Durant la période de développement de la fluidité en lecture, même si les élèves tirent profit de l'auto-apprentissage, vous avez un rôle actif à jouer pour aider les élèves à intégrer leurs diverses habiletés. Afin d'observer l'évolution de l'enfant dans la maîtrise de ses habiletés de lecture, vous pouvez regarder le type de méprises qu'il fait en lisant. Nous verrons maintenant de façon plus détaillée quels sont les types de méprises, ce qu'elles révèlent des stratégies de l'élève et comment on peut intervenir face à ces dernières.

Le concept de « méprise »

On dit qu'il y a méprise lorsque le lecteur lit autre chose que ce qui est dans le texte. La découverte la plus importante qu'on ait faite au sujet des méprises a été que tous les lecteurs font des méprises (Goodman et Goodman, 1980). On pensait auparavant que, par définition, un bon lecteur lisait toujours exactement ce qui était écrit sur la page. Puis on s'est rendu compte que les bons lecteurs font des méprises, mais ils ne font pas le même type de méprises que les lecteurs moins habiles. Le bon lecteur fait très peu de méprises qui changent le sens de la phrase et les corrige s'il en fait ; par contre, il ne corrige pas les méprises qui ne changent pas le sens de la phrase.

Il y a donc des méprises acceptables et d'autres qui le sont moins. Une méprise acceptable est une méprise qui respecte la syntaxe de la langue et qui n'altère pas le sens du texte (par exemple, lire « Il était une fois » au lieu de « Il y avait une fois »). Une méprise inacceptable est souvent un mot qui ressemble graphiquement au mot du texte, mais qui ne respecte pas la syntaxe ou le sens du texte (par exemple, lire « Il y a des gants qui pensent » au lieu de « Il y a des gens qui pensent »).

Le terme « méprise » traduit l'idée que les erreurs ne sont pas dues au hasard ; on peut déterminer pour chacune d'elles quels sont les indices que l'élève a utilisés et ceux qu'il a laissés de côté. On a souvent tendance à imputer les méprises au manque d'attention ou à la vitesse. Si tel était le cas, la seule intervention nécessaire serait de dire aux élèves de faire attention et de lire moins vite. Ce n'est pas par paresse ou par laisser-aller qu'un lecteur lira un mot à la place d'un autre. La question à se poser est celle-ci : « Pourquoi ce mot plutôt qu'un autre ? » Le concept de « méprise » nous incite à cesser de dire que l'enfant n'a pas fait attention pour nous demander plutôt : « Sur quel indice s'appuie l'enfant pour donner un mot différent du texte ? Ou encore, quel est l'indice qu'il n'a pas utilisé ? »

Comment analyse-t-on les méprises ?

Pour évaluer une méprise, il s'agit de se poser les questions suivantes pour chacune d'elles :

1. La méprise est-elle acceptable sur le plan syntaxique ?

2. La méprise est-elle acceptable sur le plan sémantique ?

3. Le lecteur a-t-il corrigé la méprise ou tenté de le faire ?

COMMENT PEUT-ON DÉTERMINER SI UNE MÉPRISE EST ACCEPTABLE SUR LE PLAN SYNTAXIQUE ?

Pour savoir si une méprise est acceptable sur le plan syntaxique, il s'agit d'écouter la phrase en incluant la méprise et de se demander si cette phrase respecte l'esprit de la langue française. On n'a alors pas besoin de faire une étude linguistique, mais de s'attacher à la compréhension de l'enfant. Posez-vous la question : « Est-ce que cette phrase sonne français ? »

Exemples de méprises acceptables sur le plan syntaxique	Exemples de méprises inacceptables sur le plan syntaxique
vieux Il était une fois trois **vilains** brigands,	*au éclair* La nuit, **au clair** de lune, ils se tenaient cachés au bord de la route.
des avec **de** grands manteaux noirs	*courage* Et les hommes les plus **courageux**
deux et de hauts chapeaux noirs.	*prend* **prenaient** eux-mêmes la fuite.

COMMENT PEUT-ON DÉTERMINER SI UNE MÉPRISE EST ACCEPTABLE SUR LE PLAN SÉMANTIQUE?

Il s'agit d'écouter la phrase en incluant la méprise et de se demander si la phrase telle qu'elle est lue change le sens de l'histoire. La méprise peut donner lieu à une phrase qui a du sens en elle-même, mais qui modifie partiellement ou considérablement l'histoire.

Exemples de méprises acceptables sur le plan sémantique	Exemples de méprises qui changent le sens de l'histoire
passent Si des voitures **passaient**,	*brigadiers* Il était une fois trois vilains **brigands**
soufflent ils **soufflaient** du poivre.	avec de grands manteaux noirs
	deux et **de** hauts chapeaux noirs.

Les interventions devant une méprise

Durant la période d'apprentissage, les enfants font des centaines de méprises sur les mots qu'ils lisent. C'est normal. Cependant, le taux de méprises dans un texte peut occasionner le succès ou l'échec face à la compréhension de ce texte. Le jeune lecteur ne devrait pas faire plus de 5 méprises sur 100 mots dans les textes qu'il lit. Un taux plus élevé l'empêche de coordonner ses stratégies.

Voici maintenant les principes concernant l'intervention face aux méprises des jeunes lecteurs.

PREMIER PRINCIPE

Laissez la chance à l'élève de se corriger lui-même. Lorsque vous corrigez un enfant qui peut le faire seul, vous intervenez dans le développement de ses processus d'autorégulation. Incidemment, on a constaté que les enseignants interrompaient proportionnellement plus souvent les élèves en difficulté que les lecteurs habiles à la suite d'une méprise en lecture ; de plus, dans le cas des bons lecteurs, l'interruption se produit à la fin d'une unité, tandis qu'elle est faite au moment de l'erreur dans le cas des lecteurs en difficulté (Allington, 1983). Lorsque ce type d'intervention se produit de façon répétée, il a comme effet d'amener les élèves à compter sur une supervision extérieure plutôt que de les inciter à effectuer eux-mêmes la supervision de leur compréhension. Ils deviennent plus passifs et plus dépendants de l'adulte.

DEUXIÈME PRINCIPE

N'intervenez pas si le sens est respecté. L'enseignant peut être fortement tenté de réagir à toutes les méprises. On sait que le bon lecteur ne corrige pas les méprises qu'il fait lorsqu'elles n'altèrent pas le sens du texte. Si vous insistez pour que l'enfant corrige toutes ses méprises sans distinction, vous risquez de le pousser à adopter un comportement de surcorrection typique des lecteurs peu habiles. Une solution pour s'habituer à ne pas intervenir sur des détails du texte consiste à ne pas suivre dans le livre lorsque l'enfant lit : de cette façon, vos interventions ne porteront que sur les méprises qui ne respectent pas la syntaxe ou le sens. Précisons qu'il ne s'agit pas d'accepter toutes les méprises ; il s'agit plutôt de ne pas surcorriger l'enfant.

TROISIÈME PRINCIPE

Un enfant ne doit pas sentir qu'il a échoué parce qu'il a fait des méprises sur quelques mots, mais il ne doit pas pour autant se sentir satisfait s'il n'a pas compris le sens du texte. En d'autres mots, ne tenez pas compte du nombre de méprises, mais soyez absolument sans compromis en ce qui a trait à la compréhension du texte.

QUATRIÈME PRINCIPE

Les interventions doivent habituer l'enfant à faire confiance à ses connaissances sur le langage. Les interventions suivantes s'appliquent après qu'on a laissé la chance à l'enfant de corriger lui-même sa méprise :

· Si l'élève fait une méprise qui modifie le sens du texte, demandez-lui : « Est-ce que cela a du sens ? »

· S'il lit sans tenir compte de la syntaxe, demandez-lui : « Est-ce que les gens parlent comme ça ? » ou « Est-ce que ça sonne français ? »

- S'il lit en se fiant plus au décodage qu'au sens du mot et produit un mot qui n'a pas de sens (par exemple, « mon-si-eur » au lieu de « monsieur »), vous pouvez lui dire : « Est-ce un mot réel ? Trouves-tu que c'est un mot curieux ou bizarre ? »
- S'il lit en n'utilisant pas suffisamment les indices graphiques et sans vérifier ses hypothèses, amenez-le à constater visuellement la différence entre le mot écrit et le mot tel qu'il l'a lu. Il doit vérifier si les sons entendus dans le mot qu'il a prédit se retrouvent dans le mot lu. Ainsi, vous pouvez inscrire le mot tel qu'il l'a lu au-dessus du mot du texte et demander à l'enfant de comparer ces mots.

Les interventions face à un blocage

Que faire quand un élève vous demande d'identifier un mot à sa place ? Souvent, les lecteurs moins habiles attendent que quelqu'un lise les mots pour eux. Si vous répondez toujours à l'élève : « Tu devrais être capable de lire ce mot toi-même », vous pouvez miner à la longue sa confiance en lui-même ; par contre, si vous lui donnez le mot, vous encouragerez son comportement de dépendance.

La meilleure suggestion est d'encourager l'enfant à faire un essai et d'examiner alors son essai de façon critique. Par exemple, vous pouvez lui présenter l'illustration ou lui poser une question d'ouverture comme celle-ci : « Qu'est-ce que tu penses que le personnage veut faire avec… ? » L'enfant fera une prédiction et vous l'amènerez à vérifier sa prédiction. Vous aurez ainsi la chance de voir comment l'élève procède pour résoudre le problème.

Voici une série de suggestions d'interventions face à un blocage :

- Demander à l'enfant de relire le début de la phrase.
- Lui demander de continuer à lire et de revenir au mot.
- Lui demander d'identifier le mot d'après le contexte.
- Le renvoyer au même mot ou à un mot semblable dans le texte.
- Lui demander de relever des indices graphiques puis de revenir au contexte.

Ces interventions orientent l'enfant vers des stratégies qui peuvent lui être utiles dans d'autres lectures. Cependant, ne donnez pas à l'enfant un indice en dehors du texte. Par exemple, si l'enfant bute sur le mot « hamster », la stratégie consistant à lui dire qu'il connaît cet animal puisqu'il y en a un dans la classe ne lui sera d'aucun secours lorsqu'il lira un autre texte.

Signalons ici que, pour identifier un mot qui cause un problème, les jeunes lecteurs ont tendance à relire le début de la phrase plutôt que de continuer à lire. Le fait de retourner au début de la phrase libère la mémoire des méprises précédentes et aide l'enfant à se rappeler les indices du début de la phrase. Même si les lecteurs plus avancés peuvent poursuivre leur lecture pour résoudre une difficulté, la relecture du début de la phrase est un processus plus naturel pour les très jeunes lecteurs (Clay, 1991). Il est donc important de ne pas considérer ces stratégies (retourner en arrière et continuer à lire) comme étant interchangeables chez les lecteurs débutants.

CONCLUSION

Lorsque le jeune lecteur est autonome devant un texte, il lui reste à automatiser ses processus afin de lire avec aisance. Il reconnaîtra de plus en plus de mots instantanément et lira, non pas mot à mot, mais par groupes de mots. Ces processus ne s'acquerront pas de façon isolée, mais en relation avec la compréhension. Puisque la meilleure façon de développer de l'aisance en lecture est de lire régulièrement, l'enseignement en deuxième année comportera une partie importante de stimulation à la lecture personnelle.

8 L'apprenti stratège en lecture

Sommaire

INTRODUCTION

Nous avons vu dans le chapitre précédent qu'il était important que les élèves développent une lecture fluide. Cependant, si la fluidité facilite la compréhension, elle n'est pas suffisante pour l'assurer. En effet, vous rencontrerez souvent des élèves qui lisent oralement de façon tout à fait adéquate, mais qui ne comprennent pas ce qu'ils lisent. Il est donc important que les élèves de 8 à 10 ans (de troisième et quatrième année) acquièrent des stratégies de compréhension efficaces et variées. Nous avons réparti le contenu de ce chapitre en tenant compte des catégories de réponses du lecteur présentées au chapitre 1 : les réponses stratégiques (comprendre), les réponses esthétiques (réagir) et les réponses génératrices (utiliser). Les **réponses stratégiques** comprennent les composantes suivantes : gérer sa compréhension, préparer la lecture, donner du sens à des mots peu familiers, comprendre les phrases complexes, comprendre les indices de cohésion et utiliser le schéma de récit. Les **réponses esthétiques** sont constituées de l'identification avec le personnage et les **réponses génératrices** comportent les éléments suivants : comprendre les consignes ou les questions, trouver la bonne source d'information et formuler la réponse adéquatement.

Réponses stratégiques	Gérer sa compréhension Préparer la lecture Donner du sens à des mots peu familiers Comprendre les phrases complexes Comprendre les indices de cohésion Utiliser le schéma de récit
Réponses esthétiques	S'identifier avec le personnage
Réponses génératrices	Comprendre les consignes ou les questions Trouver la bonne source d'information Formuler la réponse adéquatement

GÉRER SA COMPRÉHENSION

La gestion de la compréhension est un processus complexe qui vise l'ensemble du processus de lecture ; elle s'applique depuis la préparation à la lecture jusqu'au retour sur cette dernière. Signalons que le processus de gestion est également connu sous le nom de « processus métacognitif ». Si toutes les composantes de la gestion de la compréhension sont importantes, l'une d'elles mérite une attention particulière, soit celle qui consiste pour le lecteur à vérifier s'il comprend le texte et à utiliser des stratégies de dépannage au besoin. Dans cette section sur la gestion, nous aborderons d'abord l'ensemble du processus de gestion, puis nous nous attarderons au processus de détection de la perte de compréhension.

La gestion de l'ensemble du processus

Gérer sa compréhension consiste à planifier sa lecture, à en vérifier le bon déroulement et à effectuer un retour sur cette dernière. Avant de commencer à lire, le lecteur efficace choisit une intention de lecture, détermine une façon de lire, prédit ce qui sera lu, formule des questions et des hypothèses. Au cours de la lecture, il vérifie ses hypothèses et en fait de nouvelles. Il se demande s'il comprend ; si ce n'est pas le cas, il utilise des stratégies de récupération du sens. Après la lecture, il se demande ce qu'il a compris du texte, il vérifie s'il a atteint son objectif, il réagit au texte ou utilise l'information qu'il y a trouvée. Comme vous pouvez le constater, il s'agit en fait d'une démarche de résolution de problèmes.

Pour amener les élèves à saisir l'ensemble de la démarche, vous pouvez leur proposer une série de questions qu'ils se poseront tout au long du processus de lecture (voir la figure 8.1). Soulignons qu'il ne s'agit pas d'une démarche complètement nouvelle pour les élèves puisqu'ils auront déjà été initiés, dans ses grandes lignes, à la gestion du processus de lecture en première et en deuxième année.

La gestion de la perte de compréhension

Maintenant, nous aborderons plus particulièrement les processus reliés à l'identification de la perte de compréhension et à l'utilisation de stratégies pour résoudre le problème rencontré. Nous avons vu au chapitre 6 que, même chez les lecteurs débutants, il est essentiel d'instaurer un processus d'auto-correction des méprises. Chez les lecteurs débutants, l'auto-correction agit principalement sur le plan de la phrase ou sur celui des textes courts. Avec le lecteur plus avancé, il s'agira de poursuivre l'établissement de ce mécanisme, mais avec des segments plus longs, c'est-à-dire des paragraphes et des textes entiers, et de proposer des moyens plus variés de réagir à la perte de compréhension.

Pour développer la capacité des élèves de gérer leur compréhension du texte, vous devez avoir en tête les composantes d'un comportement de gestion de la compréhension, à savoir :

1. Détecter la perte de compréhension et identifier le type de problème.
2. Évaluer l'importance du problème.
3. Choisir la stratégie qui convient pour récupérer le sens du texte et vérifier son efficacité.

FIGURE 8.1
Questions pour la gestion de la compréhension

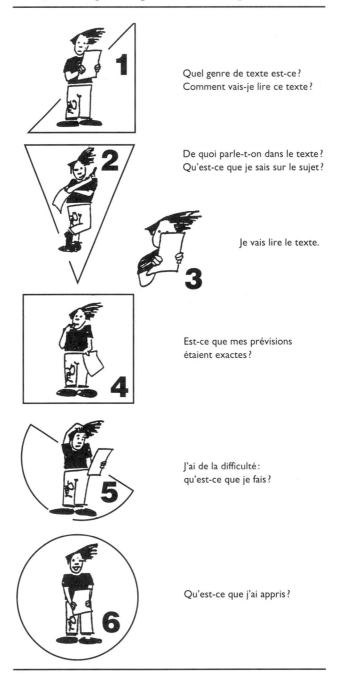

Quel genre de texte est-ce?
Comment vais-je lire ce texte?

De quoi parle-t-on dans le texte?
Qu'est-ce que je sais sur le sujet?

Je vais lire le texte.

Est-ce que mes prévisions
étaient exactes?

J'ai de la difficulté:
qu'est-ce que je fais?

Qu'est-ce que j'ai appris?

Adapté de Sliepen et Reitsma (1993). Traduction de l'auteure.

DÉTECTER LA PERTE DE COMPRÉHENSION

Il faut d'abord que le lecteur apprenne à déterminer s'il comprend ou non. En effet, il est indispensable que le lecteur constate que quelque chose ne va pas pour qu'il choisisse d'utiliser une stratégie de dépannage.

Comment savons-nous si nous comprenons ou non ? Nous appliquons plus ou moins consciemment des critères d'évaluation. On peut regrouper ces critères en quatre catégories : (1) la compréhension des mots (du vocabulaire) ; (2) la cohérence interne du texte (la logique des idées dans le texte) ; (3) la cohérence externe du texte (le lien entre le texte et la réalité) et (4) la complétude de l'information.

Ces critères ont été transformés en questions à présenter aux élèves afin de les sensibiliser à la façon de détecter une perte de compréhension (Baker, 1991) :

1. Y a-t-il des mots que je ne comprends pas ?

2. Y a-t-il des idées qui ne vont pas bien ensemble, parce que :

    a) je ne comprends pas de qui ou de quoi on parle ?

    b) je ne vois pas le rapport entre les idées ?

    c) je pense que les idées se contredisent ?

3. Y a-t-il des informations qui conviennent mal à ce que je sais déjà ?

4. Y a-t-il des informations qui manquent ou qui ne sont pas expliquées clairement ?

Dans un premier temps, on peut clarifier le travail pour les élèves en répartissant les critères en deux catégories : « J'ai de la difficulté à comprendre un mot » et « J'ai de la difficulté à comprendre l'idée ». Certains élèves ne se fient qu'au critère des mots pour évaluer leur compréhension : ils pensent qu'ils ont compris le paragraphe parce qu'ils en ont compris tous les mots (Garner, 1992). Il est important d'amener les élèves à se rendre compte que les problèmes peuvent concerner également la compréhension des idées du texte, c'est-à-dire ce que l'auteur veut dire.

Lorsque cette première distinction est nette pour les élèves, vous pouvez présenter l'ensemble des critères. Pour ce faire, vous pourrez profiter des difficultés rencontrées par les élèves dans les textes ou encore, à l'occasion, vous pourrez, sous forme de jeu, modifier des phrases d'un texte et demander aux élèves s'ils ont compris le sens de ces phrases. Ces modifications correspondront aux quatre critères mentionnés plus haut : (1) le lexique (la phrase contenant un mot sans signification) ; (2) la cohérence interne (la phrase contenant une affirmation illogique par rapport au texte) ; (3) la cohérence externe (la phrase contenant une affirmation fausse en elle-même) ; (4) la complétude de l'information (un texte dont certaines informations essentielles sont manquantes).

Vous amènerez les élèves à vérifier s'ils comprennent ou non les phrases et à dire pourquoi.

ÉVALUER L'IMPORTANCE DE LA PERTE DE COMPRÉHENSION

Un lecteur habile peut être conscient d'une certaine perte de compréhension et décider que ce n'est pas la peine de s'engager dans la recherche d'une solution. Cela se produit souvent lorsque nous rencontrons dans un texte un mot inconnu qui ne nous empêche pas de comprendre le sens du texte. Par contre, le sens précis d'un mot peut être indispensable dans un autre texte et nous ferons alors la démarche nécessaire pour le trouver. Il faut donc que les élèves apprennent à évaluer la gravité de la perte de compréhension en fonction du but poursuivi au moment de la lecture. Pour ce faire, la meilleure façon de procéder sera de leur expliciter comment vous procédez vous-même pour déterminer l'importance d'une perte de compréhension ; vous discuterez ensuite avec les élèves de leur propre évaluation face à un problème particulier.

CHOISIR LA STRATÉGIE QUI CONVIENT POUR RÉCUPÉRER LE SENS

Les élèves de 8 à 10 ans maîtrisent en général les stratégies de dépannage familières aux lecteurs débutants (par exemple, identifier un mot qu'ils connaissent à l'oral mais qu'ils n'ont jamais rencontré à l'écrit). Ils doivent maintenant apprendre à résoudre d'autres types de problèmes et à élargir leurs stratégies de récupération du sens. N'oublions pas cependant qu'apprendre à résoudre la perte de compréhension est un processus qui fera l'objet d'une attention constante jusqu'à la fin du primaire.

Pour amener les élèves à identifier les stratégies de dépannage possibles, vous pouvez lire un texte à voix haute et expliciter à mesure ce qui se passe dans votre tête pendant que vous gérez votre compréhension. Par exemple, vous pouvez dire : « Je ne connais pas ce mot, mais, d'après le reste de la phrase, je pense qu'il veut dire... », « Je ne comprends pas bien le sens de cette phrase, mais peut-être qu'en lisant le reste du paragraphe, je comprendrai mieux... », « Je ne suis pas certain de la séquence des événements dans l'histoire, je devrais peut-être essayer de les visualiser mentalement », « C'est une histoire compliquée, j'ai besoin de résumer ce qui s'est passé jusqu'à présent dans l'histoire avant de continuer ».

Vous demanderez ensuite aux élèves de nommer les stratégies que vous avez utilisées. Acceptez les formulations qui viennent des élèves et écrivez-les au tableau. Vous pouvez, avec les élèves, classer les stratégies en deux catégories : d'un côté, celles qui sont utiles lorsque la perte de sens concerne le mot et, de l'autre côté, celles qui visent la compréhension d'une idée.

Par exemple, pour le mot, on trouvera des stratégies comme lire ce qui entoure le mot-problème, utiliser les indices morphologiques, se servir du dictionnaire et demander de l'aide à quelqu'un. Pour les problèmes sur le plan de l'idée, on trouvera, notamment, continuer à lire, revenir sur sa lecture, revenir au titre, regarder les illustrations, utiliser la ponctuation, se poser des questions, redire le texte dans ses mots, se faire une image mentale et enfin demander de l'aide à quelqu'un lorsqu'on en a besoin.

On révisera cette liste au fur et à mesure que des stratégies seront précisées ou ajoutées, jusqu'à ce que la classe soit satisfaite de sa banque de stratégies de base. Le tableau des stratégies sera personnalisé dans chaque classe.

PRÉPARER LA LECTURE

Avant de lire un texte, le lecteur efficace se prépare de différentes façons : il active ses connaissances, il se pose des questions, il fait des prédictions, il se fixe une intention de lecture. Pour ce faire, il utilise trois sources d'informations : (1) sa connaissance des types de textes (avant d'ouvrir un dictionnaire, il saura quel genre de texte il y trouvera ; avant de commencer la lecture d'un roman policier, il saura à quel type d'intrigue s'attendre) ; (2) ses propres connaissances sur le thème traité ; (3) des indices fournis par le texte lui-même, comme les sous-titres ou les graphiques.

Les élèves de 8 à 10 ans sont déjà sensibilisés à l'importance de se fixer une intention de lecture, d'activer leurs connaissances et d'utiliser le titre et les illustrations. L'objectif de l'enseignant, à ce stade-ci, sera d'élargir leur connaissance des indices à utiliser et de favoriser chez eux une plus grande autonomie dans les stratégies de préparation à la lecture.

Le survol ou l'utilisation des indices du texte

Le lecteur efficace utilise plusieurs indices du texte pour se préparer à lire : le titre, les sous-titres, l'introduction, les illustrations, les graphiques, les tableaux, les mots en caractères gras, etc. À l'aide de ces indices, le lecteur prédit le contenu et l'organisation du texte. C'est ce qu'on appelle le « survol ».

Le choix des indices privilégiés durant le survol dépendra du type de texte à lire. En général, dans les textes narratifs, les deux principaux indices sont le titre et les illustrations, alors que, dans les textes informatifs, les auteurs font beaucoup plus usage des sous-titres et des graphiques. Chez les élèves de 8 à 10 ans, on insistera en particulier sur l'utilisation des sous-titres. Il faut sensibiliser les élèves au fait que les sous-titres peuvent leur être utiles pour plusieurs raisons (Grant, 1993) :

· Ils organisent l'information d'un texte.

· Ils motivent le lecteur à lire le texte, surtout lorsque celui-ci est long et difficile.

· Ils fournissent des indices pour se souvenir de l'information.

· Ils aident à localiser l'information pour répondre aux questions.

Vous pouvez donner une démonstration de l'utilisation des sous-titres en prenant un texte que les élèves ont à lire. Lisez les sous-titres à voix haute et inscrivez-les au tableau, évoquez vos connaissances à propos de chacun d'eux, puis expliquez comment ces sous-titres sont reliés et comment ils peuvent nous donner une idée de l'organisation du texte.

L'activation des connaissances et la prédiction

Depuis la maternelle, l'élève a vécu des situations dans lesquelles il a été amené à activer ses connaissances avant la lecture d'un texte. Il aura également eu l'occasion de faire, à l'aide du titre et des illustrations, des hypothèses et des prédictions sur ce qu'il croyait trouver dans un texte. L'élève apprendra maintenant à devenir plus autonome dans l'utilisation de cette stratégie. On insistera auprès de lui sur le fait que le cycle complet de la prédiction comprend en fait quatre phases : choisir des indices, prédire, lire et vérifier (Spears et Gambrell, 1991).

Pour illustrer le cycle de prédiction-vérification, prenez une grande feuille que vous diviserez en deux : d'un côté, écrivez vos prédictions et, de l'autre, écrivez la raison pour laquelle vous faites telle ou telle prédiction. Demandez ensuite aux élèves de proposer leurs propres prédictions. Au cours de la lecture, vous direz quelles prédictions se sont confirmées et, avec la participation des élèves, vous en préciserez ou en éliminerez d'autres.

Vous pouvez faire faire l'activité de façon individuelle aux élèves en leur demandant de remplir une feuille du même format (voir la figure 8.2). Il ne faut pas oublier que cette activité n'est qu'une façon de faciliter le passage à la prédiction autonome et qu'elle ne doit pas devenir un exercice stérile utilisé de façon répétitive (Glazer, 1992).

DONNER DU SENS AUX MOTS PEU FAMILIERS

Les textes pour les lecteurs débutants contiennent habituellement un vocabulaire familier aux élèves ; c'est pourquoi, durant leurs premières années du primaire, les élèves connaissent le sens de la plupart des mots qu'ils rencontrent. En troisième et quatrième année, ils doivent maintenant apprendre à trouver le sens des mots qu'ils savent lire sans difficulté mais dont ils ignorent la signification. Il est primordial que les élèves acquièrent

FIGURE 8.2
Activité de prédiction

Mes idées avant la lecture

Nom _____

Date _____

Livre _____

Mes prédictions	Pourquoi j'ai fait ces prédictions
Je pense que le livre parlera d'une fille pauvre.	Parce que, sur l'image, elle porte une robe usée.
Je prédis qu'elle deviendra riche.	Parce que, plus loin dans le livre, elle porte une belle robe.
Je prédis qu'elle est une princesse.	Parce qu'il y a une princesse dans le livre.
Je prédis que je vais aimer l'histoire.	Je ne sais pas pourquoi!

Adapté de Glazer (1992). Traduction de l'auteure.

des stratégies pour faire face à ce problème puisqu'ils rencontreront toute leur vie des mots dont ils ne connaîtront pas le sens ou des mots à sens multiples. Très souvent, les élèves s'imaginent que la seule façon de trouver le sens d'un mot nouveau consiste à le chercher dans le dictionnaire ou à demander de l'aide à quelqu'un. Ils ne sont pas conscients que d'autres éléments peuvent leur donner des indications pertinentes sur le sens de mots moins familiers. Les élèves mettront à contribution et combineront plusieurs habiletés afin d'adopter des stratégies devant un mot nouveau ou peu familier.

Afin d'analyser votre propre façon de procéder pour dégager le sens d'un mot nouveau, faites l'activité qui suit :

> Lisez la phrase et définissez le mot « calendaire ».
>
>> Les Celtes comptaient leurs « jours » d'un soleil à l'autre. Leur cycle calendaire s'appuyait sur celui des saisons.
>
> Quels indices avez-vous utilisés pour donner un sens au mot « calendaire » ?

Le mot « calendaire » n'est pas fréquent à l'oral et il est même absent de certains dictionnaires. Cependant, vous avez probablement réussi à attribuer un sens à ce mot. Pour ce faire, vous vous êtes servi de la morphologie du mot, c'est-à-dire de la racine « calend- » qui vous est déjà familière à cause du mot « calendrier » ; vous avez également tiré profit du sens de la phrase.

On peut donc distinguer deux grandes catégories d'indices pour trouver le sens de mots peu familiers : la morphologie du mot (le radical, les affixes) et l'utilisation du contexte. Nous analyserons ces deux types d'indices séparément, puis nous présenterons une façon de les intégrer.

Analyser le mot ou utiliser sa morphologie

Pour attribuer un sens à des mots nouveaux, il est très utile parfois de recourir à la morphologie, c'est-à-dire de se servir des renseignements qui proviennent du radical du mot, des préfixes et des suffixes.

Il ne sera pas nécessaire avec les jeunes élèves d'aborder tous les préfixes et suffixes ; on insistera sur les plus courants (par exemple, « re », « dé », « inter », « trans », « contr »). Cependant, il y aura inévitablement des moments où les élèves vous demanderont la signification de certains préfixes ou suffixes qu'ils auront rencontrés dans leurs lectures personnelles. C'est pourquoi vous vous devez d'élargir vos propres connaissances des suffixes et préfixes.

Pour vérifier vos connaissances, prenez le temps de faire l'activité suivante :

Quel sens donnez-vous aux préfixes et suffixes présentés ci-dessous ?			
Préfixes	Signification	Suffixes	Signification
ortho		pédie	
péda		nomie	
morpho		logie	
macro		graphie	
méta		thérapie	

Avez-vous réussi à donner le sens de tous les préfixes et suffixes ? Si ce n'est pas le cas, complétez vos connaissances à l'aide du dictionnaire et portez attention à ces affixes au cours de la lecture de ce livre : ces préfixes et suffixes apparaissent tous dans un chapitre ou l'autre.

Vous pouvez favoriser de façon concrète, chez vos élèves, l'acquisition des connaissances sur le sens de certains radicaux et affixes d'origine grecque ou latine. Il ne faudra toutefois pas oublier de rappeler aux élèves que ces connaissances ne sont utiles que si on s'en sert pour trouver le sens d'un mot nouveau dans un texte. La méthode qui suit a comme objectif de rendre les élèves actifs durant l'acquisition de ces connaissances (Peterson et Phelps, 1991).

La première étape consistera à préparer le matériel nécessaire à l'activité :

1. Identifier le radical à apprendre (par exemple, « audi »).

2. Associer une illustration au radical (par exemple, un lapin).

3. Créer un slogan pour illustrer le dessin (par exemple, Audi, les grandes oreilles).

4. Préparer une version sur transparent et un format réduit (sans le slogan) pour les élèves (voir la figure 8.3).

Présentez le transparent aux élèves en discutant du lien entre le slogan et l'image et encouragez-les à utiliser leurs connaissances pour prédire le

FIGURE 8.3
Slogan pour le radical « audi »

Audi, les grandes oreilles

sens du radical, comme dans l'exemple suivant : « Voici Audi. Comme vous voyez, Audi a de grandes oreilles. Pouvez-vous deviner ce que "Audi" veut dire ? » Vous écrivez ensuite au tableau des mots contenant le radical audi : audible, auditoire, auditorium. Vous inciterez ensuite les élèves à se servir de cette nouvelle connaissance : « Quand vous voyez "audi" dans un mot, pensez à "Audi les grandes oreilles". »

Les élèves écrivent alors le slogan sous leur dessin. Vous présentez ensuite d'autres slogans, comme « Scriptus, l'écrivain » (le dessin d'une personne qui écrit peut être associé à *script*, le mot latin signifiant « écrire »). Vous pouvez aussi demander aux élèves d'inventer d'autres slogans qu'ils présenteront à la classe.

Utiliser le contexte

Pour inciter les élèves à se servir du contexte, on a souvent tendance à leur dire simplement : « Utilisez les autres mots du texte. » Mais bien des élèves ne savent pas ce que l'on entend par « utiliser les autres mots du texte » et ils ont besoin d'un enseignement plus explicite à ce sujet. La meilleure façon de procéder consiste à profiter de la lecture d'un texte pour mettre en évidence les indices du contexte qui peuvent être utiles. Ces indices sont très variés et ils peuvent demander plus ou moins d'habileté de la part du lecteur. Nous présentons ici quelques indices accessibles aux lecteurs du primaire (pour une description plus détaillée des différents indices tirés du contexte, voir Giasson et Thériault, 1983) :

1. Les indices syntaxiques. Ils sont fort utiles pour les mots à sens multiples. Ils permettent de distinguer, par exemple, le mot « tremble » dans les deux phrases suivantes : « Il tremble comme une feuille », « Les feuilles du tremble frissonnent au moindre souffle ».

2. Les indices sémantiques. Le sens même de la phrase donne une indication sur le sens du mot (par exemple, pour le mot « martinet » : Le martinet vole la nuit »).

3. Les définitions données par le contexte. Elles peuvent être annoncées par des expressions comme « qui est », « ou », « c'est-à-dire », « on dit que » (par exemple : « Ses griffes rentrent dans ses pattes. On dit qu'elles sont rétractiles »). Elles peuvent être identifiées également par des virgules ou des parenthèses (par exemple : « Le dromadaire, ce chameau à une bosse, vit dans le désert »).

4. Les exemples (« Jean était un garçon très égoïste. Par exemple, il ne voulait jamais que ses camarades jouent avec ses jouets ou regardent ses livres »).

Même si le contexte est reconnu comme une source d'acquisition de mots nouveaux, il faut admettre que son utilité varie sensiblement d'un mot à l'autre. On peut, en fait, identifier quatre types de contextes : (1) le contexte explicite, qui indique clairement le sens du mot nouveau ; (2) le contexte général, qui permet d'attribuer un sens global au mot ; (3) le contexte vague, qui ne donne aucune indication sur la signification du mot ; (4) enfin, le contexte trompeur, qui oriente le lecteur vers une fausse conception du mot. Il faut donc sensibiliser les élèves au fait que le contexte constitue un outil utile, mais non magique, pour trouver le sens d'un mot ; c'est pourquoi il est important de le combiner avec d'autres moyens.

Intégrer les indices

Pour que les élèves développent l'habileté à donner du sens à des mots peu familiers, il est essentiel que vous fassiez la démonstration de votre propre façon de combiner les différents indices pour trouver le sens de mots nouveaux. Outre les deux grandes catégories d'indices que nous avons vues (la morphologie et le contexte), le lecteur utilise les connaissances antérieures qu'il possède sur le sens du mot et la connaissance implicite qu'il a du fonctionnement de la langue (par exemple, le fait de savoir que tel mot devrait être un nom, un verbe ou un adverbe).

Concrètement, vous amènerez les élèves à comprendre que, pour trouver le sens d'un mot nouveau, ils doivent (voir la figure 8.4) :

1. Regarder « à l'intérieur du mot » :

    a) utiliser la structure du mot, que ce soit le préfixe, le radical ou le suffixe ;

    b) vérifier leur propre connaissance du mot s'il y a lieu (ce qu'ils savent déjà du mot).

2. Regarder « autour du mot » :

    a) examiner la phrase ou l'expression dans laquelle se trouve le mot nouveau ;

    b) observer l'atmosphère générale de la partie du texte où le mot apparaît.

Expliquez aux élèves le but de la stratégie. Démontrez-leur ensuite comment ils feront pour combiner les informations tirées des deux étapes précédentes pour arriver à formuler une hypothèse. Pour ce faire, vous choisirez un texte contenant un mot dont les élèves ne connaissent pas le sens et vous leur expliquerez comment vous procédez vous-même pour découvrir le sens de ce mot nouveau. Au début, il s'agit de choisir un contexte raisonnablement informatif de façon que les élèves réussissent assez bien à imaginer le sens du mot nouveau. Puis vous passerez graduellement à des contextes moins riches, puisque c'est le type de contextes qu'on trouve le plus fréquemment dans les lectures personnelles. Il est important que les élèves comprennent qu'il s'agit d'une démarche stratégique et non d'une recette : les étapes peuvent être suivies dans un ordre différent. L'essentiel est d'essayer activement de trouver un sens au mot nouveau.

FIGURE 8.4
Donner du sens à des mots peu familiers

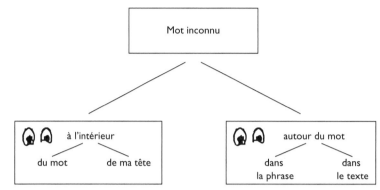

Incitez les élèves à utiliser la stratégie de façon autonome dans différents contextes (dans les manuels des autres matières scolaires, dans leurs lectures personnelles, etc.). Périodiquement, vous demanderez à un élève de lire à haute voix, dans son livre de bibliothèque, un paragraphe dans lequel il a rencontré un mot nouveau et de démontrer aux autres élèves comment il a combiné les indices pour en trouver le sens.

UTILISEZ LE DICTIONNAIRE DE FAÇON STRATÉGIQUE

Comme nous l'avons dit précédemment, la morphologie et le contexte ne sont pas toujours suffisants pour trouver le sens d'un mot ; le recours au dictionnaire peut parfois être indiqué. Les enseignants ont cependant tendance à renvoyer les élèves au dictionnaire dès qu'apparaît un mot nouveau dans un texte. Le dictionnaire demeure, certes, une source externe utile pour compléter l'apport du contexte dans les lectures personnelles. Toutefois, il est important que les élèves apprennent à l'utiliser de façon stratégique, c'est-à-dire à reconnaître à quel moment son utilisation est pertinente et à quel moment il est préférable de recourir à d'autres sources (Beck et McKeown, 1991).

COMPRENDRE LES PHRASES PLUS COMPLEXES

Dès leur entrée à l'école, les enfants connaissent la plupart des structures syntaxiques utilisées à l'oral. Cependant, il arrive que les textes contiennent des structures plus difficiles : ce sont d'habitude des structures utilisées plus fréquemment à l'écrit qu'à l'oral ; ce sont également des structures qui constituent des exceptions par rapport à l'ordre habituel des mots dans la phrase. Par exemple, les phrases à la voix passive et les phrases contenant des propositions relatives, enchâssées entre le sujet et le verbe, sont plus difficiles à comprendre parce qu'elles violent un principe de base qui pourrait se formuler comme suit : le nom placé avant le verbe est habituellement le sujet de la phrase. Prenons la phrase suivante : « La sorcière qui courait après le garçon s'empara de la boîte. » Bien des enfants au début du primaire répondront « le garçon » si on leur demande qui s'empara de la boîte. C'est non seulement l'ordre des mots qui cause un problème ici, mais aussi leur nature. Une phrase comme « Le garçon qui cassa la vitre s'enfuit » ne crée pas de problème, car le mot placé devant le verbe, ici, ne peut faire l'action (Maria, 1990).

Votre première réaction sera peut-être de penser qu'il faut choisir des textes qui ne contiennent pas de structures inhabituelles. Il faut, bien sûr, éviter les textes qui présentent à l'excès des structures peu familières ; cependant, si les élèves ne sont jamais placés devant des structures plus complexes, ils ne les apprendront pas. Par exemple, si, sous prétexte que la voix passive est plus difficile, vous ne présentez aux jeunes lecteurs que des textes à la voix active, vous ne leur permettrez pas de développer des compétences à lire des textes plus avancés.

Vous devez connaître les structures qui peuvent causer des problèmes aux élèves, afin de les identifier et d'en faciliter la compréhension au cours des lectures de groupe. Il ne s'agira pas de faire des exercices systématiques sur des phrases isolées, mais plutôt de profiter de la rencontre de ces phrases dans des textes vus en classe pour aider les élèves à devenir autonomes face à ce type de phrases lors de lectures personnelles. Par exemple, lorsque les élèves trouvent une phrase longue et complexe dans un texte, vous pouvez les aider à repérer l'information principale (le groupe du nom-sujet et le groupe du verbe), puis à déplacer ou à mettre entre parenthèses un mot ou un groupe de mots pour mieux cerner l'information principale.

Maintenant, nous aborderons plus particulièrement deux types de structures qui peuvent causer des difficultés de compréhension aux jeunes lecteurs, d'une part, le style direct et le style indirect et, d'autre part, le langage figuratif.

Le style direct et le style indirect

Les élèves doivent prendre conscience des conventions du style direct et du style indirect dans les textes. Le style direct se révèle par les guillemets, le point d'interrogation, le changement de ligne à chaque nouveau personnage. Quant au style indirect, il comprend le passage du présent au passé, du pronom à la première ou à la deuxième personne au pronom à la troisième personne.

Profitant du fait que les élèves ont à lire un texte qui présente à la fois le style direct et le style indirect, vous pouvez attirer leur attention sur les différences entre les deux styles, mais toujours dans le but de comprendre l'histoire qui est lue. Vous écrirez quelques phrases au tableau en faisant ressortir visuellement les différences (voir la figure 8.5).

FIGURE 8.5
Différences entre le style direct et le style indirect

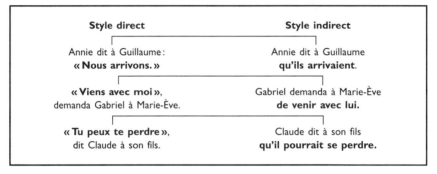

Une autre façon de faire comprendre aux élèves les différences entre le style direct et le style indirect consiste à leur présenter un dialogue et à leur demander de transformer ce dialogue en un texte suivi. Puis, vous demanderez aux élèves ce qu'ils ont dû faire pour effectuer ces transformations et vous écrirez au tableau la liste des modifications. Ces activités prépareront également les élèves à utiliser ces variantes dans les textes qu'ils rédigeront eux-mêmes.

Le langage figuratif

Pour aider les élèves à comprendre le langage figuratif (les comparaisons et les métaphores), il importe d'abord d'en connaître le fonctionnement. Le langage figuratif implique une comparaison entre un élément littéral appelé « sujet » et un élément figuratif appelé « véhicule » ; ce qu'il y a de commun dans le sujet et le véhicule constitue le « terrain ». Une métaphore (« le soldat est un lion ») est plus difficile à comprendre qu'une comparaison (« le soldat est brave comme un lion ») parce que, dans le premier cas, l'élément commun doit être déduit. Quant aux éléments différents entre le sujet et le véhicule, on y fait référence sous le nom de « tension ». C'est la tension qui donne au langage figuratif sa fraîcheur et son attrait (Maria, 1990).

Il ne s'agira pas d'utiliser cette terminologie avec les élèves ; elle vous servira, comme enseignant, à identifier les connaissances nécessaires pour aborder une métaphore ou une comparaison. La règle générale sera de vous assurer que les élèves possèdent des connaissances sur les deux membres de la figure (le sujet et le véhicule) et que ces connaissances incluent l'élément commun (le terrain). L'enseignement ne consistera pas à leur faire traduire l'expression au sens littéral, mais à examiner avec eux le vocabulaire utilisé dans la métaphore ou la comparaison. Pour concrétiser l'importance des connaissances préalables dans la compréhension des métaphores et des comparaisons, faites l'activité qui suit :

Lisez la phrase suivante et essayez de donner un sens à la figure utilisée :

Nous avons dû nous débarrasser de notre chat : il marchait sur nos meubles comme un guépard.

La phrase est difficile à comprendre pour la plupart d'entre nous parce que, même si nous croyons connaître le sens du mot « guépard », notre schéma du guépard ne comprend pas l'élément commun (le terrain) de la comparaison. Nous pensons à un guépard comme à un félin assez gros et qui se déplace vite. Cependant, le fait qu'il se déplace vite n'est pas le problème ici. Pour comprendre la phrase, il faut savoir que le guépard ne peut rétracter ses griffes ; par conséquent, s'il marche sur un meuble, il risque de l'égratigner (Maria, 1990).

N'oubliez pas non plus que, dans l'enseignement du langage figuratif, il faut toujours tenir compte du contexte. Ce dernier permet de décider si la phrase sera interprétée au sens littéral ou au sens figuré.

COMPRENDRE LES INDICES DE COHÉSION

L'auteur utilise habituellement des indices comme des répétitions, des pronoms, des connecteurs pour établir les liens entre les phrases. Ce sont ces liens qui assurent, en partie du moins, la cohésion du texte. Il est donc important d'aider les élèves à identifier et à comprendre les indices de cohésion (Spiegel, 1992 ; Zinar, 1990). Dans cette section, nous présenterons ces indices sous deux volets : les mots de relation et les mots de substitution.

Les mots de relation

Les mots de relation ou les connecteurs servent à relier des propositions ou des phrases. Certains connecteurs sont fréquents, comme « et », « mais », « cependant », « alors », tandis que d'autres, comme « néanmoins » ou « par ailleurs », se rencontrent moins souvent dans les textes pour enfants. Si certains connecteurs sont facilement compris par les élèves, plusieurs situations par contre peuvent leur causer des problèmes. Pensons à une phrase comme : « Jean est revenu de l'école après Marie. » Plusieurs jeunes lecteurs penseront que Jean est revenu le premier, car il est mentionné avant Marie dans la phrase. Bref, étant donné que ces mots de relation sont importants pour le sens de la phrase, l'élève doit en apprendre graduellement le sens.

LA CLASSIFICATION DES MOTS DE RELATION

Les mots de relation peuvent être classés selon le type de relation qu'ils sous-tendent. Parmi les principaux, mentionnons ceux qui marquent :

- la disjonction (« ou », etc.) ;
- l'exclusion (« sauf », « excepté que », etc.) ;
- le temps (« avant », « lorsque », etc.) ;
- le lieu (« devant », « au-dessus de », etc.) ;
- la cause (« parce que », « en raison de », etc.) ;
- la comparaison (« comme », « ainsi que », etc.) ;
- le contraste (« contrairement à », etc.) ;
- l'opposition (« malgré », « bien que », etc.) ;
- la concession (« bien que », etc.) ;
- la conséquence (« de manière à », « à tel point que », etc.) ;
- le but (« pour », « afin que », etc.) ;
- la condition (« si », « à moins que », etc.) ;
- la manière (« comme », etc.).

Les mots de relation peuvent être explicites ou implicites. Par exemple, la formulation « Jean a mal au ventre **parce qu'**il a mangé trop de pommes vertes » utilise un connecteur explicite alors que la formulation « Jean a mal au ventre. Il a mangé trop de pommes vertes » fait appel à une relation implicite.

Les relations implicites sont plus difficiles à comprendre par les élèves que les connecteurs explicites. Pour inférer un mot de relation, le lecteur doit consacrer une partie de son énergie cognitive. On a souvent tendance, lors de la préparation de textes de lecture, à raccourcir la longueur des phrases pour les lecteurs plus jeunes. Il est vrai que, de façon générale, les phrases courtes sont plus faciles à lire que les phrases longues. Cependant, si on raccourcit la phrase au détriment des connecteurs, tout l'avantage des phrases courtes disparaît. En effet, il est plus difficile pour le lecteur de comprendre deux phrases courtes sans connecteur qu'une phrase plus longue comportant un connecteur explicite.

L'ENSEIGNEMENT DES MOTS DE RELATION

Comme il existe de nombreux mots de relation dans la langue, il est préférable de se concentrer sur ceux qui font problème plutôt que de songer à les enseigner systématiquement. On peut utiliser des procédés de *closure* pour identifier les mots de relation que les élèves ne maîtrisent pas : il s'agit de présenter un texte dans lequel on remplace les mots de relation par des espaces ; la tâche consiste pour les élèves à combler les espaces. Vous pourrez ainsi voir quels sont les mots de relation qui sont connus des élèves et ceux qui présentent des difficultés.

Cependant, l'enseignement le plus réaliste est celui qui consiste à enseigner les mots de relation à mesure qu'on les rencontre dans les textes. Il s'agit alors d'attirer l'attention des élèves sur ces mots, de poser des questions sur les éléments qui sont reliés par le connecteur et de modeler à voix haute la façon dont les connecteurs donnent du sens à la phrase ou au texte. Assurez-vous au départ que les élèves comprennent bien l'importance des mots de relation. Certains élèves ont besoin qu'on les convainque que ces petits mots qui n'ont pas l'air sophistiqués (« et », « ou », « ne », « si », etc.) jouent un rôle dans la compréhension. Vous aurez donc à susciter chez les élèves la prise de conscience que certains problèmes de compréhension peuvent découler des mots de relation mal compris.

Ajoutons que la compréhension des mots de relation repose sur des facteurs comme le vocabulaire et le contexte autant que sur la connaissance des mots de relation eux-mêmes. Un élève peut comprendre un mot de relation, mais ne pas comprendre une phrase qui utilise ce mot de relation. Si vous voulez illustrer un mot de relation particulier que les élèves ne maîtrisent pas, assurez-vous de choisir un texte qui ne présente que des contenus familiers.

Les mots de substitution

Dans un texte, l'auteur ne répète pas un mot à l'infini ; pour désigner la même personne, le même objet ou le même événement, il aura plutôt recours à un mot de remplacement que l'on nommera dans ce chapitre « mot de substitution ». Signalons qu'on nomme également « anaphore » ce mot de remplacement, tandis que le mot d'origine est appelé « antécédent » ou « référent ». Le processus de remplacement permet à la fois d'éviter les redondances et de faire des liens entre les parties du texte.

LA CLASSIFICATION DES MOTS DE SUBSTITUTION

Les mots de substitution peuvent appartenir à différentes catégories, dont les suivantes :

· les pronoms personnels (« Marie… elle » ; « Alice et Catherine… elles ») ;

· les pronoms relatifs (« Pierre… qui ») ;

· les pronoms démonstratifs (« Jean… celui-ci ») ;

· les adverbes de temps (« Elle a fait… avant ») ;

· les adverbes de lieu (« En Russie… là-bas ») ;

· les synonymes (« petite fille… fillette ») ;

· les périphrases (« Jean… celui qu'elle aime ») ;

· les termes génériques («un chien... l'animal») ;

· l'indéfini et le défini («Un lion.... le lion»).

On ajoutera à cette liste les ellipses qui ne sont pas des remplacements à proprement parler, mais qui jouent le même rôle (par exemple : «Tu aimes les framboises. Moi aussi» [j'aime les framboises]).

Dans certains cas, l'antécédent et le mot de substitution sont dans des phrases qui se suivent. Dans d'autres cas, au moins une phrase sépare l'antécédent du mot de substitution ; ce dernier type de relation est plus difficile à établir par les jeunes élèves. Une autre situation problématique se produit lorsque le référent fait partie du titre et que le texte commence par un mot de substitution. Prenons l'exemple d'un texte dont le titre est « Le ruisseau » et qui commence par : «Il court dans la prairie, il gambade.» Dans cet exemple, la plupart des jeunes élèves ne trouveront pas spontanément à quoi renvoie le pronom «il» au début du texte.

L'antécédent apparaît habituellement avant le mot qui le remplace, mais dans certains cas l'antécédent ne vient qu'après ce dernier. L'exemple suivant illustre une relation dans laquelle l'antécédent vient après le mot qui le remplace : «**Il** est arrivé dans le village à la brunante, un soir d'automne. C'était la première fois que **Théodore**, le vieux mendiant, se rendait aussi loin dans sa tournée.» Ce type de relation peut causer des problèmes de compréhension aux élèves inexpérimentés.

LES MOTS DE SUBSTITUTION ET L'HABILETÉ EN LECTURE

Des recherches ont montré l'existence d'une relation entre la connaissance des indices de cohésion à l'écrit et la compréhension du texte, mais il faut préciser que les relations anaphoriques interagissent avec d'autres variables pour influencer la compréhension (Berkemeyer, 1991 ; Speaker et autres, 1990). De façon générale, les élèves habiles en lecture comprennent mieux les mots de substitution que les lecteurs faibles. «Lorsqu'ils traitent les pronoms, les mauvais compreneurs utilisent de manière défectueuse les indices syntaxiques de genre et de nombre. En outre, ils assimilent le sens d'un mot à celui de son usage dominant. Chez ces enfants, deux stratégies apparaissent fréquemment : une stratégie de distance minimale qui consiste à considérer comme antécédent le nom situé dans le syntagme nominal le plus proche de la reprise et la stratégie de dominance du personnage principal : le personnage principal est identifié comme étant l'antécédent de la reprise de la grande majorité des pronoms» (Rémond, 1993, p. 144).

L'ENSEIGNEMENT DES MOTS DE SUBSTITUTION

Comme nous l'avons mentionné précédemment au sujet de l'enseignement des mots de relation, l'enseignement des mots de substitution ne se fera pas par des exercices isolés, mais par l'exploitation de ces mots dans des textes que les élèves ont à lire. Voici quelques suggestions d'interventions pédagogiques :

· Posez des questions qui demandent aux élèves de relier le mot de substitution à l'antécédent. Si les élèves ne peuvent répondre, précisez comment vous procédez vous-même.

· Demandez aux élèves de transformer une histoire portant sur un garçon en une histoire portant sur une fille (ils seront amenés à changer les pronoms).

· Demandez à l'occasion aux élèves de représenter graphiquement leur texte sous forme de « sentier » en utilisant des flèches ou autres signes pour indiquer les liens entre les idées (Pagé et autres, 1991). Commencez par effectuer une démonstration, puis faites travailler les élèves en équipe pour que chacun voie comment les autres font leur « sentier » (voir la figure 8.6).

FIGURE 8.6
**« Sentier » indiquant les liens entre le référent
et le mot de substitution**

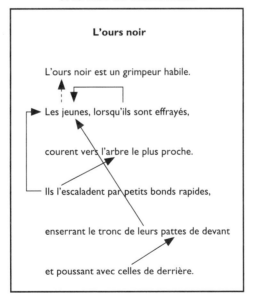

Ministère des Terres et Forêts, Centre d'interprétation de la nature de Duchesnay, 1976.

Bref, dans l'enseignement des mots de substitution, vous devez être attentif aux situations dans lesquelles : (1) plusieurs mots de substitution se trouvent dans la même phrase ; (2) une distance importante sépare le référent du mot de substitution ; (3) le mot de substitution concerne une portion substantielle du texte. Il ne faut pas oublier, cependant, que plusieurs facteurs peuvent intervenir dans la compréhension des mots de substitution, entre autres le type de texte et les connaissances préalables.

UTILISER LE SCHÉMA DE RÉCIT

Le lecteur efficace utilise sa connaissance de la structure du récit pour prédire ce qui se passera dans l'histoire, pour en déterminer les éléments importants. Cette connaissance du récit est intuitive chez la plupart des lecteurs; elle apparaît dès le préscolaire, mais elle évolue vers des formes plus sophistiquées. On remarque incidemment un développement marqué de celle-ci entre l'âge de 9 et 12 ans.

Étant donné que les chercheurs ont démontré l'existence d'une relation entre la connaissance du schéma de récit et la compréhension, on s'est demandé s'il était possible d'enseigner le schéma de récit aux élèves pour améliorer leur compréhension. L'ensemble des recherches indique que l'enseignement peut effectivement améliorer la connaissance du schéma de récit, ce qui, en retour, améliore la compréhension et le rappel du récit chez les élèves du primaire (Fitzgerald, 1992; Gordon, 1990; Leaman, 1993).

Les principes d'intervention

Vous pouvez favoriser l'utilisation du schéma de récit chez les élèves en les sensibilisant aux catégories du récit. Ces catégories ont été présentées en détail au chapitre 4. En gardant en tête les éléments qui sont privilégiés dans ce schéma, vous expliquerez aux élèves que la plupart des histoires tournent autour d'un personnage qui essaie de résoudre un problème ou d'atteindre un but. Vous pourrez ensuite encourager les élèves à traiter eux-mêmes les histoires de cette façon.

Une démarche d'initiation au schéma de récit

La démarche que nous présentons ici peut être adoptée même avec de plus jeunes lecteurs (Baumann et Bergeron, 1993). Pour cette activité, vous aurez besoin d'un récit classique et d'une carte de récit qui comprend la description de chacune des catégories (voir la figure 8.7):

1. Vous pouvez faire appel à une analogie pour présenter la carte de récit. Il s'agit de comparer la carte de récit à une carte routière: cette dernière guide un voyageur d'un endroit à l'autre, de la même façon qu'une carte de récit guide un lecteur du début à la fin d'une histoire.

2. Vous expliquerez aux élèves que la carte de récit les aidera à mieux comprendre, retenir et apprécier les histoires.

3. Puis, vous remplirez la carte de récit en expliquant les composantes du récit. Il est à noter que, pour les utilisations ultérieures, la carte de récit ne comprendra que des mots clés ; la définition des catégories ne sera plus écrite. Tout en lisant l'histoire, vous expliquerez comment on détermine le « qui », le « où » et le « quand » du récit. Vous inviterez ensuite les élèves à identifier avec vous les autres parties du récit (le problème, la solution, etc.).

4. Enfin, vous expliquerez aux élèves qu'on se sert de la carte de récit pour des histoires et non pour des textes informatifs. Vous les inciterez à l'utiliser lorsqu'ils lisent eux-mêmes une histoire, et particulièrement quand ils ont de la difficulté à la comprendre.

FIGURE 8.7
Carte de récit

QUI ?

Les personnes ou les animaux les plus importants de l'histoire.

OÙ ?

L'endroit où l'histoire se passe.

QUAND ?

Le moment où l'histoire se passe.

QUEL EST LE PROBLÈME ?

Le problème rencontré par le personnage.

CE QUI EST ARRIVÉ ?

Ce que fait le personnage pour essayer de régler le problème.

QUELLE EST LA SOLUTION ?

Comment le problème a été réglé.

Adapté de Baumann et Bergeron (1993). Traduction de l'auteure.

Les questions sur le récit

Les questions posées après la lecture d'une histoire peuvent également sensibiliser les élèves au schéma de récit. Pour ce faire, il faut que les questions forment un tout, qu'elles récapitulent la progression logique de l'histoire. Le fait d'utiliser le schéma de récit comme grille pour poser des questions sur le récit amène les élèves à porter attention aux éléments importants de l'histoire et favorise ainsi le rappel.

Concrètement, on commence par poser des questions sur le lieu et le temps de l'histoire ; si ces éléments ne sont pas importants dans l'histoire que les élèves ont lue, on y passera outre. On poursuivra en posant des questions sur le personnage principal, puis sur le problème soulevé dans le récit et sur sa résolution.

1. Où et quand les événements ont-il eu lieu et qui était en cause ?
2. Quel événement a fait démarrer l'histoire ?
3. Quelle a été la réaction du personnage principal à cet événement ?
4. Qu'a fait le personnage principal en réaction à… ?
5. Quel a été le résultat de l'action du personnage principal ?

Les cadres de récit

Une autre façon de sensibiliser les élèves au schéma de récit consiste à leur présenter un cadre de récit. L'objectif du cadre de récit est de fournir aux élèves une structure leur permettant de se concentrer sur les éléments importants du récit et sur leur enchaînement. Ainsi, après la lecture d'un récit par les élèves, on leur proposera un cadre qui, une fois rempli, reflétera l'essentiel du récit. Ce cadre est constitué d'un ensemble de mots clés reliés par des espaces à remplir. Ce type de cadre de récit pourrait être qualifié de « macro-*closure* ». L'élève doit combler les espaces, non pas par un seul mot comme dans la technique de *closure* classique, mais par une idée. La figure 8.8 présente un cadre de base qui devrait idéalement correspondre à l'ensemble des récits. Ce cadre peut être modifié au besoin.

Signalons que, pour certains enfants, l'organisation du cadre peut être contraignante, car les espaces ne correspondent pas, quant à la longueur, à ce qu'ils ont à dire. Vous pouvez alors suggérer aux élèves de recopier le cadre à mesure qu'ils y ajouteront leurs informations. Vous pouvez également les encourager à modifier des mots du cadre au besoin.

Les histoires trouées

L'activité qui consiste à demander aux élèves comment ils entrevoient la fin d'une histoire est connue de tous les enseignants, mais cette activité prendra une allure nouvelle si vous demandez aux élèves de prédire tour à tour chacune des catégories du récit.

Pour ce faire, divisez la classe eh cinq groupes et remettez à chaque groupe une copie de la même histoire sur laquelle vous aurez remplacé une catégorie du récit par un tiret : la catégorie remplacée est différente

FIGURE 8.8
Cadre de récit avec mots clés

Titre _____

L'histoire se passe _____ .

_____ est un personnage qui _____

_____ . Un problème survient

lorsque _____ . Après cela,

_____ . Ensuite,

_____ . Le problème est réglé lorsque

_____

_____ .

À la fin, _____ .

pour chaque groupe. Dans le texte du premier groupe, il manque la situation initiale, dans celui du deuxième, il manque l'élément déclencheur, dans celui du troisième, la tentative, dans celui du quatrième, la résolution du problème, et dans celui du dernier, la fin ou la morale de l'histoire. Les équipes doivent combler la partie manquante dans leur texte. Puis, chaque équipe lit sa partie oralement. Enregistrez le tout et écouter l'enregistrement : cela donnera une toute nouvelle histoire. Lisez ensuite l'histoire originale et animez une discussion sur les ressemblances et les différences existant entre l'histoire générée par le groupe et l'histoire originale.

Les limites du schéma de récit

Le schéma de récit convient bien aux histoires simples, mais il est plus difficile à utiliser lorsque l'histoire devient complexe. De plus, il faut prendre garde de ne pas recourir au schéma de récit comme à une fin en soi, c'est-à-dire de ne pas se limiter à demander aux élèves de classer les parties du récit ; il faut plutôt rendre ceux-ci conscients que ces connaissances permettent de comprendre et d'écrire des récits.

Enfin, il ne faut pas oublier non plus que le schéma de récit ne constitue qu'un aspect de l'enseignement relié au récit. Il sera pertinent de compléter le schéma de récit par des questions qui clarifient les relations entre les personnages ainsi que leur état intime : les raisons de leurs sentiments et de leurs actions.

RÉAGIR AUX TEXTES LITTÉRAIRES

Dans les sections précédentes, nous nous sommes attardés à l'acquisition de stratégies de compréhension du texte. Ces stratégies constituent une partie importante de tout programme de lecture, mais elles doivent être complétées par d'autres interventions, notamment celles qui permettront aux élèves de réagir aux textes littéraires.

Les élèves de 8 à 10 ans ont déjà été incités à réagir aux textes narratifs. Leur développement cognitif leur permet maintenant de sortir plus facilement de leur point de vue pour se placer dans la perspective d'un personnage. Les activités qui suivent sont précisément orientées vers l'identification du lecteur avec les personnages des récits.

Les questions portant sur les personnages

Avant la lecture du texte, vous pouvez dire aux élèves : « À mesure que nous allons lire l'histoire aujourd'hui, je voudrais que vous pensiez à la façon dont vous vous sentiriez si vous étiez à la place du personnage. Qu'est-ce que vous feriez dans la même situation ? »

Après la lecture, vous pouvez poser des questions comme celles-ci :

1. Comment le personnage se sent-il durant (nommer un événement) ?

2. Comment vous seriez-vous senti à la place du personnage dans l'histoire ?

3. Qu'auriez-vous fait si vous aviez été à la place du personnage ?

4. Avez-vous déjà connu, ou rencontré dans une lecture, un personnage comme celui de l'histoire ? En quoi se ressemblent-ils ? Avez-vous vécu vous-même (ou connu quelqu'un qui a vécu) des expériences semblables à celles des personnages de l'histoire ? Lesquelles ? En quoi étaient-elles semblables ?

5. De quelle partie de l'histoire allez-vous vous souvenir le plus longtemps ? Qu'est-ce qui va réellement rester dans votre esprit ?

Le portrait d'un personnage

Pour encourager les élèves à établir des liens entre les personnages des histoires et leur propre vie, vous pouvez leur demander de remplir une fiche concernant leur personnage comme celle présentée à la figure 8.9.

FIGURE 8.9
Activité d'identification avec un personnage

Décris ton personnage

	beaucoup	un peu	pas du tout
Coche ce qui décrit le mieux ton personnage :			
_____ est comme moi.	☐	☐	☐
_____ est comme mon meilleur ami.	☐	☐	☐
_____ est comme l'élève le plus populaire de la classe.	☐	☐	☐
Écris ta propre comparaison :			
_____ est comme _____ .	☐	☐	☐

Pour te ressembler davantage, de quelle façon ton personnage devrait-il changer ?

_____

Si tu voulais ressembler plus à ton personnage, comment devrais-tu changer ?

_____

Adapté de Eisele (1991). Traduction de l'auteure.

La rencontre des personnages

Demandez aux élèves de dessiner un personnage de leur choix et de rédiger sa fiche d'identité : son nom, son âge, le lieu où il vit, ses caractéristiques, etc. Les élèves se regroupent en équipes de quatre ; chaque élève épingle sur lui le dessin qu'il a fait de son personnage. Les élèves parlent de lui en s'exprimant à la première personne et les autres élèves peuvent poser des questions pour obtenir des précisions sur le personnage et son histoire (Tran, 1992). Une variante de cette activité serait que les personnages répondent à la question suivante : « Pensez-vous que votre problème est pire que celui des autres personnages ? Pourquoi ? »

« J'aime... Je n'aime pas... »

Les élèves écrivent une liste de cinq choses qu'ils aiment faire et de cinq choses qu'ils n'aiment pas faire. Puis ils se placent dans la peau d'un personnage pour répondre aux mêmes questions. Demandez ensuite aux élèves s'ils considèrent qu'ils sont différents de leur personnage ou semblables à lui.

L'interview

Un élève tient le rôle d'un interviewer et quelques élèves jouent des personnages : chacun peut s'habiller comme le personnage qu'il représente. L'interviewer pose des questions comme celles-ci :

- « Quelle est votre plus grande qualité ? »
- « Quel est votre plus grave défaut ? »
- « Si vous pouviez réaliser un désir, que serait-il ? »

RÉPONDRE À LA CONSIGNE OU À LA QUESTION

Outre les réponses stratégiques et les réponses affectives au texte, l'élève doit apprendre à utiliser l'information contenue dans un texte pour répondre à un objectif (les réponses génératrices). Chez les enfants de 8 à 10 ans, on insistera particulièrement sur l'habileté à comprendre le sens d'une consigne ou d'une question et sur la démarche à adopter pour répondre à des questions.

La première intervention consistera, par le biais d'une discussion de groupe, à faire prendre conscience aux élèves que la réponse à une consigne ou à une question comporte trois étapes. Une affiche représentant celles-ci peut être placée au mur de la classe lors de cette première discussion :

1. Comprendre la consigne ou la question.
2. Trouver la bonne source d'information.
3. Formuler la réponse adéquatement.

Comprendre la consigne ou la question

Afin d'amener les élèves à analyser adéquatement une question, vous aurez avantage à travailler avec eux divers éléments comme les différents types de questions, les termes interrogatifs et les mots clés.

AMENER LES ÉLÈVES À COMPRENDRE QU'IL EXISTE DIFFÉRENTS TYPES DE QUESTIONS

Les questions se présentent sous différentes formes à l'école. Il peut s'agir, par exemple, de cases à cocher, d'espaces à remplir, de mots ou de phrases à relier, de phrases à compléter. Les élèves doivent apprendre quel est le genre de réponse attendu en regard du type de question posé.

AMENER LES ÉLÈVES À IDENTIFIER LES MOTS CLÉS

En premier lieu, on peut faire prendre conscience aux élèves qu'il existe des indices importants pour la compréhension d'une question, comme le terme interrogatif (« qui », « quand », « comment », « pourquoi »), les marques de pluriel (« nommez **deux** animaux », « identifiez **les** légumes qui… »). On peut suggérer aux élèves d'encadrer ces mots ou d'utiliser un surligneur afin de les mettre en relief (plutôt que de les souligner).

En deuxième lieu, il s'agit d'amener les élèves à « dégager les éléments-clés de la question en procédant à un découpage logique. En effet, contrairement à d'autres énoncés, on ne peut évacuer d'une question que peu ou pas de mots. Il s'agit plutôt de sérier de façon pertinente des groupes de mots » (Bentolila et autres, 1991, p. 137). Vous pouvez également inviter les élèves à reformuler les questions dans leurs mots.

Voici une variante : présentez aux élèves des questions dans lesquelles les termes interrogatifs sont manquants. Faites travailler les élèves en équipes pour trouver ces mots.

Trouver la bonne source d'information

Les élèves doivent également apprendre à trouver une réponse adéquate à la question posée. Globalement, il s'agit d'amener les élèves à se rendre compte que l'information cherchée n'est pas toujours écrite telle quelle dans une phrase du texte (Graham et Wong, 1993 ; Thériault, 1993).

Vous pouvez proposer aux élèves la classification suivante en ce qui concerne les sources d'information : « la réponse est dans le texte » et « la réponse est dans ma tête ». La réponse dans le texte est ensuite subdivisée en deux catégories : « dans une phrase » et « dans plusieurs phrases ». Enfin, la réponse provenant de la tête du lecteur est à son tour présentée en deux catégories : « à l'aide d'indices » et « dans ma tête seulement » (voir la figure 8.10).

Vous pouvez initier les élèves à la classification en élaborant les deux premières catégories de réponses, soit celles qui se trouvent dans le texte et celles qui proviennent de la tête du lecteur (Raphael, 1986). Pour amener les élèves à établir plus facilement cette distinction, écrivez au tableau un court texte, comme celui-ci :

> Pierre a placé un pot de jus d'orange sur la table. Il est retourné à la cuisine. Il est revenu ensuite avec de la confiture de fraises et du beurre. Puis il a apporté des tranches de pain grillé.

FIGURE 8.10
Sources d'information pour une question sur le texte

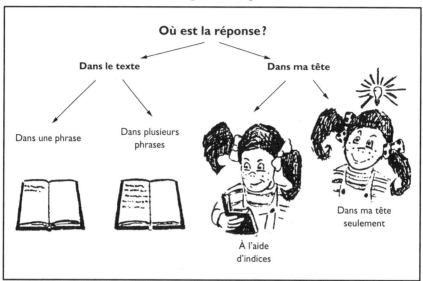

Posez ensuite cette question aux élèves : « Qui a apporté un pot de jus d'orange sur la table ? » Les élèves n'auront aucune difficulté à trouver la réponse à cette question. Invitez alors un élève à venir au tableau indiquer du doigt l'endroit où la réponse est écrite dans le texte.

Demandez aux élèves : « De quel repas s'agit-il dans le texte ? » La réponse à cette deuxième question ne devrait pas non plus poser des difficultés aux élèves. Ces derniers répondront probablement « le petit déjeuner ». Demandez de nouveau à un élève de venir indiquer dans le texte l'endroit où il a trouvé la réponse. Les élèves comprendront alors que la réponse n'est pas écrite dans le texte.

Profitez de cette occasion pour faire réfléchir les élèves sur la démarche qu'ils ont effectuée afin de trouver leur réponse en leur demandant comment ils savent que la réponse est « le petit déjeuner ». Ils diront probablement que le jus d'orange, la confiture et le pain grillé sont des aliments qu'ils ont l'habitude de manger au petit déjeuner. Expliquez-leur alors : « Vous avez utilisé une bonne source d'information pour trouver la réponse, c'est-à-dire votre expérience. Parfois, quand vous cherchez une réponse à une question, il est utile de penser à l'information que vous avez dans la tête. »

Une fois cette première distinction établie entre les réponses qui se trouvent dans le texte et celles qui proviennent de la tête du lecteur, il s'agit de préciser davantage chacune des catégories. La catégorie « réponse dans le texte » peut être divisée en deux sous-catégories :

1. « La réponse se trouve dans une seule phrase du texte. »

2. « La réponse est dans le texte, mais il faut la chercher dans plusieurs phrases. »

Pour sensibiliser les élèves à la distinction entre ces deux sous-catégories, vous pouvez revenir sur le texte présenté précédemment et demander aux élèves de nommer tout ce que Pierre a apporté sur la table pour le repas. Les élèves répondront qu'il a apporté du jus d'orange, du beurre, de la confiture de fraises, du pain grillé. Le dialogue entre vous et les élèves pourra ensuite ressembler à celui-ci :

L'ENSEIGNANT : Avez-vous trouvé toute l'information dans la même phrase ?

LES ÉLÈVES : Non.

L'ENSEIGNANT : Où l'avez-vous trouvée ?

L'ÉLÈVE 1 : Au début du texte.

L'ÉLÈVE 2 : À la fin du texte.

L'ÉLÈVE 3 : Dans tout le texte.

L'ENSEIGNANT : C'est exact. L'information se trouve à plusieurs endroits dans le texte. Pour donner une réponse complète, vous avez dû rassembler plusieurs éléments. Parfois, on peut trouver la réponse à la question dans une seule phrase, mais souvent on a besoin de chercher les éléments dans plusieurs phrases et de rassembler ainsi l'information pour obtenir une réponse complète.

Une fois la distinction établie entre les sous-catégories « dans une phrase » et « dans plusieurs phrases », il reste à préciser la catégorie « réponse dans ta tête ». Celle-ci peut également être divisée en deux sous-catégories :

1. « À l'aide d'indices. Combiner ce que tu sais et ce que l'auteur dit. »

2. « Dans ta tête seulement. Utiliser tes propres connaissances. »

Pour distinguer ces deux sous-catégories, il s'agit de se demander : « A-t-on besoin de lire le texte pour répondre à la question ? » Par exemple, pour répondre à la question « De quel repas s'agit-il dans le texte ? », il faut comprendre le texte et utiliser ses propres connaissances. Par contre, pour répondre à une question comme « Quel repas prend-on le matin ? », seules nos connaissances sont nécessaires.

Il ne faudra pas s'attendre à ce que les élèves acquièrent ces stratégies en une seule leçon. Il faudra revenir souvent sur la façon de procéder et surtout les inciter à adopter la démarche dans toutes les situations de lecture (en maths, en sciences, etc.).

Formuler la réponse adéquatement

La plupart des problèmes de formulation d'une réponse à une question sur un texte proviennent de la difficulté des élèves à décider de ce qui constitue une information nécessaire et suffisante pour l'obtention de la réponse. Parfois, la réponse sera incomplète, parfois, au contraire, elle contiendra plusieurs informations non pertinentes (McCormick, 1992).

Pour formuler adéquatement une réponse, l'élève doit apprendre à comparer la réponse aux éléments clés de la question afin de s'assurer de son exactitude. Il doit vérifier si l'information est pertinente et complète compte tenu de la tâche à effectuer. Incitez les élèves à vérifier la formulation de leur réponse durant le travail d'équipe : un membre de l'équipe lit oralement à la fois la question et la réponse donnée pendant que l'autre membre écoute et évalue la pertinence de la formulation par rapport à la question posée.

CONCLUSION

L'élève de 8 à 10 ans s'initie à plusieurs stratégies de lecture indispensables à la compréhension des textes. Il apprend à mieux gérer sa compréhension, à donner du sens aux mots inconnus, à utiliser les mots de relation et de substitution, à se servir du schéma de récit, à employer des stratégies pour accomplir des tâches de lecture. Ces stratégies continueront évidemment à se développer chez le lecteur plus avancé.

9 Le lecteur qui utilise des stratégies de lecture

Sommaire

INTRODUCTION

L'élève de 10 à 12 ans continue à se développer comme lecteur ; il maîtrise de mieux en mieux certaines stratégies et il est prêt à en découvrir de nouvelles qui l'orienteront vers une compréhension **fine** du texte. Parmi les stratégies que nous présentons dans ce chapitre, certaines pourront être amorcées avec des lecteurs plus jeunes, mais elles feront l'objet d'une attention plus grande chez les élèves de la fin du primaire. Les compétences à développer sont réparties selon les trois catégories de réponses du lecteur : les réponses stratégiques, génératrices et esthétiques. Les réponses stratégiques comprennent l'identification des idées principales, le résumé, l'utilisation de la structure des textes informatifs et des textes narratifs. Les réponses génératrices appliquées aux textes informatifs concernent l'ensemble des habiletés reliées à la recherche documentaire, alors que les réponses génératrices appliquées aux textes littéraires portent sur l'intertextualité et l'analyse de certaines caractéristiques des textes. Quant aux réponses esthétiques, nous vous renvoyons au chapitre précédent puisqu'il s'agira de poursuivre le même type d'activités qu'avec les lecteurs du milieu du primaire.

Réponses stratégiques	Identification des idées importantes Résumé Utilisation de la structure du texte
Réponses génératrices (textes courants)	Réalisation d'une recherche documentaire
Réponses génératrices (textes littéraires)	Intertextualité

IDENTIFIER LES INFORMATIONS IMPORTANTES D'UN TEXTE

Le lecteur qui utilise des stratégies de lecture sait s'attarder aux informations centrales ou importantes dans un texte ; cette habileté se développe petit à petit et on pourrait dire qu'elle n'est jamais maîtrisée complètement, car le lecteur adulte rencontre régulièrement des textes qui lui posent des problèmes particuliers pour ce qui est des idées importantes. Vous n'attendrez pas la fin du primaire pour commencer à attirer l'attention des élèves sur les idées importantes d'un texte. Cette habileté évoluera au cours du primaire, mais vers la cinquième et la sixième année, vous amènerez les élèves à développer des habiletés plus complexes.

L'information est importante pour le lecteur ou pour l'auteur?

Si vous avez déjà fait l'expérience de demander à des élèves du primaire ce qu'ils avaient trouvé de plus important dans le texte qu'ils venaient de lire, vous avez probablement eu la surprise de constater que souvent les réponses des élèves ne concordaient pas du tout avec votre prédiction. Une enseignante raconte qu'après avoir fait lire la biographie de Lincoln à ses élèves, elle leur a demandé quelles étaient les informations les plus importantes qu'ils avaient retenues. Elle s'attendait à ce que les élèves disent que Lincoln avait été président des États-Unis, mais ils ont répondu : «Lincoln était très grand» (Wade et Adams, 1990).

Plusieurs études rapportent que les jeunes lecteurs et les lecteurs moins habiles éprouvent de la difficulté à identifier l'information que l'auteur considère comme étant importante dans un texte. En fait, ce n'est pas que les lecteurs faibles ou plus jeunes manquent de sensibilité à l'égard de l'importance des informations, c'est plutôt qu'ils ont une conception différente de ce qu'est l'information importante. Ils estiment importante une idée qui les intéresse personnellement et non pas ce que l'auteur a lui-même marqué comme étant central ou essentiel.

Les élèves doivent apprendre que l'auteur signale les informations importantes en utilisant des marqueurs de surface. Les principaux types de marqueurs sont les suivants :

1. Les indices graphiques (la grosseur des lettres, les caractères gras ou italiques, le soulignement, la marge, l'encadrement, etc.).

2. Les indices lexicaux, soit les mots ou expressions qui sont :

    a) des indicateurs de l'importance de l'information («Il est important de comprendre que...») ;

    b) des indicateurs du thème («Le sujet, le thème est...») ;

    c) des mots de résumé («bref», «en résumé», «en d'autres termes», etc.) ;

    d) des conclusions («Nous concluons que...», «La conclusion est...») ;

    e) des connecteurs («ainsi», «donc», «alors», etc.) ;

    f) des signaux de superstructure («Notre hypothèse est...», «le résultat fut que...»).

3. Les indices sémantiques (l'introduction, les paraphrases, les répétitions, etc.).

On ne s'attendra pas à ce que les élèves maîtrisent tous ces indices au primaire, mais on les sensibilisera graduellement à leur importance.

Diverses conceptions de l'idée principale

Le concept d'« idée principale » ou d'« information importante » est un concept qui doit être cerné davantage. Comment définissez-vous personnellement l'idée principale ? Avez-vous l'impression que votre définition concorde avec celle de vos collègues ? Faites la petite expérience suivante avant de poursuivre la lecture du chapitre :

Lisez le paragraphe ci-dessous et écrivez quelle serait, d'après vous, l'idée principale de ce texte :

Les dents de lait tombent pour laisser la place à des dents plus grandes et plus fortes. Chacun de nous a deux séries de dents. À l'âge de six mois, environ, les premières dents commencent à pointer à travers les gencives. Ce sont les dents de lait ; on en a vingt et elles sont toutes petites. Ces dents de lait ne grandissent pas beaucoup après avoir percé, mais le reste du corps grandit. Au bout de quelques années, les dents de lait sont devenues trop petites par rapport à la mâchoire, mais à l'intérieur de celle-ci des dents plus grosses ont commencé à se développer. Une à une, ces grosses dents ont fini par pousser les dents de lait qui sont tombées pour leur laisser la place. Cette seconde série de dents constitue la dentition permanente.

L'idée principale : _____

_____

En réponse à cette question, de futurs enseignants et des enseignants en exercice ont donné des réponses très variées :

· les dents ;

· l'évolution de la dentition humaine ;

· le passage des dents de lait aux dents permanentes ;

· les dents de lait qui tombent pour laisser la place à des dents plus grandes et plus fortes ;

· les dents de lait qui tombent car en grandissant elles deviennent trop petites par rapport à la mâchoire et c'est le moment où les dents permanentes commencent à apparaître ;

· la croissance des dents de lait, suivie de leur chute, suivie de la croissance des dents permanentes ;

· le développement des dents de lait, comme d'autres processus d'ailleurs, en tant que processus graduel chez l'individu.

Vous êtes peut-être étonné de la diversité des réponses données par une clientèle qui est relativement homogène. Plusieurs recherches ont confirmé ce genre de résultats (Cunningham et Moore, 1986). Ainsi, dans une étude québécoise, on a demandé à des élèves de sixième année, à des élèves du secondaire, à de futurs enseignants et à des enseignants en exercice de trouver l'idée principale de courts textes. Les résultats ont montré que les réponses pouvaient se classer en huit catégories, autant chez les enseignants que chez les élèves (Bastard, 1991).

La notion d'«idée principale» n'est donc pas perçue de façon homogène, mais vous vous demandez peut-être: «Au fait, quelle est la bonne réponse à l'exercice que nous venons de faire? Quelle était la **vraie** idée principale?» C'est à cette question que nous répondrons maintenant.

Les types d'idées principales

Existe-t-il un seul et unique type d'idée principale qui soit valable? Non. Il existe plusieurs façons d'identifier l'information importante d'un texte. Tout dépendra de la directive donnée ou de l'usage auquel le lecteur destine l'information. Précisons cependant que certaines formes d'idées principales sont plus complexes que d'autres et se développeront plus tard chez les élèves. Nous verrons maintenant les principales formes d'idées principales, soit le mot clé, le sujet, l'idée principale explicite, l'idée principale implicite et la généralisation ou l'interprétation (voir la figure 9.1).

FIGURE 9.1
Différentes facettes de l'idée principale

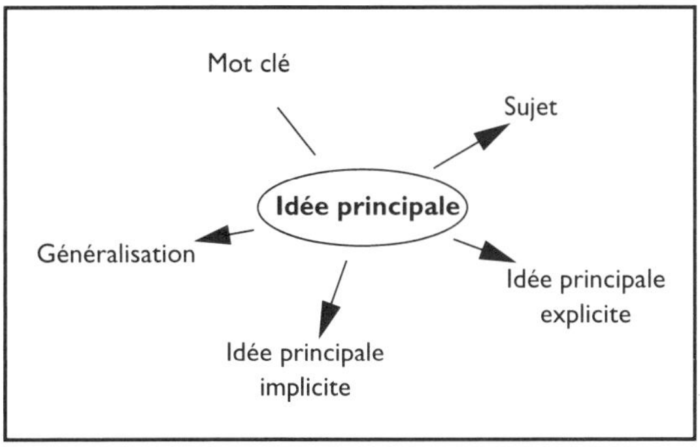

Le mot clé.   Il s'agit du mot le plus important du texte (par exemple, «les dents»).

Le sujet.   Habituellement, le sujet peut être résumé par une expression. Il répond à la question: «De quoi parle ce paragraphe, ou de quoi traite cet article?» (par exemple, l'évolution de la dentition).

L'idée principale explicite.   L'idée principale explicite est une phrase du texte qui résume l'information importante du paragraphe ; c'est l'information la plus importante que l'auteur a fournie pour expliciter le sujet. Elle est généralement développée dans une seule phrase, mais elle peut parfois se trouver dans deux phrases adjacentes (par exemple, « Les dents de lait tombent pour laisser la place à des dents plus grandes et plus fortes »).

L'idée principale implicite.   Lorsque l'auteur n'a pas exprimé une idée principale explicite, le lecteur doit en produire une. Celle-ci répondra à la question : « Quelle est la chose la plus importante que l'auteur veut nous dire dans son texte ? »

La généralisation ou l'interprétation.   Cette dernière catégorie est constituée de réponses qui portent sur des idées importantes, mais qui correspondent à un deuxième niveau d'analyse : le lecteur porte un jugement sur l'idée principale (par exemple, « Le développement des dents de lait, comme d'autres processus d'ailleurs, est un processus graduel chez l'individu »).

L'enseignement de l'idée principale

Précisons d'abord que plusieurs auteurs suggèrent de limiter l'utilisation de la notion d'« idée principale » au texte informatif. Dans un récit, en effet, il n'y a pas une seule idée principale ; il y a certes des informations importantes, mais elles concernent toutes les catégories du récit. On nomme souvent injustement « idée principale » le thème ou la morale d'un récit. Par contre, dans un texte informatif, la notion d'« idée principale » référera à un concept, un principe, une généralisation.

LA SÉQUENCE D'ENSEIGNEMENT

Nous avons dit précédemment que certaines formes d'idées principales étaient plus complexes et plus longues à maîtriser ; on peut par conséquent penser à une certaine séquence dans l'enseignement de cette notion. On propose habituellement la progression suivante :

1. Enseigner à identifier le sujet du texte.

2. Enseigner à identifier les idées principales explicites (au début puis à la fin des paragraphes).

3. Enseigner à construire une idée principale implicite (dans de courts paragraphes, puis dans des sections du texte).

L'ENSEIGNEMENT DU SUJET

Le sujet est la forme d'idée principale la plus simple (après le mot clé) et elle peut être accessible aux élèves du début du primaire. Les trois principes suivants peuvent vous guider dans l'enseignement du sujet :

1. Les élèves doivent apprendre que le sujet est différent de l'idée principale parce que l'emploi des deux termes de façon interchangeable peut créer de la confusion sur le plan cognitif.

2. Les élèves doivent apprendre ce qu'est un sujet avant d'apprendre ce qu'est une idée principale parce qu'ils acquièrent la compétence cognitive pour identifier un sujet avant celle requise pour identifier une idée principale.

3. Les élèves doivent apprendre à identifier le sujet avant d'identifier l'idée principale dans un texte parce qu'ordinairement le sujet est introduit plus tôt dans le texte que l'idée principale.

L'ENSEIGNEMENT DE L'IDÉE PRINCIPALE EXPLICITE

Pour apprendre aux élèves à identifier l'idée principale d'un paragraphe, il s'agit de leur expliquer d'abord que, s'il y a une idée principale explicite dans un paragraphe, elle est habituellement localisée au début du texte. De nombreuses recherches ont démontré que, lorsque l'idée principale est présentée au début du texte, les élèves réussissent plus facilement à l'identifier (Hare et autres, 1989). Il faut cependant aussi sensibiliser les élèves au fait que la phrase contenant l'idée principale explicite est parfois placée à la fin du paragraphe (ou ailleurs).

Pour illustrer la façon de sélectionner l'idée principale, prenez un texte qui comprend une idée principale explicite. Pour chaque phrase qui ne renferme pas l'idée principale du paragraphe, expliquez aux élèves pourquoi le contenu de cette phrase n'est pas justement l'idée principale du paragraphe. Par exemple, avec un texte sur les différents services que nous rendent les animaux, vous pouvez dire aux élèves : « La phrase 2 ne peut résumer l'idée principale du paragraphe parce qu'elle ne mentionne qu'un des services que nous rendent les animaux. Seule la phrase 4 nous parle du paragraphe en entier, à savoir que les animaux nous rendent différents services. »

L'ENSEIGNEMENT DE L'IDÉE PRINCIPALE IMPLICITE

Comme l'idée principale n'est pas toujours formulée de manière explicite, les élèves doivent apprendre à construire une idée principale implicite. Il s'agit d'un apprentissage difficile ; les recherches ont clairement montré que l'habileté à construire une idée principale est plus longue à acquérir que l'habileté à sélectionner l'idée principale (Afflerbach et Walker, 1992).

La démarche n'est pas linéaire. Au contraire, le lecteur procède par hypothèses et vérifications d'hypothèses. Il n'y aura donc pas une seule bonne réponse possible (voir la figure 9.2). Il faut rappeler à l'élève son rôle actif dans l'élaboration d'une idée principale implicite.

FIGURE 9.2
Élaboration de l'idée principale

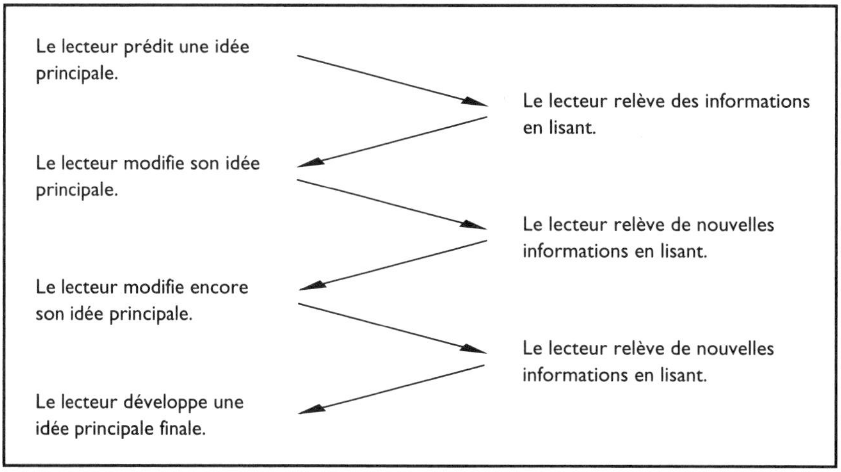

Adapté de Hennings (1992). Traduction de l'auteure.

Il est important, ici, de dialoguer avec les élèves pour les aider à justifier leurs affirmations et à détecter les erreurs liées à un raisonnement fautif ou à des connaissances limitées ou erronées. Vous devrez être ouvert à une variété de réponses de la part des élèves et, surtout, vous devrez être à l'écoute des raisonnements qui sous-tendent leurs interprétations.

RÉSUMER UN TEXTE

L'habileté à résumer l'information est une habileté essentielle chez le lecteur adulte ; elle se développe au cours du primaire, mais elle continuera à faire l'objet d'un enseignement au secondaire et même au-delà. Les enseignants de tous les niveaux se plaignent du fait que les élèves ne savent pas résumer un texte. Ils relèvent en particulier la prépondérance de la stratégie « copier-éliminer » : pour résumer, les élèves copient de larges extraits, puis éliminent certaines parties. Curieusement, on s'attend à ce que les élèves puissent résumer un texte tiré d'une encyclopédie pour rédiger un travail de recherche, mais on consacre très peu de temps à enseigner la manière de résumer.

La plupart des élèves à la fin du primaire n'ont pas reçu un enseignement particulier concernant le résumé. Au secondaire et au postsecondaire, les programmes semblent sous-entendre que l'habileté à résumer est déjà acquise.

Le résumé du récit et le résumé du texte informatif

Il faut sensibiliser les élèves au fait qu'ils ne liront pas les textes narratifs et les textes informatifs de la même façon lorsqu'ils devront en faire un résumé. Par exemple, dans un texte narratif, le lecteur attendra d'avoir une bonne idée du caractère des personnages, de leur motivation et de la situation dans laquelle ils se trouvent avant de tirer une conclusion, alors que, dans un texte informatif, le lecteur utilisera, dès le début de sa lecture, les mots clés et les phrases qui ont été inclus par l'auteur lui-même et qui servent à résumer sa pensée. En d'autres termes, la signification d'une histoire prend souvent forme vers la fin du texte, tandis que la signification d'un texte informatif se construit tout au long de la lecture du texte.

Les principes de l'enseignement du résumé

L'habileté à résumer un texte ne se développe pas spontanément, elle doit être enseignée. Voici quelques principes qu'il faut prendre en considération dans cet enseignement (Rinehart et Thomas, 1993) :

1. Il faut que l'enseignant démontre la façon dont il procède pour faire un résumé.

2. Le résumé doit être intégré dans toutes les matières scolaires.

3. Il faut insister sur le fait qu'une seule lecture n'est pas suffisante pour effectuer un bon résumé. Les élèves habiles à résumer un texte prennent plus de temps à lire qu'à écrire, alors que c'est l'inverse pour ceux qui sont moins habiles à effectuer cette tâche.

4. Il est pertinent d'initier les élèves à la façon de prendre des notes et de marquer le texte dans le but de le résumer. D'ailleurs, presque tous les lecteurs habiles procèdent ainsi. Ces notes autour du texte permettent de se souvenir de ce qui a été lu, de distinguer ce qui est important et ce qui est secondaire et de localiser les idées sur lesquelles il faudra revenir plus tard.

La tâche consistant à résumer un texte nécessite un enseignement graduel. Vous trouverez, au tableau 9.1, un ensemble de recommandations de

TABLEAU 9.1
Gradation dans l'enseignement du résumé

Variables	Comportements des élèves	Gradation
Longueur du texte	Même les jeunes élèves réussiront à effectuer un certain résumé si le texte est court.	Augmenter graduellement la longueur du texte à résumer.
Types de textes	Les jeunes élèves résument plus facilement les textes narratifs.	Passer ensuite à d'autres types de textes.
Complexité du texte	Les premiers textes à résumer doivent contenir des concepts familiers et surtout être rédigés de façon que les idées principales soient mises en relief.	Plus tard, présenter aux élèves des textes plus complexes contenant des idées principales implicites.
Présence du texte	Il est plus facile pour les jeunes élèves de résumer un texte qu'ils ont sous les yeux que de résumer un texte de mémoire. Cependant, la présence du texte peut inciter les élèves à utiliser la stratégie « copier-éliminer ». Il faut les amener à écrire le résumé dans leurs propres mots.	Après avoir accepté les résumés réalisés avec le texte sous les yeux, passer à la composition de résumés sans le recours au texte.
Auditoire	Au début, les élèves peuvent écrire des résumés pour eux-mêmes. Ils n'ont pas à tenir compte d'un auditoire. Cependant, le fait d'écrire un résumé pour soi ne veut pas dire que ce résumé sera bâclé. Au contraire, les élèves doivent comprendre qu'ils auront besoin de leur résumé plus tard et qu'il est important de le faire de façon complète et compréhensible.	Plus tard, les élèves pourront apprendre à rédiger des résumés pour quelqu'un d'autre.
Longueur du résumé	Au début, l'enseignant doit permettre aux élèves d'écrire des résumés relativement longs. Dans les premiers résumés, les élèves auront tendance à redire le texte en délaissant seulement quelques informations.	Exiger ensuite que le résumé soit de plus en plus court.
Mécanique de l'écriture	Insister d'abord sur le résumé lui-même et non sur l'orthographe et la syntaxe.	La révision fera ensuite partie de la tâche comme dans tout autre texte.

nature à simplifier les premiers essais que feront les élèves pour résumer un texte.

Des activités particulières

Les activités suivantes ont comme objectif de permettre aux élèves de résumer des textes dans une situation qui leur fournit un certain encadrement. Nous parlerons ci-dessous de l'enseignement des règles du résumé, du résumé guidé, du cadre de texte, du résumé en 15 mots et du résumé à l'aide d'une constellation.

LES RÈGLES DU RÉSUMÉ

L'établissement du résumé comprend deux processus fondamentaux : sélectionner l'information importante et réduire l'information en substituant des idées générales aux idées détaillées. Les premières recherches sur le résumé ont consisté à dégager la nature des règles que le bon lecteur utilise (souvent inconsciemment) pour extraire l'information importante d'un texte (Brown et Day, 1983). Ces règles sont celles que l'on observe chez les adultes ; elles évoluent constamment du niveau primaire jusqu'au niveau universitaire :

1. L'élimination :

    a) l'élimination de l'information secondaire ;

    b) l'élimination de l'information redondante.

2. La substitution :

    a) le remplacement d'une liste d'éléments par un terme englobant (par exemple, le mot « fleur » remplacera la liste « des marguerites, des pivoines et des tulipes ») ;

    b) le remplacement d'une liste d'actions par un terme englobant.

3. La macrosélection et l'invention :

    a) le choix de la phrase qui contient l'idée principale ;

    b) la production d'une phrase contenant l'idée principale, s'il n'y en a pas déjà une.

Lorsque vous procéderez à un enseignement des règles du résumé, il faudra vous adapter au niveau de développement des élèves. Cette activité est complexe et doit être amenée avec des textes simples qui permettent de voir comment des informations doivent être regroupées, pourquoi certaines doivent être éliminées et d'autres conservées.

Les conseils présentés dans l'encadré qui suit peuvent être soumis aux élèves en guise de synthèse pour l'application des règles du résumé (Maria, 1990) :

Conseils pour la production d'un résumé

1. Résumez le texte dans vos propres mots.

2. N'incluez pas de détails inutiles.

3. Synthétisez les énumérations.

4. Utilisez la phrase qui donne l'idée principale, mais dites-la dans vos mots ou créez votre propre phrase.

5. Ne répétez pas des idées inutilement.

LE RÉSUMÉ GUIDÉ

Comme nous l'avons mentionné précédemment, les élèves ont souvent tendance à copier l'information plutôt qu'à la résumer dans leurs travaux de recherche. Voici une méthode qui aidera les élèves à acquérir d'autres façons de procéder (O'Mallan et autres, 1993).

Demandez aux élèves de lire une section de texte, puis de fermer leur livre. Invitez-les ensuite à dire ce qu'ils se rappellent du texte et écrivez au tableau les informations sous une forme abrégée. Les élèves retournent alors au texte pour clarifier les informations ou en ajouter de nouvelles. Expliquez ensuite la façon dont vous vous y prenez pour organiser l'information de manière logique. Enfin, les élèves travaillent en équipe à appliquer la stratégie, puis ils le font individuellement.

LE CADRE DE TEXTE

Le cadre de texte est fort utile aux élèves qui résument les informations qu'ils recueillent dans leurs travaux de recherche. Il sera introduit comme suit : une fois que les élèves ont réuni de l'information concernant leur sujet de recherche, demandez-leur de parler d'un élément nouveau qu'ils ont appris dans leurs lectures ou encore d'une information qui leur a fait changer d'idée sur le sujet. Après la discussion, présentez-leur un schéma du type « connaissances antérieures + réaction » et un schéma du type « connaissances antérieures + révision » (voir les figures 9.3 et 9.4).

Vous utiliserez des formes agrandies de ces cadres pour les expliquer aux élèves. Par la suite, ceux-ci choisiront individuellement le schéma qui leur convient pour organiser les informations qu'ils auront retirées de leurs lectures. Soulignons que, lorsqu'ils seront familiers avec la formule, les élèves pourront modifier le cadre proposé. Ces cadres seront ensuite simplement laissés à leur disposition à titre de rappel.

LE RÉSUMÉ EN 15 MOTS

Cette technique consiste globalement à limiter le résumé à 15 mots. Même si les règles ne sont pas présentées explicitement, les élèves en viennent à

FIGURE 9.3
Cadre de texte du type « connaissances antérieures + réaction »

Même si je savais déjà que _____

_____ .

J'ai appris des choses nouvelles. J'ai appris que _____

_____ .

J'ai aussi appris que _____

_____ .

Une autre chose que j'ai apprise _____

_____ .

La chose la plus intéressante que j'ai apprise _____

_____ .

Adapté de Lewis et autres (1994). Traduction de l'auteure.

les appliquer de manière intuitive, car, pour réussir cette tâche, ils doivent éliminer l'information secondaire et ne conserver que l'information importante.

- Choisissez un paragraphe de trois à cinq phrases. Il est nécessaire que la première phrase contienne plus de 15 mots.

- Inscrivez 15 tirets au tableau et présentez la première phrase aux élèves à l'aide d'un rétroprojecteur.

- Demandez au groupe de redire cette première phrase en 15 mots ou moins. Remplissez les tirets du tableau à l'aide du résumé proposé par la classe.

- Effacez le tableau et réécrivez 15 nouveaux tirets. Présentez à l'aide du rétroprojecteur deux phrases (la phrase présentée précédemment et une nouvelle phrase) et demandez au groupe de résumer celles-ci en 15 mots ou moins. Inscrivez le résultat au tableau en remplissant toujours les tirets.

- Effacez de nouveau le tableau et tracez encore 15 tirets. Présentez trois phrases au rétroprojecteur : les deux phrases que vous avez déjà présentées ainsi que la troisième phrase du texte. Faites résumer par les élèves ces 3 phrases en 15 mots. Continuez de la sorte jusqu'à ce que tout le texte soit résumé en 15 mots.

FIGURE 9.4
Cadre de texte du type « connaissances antérieures + révision »

Avant de lire sur ce thème, je pensais que _____

_____ .

Mais en lisant, j'ai appris que _____

_____ .

J'ai aussi appris que _____

_____ .

Enfin, j'ai appris que _____

_____ .

<u>Avant de lire sur ce thème, je pensais que</u> c'était le lapin mâle qui creusait le terrier. <u>Mais en lisant, j'ai appris que</u> c'était la femelle qui faisait tout le travail. <u>J'ai aussi appris que</u> les couloirs des terriers pouvaient atteindre trois mètres de long. <u>J'ai aussi appris que</u> les terriers pouvaient durer 30 ans. <u>Enfin, j'ai appris que</u> les terriers possédaient plusieurs sorties : si une sortie est bloquée, le lapin peut en emprunter une autre.

Adapté de Lewis et autres (1994). Traduction de l'auteure.

· Lorsque le groupe se montre capable d'écrire une phrase pour résumer un paragraphe entier, faites travailler les élèves en équipe, puis de façon individuelle.

LE RÉSUMÉ À L'AIDE D'UNE CONSTELLATION

Pour faciliter le résumé, on peut également utiliser comme point de départ une constellation des concepts importants du texte (Hill, 1991). Les élèves peuvent construire en équipe une constellation graphique après la lecture d'un texte informatif et rédiger ensuite un résumé à l'aide de celle-ci (voir au chapitre 10 la description des constellations).

UTILISER LA STRUCTURE DES TEXTES INFORMATIFS

De même que le lecteur habile utilise la structure du récit pour comprendre les histoires, de même il se sert de la structure des textes informatifs pour mieux comprendre et retenir l'information qui y est présentée. Nous avons parlé de l'utilisation de la structure du texte narratif au chapitre 8 sur le lecteur de 8 à 10 ans. Nous aborderons ici l'utilisation de la structure des textes informatifs, qui constitue une habileté plus longue à maîtriser que l'utilisation du schéma de récit.

Le lecteur qui utilise des stratégies de lecture aborde les textes informatifs avec une certaine connaissance de leur organisation. Il choisit dans son répertoire de structures celle qui correspond le mieux à la structure du texte à lire. Certains aspects du texte, certains indices de signalement lui indiquent le type de structure utilisé par l'auteur. Par exemple, si un lecteur discerne une structure de comparaison dans le texte, il recherchera les deux points de vue, les confrontera et essaiera de voir lequel est favorisé par l'auteur. Ce procédé est plus efficace que celui qui consiste à tenter de se rappeler une série de descriptions isolées. L'avantage pour un lecteur de tenir compte de la structure du texte est qu'il a à sa disposition un cadre pour regrouper les informations du texte, pour les comprendre et les retenir.

Contrairement aux experts, les élèves du primaire ne sont pas très habiles dans l'utilisation de la structure du texte. Cependant, les élèves à qui l'on a enseigné à utiliser la structure du texte ont une meilleure compréhension que ceux qui n'ont pas reçu cette formation (Taylor, 1992). Signalons que le rôle de la structure textuelle est un thème de recherche encore en exploration ; les chercheurs dans ce domaine continuent à nuancer les différentes facettes de ce concept (Yochum, 1991 ; Boyer et autres, 1992, 1993 ; Armand, 1994).

L'objectif des interventions présentées ci-après est de sensibiliser les élèves à différentes structures textuelles par le biais des questions portant sur la structure textuelle, des arrangements visuels, des graphiques et des cadres de textes. Rappelons qu'il est important de faire prendre conscience aux élèves que le recours à la structure du texte n'est pas une fin en soi ; celle-ci constitue un outil qui peut nous permettre de mieux comprendre un texte informatif.

Utiliser les questions pour faire découvrir la structure du texte

Vous pouvez sensibiliser les élèves à la structure du texte en leur présentant un enchaînement de questions visant à les aider à cerner les concepts clés du texte et à établir des relations entre ces concepts. Par exemple, dans un texte du type cause et effet, les questions porteront sur l'identification de la cause et de l'effet ainsi que sur la relation existant entre les deux. Dans un texte du type comparaison, vous pouvez demander : « Quels éléments l'auteur compare-t-il dans ce texte ? », « Pourquoi fait-il cette comparaison ? »

Même si certaines questions sont factuelles, elles sont posées avec un tout autre objectif que celui d'évaluer l'acquisition des connaissances : elles visent plutôt l'identification de la structure du texte.

Comparer le même thème dans différentes structures

Dans le but d'amener les élèves à comprendre qu'il existe plusieurs structures textuelles, présentez-leur les mêmes informations, mais rédigées dans
trois structures différentes (par exemple, l'énumération, la comparaison et
le problème et la solution). Encouragez les élèves à énumérer les différences
entre les textes, listez ces différences au tableau et demandez aux élèves
de trouver des noms de catégories pour parler de ces différences. Il n'est
pas nécessaire que les élèves apprennent les noms des catégories donnés
par les spécialistes : ils peuvent utiliser les noms qu'ils ont choisis eux-
mêmes. Vous pouvez aussi présenter des thèmes différents, mais avec la
même structure.

Présenter la structure des textes à l'aide d'arrangements visuels

Afin de sensibiliser les élèves à l'utilisation de la structure textuelle, on peut
également présenter des arrangements visuels qui illustrent les différentes
structures. Pour créer ces arrangements visuels, vous pouvez utiliser des
images découpées dans des magazines ou des livres ; ces images seront
collées sur une grande feuille et reliées entre elles par des lignes qui indiquent les types de relation. Voici des suggestions d'arrangements visuels
pour les différents types de textes informatifs :

La séquence.   Placer les images en une séquence pour illustrer les
phases ou étapes intervenant dans un processus (par exemple, les étapes
de la fabrication d'un gâteau).

La description.   Présenter différentes représentations du même objet :
chaque image contribue un peu plus à la description de l'objet.

L'énumération.   Placer au haut de l'affiche une image qui représente
l'ensemble des objets ou des personnes, puis, plus bas, une série d'images
qui illustrent des exemples de la classe d'objets ; par exemple, la photo
d'une équipe de soccer détaillée ensuite par la présentation de chaque
joueur selon sa position.

La comparaison.   Faire un arrangement qui fait ressortir les ressemblances et les différences entre les gens, les événements ou les environne-
ments ; les styles de vêtements et les habitudes alimentaires sont faciles à
représenter.

La cause et l'effet.   Montrer visuellement qu'un événement s'est produit conséquemment à un autre événement (par exemple, une image de
nuages qui annoncent une tempête et ensuite une image des dommages
causés par cette dernière).

Le problème et la solution.   Montrer une image d'une situation problématique, suivie d'une image illustrant la solution (par exemple, un personnage qui se fait surprendre par la pluie et qui ouvre son parapluie).

Représenter graphiquement les structures des textes

Cette stratégie consiste à présenter les structures des textes non pas à l'aide d'illustrations comme dans la stratégie précédente, mais à l'aide de graphiques. Il est possible de faire différents graphiques pour chaque type de structure ; concrètement, il s'agit de choisir celui qui convient le mieux au texte lu ou d'en créer un nouveau qui met en évidence la structure du texte. Il faudra ensuite remplir le graphique avec des mots ou des expressions tirés du texte. La figure 9.5 présente des exemples de graphiques pour chacune des structures des textes.

DES SUGGESTIONS POUR LA CRÉATION DE GRAPHIQUES

Si vous n'êtes pas encore familier avec les graphiques et que vous vouliez en présenter aux élèves, voici quelques pistes à suivre (Armstrong et autres, 1991) :

1. À mesure que vous lisez le texte que les élèves auront à lire, pensez à sa structure et au format possible du graphique.

2. Adoptez ou concevez un format que vous utiliserez dans plusieurs textes. On pourrait penser que les élèves trouvent ennuyeuse la répétition du même graphique, mais il semble au contraire qu'ils travaillent mieux quand ils savent à quoi s'attendre.

3. Travaillez avec une autre personne pour construire vos graphiques.

4. Réalisez des graphiques simples ; n'y placez pas trop d'informations. L'objectif du graphique est de faire comprendre aux élèves les relations entre les éléments importants du texte et de dégager la structure du texte.

5. Si vous donnez aux élèves des graphiques entièrement remplis, ils auront moins tendance à les utiliser : laissez plutôt une partie des graphiques à remplir par les élèves. À la fin, ceux-ci créeront leurs propres graphiques.

Traduire les structures sous forme de cadres de textes

De même qu'on utilise des cadres de récits pour faciliter la compréhension et la rédaction d'histoires, de même on peut utiliser des cadres de textes pour initier les élèves à la structure des textes informatifs. Les cadres de

FIGURE 9.5
Graphiques de types de textes informatifs

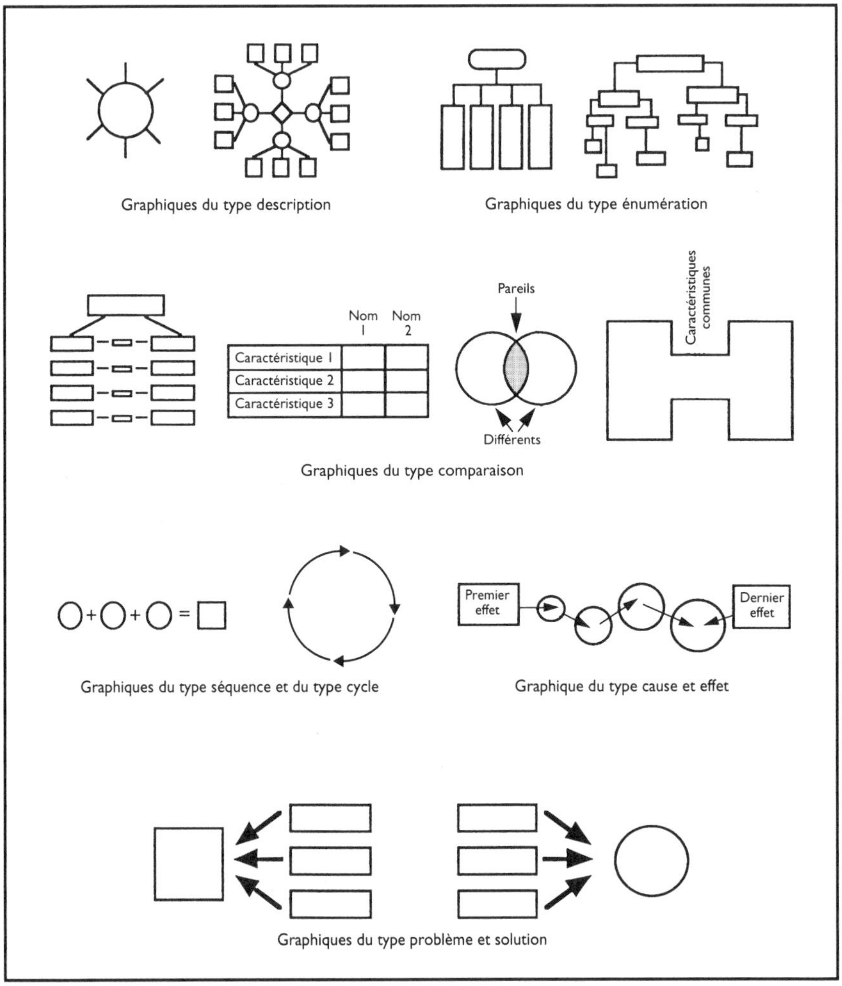

Graphiques du type description

Graphiques du type énumération

Nom 1 Nom 2

Caractéristique 1
Caractéristique 2
Caractéristique 3

Pareils

Différents

Caractéristiques communes

Graphiques du type comparaison

○ + ○ + ○ = □

Graphiques du type séquence et du type cycle

Premier effet

Dernier effet

Graphique du type cause et effet

Graphiques du type problème et solution

textes sont également un excellent tremplin pour l'écriture de textes informatifs (Carrier, 1993 ; Cudd et Roberts, 1989 ; Lewis et autres, 1994).

Pour préparer un cadre de texte, il s'agit d'écrire un résumé du texte, de le recopier en éliminant des parties d'informations qui seront remplacées par des espaces blancs. L'élève se servira de ce cadre pour organiser les informations qu'il tirera du texte (voir la figure 9.6).

Concrètement, après la lecture d'un texte, on remettra le cadre de texte à l'élève ; celui-ci recopiera les parties déjà remplies et complétera le texte avec ses réponses. Il aura à la fin un texte complet qu'il pourra enrichir d'un dessin.

FIGURE 9.6
Cadre de texte du type énumération

Les chauves-souris sont des êtres particuliers pour plusieurs raisons :

Premièrement, _____ .

Deuxièmement, _____ .

Troisièmement, _____ .

Comme vous le voyez, les chauves-souris sont uniques au monde.

Adapté de Cudd et Roberts (1989). Traduction de l'auteure.

APPROFONDIR LA COMPRÉHENSION DES TEXTES NARRATIFS

Les élèves de 10 à 12 ans ont déjà été sensibilisés au schéma de récit, ils savent reconnaître les parties importantes d'une histoire. Ils ont cependant encore besoin d'approfondir leurs connaissances sur les motivations des personnages.

Pour comprendre un récit, le lecteur doit découvrir les motivations et les intentions des personnages à l'aide des connaissances qu'il a élaborées au cours de sa propre vie ; ces connaissances sont, évidemment, beaucoup plus limitées chez les enfants. Une étude a montré que l'habileté à découvrir les motivations des personnages évolue au cours du primaire : les élèves de sixième année sont meilleurs que ceux de quatrième année, qui sont eux-mêmes meilleurs que ceux de deuxième année, mais dans l'ensemble, la performance est faible dans tous les groupes. Même en sixième année, les sujets ne découvrent les motivations des personnages que dans 50 % des cas (particulièrement dans les fables) [Shannon et autres, 1988].

Les activités présentées ci-après ont comme objectif de sensibiliser les élèves aux caractéristiques et motivations des personnages.

Les sources d'informations sur les personnages

Dans les récits, les caractéristiques des personnages et les relations qu'ils entretiennent entre eux ne sont pas toujours explicites : le lecteur doit inférer ces caractéristiques à l'aide d'indices du texte. Il sera donc nécessaire d'enseigner aux élèves à se servir des éléments du texte pour mieux connaître les caractéristiques des personnages dans un récit (Richards et Gipe, 1993). Pour ce faire, vous illustrerez d'abord votre propre utilisation de certains indices pour vous faire une idée plus complète d'un personnage, comme :

· les faits mentionnés par l'auteur au sujet du personnage ;

· les comportements du personnage ;

· les conversations du personnage (les dialogues) ;

· ses pensées (son journal intime, des lettres, des descriptions faites par l'auteur, les commentaires du personnage).

Vous inviterez ensuite les élèves à réaliser en équipe un graphique qui décrira un personnage qu'ils auront choisi (voir la figure 9.7). Vous profiterez de l'occasion pour rappeler aux élèves qu'ils peuvent faire appel à ce genre d'informations pour planifier la présentation qu'ils feront de leur personnage dans leur propre récit.

FIGURE 9.7
Collecte des informations reliées au personnage

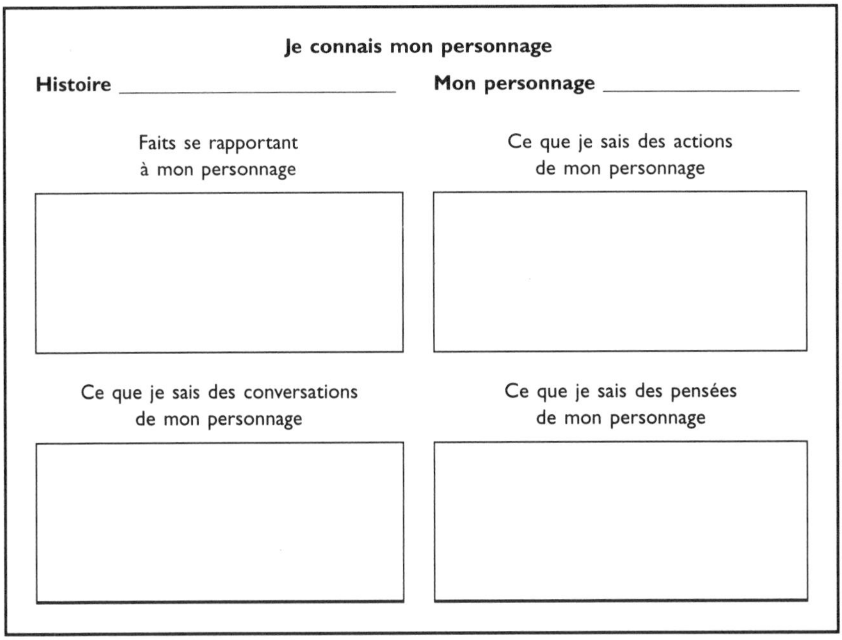

Je connais mon personnage

Histoire _____   **Mon personnage** _____

Faits se rapportant à mon personnage	Ce que je sais des actions de mon personnage
Ce que je sais des conversations de mon personnage	Ce que je sais des pensées de mon personnage

Adapté de Richards et Gipe (1993). Traduction de l'auteure.

Les liens entre les personnages

L'activité qui suit vise à sensibiliser les élèves aux relations que les personnages entretiennent entre eux (Galda, 1987). Il s'agit de choisir un texte dans lequel les personnages sont bien typés et de procéder à ces étapes-ci :

1. Après avoir lu le texte une première fois aux élèves (peut-être plus tôt dans la journée), relisez le début du texte.

2. Demandez aux élèves : « Quels sont les personnages principaux de cette histoire ? », et écrivez les noms au tableau.

3. Demandez-leur ensuite : « Quel genre de personne est-ce ? », et écrivez les caractéristiques sous chacun des personnages ; encadrez le tout.

4. Demandez alors aux élèves : « Comment s'entendent-ils l'un avec l'autre ? » Tracez des flèches qui relient les personnages entre eux et écrivez les réponses des élèves sur ces flèches (voir la figure 9.8).

5. Continuez à lire l'histoire et recommencez la même démarche en vous concentrant, cette fois, sur la fin de l'histoire. Comparez les graphiques pour voir les changements entre le début et la fin de l'histoire ainsi que les raisons de ces changements.

FIGURE 9.8
Analyse de la relation entre deux personnages

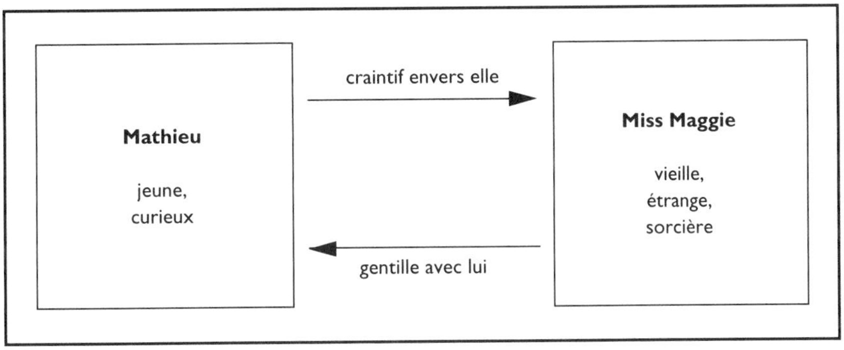

La démarche que nous venons de décrire peut servir d'initiation à l'analyse des relations entre les personnages ; on peut y recourir avec des élèves plus jeunes. Avec les élèves déjà initiés, il est possible de complexifier l'analyse en tenant compte des relations entre plusieurs personnages (voir la figure 9.9). Il s'agira alors de procéder de la façon suivante :

1. Écrire au tableau le nom du personnage principal et demander aux élèves les caractéristiques de ce personnage.

2. Demander ensuite aux élèves d'identifier les autres personnages et les inscrire autour du personnage principal en laissant suffisamment d'espace pour écrire des informations.

3. Leur demander quels sont les sentiments du personnage principal envers les personnages secondaires et écrire ces sentiments sur des flèches qui partent du centre et vont vers chacun des personnages.

4. Leur demander quels sentiments éprouvent les personnages secondaires envers le personnage principal et inscrire ces sentiments sur des flèches qui partent des personnages et vont vers le centre.

FIGURE 9.9
Analyse des relations entre plusieurs personnages

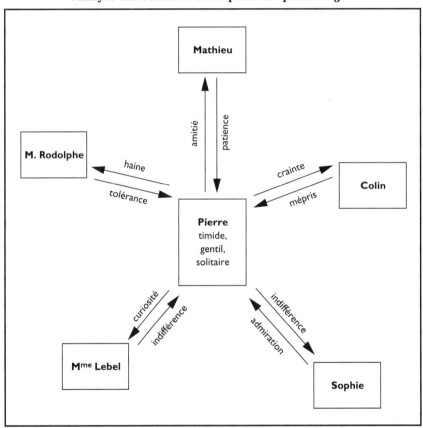

Un projet de biographie

L'objectif de cette activité est de sensibiliser les élèves aux différents indices qui révèlent les caractéristiques des personnages. Chaque élève choisit une biographie à lire, mais il garde secret le nom du personnage. Il est préférable que l'élève recouvre de papier la couverture de son livre de façon que les autres ne voient pas sur qui porte la biographie.

L'idée de l'activité est la suivante : les élèves préparent 10 indices caractéristiques de leur personnage qui leur serviront à amener la classe à deviner son identité. Pour faciliter la tâche aux élèves, vous établirez un modèle du processus en lisant une biographie et en choisissant des indices. Vous montrerez ensuite comment on peut arranger les indices du plus difficile au plus facile, les plus faciles étant ceux qui révèlent presque l'identité du personnage.

Par la suite, chaque élève présente à la classe les indices qu'il a préparés jusqu'à ce que quelqu'un devine le nom du personnage.

À la fin de l'activité, les élèves peuvent écrire la biographie d'un élève de la classe.

FAIRE UNE RECHERCHE DOCUMENTAIRE

Dans la deuxième section de ce chapitre, nous avons vu le développement de stratégies de lecture visant la compréhension du texte dans son ensemble, soit l'identification des idées principales, l'établissement du résumé et l'utilisation de la structure des textes informatifs et narratifs. Dans cette section-ci, nous verrons comment on peut amener l'élève à appliquer les connaissances qu'il a retirées d'un texte informatif (les réponses génératrices). Essentiellement, à l'école, l'utilisation des informations tirées d'un texte prendra la forme d'un projet de recherche documentaire, c'est-à-dire que l'élève, après avoir choisi un thème, consultera différentes sources et produira une synthèse de ses lectures.

Les problèmes reliés à la recherche documentaire au primaire

Tous les enseignants connaissent bien cette activité qui consiste à faire faire aux élèves une recherche documentaire personnelle sur un sujet (les animaux, les moyens de transport, etc.). Théoriquement, il s'agit d'une activité qui engage les élèves dans une multitude de tâches pertinentes et qui constitue certainement un bon moyen de développer leur autonomie, leur pensée critique et leur raisonnement (Davis, 1990). Cependant, nombreux sont les enseignants qui sont plutôt déçus des travaux des élèves : ils se rendent compte que ceux-ci ont souvent recopié et rassemblé des paragraphes tirés directement d'encyclopédies. Ils ont même l'impression que l'élève ne comprend pas vraiment les parties qu'il a copiées. « On connaît bien l'attitude naturelle de l'élève devant un problème de recherche de l'information ; c'est le désarroi, la recherche aléatoire, puis la précipitation sur l'article repéré, pour une copie servile » (Cassagnes et autres, 1993).

Cette constatation, si elle est vraie pour le primaire, est encore vraie au secondaire et même au postsecondaire. Cependant, d'après les recherches effectuées dans ce domaine, les élèves du primaire sont habituellement conscients qu'ils ne doivent pas copier et ils savent faire la différence entre copier et écrire dans leurs propres mots (Wray et Lewis, 1992). Les difficultés se situent ailleurs : (1) les élèves manquent parfois de connaissances pour comprendre le sujet traité ; (2) la structure des textes informatifs, leur niveau d'abstraction et la densité du vocabulaire rendent la lecture plus difficile ; (3) les élèves n'ont pas développé d'habileté à synthétiser l'information ; (4) enfin, l'information que l'élève trouve dans l'encyclopédie est déjà synthétisée et lui convient : il ne voit pas d'autre solution que de la copier (Davis, 1990).

Les étapes de la recherche documentaire

La réalisation d'une recherche documentaire peut se subdiviser en six étapes, chacune d'elles méritant une attention particulière :

PREMIÈRE ÉTAPE : DÉFINIR LE SUJET ET LE BUT

Les élèves doivent être encouragés à spécifier ce qu'ils veulent trouver et ce qu'ils feront avec l'information trouvée ; ils doivent avoir un but clair concernant leur lecture et la communication qu'ils en feront à leurs pairs. Il faut ensuite les aider à dépasser le stade très général du «Je veux faire une recherche sur (le castor, les pyramides, etc.) ». Souvent, on dit aux élèves : «Trouvez un sujet, délimitez-le, trouvez des références», mais le problème, c'est précisément que l'élève n'a pas les connaissances suffisantes sur le sujet pour le délimiter adéquatement. Il faudra donc beaucoup de soutien de la part de l'enseignant lors de cette première étape (Lewis et autres, 1994).

DEUXIÈME ÉTAPE : LOCALISER L'INFORMATION

Les élèves doivent trouver l'information dont ils ont besoin ; pour ce faire, ils devront apprendre à utiliser la bibliothèque pour localiser les sources d'informations pertinentes. Ensuite, ils devront apprendre à repérer, à l'aide des index et des tables des matières, l'information qu'ils cherchent dans le livre.

TROISIÈME ÉTAPE : SÉLECTIONNER ET SYNTHÉTISER L'INFORMATION

Lorsque les élèves ont localisé un chapitre ou un extrait qui porte sur leur sujet de recherche, ils doivent sélectionner l'information qui convient à leur sujet. Il s'agit là d'une des étapes les plus difficiles. Les élèves doivent savoir synthétiser l'information et non la recopier telle quelle (voir, sur l'idée principale et le résumé, la deuxième et la troisième section de ce chapitre).

QUATRIÈME ÉTAPE : ORGANISER L'INFORMATION

Les élèves doivent ensuite, pour répondre à leur question de recherche, organiser l'information obtenue à l'aide de leurs différentes sources. Il s'agit d'une tâche complexe qui peut être facilitée si le sujet est bien circonscrit au départ. Les élèves sont souvent portés à présenter tout ce qu'ils ont appris. Suggérez-leur de choisir les concepts qui sont les plus importants ou encore, si certains élèves ont recueilli beaucoup d'informations sur un aspect d'un thème, proposez-leur de limiter leur travail à cet aspect.

CINQUIÈME ÉTAPE : ÉVALUER L'INFORMATION

Les élèves doivent ensuite évaluer l'exactitude de leurs informations. Ils ont tendance à croire que tout ce qui est écrit est exact. Il faut les placer devant des informations erronées ou biaisées, comme celles qui proviennent de livres périmés, d'articles d'opinions et du matériel publicitaire.

SIXIÈME ÉTAPE : COMMUNIQUER LES RÉSULTATS

Les élèves doivent communiquer leur travail à un auditoire. Votre première tâche consistera à aider les élèves à spécifier l'auditoire qu'ils visent. Ensuite, vous pourrez suggérer de nouvelles formes de présentation. Celle-ci n'a pas à se limiter aux deux formes traditionnelles que sont le rapport écrit et la communication orale en classe. Elle peut consister en des pièces, des démonstrations, des dessins, des photographies, des vidéos, des discussions, des débats, et ainsi de suite. Le tableau 9.2 présente une grille de rappel que vous remettrez à l'élève pour l'aider à planifier sa présentation.

TABLEAU 9.2
Rappel pour la présentation d'une recherche

1. Quel est ton sujet ?
2. Dresse la liste des principales idées ou des principaux faits que tu veux faire connaître aux autres.
3. Peux-tu montrer des images, des modèles ou des objets pour aider les autres à comprendre ta présentation ? Lesquels ?
4. Veux-tu que la classe accomplisse une activité pendant ta présentation ? De quel matériel auras-tu besoin ?
5. Comment commenceras-tu ta présentation pour obtenir l'attention de chacun ?
6. Comment termineras-tu ta présentation ?

CONNAÎTRE LE FONCTIONNEMENT DE LA BIBLIOTHÈQUE

Pour réaliser une recherche documentaire, il est important que les élèves apprennent à utiliser adéquatement les ressources d'une bibliothèque. À

10 ou 12 ans, ils auront déjà acquis une perception globale de l'espace de leur bibliothèque, ils auront appris à repérer la section des livres de fiction, des documentaires, des magazines, etc. Ils compléteront leurs connaissances en apprenant à se servir du classement en vigueur dans la bibliothèque, en s'initiant à la cotation, à la consultation du fichier ou du catalogue. Ils devront apprendre à utiliser les entrées par auteurs, les entrées par titres et les entrées par sujets.

L'initiation à la bibliothèque se fera au cours des visites fréquentes des élèves. Il est pertinent également de prévoir des visites dans les bibliothèques municipales afin de varier les expériences des élèves. On trouvera notamment des systèmes informatisés faciles d'accès dans plusieurs bibliothèques.

CONNAÎTRE LES DIFFÉRENTES SOURCES DE RÉFÉRENCE

En plus d'être familier avec le fonctionnement de la bibliothèque, l'élève doit apprendre à distinguer les différentes sources de documentation. Cette analyse des sources de référence n'est possible que si l'élève a déjà eu des contacts fréquents et variés avec des livres de toutes sortes. Ces notions peuvent être abordées de façon informelle avec les lecteurs plus jeunes, mais elles seront étudiées systématiquement avec les lecteurs plus avancés.

Élaborer les notions d'« auteur », de « collection » et de « genre »

L'objectif de l'activité qui suit est d'asseoir les notions d'« auteur », de « collection » et de « genre » (adapté de Cassagnes et autres, 1993).

Chaque groupe de 3 élèves dispose de 20 à 30 livres choisis par l'enseignant de façon à répondre à un classement :

- par auteurs (6 ou 7 auteurs par groupe) ;
- par collections (4 ou 5 collections par groupe) ;
- par genres (albums, romans, documentaires).

Les thèmes doivent être variés et on doit voir à ce que les critères ne se superposent pas (par exemple, tous les romans du même auteur).

Les élèves classent leurs livres et identifient chaque pile avec une bande de papier portant le nom de leur classification. Les équipes présentent leur classement à tour de rôle ; les autres équipes peuvent questionner les élèves sur leur façon de classer les livres. L'enseignant peut ensuite proposer à toute la classe un des critères utilisés par une équipe et qui paraît intéressant ou encore demander un autre classement que celui qui a été fait. Les élèves peuvent ensuite changer de table et classer d'autres livres.

Les critères que les élèves choisiront ne seront probablement pas ceux que vous seriez porté à choisir, comme le format du livre, l'âge des lecteurs auxquels les livres s'adressent ou le thème traité. Il est important que les élèves puissent s'exprimer sur ces classements ; il est inutile de leur demander tout de suite des classifications toutes prêtes.

Une fois que les élèves ont réussi les classements par auteurs, par collections et par genres, amenez-les à préciser les termes utilisés pour désigner les catégories : ainsi, la catégorie des « livres qui donnent des renseignements » deviendra la catégorie « documentaires ».

Apprendre à distinguer différents genres littéraires

Les élèves de cet âge ont déjà une conception intuitive des différences entre les genres littéraires. L'objectif des activités en classe sera d'amener les élèves à préciser cette connaissance en identifiant les caractéristiques reliées à certains genres. Le fait de rendre cette connaissance explicite constitue également un excellent tremplin pour l'écriture.

LES CARACTÉRISTIQUES DES DOCUMENTAIRES ET DES TEXTES DE FICTION

Pour préciser la différence entre les documentaires et les textes de fiction, remettez à des groupes d'élèves six documentaires et six livres de fiction (trois albums et trois romans). Demandez ensuite aux élèves de classer les livres en deux piles et d'écrire sur des étiquettes les caractéristiques de chaque pile. Animez ensuite une discussion sur les critères qui se seront dégagés.

LES CARACTÉRISTIQUES DES FABLES

Pour conduire les élèves à trouver les caractéristiques des fables, vous pouvez emprunter la démarche présentée ci-après :

1. Pendant une semaine, vous lisez des fables aux élèves et vous leur en faites lire individuellement.

2. Vous annoncez un « Jour de la fable préférée » ; ce jour-là, les élèves partagent leur fable préférée avec le groupe.

3. À la suite de cet échange, vous demandez aux élèves ce qu'il y a de commun dans tous ces textes appelés « fables ».

4. Vous écrivez au tableau les points mentionnés par les élèves, comme ceux-ci : « Ce sont des textes courts qui racontent une histoire », « Les personnages sont souvent des animaux qui représentent des humains », « Elles comportent une morale explicite ».

5. Vous pouvez ensuite présenter une fable moderne et voir avec les élèves si on y trouve les caractéristiques classiques.

6. Les élèves peuvent poursuivre l'activité en rédigeant leur propre fable.

Apprendre à utiliser les index et les tables des matières

Pour utiliser efficacement les différents documents, les élèves doivent apprendre quelles sont les parties d'un livre. Ils doivent découvrir que le fait de connaître ces parties leur permettra d'économiser du temps et de juger plus facilement si un livre leur convient. Les principales parties à étudier sont la table des matières, le lexique, la bibliographie et l'index (les définitions qui suivent sont adaptées de Bentolila et autres, 1991).

La **table des matières** représente le plan du livre, elle suit l'ordre des chapitres. Pour la réaliser, il suffit d'écrire les titres et sous-titres des différents chapitres et de noter les pages où ils apparaissent. On recourt à la table des matières pour savoir si un sujet est traité dans un livre et à quelle page on doit se reporter.

Le **lexique** est une sorte de petit dictionnaire qui explique les mots difficiles du livre. On y recourt lorsqu'on ne connaît pas le sens d'un mot.

La **bibliographie** est une liste d'ouvrages sur un sujet. On y a recours pour connaître les documents utilisés par l'auteur ou pour compléter sa documentation.

L'**index** mentionne, dans l'ordre alphabétique, les sujets traités dans un livre. On y recourt pour savoir si un sujet précis est traité et à quelle page on peut le trouver. (Expliquez pourquoi, dans l'index, certains chiffres sont séparés par un trait d'union et d'autres par une virgule.)

Pour sensibiliser les élèves à l'importance des parties du livre, choisissez tour à tour chaque partie du livre (la page de titre, la table des matières, l'index, etc.) et demandez aux élèves de trouver :

· Quel est le nom de la partie ?

· Pourquoi est-elle incluse ?

· Quand doit-on l'utiliser ?

· Où est-elle placée habituellement ?

· Comment peut-on l'utiliser ?

Demandez-leur de quoi aurait l'air le livre si telle partie en était absente. Une autre bonne façon d'aider les élèves à comprendre l'utilité des parties du livre consiste à leur faire créer leur propre livre.

Ajoutons qu'il faudra également attirer l'attention des élèves sur le rôle des illustrations dans les documentaires. « Les "images", quel que soit le livre dans lequel elles se trouvent, sont, aux yeux des élèves, accessoires : elles sont destinées à "faire joli", à décorer. Cette représentation sur la fonction de l'iconographie conduit les lecteurs, dans un ouvrage de type documentaire, à passer à côté d'une source d'information qui, non seulement complète le texte, mais de plus aide fréquemment à le comprendre » (Bentolila, 1991, p. 131).

Apprendre à choisir les documentaires pertinents

Les élèves ont à apprendre à choisir un documentaire qui répondra à leurs questions. La démarche suivante a comme objectif de les sensibiliser à ce choix des sources d'informations (Cassagnes et autres, 1993) :

1. L'enseignant réunit les élèves à la bibliothèque et distribue à chacun deux bandes de papier qui contiennent le titre d'un documentaire.
2. L'élève trouve les documentaires et observe les couvertures des livres sans ouvrir ces derniers.
3. Il émet des hypothèses sur le contenu des livres et choisit celui qui lui plaît le plus.
4. Il rédige deux questions auxquelles il pense trouver la réponse dans le livre.
5. Il cherche les réponses à ses questions dans le livre.
6. L'enseignant fait ensuite une mise en commun avec le groupe au moyen de quelques questions. Il traite surtout de l'écart entre la question et le contenu du livre pour cerner les limites de celui-ci.

L'activité peut se poursuivre par une recherche systématique. Par exemple, les élèves chercheront les réponses à des questions précises ; l'enseignant leur demandera comment ils s'y prennent pour trouver l'information. Les élèves proposeront des solutions comme les sous-titres, les illustrations ou les mots en caractères gras.

Évaluer des documentaires en équipe

Pour rendre les élèves plus sensibles aux caractéristiques d'un bon documentaire et pour améliorer leur capacité de choisir un livre approprié, vous pouvez leur suggérer de remplir eux-mêmes une grille d'évaluation ; ils pourront remplir cette grille en équipe puisque le même livre est souvent utilisé par plus d'un élève pour des travaux en classe (voir la figure 9.10). Expliquez-leur d'abord comment remplir la grille en prenant comme exemple un livre connu de la plupart des élèves. Puis laissez les équipes évaluer des documentaires et présenter leurs évaluations au groupe. Cette activité suscite habituellement beaucoup d'intérêt et de discussions chez les élèves, car ils sont heureux de voir que leur avis peut être considéré dans la sélection des livres.

ANALYSER LES TEXTES LITTÉRAIRES

Dans la section précédente, nous avons examiné les réponses génératrices appliquées à des textes informatifs, c'est-à-dire celles qui consistent à utiliser

FIGURE 9.10
Grille d'évaluation des textes informatifs par les élèves

Auteur
Sujet

+ Bon ✓ Acceptable – Faible

Format (l'aspect du livre)
  1. Les caractères sont faciles à lire.
  2. La reliure et le papier sont de bonne qualité.
  3. La table des matières et l'index sont faciles à utiliser.

Qualité du contenu (ce qu'il y a à l'intérieur)
  4. L'information est à jour.
  5. Les affirmations sont appuyées par des faits.
  6. Les informations ressemblent à ce que je
     pensais trouver dans le livre.

Style de l'auteur (comment le livre est écrit)
  7. L'auteur écrit dans un style clair.
  8. L'auteur explique les choses avec assez de détails.
  9. L'information est bien organisée.

Illustrations (dessins, photographies, graphiques)
  10. Les illustrations m'aident à comprendre le texte.
  11. Elles me donnent le goût de lire le livre.

Adapté de Bosma (1992). Traduction de l'auteure.

l'information tirée d'un ou de plusieurs textes. Dans la présente section, nous aborderons les réponses génératrices qui concernent les textes littéraires.

Imaginons un lecteur qui a lu un conte, qui en a bien compris l'intrigue, qui a réagi de façon affective aux personnages et aux événements. Peut-il aller plus loin dans sa lecture ? Oui. Il reste encore une catégorie de réponses possibles, celles qui portent sur l'analyse du texte, qui permettent d'apprécier la qualité d'un texte, de comparer des textes entre eux. Il va sans dire que ce genre de réponses fera principalement l'objet d'un enseignement aux cycles supérieurs, mais il est possible de l'aborder dès le primaire, particulièrement par le biais de l'intertextualité.

On nomme « intertextualité » le phénomène qui consiste à établir des liens entre plusieurs textes. Au cours d'une année, lorsqu'il y a des discussions de groupe dans une classe, les références à des textes lus en classe deviennent de plus en plus fréquentes. Il est important d'encourager l'intertextualité car, en plus de permettre aux élèves d'acquérir des habiletés et des connaissances supplémentaires, celle-ci crée un sentiment d'appartenance à une communauté de lecteurs.

On peut stimuler l'intertextualité de deux façons :

1. Les élèves ont lu un texte et vous leur demandez de faire des liens avec des textes lus précédemment. « Cette histoire vous rappelle-t-elle une histoire que nous avons déjà lue ? »

2. Vous choisissez, dès le départ, un ensemble de textes que vous amènerez les élèves à comparer entre eux. Vous pouvez utiliser divers textes provenant de livres, de revues, de journaux et qui sont reliés d'une façon qui permette aux élèves de confronter les informations. L'ensemble peut comprendre également des films, des vidéos, des disques. Les textes peuvent être des versions de la même histoire, des textes du même genre, des textes portant sur le même personnage ou sur le même thème (la rivalité, l'amitié, etc.).

Les contes traditionnels se présentent souvent en plusieurs versions qui se prêtent particulièrement bien à la comparaison. Ainsi, pour comparer deux versions de *La belle et la bête*, vous pouvez poser aux élèves les questions suivantes :

- Qui sont les personnages principaux ?
- Qu'avez-vous appris à leur sujet dans chacune des versions ?
- Comment le langage utilisé dans les deux versions diffère-t-il ?
- Que savez-vous de l'endroit, du lieu et du moment où se passe l'histoire ?
- Comment l'auteur élabore-t-il l'intrigue dans la version A ?
- Comparez la longueur des épisodes dans les deux versions. La version la plus longue est-elle la meilleure ?

Les comparaisons peuvent également porter sur la qualité littéraire des textes. Par exemple, si les élèves ont lu un livre dans lequel le personnage était particulièrement bien décrit, on peut les inciter à comparer cette description à celle d'un autre personnage afin de voir quelles sont les caractéristiques d'une bonne description.

CONCLUSION

Au cours des dernières années du primaire, l'élève approfondit ses stratégies de compréhension, particulièrement celles qui concernent les idées principales des textes. Il développe également des habiletés qui lui permettent d'utiliser les informations retirées d'un texte informatif. De même, il affine son analyse des textes littéraires en faisant des liens entre ses diverses lectures et en objectivant certains aspects des textes.

4

Les interventions pédagogiques

CHAPITRE

10 Les interventions avant la lecture

Sommaire

INTRODUCTION

Ce chapitre porte sur les interventions pédagogiques que l'enseignant met en place avant d'inviter les élèves à lire un texte. Ces interventions, souvent appelées « mises en situation » ou « amorces », poursuivent plusieurs objectifs. Le premier objectif est d'aider les élèves à mieux comprendre le texte qui leur sera présenté en les préparant à différents aspects du texte qui peuvent être nouveaux ou difficiles. Le deuxième objectif poursuivi par ces activités consiste à motiver les élèves à lire le texte. Enfin, la mise en situation est également un moment propice pour présenter ou revoir des stratégies de compréhension qui pourraient être utiles aux élèves au cours de leur lecture. Précisons que les mises en situation ne dispensent pas l'enseignant de rendre les élèves autonomes face à la préparation à la lecture.

LES OBJECTIFS DE LA MISE EN SITUATION

La grande majorité des recherches qui ont évalué les effets de la mise en situation montrent que les élèves comprennent mieux le texte s'ils bénéficient d'une préparation qui facilite et prépare leur lecture (Cloutier, 1993). Mais vous vous demandez peut-être s'il faut toujours animer une mise en situation avant de faire lire les élèves. La réponse à cette question peut se formuler sous forme de principe : plus le texte est difficile et moins les élèves sont habiles, plus grande sera la nécessité de la préparation à la lecture. Ainsi, avec les lecteurs débutants, la mise en situation sera plus élaborée et contribuera énormément à la compréhension du texte. Il en est de même avec des lecteurs plus avancés à qui vous présentez un texte que vous savez plus difficile. Par contre, la préparation sera très allégée pour un texte facile et sera même absente dans les périodes de lecture libre.

Dans les sections qui suivent, nous aborderons deux composantes essentielles de la mise en situation : la formulation d'une intention de lecture et l'activation des connaissances antérieures.

LA FORMULATION D'UNE INTENTION DE LECTURE

Un lecteur aborde toujours un texte avec un objectif en tête : c'est ce qu'on appelle l'intention de lecture.

L'importance de l'intention de lecture a toujours été présente dans la documentation sur la lecture. Les bons lecteurs sont conscients du rôle de l'intention de lecture et la développent pour guider et évaluer leur comportement en lecture. Dans la vie réelle, on lira, par exemple, pour s'informer, pour accomplir quelque chose ou pour se détendre ; on peut facilement comprendre que le fait de lire pour répondre à des questions sur un texte n'est pas une intention naturelle.

Il faut considérer certains principes d'intervention concernant la formulation d'une intention de lecture (Barr et Johnson, 1991 ; Blanton et autres, 1990) :

1. Les élèves doivent toujours avoir un but avant de lire. Il est pertinent de prendre l'habitude de souligner le rôle de l'intention de lecture dans la mise en situation afin que les élèves comprennent à quel point elle est importante. De plus, la discussion sur l'intention doit être la première activité après la lecture : s'il n'y a pas de retour sur l'intention de lecture, les élèves verront difficilement l'utilité de cette dernière.

2. L'intention de lecture doit être appropriée. Il faut éviter de formuler des intentions de lecture trop limitées, c'est-à-dire qui portent sur des informations mineures du texte. Par exemple, pour le texte intitulé *Les nouveaux habits de Suzie* et qui traite de la façon dont Suzie règle un problème particulier, si l'on demande aux enfants de trouver les nouveaux habits que Suzie porte chaque jour de la semaine, il s'agira d'une intention trop limitée qui pourra les empêcher de s'attacher à l'essentiel du texte. Il faudra également éviter de proposer des intentions qui divulguent trop l'histoire. Par exemple, le fait de demander aux élèves de trouver pourquoi les chevaliers ont attaqué et tué le dragon leur révèle, avant même qu'ils ne lisent l'histoire, que le dragon a été tué. Soulignons qu'une façon de vérifier si une intention de lecture est une intention valable consiste à évaluer si l'intention a permis aux élèves de mieux comprendre le texte (Cunningham et Wall, 1994).

3. L'enseignement doit rendre les élèves autonomes. Il est important de faciliter le passage de l'intention proposée par l'enseignant à l'intention déterminée de façon autonome par l'élève. Initialement, vous proposerez des intentions, puis vous discuterez avec le groupe des différentes intentions de lecture possibles. Enfin, vous laisserez aux élèves la responsabilité de fixer leur propre intention de lecture.

L'ACTIVATION DES CONNAISSANCES ANTÉRIEURES

Nous avons vu au chapitre 1 que les connaissances antérieures jouent un rôle de premier plan dans la compréhension du texte. Les connaissances guident le lecteur dans le texte en lui permettant de faire des prédictions, de saisir les motivations des personnages, de faire des liens. Ainsi, les recherches ont démontré que les élèves possédant des connaissances antérieures plus poussées sur un sujet comprenaient mieux l'information contenue dans un texte sur ce sujet, la retenaient mieux et répondaient mieux aux questions de raisonnement posées sur ce texte.

Il ne suffit pas, cependant, de posséder des connaissances pour que celles-ci soient utilisées dans la compréhension du texte ; il faut que celles-ci soient stimulées, c'est-à-dire rendues accessibles à l'esprit du lecteur. C'est pourquoi, avant la lecture d'un texte, il est important d'aider les élèves à activer les connaissances qu'ils possèdent sur le texte. La stimulation des connaissances leur permettra de prendre conscience de ce qu'ils savent déjà sur le contenu du texte à lire. Elle servira à jeter un pont entre leurs connaissances et le texte, à créer dans leur tête une structure mentale qui leur permettra d'intégrer le contenu du texte. La stimulation des connaissances comprend trois étapes :

1. Identifier les concepts importants du texte.

2. Activer les connaissances des élèves et les évaluer.

3. Organiser les connaissances et les compléter au besoin.

Lire le texte et identifier les concepts importants

Pour que la préparation à la lecture soit efficace, elle doit surtout porter sur les « concepts clés » du texte à lire. Ce ne sont pas toutes les connaissances et expériences concernant un thème qu'il faut partager durant cette période de préparation, mais uniquement celles qui sont essentielles à la compréhension du texte. Lorsque vous élaborez une mise en situation, vous devez d'abord lire le texte que vous voulez présenter aux élèves afin de déterminer les informations ou concepts qui sont importants.

Vous devez également éviter deux pièges, soit de stimuler des connaissances trop générales ayant peu de liens avec le contenu du texte et de stimuler des connaissances qui portent sur des concepts secondaires non essentiels à la compréhension du texte. Ce dernier type de préparation lance les élèves sur une fausse piste en suscitant des attentes qui ne seront pas comblées.

Voici un exemple courant de situation trop générale. La classe a à lire une histoire dont le thème est un chien et l'enseignant demande aux élèves s'ils ont un animal à la maison. Après un échange sur les animaux préférés de chacun, l'enseignant invite les élèves à lire le texte pour voir où se passe l'histoire et de quel animal on parle dans l'histoire (Tierney, 1990). Ce type de préparation est trop général pour vraiment activer les connaissances nécessaires à la lecture du texte.

En ce qui concerne la préparation qui ne cible pas les bons concepts, voici un exemple rapporté par des chercheurs qui ont expérimenté des façons différentes de préparer les élèves à la lecture d'une fable turque. Cette fable porte sur un personnage naïf nommé Hodja. Un ami espiègle, Ali, lui donne une citrouille et lui dit que c'est un œuf d'âne et que, s'il s'assoit dessus, un ânon en sortira. Après quelques semaines, l'œuf commence à ramollir et à sentir mauvais. Hodja décide de s'en débarrasser. Il monte l'œuf au haut d'une colline et le laisse tomber en bas. L'œuf dévale la colline, frappe un arbre, se fend et réveille un lapin endormi. Hodja, qui voit l'animal aux longues oreilles s'enfuir, pense que c'est un ânon et il regrette la perte de son œuf.

Les chercheurs ont expérimenté deux types de préparation avec ce texte. Dans le premier groupe, la préparation a porté sur les concepts proposés dans le guide pédagogique, c'est-à-dire sur la Turquie et sur le fait qu'il n'y a pas d'œuf d'âne. Dans le deuxième groupe, les élèves ont été préparés à l'idée de « jouer un tour », à celle de la naïveté ainsi qu'à la similitude entre les oreilles de l'âne et celles du lapin. Les élèves qui ont discuté de ces idées avant de lire l'histoire ont mieux compris la fable que ceux qui ont discuté des concepts suggérés dans le guide pédagogique (Beck, 1986). En effet, pour comprendre cette histoire, il était plus important de se pencher sur les comportements humains (la naïveté, le tour joué) et sur l'objet de la méprise (la forme des oreilles) que sur la description de la Turquie comme pays.

Stimuler les connaissances et les compléter

Très souvent, en classe, la mise en situation se limite à expliquer brièvement le sujet du texte aux élèves et à leur donner des questions auxquelles ils auront à trouver les réponses dans le texte. Les élèves sont passifs dans ce genre de mise en situation. Pour les rendre actifs, il faut les mêler au processus d'activation de leurs propres connaissances.

Les activités d'association d'idées, familières à la plupart des enseignants, permettent d'activer les connaissances. Elles consistent essentiellement à demander aux élèves de dire ce qui leur vient à l'esprit lorsqu'on mentionne tel ou tel concept tiré du texte à lire. L'association d'idées fournit aux élèves une occasion de préciser les connaissances qu'ils possèdent déjà sur un sujet, de les élaborer et de les évaluer avant la lecture d'un texte. Concrètement, vous choisissez d'abord trois ou quatre concepts clés dans le texte à lire et vous procédez selon les étapes suivantes :

PREMIÈRE ÉTAPE

Les premières associations à l'aide du concept. Vous invitez les élèves à effectuer des associations d'idées à l'aide du concept présenté : « Dites-moi ce à quoi vous fait penser… » Vous pouvez présenter une illustration du concept clé au besoin. Au fur et à mesure que les élèves fournissent des associations, vous les écrivez au tableau.

DEUXIÈME ÉTAPE

La réflexion sur les associations. Vous demandez aux élèves de revenir sur leurs associations : « Qu'est-ce qui vous a fait penser à… ? » Cela encourage les élèves à s'interroger sur l'origine de leurs propres associations et à juger de la pertinence de leurs idées. Cette étape permet souvent aux élèves d'affiner leurs associations.

TROISIÈME ÉTAPE

La reformulation. Vous encouragez les élèves à faire part au groupe des nouvelles informations ou des nouvelles idées qui leur ont été suggérées lors de la discussion : « Voulez-vous ajouter quelque chose ? Avez-vous de nouvelles idées ? » Ici, les élèves complètent l'activation de leurs connaissances.

Organiser les connaissances

Une fois que vous aurez stimulé les connaissances des élèves et que vous les aurez ramenées à leur mémoire, vous devrez en faciliter l'organisation, c'est-à-dire aider les élèves à établir des liens entre les différents concepts mentionnés lors de la période de stimulation. Il est plus facile de rattacher une connaissance à un tout organisé qu'à un ensemble d'informations éparses. L'organisation des idées peut se faire de façon verbale ou encore visuelle, par le biais des constellations sémantiques.

Les constellations sémantiques, connues aussi sous le nom de « réseaux sémantiques » ou de « cartes sémantiques », servent à représenter graphiquement les connaissances que possèdent les élèves sur un thème avant la lecture d'un texte. Cette technique offre l'avantage d'associer les élèves à l'organisation de leurs idées en les conduisant à déterminer et à expliquer les relations entre les différents concepts. Les constellations sémantiques peuvent revêtir des formes graphiques comme : (1) les schémas de définition ; (2) les constellations du type association ; (3) les constellations du type regroupement.

LE SCHÉMA DE DÉFINITION

Le schéma de définition est en fait une représentation graphique des composantes classiques d'un concept. Il comprend la catégorie à laquelle appartient le concept clé, des caractéristiques du concept et des exemples. Ce type de constellation convient bien aux textes qui portent sur un concept bien délimité (voir la figure 10.1).

FIGURE 10.1
Schéma de définition

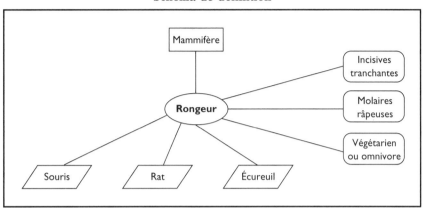

LA CONSTELLATION DU TYPE ASSOCIATION

La constellation peut également prendre la forme de mots reliés au concept central et entre eux à l'aide de flèches. Cette façon de procéder, intéressante en soi, peut cependant déboucher sur un assemblage visuel qui risque d'être confus (voir la figure 10.2). Il faudra donc être vigilant au moment de la création de ce type de constellation.

Habituellement, la constellation est réalisée au tableau par l'enseignant, mais il peut être intéressant d'amener chaque élève à construire sa propre constellation en manipulant les mots clés. Il s'agira de faire écrire aux élèves les mots clés sur de petits cartons ou de leur remettre une feuille contenant les mots clés sous forme d'étiquettes à découper. Les élèves organiseront les mots clés sur leur pupitre. Ils pourront éventuellement les coller et compléter leur graphique à l'aide de flèches (Hadaway et Young, 1994). Signalons qu'il existe sur le marché de petits disques de plastique de forme ovale (de différentes grandeurs et couleurs) sur lesquels les élèves peuvent écrire (et effacer) les concepts qui leur serviront à organiser leur constellation sémantique.

LA CONSTELLATION DU TYPE REGROUPEMENT

Enfin, le troisième genre de constellation est un graphique qui présente des associations regroupées en catégories ; les catégories sont elles-mêmes reliées au concept central. Ce type de constellation est probablement plus facile à comprendre pour les élèves (voir la figure 10.3).

Voici une démarche qui permet de créer une constellation par le regroupement des mots en catégories :

1. Choisir un concept central du texte à lire.

2. Écrire le mot au tableau.

FIGURE 10.2
Constellation du type association

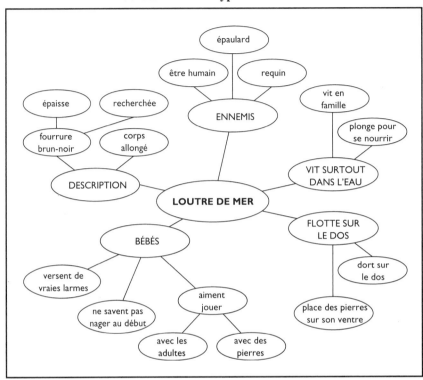

Adapté de Heimlich et Pittelman (1986). Traduction de l'auteure.

FIGURE 10.3
Constellation du type regroupement

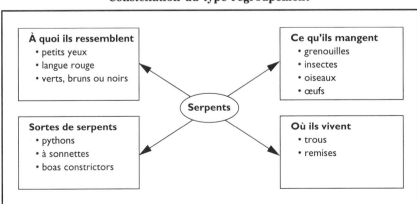

3. Faire un remue-méninges (*brainstorming*) en groupe sur le concept et lister ces mots au tableau. On pourrait éventuellement écrire les mots en catégories dès cette étape, mais, dans la pratique, il s'avère difficile d'écouter les élèves, d'écrire les mots et de les regrouper en même temps.

4. Laisser les élèves travailler individuellement ou en équipe quelques minutes pour trouver d'autres mots et les ajouter à la liste.

5. Pour regrouper les mots en catégories, il s'agit de réécrire les mots recueillis sur une autre partie du tableau en demandant aux élèves des suggestions de noms de catégories. Lorsque les élèves connaissent bien la technique, on peut leur demander de choisir eux-mêmes les éléments à regrouper.

LE VOCABULAIRE ET LA MISE EN SITUATION

La façon traditionnelle de traiter le vocabulaire dans la mise en situation consiste à expliquer aux élèves les mots difficiles avant la lecture. Est-ce la meilleure manière de procéder? Pour répondre à cette question, imaginez l'expérience suivante. Deux groupes d'élèves ont à lire un texte dans un manuel; un groupe reçoit des informations sur la signification de certains mots difficiles, l'autre groupe n'a droit à aucun enseignement. Les deux groupes lisent ensuite le même texte et passent le même test de compréhension. Les élèves que l'on a renseignés sur le vocabulaire obtiendront-ils un meilleur résultat en compréhension? Vous croyez probablement que la réponse est oui. Mais, contrairement aux conceptions courantes, la réponse est souvent non (Nagy, 1988).

La plupart des enseignants sont surpris de cette réponse étant donné ce que l'on sait du lien existant entre le vocabulaire et la compréhension. Trois raisons peuvent expliquer ces résultats:

1. Les élèves n'ont pas besoin de comprendre tous les mots du texte pour saisir l'essentiel de celui-ci (ce qui est particulièrement vrai dans les textes narratifs).

2. La signification de certains mots nouveaux peut être déduite du contexte; l'enseignement préalable n'est donc pas nécessaire. Soulignons que ce pré-enseignement des mots nouveaux ne favorise pas le développement de l'habileté des élèves à extraire le sens à l'aide du contexte. Dans la vie réelle, personne ne leur expliquera les mots difficiles avant la lecture.

3. L'enseignement qui est fourni avant la lecture est souvent trop superficiel pour s'avérer utile. Précisons qu'il existe deux types de mots: les appellations nouvelles et les concepts nouveaux. Les élèves peuvent posséder le concept en cause mais ne pas connaître le mot utilisé. Par exemple, ils peuvent ne pas connaître le mot «lunule», mais ils n'auront aucun mal à en comprendre le sens si on leur dit qu'il s'agit des demi-cercles

blancs à la base des ongles. D'autre part, il peut s'agir d'un concept nouveau. Par exemple, le fait de définir avant la lecture le terme « démocratie » pour des élèves qui ont peu de connaissances sur les types de gouvernement ne suffira pas à améliorer leur compréhension du texte. Pour vous convaincre de cette réalité, faites l'expérience qui suit :

Imaginez que quelqu'un vous donne les définitions suivantes avant la lecture d'un texte :

Noème : Objet intentionnel de pensée pour la phénoménologie.

Phonon : Quantum d'énergie acoustique, analogue acoustique du photon.

Sélénite : Sel de l'acide sélénieux.

Pensez-vous que ces définitions vous aideront à comprendre un texte qui contient ces mots ?

Donner la définition des mots nouveaux avant la lecture n'est donc pas une stratégie toujours utile. Cependant, il sera profitable de le faire dans le cas des concepts préalables à la compréhension du texte. Il faut distinguer ici le vocabulaire cible, c'est-à-dire les concepts qui sont introduits et expliqués dans le texte, et le vocabulaire préalable, c'est-à-dire les concepts nécessaires pour comprendre le texte (Armbruster et Nagy, 1992). La règle à suivre est de s'assurer que les élèves possèdent le vocabulaire préalable pour comprendre le texte. Cependant, le vocabulaire cible ne sera pas enseigné avant la lecture ; il sera examiné plutôt pendant et après la lecture (Memory, 1990).

DES INTERVENTIONS PÉDAGOGIQUES CONCRÈTES

Dans cette section du chapitre, nous présentons différentes suggestions de mises en situation ; certaines activités ont été conçues pour accompagner des textes narratifs, alors que d'autres sont plus appropriées lors de la lecture de textes informatifs. Nous vous recommandons de planifier vos activités au cours de l'année de façon à placer au début de l'année celles qui demandent le plus votre participation, pour passer graduellement à des activités dans lesquelles les élèves seront plus autonomes.

Des versions différentes de la même histoire

Essentiellement, cette activité consiste à demander aux élèves de composer une histoire à l'aide d'une liste de mots clés tirés d'un texte. Les élèves comparent ensuite leur histoire avec le texte original. Cette activité permet aux élèves de faire des prédictions sur le contenu de l'histoire et d'établir des liens entre ces prédictions. Voici la séquence des étapes à franchir :

PREMIÈRE ÉTAPE

Présentez l'activité : « Aujourd'hui, avant de commencer à lire, nous allons essayer de deviner ce que pourrait raconter cette histoire. Voici une liste de mots clés tirés du texte que nous lirons. Nous allons employer ces indices pour écrire notre version de l'histoire. Ensuite, nous allons comparer notre histoire avec celle de l'auteur. »

DEUXIÈME ÉTAPE

Présentez les mots clés au tableau ou à l'aide d'un rétroprojecteur. Amenez tous les élèves de la classe à relier les mots logiquement de façon à former une histoire.

Les mots clés doivent représenter la structure du récit : ils seront choisis de façon à inclure dans la liste qu'ils composent chacun des éléments importants du récit (les personnages, l'événement déclencheur, la tentative pour résoudre le problème, etc.). Il est préférable de se servir des termes mêmes du texte et de ne pas dépasser deux ou trois mots par indice (par exemple, « Noël », « l'oiseau », « la fin de l'année »). La liste sera constituée de 10 à 15 indices (voir la figure 10.4).

TROISIÈME ÉTAPE

Écrivez au tableau l'histoire que le groupe produira ainsi.

QUATRIÈME ÉTAPE

Faites lire aux élèves la version de l'auteur et demandez-leur de la comparer avec le texte écrit par la classe.

CINQUIÈME ÉTAPE

Reprenez la même démarche, mais, cette fois-ci, faites travailler les élèves en équipe ou individuellement.

Il s'est avéré que cette activité améliorait la compréhension du texte chez des élèves de différents niveaux du primaire. Le fait d'avoir trouvé une histoire semblable à celle de l'auteur n'est pas un facteur de réussite dans l'emploi de cette technique ; c'est plutôt le processus lui-même consistant à poser des hypothèses et à les vérifier dans le texte original qui semble faciliter la compréhension des élèves (Bligh, 1990). La démarche précédente convient à des lecteurs autonomes ; voici une version de cette activité adaptée pour des élèves de première année (Graham et autres, 1991) :

1. L'enseignant présente un livre nouveau et engage avec les élèves une discussion fondée sur le titre, l'auteur et la couverture.

2. Les élèves font des prédictions à l'aide de la présentation.

3. La classe compose oralement une histoire en s'appuyant sur les prédictions qui se sont dégagées précédemment. L'enseignant écrit cette histoire au tableau.

4. L'enseignant lit ensuite le livre avec les élèves sous forme de lecture guidée.

5. L'histoire composée par les élèves est comparée à l'histoire réelle.

FIGURE 10.4
Liste d'indices

Mots clés	Histoire personnelle
ma sœur Maryse ⬇ six ans ⬇ bonbons ⬇ argent ⬇ vieille poupée ⬇ billets à vendre ⬇ sonner aux portes ⬇ voisine amusée ⬇ maman surprise ⬇ rembourser voisines ⬇ piger un nom ⬇ Georgette	

La technique des mots clés

On peut employer la même technique avec des textes informatifs. Dans ce cas, il s'agit de remettre aux élèves, avant la lecture, une liste de mots clés tirés du texte à lire. Les mots clés sont choisis de façon à représenter les informations importantes du texte. L'exemple suivant porte sur la fabrication du miel (Nessel, 1988) :

1/2 kg de miel	100 kg de miel
400 fleurs	5 km
les ouvrières	5 millions de fleurs
recueillir le nectar	rayons de cire
80 000 km	les butineuses
5 semaines	un été

Il s'agit d'expliquer aux élèves que cette liste de mots est construite à l'aide d'un texte sur la fabrication du miel par les abeilles et que leur tâche consiste à regrouper les mots d'une façon qui leur semble plausible. Les regroupements comprennent habituellement de trois à cinq mots, mais les élèves sont libres d'utiliser le nombre de regroupements qu'ils désirent. Les élèves travaillent en équipe et essaient différents arrangements de mots jusqu'à ce que chaque élément de la liste soit placé dans un regroupement.

Pour effectuer la tâche, les élèves doivent échanger leurs points de vue et les justifier. Par exemple, un élève dira que les abeilles doivent recueillir le nectar de 400 fleurs pour fabriquer un demi-kilo de miel et que cela prend 5 semaines. Un autre élève dira que ce n'est pas un demi-kilo de miel qu'on peut produire en 5 semaines, mais plutôt 100 kilos de miel, toujours avec le nectar de 400 fleurs.

La discussion et les prédictions créent chez les élèves le désir de lire le texte pour trouver l'information exacte. Toutefois, rappelons qu'il est indispensable que l'activité encourage l'élève à comparer ses connaissances à celles du texte. En effet, les élèves apportent habituellement des connaissances erronées en discutant en équipe et on sait que cela peut handicaper la lecture si aucune intervention n'est prévue par la suite (Guzzetti et autres, 1993). Cependant, si le lecteur est prévenu que l'information contenue dans le texte ne correspondra pas nécessairement aux connaissances qu'il possède déjà et si on lui explique clairement qu'il doit vérifier les points où il y a un désaccord, la tâche peut alors permettre de modifier les connaissances erronées.

Une activité d'association d'idées en équipe

Les activités d'association d'idées, avant la lecture d'un texte, peuvent avantageusement être réalisées par des équipes d'élèves. L'activité suivante sera plus profitable pour des élèves de la fin du primaire (Nagy, 1988).

Vous divisez le groupe en équipes de quatre ou cinq élèves. Vous proposez deux mots clés tirés du texte à lire. Par exemple, dans un texte portant sur la relation entre les humains et les ordinateurs, les mots clés pourraient être « ordinateur » et « liberté ». Chaque équipe dispose de 90 secondes pour associer le plus de mots possible au premier mot clé. Un secrétaire note les associations des autres membres de l'équipe. Lorsque le temps est écoulé, le secrétaire relit la liste de mots. Puis on alloue encore 90 secondes pour les associations autour du deuxième mot clé : le secrétaire prend une deuxième feuille et procède comme à l'étape précédente. L'équipe choisit ensuite cinq mots de la première liste qu'elle associe à cinq mots de la deuxième liste, en donnant les raisons qui l'amènent à effectuer ces associations. Lorsque toutes les équipes ont terminé leur travail, les secrétaires viennent au tableau, à tour de rôle, écrire la liste des associations générées au sein de leur équipe. Les élèves des autres équipes peuvent leur demander des explications lorsqu'une association ne leur semble pas évidente.

Les élèves sont maintenant prêts à lire le texte portant sur l'ordinateur et la liberté. Ils auront la surprise d'y retrouver plusieurs mots apparaissant dans leurs listes d'associations.

La technique SVA

Le sigle de cette technique, SVA, renvoie aux trois processus cognitifs mis à contribution dans l'activité : identifier ce que je **S**ais, déterminer ce que je **V**eux apprendre et préciser ce que j'ai **A**ppris à la suite de la lecture (Jennings, 1991). Pour rendre ces étapes plus concrètes, les élèves ont à leur disposition une page séparée en trois colonnes sur laquelle ils inscrivent les informations appropriées au cours des trois étapes de l'activité (voir la figure 10.5). La démarche peut comporter des variantes, mais elle adopte habituellement le scénario suivant (Englert et autres, 1994 ; Ogle, 1989) :

PREMIÈRE ÉTAPE

Ce que je sais. Il s'agit de réaliser un remue-méninges avec toute la classe sur le concept central du texte à lire. Vous écrivez au tableau toutes les idées que les élèves suggèrent. Par exemple, lors d'un remue-méninges sur le désert, il est vraisemblable que les élèves du primaire apportent les idées suivantes : sable, dunes, chameaux, cactus, serpents, tempête de sable, chaleur, absence d'eau, etc. À l'aide de ces associations, votre rôle est d'amener les élèves, par vos questions, à préciser ce qu'ils savent et ce qu'ils ne savent pas sur le sujet. Par exemple, lorsqu'un élève propose un élément d'information, vous l'incitez à préciser comment il a acquis cette information ou encore comment il peut prouver son affirmation. Cela pousse les élèves à réfléchir sur leurs connaissances et les laisse libres de proposer des données

FIGURE 10.5
Activité SVA

S	V	A
		Ce que j'ai appris Ce qu'il me reste à apprendre
Ce que je sais	Ce que je veux savoir	

• sable (5)
• chameaux (1)
• dunes (5)
• serpents (1)
• cactus (2)
• tempête de sable (3)
• sec, peu d'eau (3)
• Afrique (4)
• Arizona (4)
	• Les éléphants vivent-
	  ils dans le désert?
	• Quels autres animaux
	  vivent dans le désert?
	• Comment peut-on
	  survivre sans eau?
	• Où sont situés les
	  déserts?	

Catégories 1. Animaux 2. Plantes	3. Climat 4. Localisation	5. Description 6. ...

Adapté de Ogle (1989). Traduction de l'auteure.

qui peuvent contredire une information apportée précédemment par un autre élève.

Vous demandez ensuite aux élèves de trouver une façon de regrouper les informations. Pour reprendre l'exemple précédent, les mots « chameaux » et « serpents » seront regroupés sous le thème « Animaux ». Les élèves inscriront ensuite le nom de cette catégorie dans l'espace approprié sur la page d'activité.

Lorsque toutes les informations sont classées en catégories, vous amenez les élèves à prédire le contenu du texte en leur suggérant de se mettre à la place d'un auteur qui écrit un texte sur le désert. « Si vous écriviez un texte sur le désert, quelles informations voudriez-vous y inclure? Que pensez-vous que vos lecteurs aimeraient savoir sur le désert? » Le groupe est ainsi incité à ajouter à la liste des catégories qu'il est susceptible de trouver dans le texte à lire.

DEUXIÈME ÉTAPE

Ce que je veux savoir. Après avoir procédé à la mise en commun des connaissances, vous amènerez les élèves à constater que certaines informations sont contradictoires ou encore qu'ils ne possèdent aucune information sur certaines catégories. Dans l'exemple sur le désert, il est possible que les élèves ne s'entendent pas sur les animaux qui y vivent. Vous pourrez suggérer les questions suivantes : « L'éléphant vit-il dans le désert ? », « Quels sont les animaux qui vivent dans le désert ? » Votre rôle d'enseignant est ici crucial, car c'est à cette étape que vous susciterez chez les élèves la motivation à lire le texte et à rechercher activement l'acquisition de connaissances nouvelles. Alors que, jusqu'à ce moment, l'activité se déroulait en groupe, vous inviterez les élèves à écrire individuellement ce que chacun désire apprendre en lisant le texte.

TROISIÈME ÉTAPE

Ce que j'ai appris. Après la lecture, lors d'une discussion de groupe, les élèves partagent les connaissances qu'ils ont acquises et font part des questions restées sans réponse. Ces questions éveilleront leur désir de consulter d'autres livres de référence.

Les guides de prédiction

Un guide de prédiction consiste en une série de questions préparées par l'enseignant auxquelles les élèves répondent avant de lire le texte ; les réponses attendues sont habituellement du type « d'accord » ou « pas d'accord ». Les élèves lisent ensuite le texte pour vérifier si les réponses qu'ils ont données au questionnaire correspondent aux informations contenues dans le texte. Le guide de prédiction vise donc à amener les élèves à percevoir les différences entre leurs concepts et ceux présentés dans le texte et, grâce à cet écart, à modifier leurs connaissances erronées (Duffelmeyer, 1994). Le guide fournit également un but à la lecture en suscitant la curiosité des élèves ; en effet, ceux-ci seront vivement intéressés à vérifier dans le texte si leurs connaissances étaient exactes ou non (voir la figure 10.6).

Nous suggérons les étapes suivantes pour l'élaboration d'un guide de prédiction :

1. Déterminez soigneusement les principaux concepts ou faits que vous désirez que les élèves apprennent en lisant le texte.

2. Identifiez ensuite les conceptions probables des élèves par rapport à ces concepts ou ces faits.

3. Rédigez de trois à cinq énoncés qui sont susceptibles de correspondre aux conceptions actuelles des élèves et qui sont incompatibles avec l'information contenue dans le texte. Assurez-vous que les élèves puissent utiliser leurs connaissances lorsqu'ils répondent et évitez les questions qui portent sur une information très précise (par exemple, « Jacques Cartier a découvert le Canada en 1534 »).

FIGURE 10.6
Guide de prédiction

Directives : Lis chaque énoncé. Si tu crois que l'énoncé est vrai, place un crochet (✓) dans la colonne **D'accord**. Si tu crois que l'énoncé est faux, place un crochet (✓) dans la colonne **Pas d'accord**. Prépare-toi à expliquer tes choix.

	D'accord	Pas d'accord
1. Une pomme par jour éloigne le médecin.	_____	_____
2. Si tu veux vivre longtemps, sois végétarien.	_____	_____
3. Trois repas équilibrés par jour satisferont tous tes besoins nutritionnels.	_____	_____
4. Les calories font engraisser.	_____	_____

Adapté de Tierney et autres (1990). Traduction de l'auteure.

4. Présentez le guide de lecture au groupe et demandez aux élèves de le remplir individuellement.

5. La tâche terminée, animez une brève discussion sur chaque affirmation en demandant aux élèves de dire s'ils sont d'accord ou non avec l'affirmation. Invitez un élève qui est d'accord avec l'affirmation à justifier son point de vue, puis demandez la même chose à un élève qui n'est pas d'accord avec celle-ci.

6. Les élèves lisent ensuite le texte individuellement et remplissent un deuxième questionnaire. Ce questionnaire invite chacun d'eux à comparer ses connaissances initiales avec les informations contenues dans le texte. Si l'élève possédait des connaissances erronées, il reformule dans ses propres mots la connaissance acquise sur ce sujet afin de mieux intégrer celle-ci.

7. Une nouvelle discussion de groupe sert enfin à identifier chez les élèves les conceptions qui ont été modifiées par la lecture du texte.

Le guide de prédiction permet donc d'agir à la fois sur les connaissances à acquérir et sur les connaissances erronées. Cette technique habitue l'élève à se questionner sur ses propres connaissances et à les mettre en relation avec les informations que contient le texte lu. Cependant, il faut prendre en considération que cette technique demandera plusieurs applications avant que les élèves n'arrivent à la maîtriser (Leblanc, 1994).

Les textes portant sur le même thème

Pour faciliter la lecture d'un texte un peu plus difficile, vous pouvez commencer par faire lire aux élèves un texte plus simple qui présente les concepts en jeu. Choisissez un court texte portant sur le thème du texte que vous désirez faire lire. Demandez aux élèves de le lire, puis animez une courte discussion. Pendant la discussion, mettez en évidence le vocabulaire et les concepts qui seront importants dans le deuxième texte.

CONCLUSION

Les activités de mise en situation ont comme rôle de préparer les élèves à la lecture du texte en activant leurs connaissances, en leur fournissant une intention de lecture et en les motivant à lire le texte. Cependant, l'enseignant veillera à rendre les élèves conscients qu'ils doivent eux-mêmes utiliser des stratégies de préparation lorsqu'ils ont à lire un texte individuellement.

11 Les interventions pendant et après la lecture

Sommaire

INTRODUCTION

Dans ce chapitre, nous avons réuni des interventions pédagogiques qu'on peut réaliser pendant et après la lecture d'un texte en classe. Les interventions pendant la lecture auront surtout comme objectif d'amener les élèves à dégager le sens du texte en utilisant des stratégies de lecture variées. Quant aux interventions après la lecture, elles viseront à amener les élèves à réagir au texte par le biais de différents moyens d'expression.

LES INTERVENTIONS PENDANT LA LECTURE

Pendant la lecture, la responsabilité fondamentale du lecteur est de construire le sens du texte. Pour aider l'élève à atteindre cet objectif, vos interventions seront de deux types. D'une part, votre rôle consistera à approfondir des aspects du texte qui passeraient inaperçus sans votre concours. D'autre part, vous encouragerez les élèves à employer des stratégies de lecture, comme faire des liens avec leurs connaissances, faire des inférences, générer des questions, vérifier des prédictions ou résumer des parties d'un texte.

Dans cette section du chapitre, nous présenterons des principes généraux ainsi que des activités qui se prêtent bien à des interventions pendant la lecture. Nous nous attarderons en particulier à l'enseignement réciproque et au théâtre de lecteurs.

Les principes de l'intervention pendant la lecture

Il est certain qu'on ne peut pas véritablement intervenir pendant que l'élève lit ; on ne peut pas entrer dans sa tête. Intervenir pendant la lecture, c'est en fait intervenir après des parties plus ou moins longues du texte (Maria, 1990).

Faut-il toujours intervenir pendant la lecture ?   Il n'est pas nécessaire d'intervenir chaque fois que les élèves ont à lire un texte. Les interventions pendant la lecture ne doivent pas remplacer la lecture personnelle ; elles doivent plutôt servir à guider les élèves dans l'application de stratégies de lecture.

Faut-il séparer le texte en plusieurs unités ?   Tout dépend d'abord du texte : une histoire est souvent moins dense quant à son contenu qu'un texte informatif et elle peut être séparée en unités plus grandes ; cependant, il ne s'agit pas là d'une règle absolue. Tout dépend aussi des élèves : les élèves plus jeunes et les élèves moins habiles ont de la difficulté à lire des textes longs ; les interventions fréquentes au cours de la lecture leur sont donc utiles. Tout dépend enfin de la stratégie enseignée : si, par exemple, votre objectif est de travailler à la prédiction, il faudra interrompre la lecture au moment où on peut faire des prédictions ou encore les vérifier (Maria, 1990).

Faut-il faire lire le texte oralement ou silencieusement? En principe, vous demanderez aux élèves de lire le texte silencieusement, mais avec de jeunes lecteurs, la lecture orale peut vous permettre de voir si le texte est trop difficile sur le plan de l'identification de mots.

L'enseignement réciproque

L'enseignement réciproque est un modèle d'enseignement particulièrement approprié pendant la lecture même du texte. Contrairement à l'enseignement traditionnel dans lequel le dialogue provient de l'enseignant et est orienté vers un ou plusieurs élèves, dans l'enseignement réciproque, le dialogue touche tous les membres du groupe, chacun à tour de rôle ayant la responsabilité de guider la discussion sur la portion du texte lue. Ce n'est pas, cependant, une situation d'échange libre, car l'enseignement réciproque vise précisément l'application de quatre stratégies de lecture : poser des questions, résumer des parties du texte, clarifier celles-ci et faire des prédictions (Palincsar et Brown, 1986, 1988 ; Palincsar et Klenk, 1992, 1993). Un nombre considérable de recherches confirment l'avantage de l'enseignement réciproque sur d'autres façons de procéder (Meloth et Deering, 1994).

LES QUATRE STRATÉGIES DE L'ENSEIGNEMENT RÉCIPROQUE

Les quatre stratégies qui font partie de l'enseignement réciproque sont des stratégies qu'utilisent les bons lecteurs et qui sont indispensables en lecture :

1. **Poser des questions** permet aux élèves de découvrir graduellement ce qui fait l'essentiel d'une bonne question. L'enseignant accepte les questions littérales de l'élève, mais lorsque vient son tour, il lui fournit un modèle de question d'un niveau plus élevé.

2. **Résumer un texte** est une bonne façon d'intégrer l'information. Dans l'enseignement réciproque, les élèves résument successivement chacune des parties du texte, ce qui les aide à s'attacher aux informations importantes, à les intégrer et à les traiter plus en profondeur. C'est aussi une manière de vérifier leur compréhension ; en effet, les élèves qui n'arrivent pas à résumer une partie du texte se rendent compte qu'ils n'ont pas compris la partie en question.

3. **Clarifier un texte** permet aux élèves de porter attention aux éléments qui peuvent le rendre difficile à comprendre. Cette stratégie est particulièrement importante pour les élèves qui ne s'aperçoivent pas qu'ils comprennent ou qu'ils ne comprennent pas un texte.

4. **Faire des prédictions** consiste à deviner ce qui viendra ensuite dans le texte. Pour ce faire, les élèves doivent activer leurs connaissances

antérieures. Ils ont alors un objectif pour poursuivre leur lecture, soit la vérification de leurs prédictions.

À l'aide de ces quatre stratégies, l'enseignant joue son rôle de facilitateur en guidant chaque élève vers la maîtrise des stratégies ; ses interventions se modifieront tout au long des rencontres. Le rôle de l'enseignant est de fournir à l'élève juste assez d'aide pour qu'il atteigne un but qu'il n'aurait pas atteint sans cette aide. Toutes les interventions se font dans un partage de la tâche : les membres du groupe utilisent les stratégies à tour de rôle. Lorsque l'enseignant conduit le dialogue, il présente un modèle de la stratégie cible. Lorsque vient son tour, l'élève applique la stratégie dans un contexte familier et signifiant.

En plus de favoriser ces quatre stratégies cognitives, l'enseignant essaie d'augmenter chez les élèves le sentiment de compétence en encourageant leurs progrès. Il rappelle aux élèves que ces stratégies ont pour but de les aider à mieux comprendre leur texte et à mieux vérifier leur compréhension ; il leur apprend que leurs résultats s'améliorent considérablement lorsqu'ils utilisent ces stratégies.

L'ORGANISATION DES GROUPES

Vous pouvez utiliser l'enseignement réciproque avec des sous-groupes de différentes tailles, mais le sous-groupe comprendra habituellement cinq ou six élèves. Lors d'une séance d'enseignement réciproque, les élèves ont en main un texte séparé en unités. Pour chacune des unités, un membre du groupe est nommé leader. Le rôle du leader est d'utiliser les stratégies et d'amener les autres membres du groupe à les utiliser.

Plus précisément, le leader (l'enseignant ou un élève) pose des questions sur le contenu du texte. Les membres du groupe discutent des questions, en soulèvent d'autres et, en cas de désaccord, relisent le texte. Le leader résume le texte et les autres membres apportent leur contribution en complétant le résumé. Le leader leur demande s'il y a des clarifications à faire dans le texte et celles-ci sont analysées en groupe. Enfin, le leader fait des prédictions sur la suite du texte et invite les membres du groupe à proposer leurs propres prédictions qui se baseront sur leurs connaissances ou sur des indices du texte. Puis, on change de leader pour la portion suivante du texte.

LA PÉRIODE D'INITIATION AUX QUATRE STRATÉGIES

Lorsque vous initiez les élèves à l'enseignement réciproque, vous devez d'abord leur présenter les quatre stratégies auxquelles ils devront faire appel. Une bonne façon de procéder consiste à tenir une première rencontre dans laquelle vous exposerez l'ensemble des stratégies pour que les élèves se fassent une bonne idée de l'enseignement réciproque. Puis, vous reprendrez chacune des stratégies en les expérimentant dans quatre rencontres. Lorsque toutes les stratégies auront été présentées, vous commencerez à les employer simultanément au cours d'une séance.

Les extraits suivants proviennent d'un enseignement réciproque mené avec de jeunes élèves, à l'aide d'une l'histoire sur M. et Mme Oiseau qui cherchent un endroit pour construire leur nid (Maria, 1990) :

L'ENSEIGNANT : C'est moi qui joue le rôle du professeur. Aussi, la première chose que je vais faire, c'est de poser une question : « Pourquoi M. Oiseau chante-t-il ? »

L'ÉLÈVE 1 : Parce qu'il est content.

L'ENSEIGNANT : Parce qu'il est content. Très bien. Pourquoi est-il content ?

L'ÉLÈVE 4 : Parce qu'il a un joli nid.

L'ENSEIGNANT : Bien. Maintenant, je vais résumer ce que nous venons de lire : « M. Oiseau est content de son nid. Il pense que c'est le meilleur des nids. » Ce que je vais faire maintenant, c'est d'essayer de deviner ce qui va se passer à la page suivante. Regardons l'image. Que pensez-vous qu'il y a dans le trou, ici ?

L'ÉLÈVE 2 : Mme Oiseau.

L'ENSEIGNANT : Oui, c'est Mme Oiseau. A-t-elle l'air très heureuse ?

L'ÉLÈVE 5 : Non.

L'ENSEIGNANT : Non. Vous savez ce que je pense qu'il va arriver. Je pense… (L'élève 3 lève la main.)

L'ÉLÈVE 3 : Qu'elle va avoir un mal de tête.

L'ENSEIGNANT : Oui, elle ressemble à quelqu'un qui est sur le point d'avoir un gros mal de tête. Je pense que c'est parce qu'elle n'est pas contente de son nid. Qu'en pensez-vous ? Allons voir.

(L'enseignant demande à un élève de lire le paragraphe suivant.)

L'ÉLÈVE 5 : (Il lit :) « Mme Oiseau sort de sa maison. Ce n'est pas un très bon nid, dit-elle. »

L'ENSEIGNANT : J'avais bien deviné, n'est-ce pas ?

(L'enseignant continue à démontrer comment utiliser les stratégies dans les pages suivantes.)

L'ENSEIGNANT : C'est au tour de (il désigne l'élève 3) d'être le professeur. Que dois-tu faire comme professeur pour commencer ?

L'ÉLÈVE 3 : Poser des questions.

L'ENSEIGNANT : Bien. Tu es le professeur, alors pose des questions qu'un professeur poserait.

L'ÉLÈVE 3 : Qu'est-ce que c'est ? (Il montre l'image de la boîte postale avec l'oiseau dessus.)

L'ÉLÈVE 5 : C'est une boîte postale.

L'ÉLÈVE 3 : Bien.

L'ENSEIGNANT : C'est une question que j'aurais posée, mais j'aurais dit : « Où Mme Oiseau veut-elle construire son nid ? » Maintenant, résume-nous ce que tu viens de lire.

L'ÉLÈVE 3 : Ils vont mettre le courrier dans la boîte postale (cette information n'est fournie qu'à la page suivante).

L'ENSEIGNANT : Tu es en train de prédire ce qui va se passer. Pour résumer, tu dois parler seulement de ce que nous avons lu. Les oiseaux vont faire un nid…

L'ÉLÈVE 3 : Dedans.

L'ENSEIGNANT : Dans quoi ?

L'ÉLÈVE 3 : Dans la boîte postale.

L'ENSEIGNANT : Très bien. Maintenant, mets tout cela ensemble.

L'ÉLÈVE 3 : Les oiseaux sont entrés dans la boîte postale pour y faire leur nid.

L'ENSEIGNANT : Maintenant, la prochaine étape est de deviner ce qui va se passer. Tu l'as déjà fait. Qu'as-tu dit que les gens allaient faire ?

L'ÉLÈVE 3 : Mettre du courrier dans la boîte postale.

(L'enseignant choisit un autre élève qui sera professeur et la rencontre continue.)

(Un élève lit la partie suivante : « Alors, M. Oiseau vit un gros chat bien gras. Il y avait un gros sourire gras sur sa grosse face de chat. Il y avait quelques jolies plumes brunes près de la bouche du gros chat gras. »)

L'ÉLÈVE 6 : Qu'est-ce que M. Oiseau pense qu'il est arrivé à Mme Oiseau ?

L'ENSEIGNANT : C'est une très bonne question. C'est exactement la question que j'aurais posée. Tu es un excellent professeur. Choisis quelqu'un qui répondra à ta question.

(Un élève donne une mauvaise réponse, l'élève 6 donne la parole à un autre élève.)

L'ÉLÈVE 5 : Le gros chat a mangé Mme Oiseau.

L'ENSEIGNANT : Est-ce la bonne réponse (il s'adresse à l'élève 6) ?

L'ÉLÈVE 6 : Oui.

L'ENSEIGNANT : Maintenant, que poserais-tu comme question ?

L'ÉLÈVE 6 : (Il est indécis.)

L'ENSEIGNANT : Je demanderais : « Pourquoi penses-tu cela ? »

(Un élève essaie de résumer le texte. Il regarde dans le livre et tente d'énumérer tout ce que les oiseaux ont utilisé pour faire leur nid.)

L'ENSEIGNANT : Nous n'avons pas besoin de savoir tout ce qu'ils ont utilisé. Veux-tu nous dire qu'ils ont utilisé beaucoup de choses ou peu de choses pour bâtir leur nid ?

L'ÉLÈVE 2 : Beaucoup de choses.

L'ENSEIGNANT : Dis-le en une phrase.

L'ÉLÈVE 2 : Ils ont utilisé beaucoup de choses.

L'ENSEIGNANT : Pour…

L'ÉLÈVE 2 : Ils ont utilisé beaucoup de choses pour bâtir leur nid.

L'ENSEIGNANT : Très bien. Tu nous as dit ce qu'il y avait de plus important : les oiseaux ont utilisé beaucoup de choses pour bâtir leur nid. Tu n'avais pas besoin de dire tout ce que les oiseaux avaient utilisé parce que, dans le résumé, on ne dit que les choses les plus importantes.

L'UTILISATION FLEXIBLE DES STRATÉGIES

Au début, vous recourrez aux quatre stratégies systématiquement au cours des rencontres. Cependant, par la suite, vous pourrez procéder de façon plus flexible. Par exemple, les stratégies poser des questions et résumer des parties du texte seront employées régulièrement, alors que les stratégies faire des prédictions et clarifier le texte seront utilisées au besoin. En effet, il n'est pas toujours possible de séparer le texte à des endroits où la prédiction est utilisée de manière naturelle. La clarification n'est pas non plus toujours nécessaire, car certaines parties du texte peuvent ne comporter aucune difficulté. Cependant, il faut être sensible au fait que plusieurs enfants refusent d'admettre qu'ils n'ont pas compris quelque chose. Lorsque vous sentirez qu'il y a un problème dans le texte, demandez aux élèves s'il y a quelque chose qu'ils n'ont pas compris ou encore que des élèves plus jeunes ne comprendraient pas.

À mesure que les élèves appliqueront avec plus de facilité les stratégies, votre rôle changera : vous deviendrez un entraîneur qui stimule les élèves et leur pose des défis, qui les encourage à utiliser les stratégies à un niveau plus élevé (par exemple, poser des questions plus complexes ou résumer un texte de façon plus concise). La structure du dialogue deviendra plus flexible et ressemblera davantage à une discussion ; il y aura moins d'interactions entre l'enseignant et l'élève et plus d'échanges entre les élèves. Au fur et à mesure de l'implantation des stratégies, vous encouragerez les élèves à se féliciter les uns les autres, à choisir le prochain professeur, à demander plus d'informations, à prendre l'initiative de passer à une autre stratégie.

L'ADAPTATION DE L'ENSEIGNEMENT RÉCIPROQUE

Comme l'enseignement réciproque limite votre participation à un sous-groupe d'élèves à la fois, vous pouvez organiser les autres groupes de telle sorte qu'ils fonctionnent de façon autonome. Par exemple, vous pouvez assigner un rôle à chacun des élèves : un élève sera chargé des prédictions, un autre des questions, un autre encore des clarifications, un des résumés et un dernier jouera le rôle de secrétaire, ce qui consistera à écrire les prédictions, les questions, les clarifications et le résumé du groupe. Les élèves changeront de rôle après chaque partie du texte (Heymsfeld, 1991).

Une autre manière de procéder consiste à diviser un groupe de huit élèves en quatre équipes de deux élèves (Marks et autres, 1993 ; Coley et autres, 1993). Chaque équipe est responsable d'une des quatre stratégies de l'enseignement réciproque. Avant la discussion en groupe, les élèves se réunissent par équipes, lisent le texte à deux, établissent leurs questions, leur résumé, leurs clarifications et leurs prédictions selon la tâche qui leur est attribuée. Durant cette période, vous offrez de l'aide au besoin. Pendant la période d'enseignement réciproque, les élèves sont réunis autour d'une table ; l'élève agissant à titre de leader pour cette journée commence la rencontre. Il a en main un carton laminé comprenant le nom des quatre stratégies et les directives nécessaires pour effectuer les transitions entre les stratégies. Il commence par : « Aujourd'hui, nous discutons de (le titre du texte). » Le leader demande alors à un des élèves responsables de poser une question. Les élèves répondent spontanément en parlant les uns aux autres sans avoir à lever la main. Après un temps d'échange, le leader demande à l'équipe désignée de poser une autre question. Cette formule est reprise pour les autres stratégies : le résumé, les clarifications et les prédictions.

Le théâtre de lecteurs

Un théâtre de lecteurs est composé de deux lecteurs ou plus qui présentent devant un auditoire un texte lu de façon expressive et dramatique (Hoyt, 1992). Le théâtre de lecteurs ressemble aux feuilletons radiodiffusés d'autrefois dans lesquels les dialogues étaient si bien lus qu'ils permettaient à l'auditeur de voir mentalement la scène et de se faire une idée du caractère des personnages. Le théâtre de lecteurs repose donc sur la capacité du lecteur de capter l'attention de l'auditoire par sa voix (Young, 1991).

LES COMPOSANTES DU THÉÂTRE DE LECTEURS

Le théâtre de lecteurs comprend les étapes suivantes (Wolf, 1993) :

1. Les élèves lisent une histoire.

2. Ils transforment l'histoire sous forme de scénario (la narration et les dialogues) ; pour ce faire, ils doivent sélectionner des éléments du texte en faisant des choix.

3. Ils répètent le texte et affinent leur interprétation.

4. Ils lisent leur scénario devant un auditoire.

Lorsqu'il s'agit de jeunes lecteurs, les étapes sont différentes. Ainsi, l'enseignant créera le scénario pour eux, alors que les élèves plus avancés apprendront à créer leurs scénarios eux-mêmes.

LES INTERVENTIONS PÉDAGOGIQUES À CHACUNE DES ÉTAPES

Nous présentons ci-dessous une série de suggestions susceptibles de vous aider à mettre en place un théâtre de lecteurs dans votre classe (Sebesta, 1992 ; Stayter et Allington, 1991 ; Young et Vardell, 1993).

Le choix du texte. Il est important de choisir un texte complet. Si le texte choisi est un extrait, il faut vérifier qu'il soit compréhensible en soi ; autrement, il s'agira d'ajouter un prologue pour présenter l'histoire.

Au début, le texte peut être le même pour tout le groupe, puis les élèves pourront choisir des textes individuellement. Le désavantage de n'avoir qu'un texte pour toute la classe réside dans le fait que peu d'élèves participent puisqu'il n'y a habituellement qu'un nombre limité de personnages dans le scénario. Pour contrer ce problème, on peut confier un personnage à un groupe d'élèves qui liront le texte en chœur ou encore diviser la classe en sous-groupes.

La création du scénario. Avec les jeunes lecteurs ou encore avec les lecteurs plus avancés que vous voulez initier, vous créerez vous-même le scénario (Young, 1991). Il s'agira de faire les choses suivantes :

· Choisir un texte intéressant qui comprend beaucoup de dialogues.

· Faire une photocopie du texte.

· Éliminer les « dit-il », les « s'exclama-t-il » ainsi que les passages qui ne sont pas indispensables à l'intrigue.

· Créer le rôle du narrateur : le texte du narrateur peut décrire une partie essentielle de l'intrigue qui n'est pas contenue dans le dialogue (le temps, le lieu, etc.). Cependant, la narration doit être réduite au minimum, elle ne doit pas dominer dans le scénario.

· Écrire dans la marge le nom du personnage et noter entre parenthèses des recommandations sur la façon de lire.

· Photocopier le scénario ou, si possible, demander aux élèves de réaliser les transformations directement dans leur texte.

Avant de passer au scénario entièrement créé par les élèves, vous pouvez graduer la tâche en assignant à des équipes de deux élèves une partie du texte à transformer en scénario. Lorsque les élèves seront capables de créer leur scénario eux-mêmes, ils travailleront en sous-groupes et sélectionneront, entre eux, les éléments à conserver.

La répétition du scénario.   Les élèves, réunis en sous-groupes, lisent d'abord le texte silencieusement, puis essaient d'interpréter différents personnages. On peut suggérer aux élèves de souligner les mots sur lesquels ils veulent mettre l'accent dans leur lecture. Il est important de faire comprendre aux élèves qu'il s'agit non pas de mémoriser le texte, mais de le lire de façon expressive. Insistez sur l'importance de la voix par rapport à celle des gestes (quelques effets spéciaux sont suffisants).

Durant cette étape, votre rôle sera de servir de modèle à la lecture expressive, d'aider les élèves à expérimenter différentes intonations et d'apporter votre soutien à ceux qui en auront besoin ; par exemple, vous pouvez relire un extrait, demander à un tuteur de le faire ou faire écouter un enregistrement.

La présentation du théâtre.   Pour que la présentation soit plus intéressante, on peut enseigner aux élèves comment « placer » leur regard lorsqu'ils lèvent les yeux du texte pendant la lecture. Lorsqu'il s'agit d'une réflexion que le personnage s'adresse à lui-même ou d'une transition entre les scènes, le lecteur regarde l'auditoire ou un point sur le mur au-dessus des têtes. Par contre, lorsqu'un personnage s'adresse à un autre personnage, il doit regarder ce dernier.

Même si le recours à des costumes n'est pas prévu dans le théâtre de lecteurs, on peut ajouter des accessoires simples, comme des macarons ou des chapeaux, pour identifier les personnages. Vous pouvez même filmer la représentation pour que les élèves se voient en pleine action. L'important, avant tout, est que les élèves aient du plaisir au cours de l'activité.

L'utilité du théâtre de lecteurs pour les élèves.   Le théâtre de lecteurs est une activité qui répond à plusieurs objectifs ; elle contribue à améliorer l'aisance en lecture des élèves, leur compréhension et leur image de soi.

L'amélioration de l'aisance en lecture.   Comme les élèves doivent lire leur texte à plusieurs reprises pour le rendre de façon intéressante, cette relecture a un effet marqué sur leur aisance.

L'amélioration de la compréhension.   À l'étape de la création du scénario, il y a de constantes discussions sur ce que l'auteur veut dire. Les élèves partagent leur propre compréhension du texte et doivent arriver à un accord sur la manière de représenter le sens dans le scénario. Les élèves considèrent et reconsidèrent le sens du texte ; leur compréhension s'en trouve ainsi améliorée. De plus, au moment de la lecture elle-même, les élèves utilisent le rythme, l'intonation et la mise en relief pour rendre le texte vivant, pour en faire ressortir le sens au profit de l'auditoire ; ils travaillent ainsi à comprendre toutes les nuances du texte.

L'amélioration de l'image de soi.   Le théâtre de lecteurs est également bénéfique pour l'image de soi des élèves en difficulté. Lorsque des élèves moins habiles présentent leur scénario à la classe et voient la réponse positive de l'auditoire, ils se sentent valorisés et sont encouragés à lire davantage.

Questionner l'auteur

L'activité consistant à questionner l'auteur vise à rendre les élèves actifs en leur donnant comme objectif de lire un texte en vue d'identifier les ambiguïtés dans sa formulation et de proposer des solutions pour le rendre plus clair. En d'autres mots, on donne aux élèves un « œil de réviseur ». La clé de ce concept réside dans la différence entre la tentative pour comprendre un texte et la tentative pour rendre un texte compréhensible. Ici, les élèves cherchent à rendre le texte compréhensible (McKeown et autres, 1992).

La difficulté à comprendre les textes informatifs est en partie attribuable au fait que certains textes destinés aux élèves manquent de cohérence ou d'explications et tiennent pour acquis que les élèves possèdent déjà un niveau de connaissances plus élevé. L'autorité que possède le manuel amène les élèves à attribuer leur incompréhension à leur propre incompétence ; mais le problème provient parfois du texte.

Il faudra d'abord amener les élèves à comprendre que le texte a été écrit par une personne faillible. Si le texte est écrit par un auteur faillible, il faut faire un effort pour trouver ce que l'auteur veut dire. Il s'agit de transformer cette vulnérabilité de l'auteur en objectif de lecture ; autrement dit, vous inciterez les élèves à lire le texte pour voir ce que l'auteur veut dire et déterminer s'il a réussi à le dire clairement.

La démarche comprend une démonstration préalable dans laquelle vous lirez un texte, décèlerez les problèmes et suggérerez des façons de réécrire le texte plus clairement. Les élèves sont ensuite amenés à appliquer eux-mêmes la technique. Au cours de la lecture, vous pouvez encadrer la démarche des élèves par des questions comme les suivantes :

- Qu'est-ce que l'auteur essaie de nous dire ?
- Pourquoi l'auteur veut-il nous dire cela ?
- Est-ce qu'il le dit clairement ?

Lorsque les élèves rencontrent des problèmes et des ambiguïtés, vous pouvez leur demander :

- Comment l'auteur aurait-il pu dire les choses plus clairement ?
- Que diriez-vous à la place de l'auteur ?

Dans une classe de quatrième année, on a exécuté l'activité consistant à questionner l'auteur. Pour cela, on a pris un récit qui portait sur la relation entre un oiseau et un blaireau. L'histoire présente un oiseau « détecteur de miel » qui aime manger de la cire d'abeille. Cet oiseau est capable de localiser les ruches, mais il est incapable de les ouvrir. Il décide de faire équipe avec un blaireau « mangeur de miel ». L'oiseau conduit le blaireau à une ruche que celui-ci ouvre. Dans le texte, on dit simplement que le blaireau mange tout le miel.

Au cours de la période de discussion suivant la lecture, un élève constate qu'il ne comprend pas comment l'oiseau peut manger si c'est le blaireau qui mange tout le miel. Un autre élève résume ainsi les modifications qui pourraient être apportées au texte : « Dans le texte, on dit seulement que l'oiseau détecteur de miel est un oiseau africain qui aime manger de la cire d'abeille. Il aurait fallu dire que l'oiseau s'est associé au blaireau parce que le blaireau est capable d'ouvrir les ruches et que, de cette façon, l'oiseau aura accès à la cire d'abeille. »

Bref, le but de la démarche est d'amener les élèves à rendre le texte compréhensible pour eux-mêmes. Ce genre d'intervention les oriente vers des stratégies de bon lecteur ; en effet, lorsque les lecteurs habiles butent sur un obstacle, ils le reconnaissent d'abord, puis ils adoptent une démarche pour le surmonter. De plus, cette activité est très motivante pour les élèves, car ils sont séduits par l'idée qu'il peut exister un écart entre ce que l'auteur a écrit et ce qu'il voulait dire.

LES INTERVENTIONS APRÈS LA LECTURE

Les interventions après la lecture ne doivent pas être considérées comme des activités d'enrichissement à faire « s'il reste du temps ». À l'opposé, elles occupent une place importante dans l'apprentissage de la lecture. Dans le cas de textes utilitaires, ces interventions serviront à inciter les élèves à utiliser les informations qu'ils auront retirées du texte. Dans le cas de textes littéraires, elles auront pour objectif d'encourager les élèves à réagir à leur lecture.

Il est certain que les interventions après la lecture ne doivent pas se limiter à une série de questions pour vérifier si les élèves ont compris le texte. Les façons de représenter sa pensée après avoir lu un texte peuvent revêtir des formes différentes, comme le mime, le dessin, la discussion et l'écriture.

Mimer ou jouer les histoires

De tout temps, les enseignants de la maternelle ont invité les enfants à « jouer » ou à « mimer » des histoires lues au groupe. Même si on peut penser que cette activité est réservée à la maternelle, elle est au contraire valable tout au long du primaire. Plusieurs études ont montré que les enfants qui jouent une histoire en ont une meilleure compréhension et en proposent un meilleur rappel que ceux qui ont discuté ou dessiné après la lecture de l'histoire. Non seulement la dramatisation facilite-t-elle la compréhension des histoires, mais elle semble favoriser les habiletés générales de compréhension (Christie, 1990 ; Martinez, 1993). Fait important à signaler, ces résultats sont obtenus sans que la supervision de l'enseignant soit nécessaire. En effet, on a découvert que des enfants qui dramatisent une histoire en sous-groupe, sans supervision de l'adulte, se souviennent mieux de l'histoire que ceux qui l'ont seulement écoutée.

Ces résultats s'expliquent par le fait que, pour jouer une histoire qui a été lue ou entendue, l'élève doit porter attention non seulement aux événements, mais également à la séquence de ces événements et aux relations entre eux. En ce sens, la dramatisation permet aux élèves d'affiner et d'approfondir leur compréhension. Elle leur permet aussi de développer leur schéma de récit, c'est-à-dire leurs connaissances sur la structure générale des histoires (Slaughter, 1993).

Une façon classique de procéder consiste à lire une histoire et à demander à des volontaires de la jouer. Soulignons qu'il est important de choisir des textes qui se prêtent bien à la dramatisation, soit des textes courts qui comportent beaucoup d'action ; les textes comprenant de longues descriptions ne sont pas recommandés. On peut relire l'histoire en faisant des pauses pour laisser aux enfants le temps de miner les actions contenues dans le texte. Avec les petits, on peut penser à des déguisements pour stimuler la créativité (Slaughter, 1993). Ou encore, un élève peut lire le texte pendant que les autres le jouent. On rejoindra ainsi deux objectifs : le lecteur aura exercé sa lecture dans un but fonctionnel et les autres auront travaillé à la compréhension du texte en le dramatisant.

Avec les élèves plus avancés, la dramatisation du texte est aussi pertinente, mais elle doit être présentée de façon appropriée. Une enseignante raconte qu'un jour, après avoir lu un extrait d'un livre, elle a demandé à ses élèves de sixième année si quelqu'un voulait venir mimer la scène. Silence complet dans la classe. Elle a alors demandé à des volontaires de déplacer une table afin de dégager un espace suffisant pour mimer le texte. Des élèves se sont portés volontaires immédiatement et, la tâche terminée, elle leur a demandé : « Avant de retourner vous asseoir, voudriez-vous m'aider à balayer le plancher pour que nous ayons une scène bien propre ? » Elle leur a alors remis un balai imaginaire et, sans un mot, elle a commencé elle-même à faire semblant de balayer. Les élèves se sont laissé prendre au jeu, dans cette situation non menaçante. Quand, par la suite, l'enseignante a redemandé à des volontaires de mimer une histoire, ils ont été nombreux à se présenter (Sebesta, 1987) !

Utiliser les arts graphiques

L'utilisation des dessins ou des arts graphiques à la suite de la lecture d'un texte a toujours été populaire en classe : les élèves aiment ce genre d'activité.

Cependant, il ne faut pas en rester au stade de l'exposition des travaux ; il faut que chaque élève explique pourquoi il a choisi d'illustrer telle scène ou telle particularité du texte.

On fait souvent appel au dessin après la lecture d'une histoire, mais celui-ci peut également suivre la lecture d'un texte informatif. Une façon concrète d'employer le dessin après la lecture de textes informatifs est la création de graphiques créatifs (voir la figure 11.1). Ces graphiques recourent à l'image pour transmettre et organiser les idées du texte. Ainsi, les élèves « dessinent » le texte. Souvent, les élèves ont de la difficulté à percevoir des relations entre les idées du texte et à se souvenir des informations ; le graphique créatif joue sur ces deux plans : d'une part, il aide les élèves à organiser leurs idées et à faire des liens entre elles et, d'autre part, il les aide à retenir l'information du texte (Naughton, 1994). De plus, le graphique créatif offre à l'enseignant un bon moyen de voir ce que l'élève a compris (les parties omises, les fausses conceptions, etc.).

FIGURE 11.1
Graphique créatif

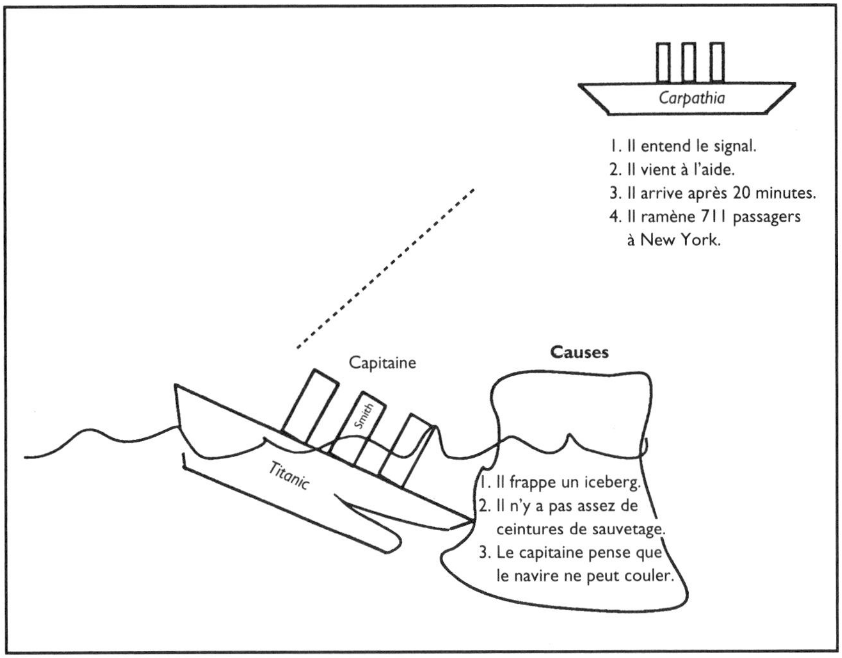

Adapté de Naughton (1994). Traduction de l'auteure.

Un autre effet du graphique créatif est d'inciter les élèves à relire le texte : les élèves ont le goût de compléter leurs graphiques, c'est pourquoi ils reliront le texte pour trouver des informations pertinentes. Ce type d'activité stimule également la discussion, car les élèves sont désireux de voir comment les autres ont créé leur graphique à l'aide du même texte. Ainsi, ils deviendront habiles à reconnaître les graphiques qui reflètent bien l'idée générale du texte.

Le rappel du texte

Le rappel consiste à demander à un élève qui a lu un texte de nous le redire dans ses mots. Même si cette technique porte le nom de « rappel du texte », il faut préciser que le rappel de l'information n'est qu'une partie du processus en cause dans cette activité. En effet, quand les élèves redisent une histoire dans leurs mots, ils s'appuient, certes, sur des éléments du texte, mais ils créent, jusqu'à un certain point, une nouvelle histoire, car ils organisent leur rappel autour de ce qu'ils considèrent comme étant l'information importante du texte. Le fait d'avoir à redire le texte demande aux élèves d'organiser l'information pour la rapporter de façon personnelle. La sélection qu'ils font de cette information révèle leur manière de comprendre l'histoire.

De plus, étant donné que l'activité de rappel concentre l'attention sur la restructuration du texte, elle est de nature à rendre le lecteur plus actif. Cette activité est également plus globale que celle consistant à poser des questions sur le texte : dans ce dernier cas, les questions incitent souvent le lecteur à redonner des parties de l'information, ce qui ne nous renseigne pas sur son habileté à se rappeler l'information d'une façon structurée.

Le rappel du texte a permis d'améliorer, chez les enfants du préscolaire, leur compréhension de l'histoire, leur sensibilité à la structure du récit et l'articulation de leur langage oral (Morrow, 1986). Au primaire, le rappel favorise le rendement dans la compréhension du texte, même chez les élèves en difficulté. Il augmente les capacités d'écoute, la sensibilité à la structure du texte et l'utilisation de cette dernière dans la création de récits (Sisco et Morrow, 1991).

LA DÉMARCHE GÉNÉRALE

Si la technique de rappel de l'histoire est relativement peu utilisée à l'école, c'est en partie parce que les enseignants trouvent que les élèves ont de la difficulté à accomplir cette tâche. En effet, il s'agit d'une tâche complexe. Les enseignants qui ont fait l'expérience de demander aux élèves de raconter leurs vacances ou leur fin de semaine ont souvent obtenu comme productions des rappels confus ou interminables. Les élèves doivent donc être guidés durant leurs premières tâches de rappel du texte. On aura alors avantage à leur donner des indices lorsque cela s'avérera nécessaire. Voici des exemples d'indices qu'on peut employer :

- « De qui parle-t-on dans l'histoire ? »
- « À quel moment se passe l'histoire (le matin, le soir, l'été, l'hiver) ? »
- « Où se passe l'histoire ? »
- « Quel était le problème du personnage principal ? »
- « Qu'a-t-il fait en premier ? »
- « Comment le problème a-t-il été réglé ? »
- « Comment l'histoire se termine-t-elle ? »

L'USAGE DU RAPPEL AVEC LE GROUPE-CLASSE

Le rappel en groupe peut être perçu par les élèves comme une situation d'évaluation. Pour changer leur conception, vous pouvez prendre le rappel d'un élève comme point de départ pour une discussion sur le texte, comme dans l'activité décrite ci-dessous :

1. Un élève fait le rappel et tout le monde l'écoute (l'enseignant peut utiliser ce rappel comme évaluation).

2. Chaque élève écrit une question à l'intention de celui qui a fait le rappel. Ces questions peuvent toucher des précisions sur des points mentionnés brièvement, solliciter l'opinion de l'élève sur certains comportements ou attitudes, lui demander d'établir un lien avec d'autres textes lus en classe, etc.

3. L'élève répond aux questions ; il peut même à l'occasion retourner la question à celui qui l'a posée (par exemple : « J'ai dit ce que je pensais de… Et toi, qu'en penses-tu ? »).

LE RAPPEL EN SOUS-GROUPES

Comme nous venons de le voir, le rappel peut se faire devant toute la classe, mais il ne faut pas oublier qu'on peut le faire en petits groupes. On divise alors la classe en six groupes qui enregistreront leur rappel au magnétophone. Les élèves écouteront ensuite les autres rappels, ce qui est susceptible de leur suggérer des façons d'améliorer leur propre rappel (Slaughter, 1993).

LE RAPPEL EN DUO

Le rappel en duo peut être profitable pour les élèves tout en nécessitant peu de temps. Les élèves sont groupés par équipes de deux et lisent silencieusement un texte ; un premier élève redit l'histoire dans ses propres mots et l'autre l'écoute. Il est important de donner à celui qui écoute un rôle actif ; son objectif sera d'identifier un aspect qu'il a aimé dans le rappel de l'histoire que son compagnon a effectué. Pour faciliter la tâche des élèves, l'enseignant peut leur remettre une grille contenant des éléments dont il faut tenir compte lors du rappel d'une histoire. Les éléments de cette grille peuvent, de plus, aider celui qui écoute à structurer son propre rappel lorsque viendra son tour de redire l'histoire.

Au début, choisissez des textes courts et bien structurés pour lesquels l'activité varie entre 10 et 15 minutes, incluant la lecture et le rappel.

Les discussions sur le texte

Le fait, pour les élèves, de parler de ce qu'ils ont compris d'un texte leur permet d'élaborer leur compréhension du texte. Les discussions peuvent prendre plusieurs formes (en groupe, en sous-groupe, en duo). Ce thème de discussion après la lecture a d'ailleurs été abordé au chapitre 3. Rappelons simplement que, dans les discussions de groupe, il faut abandonner le modèle répétitif selon lequel l'enseignant pose une question à un élève, attend sa réponse, pose une question à un autre élève. Une façon de briser ce cycle consiste à ramener les élèves à leurs questions de départ, c'est-à-dire à la mise en situation : « Avez-vous trouvé des réponses à vos questions ? Si ce n'est pas le cas, pourquoi ? », « Vos prédictions se sont-elles révélées exactes ? Si ce n'est pas le cas, pourquoi ? » Les élèves doivent avoir la possibilité de réagir à une lecture dans un contexte qui les amène à dépasser la compréhension littérale du texte.

À travers la discussion, les élèves construisent une signification commune du texte qui est différente de celle que chacun construit individuellement. Les discussions après la lecture sont donc importantes, car elles contribuent à approfondir et enrichir la compréhension et l'appréciation du texte.

Les réactions écrites

L'écriture est une autre façon de réagir à un texte. Les réactions écrites peuvent prendre plusieurs formes, comme les commentaires pour le babillard de la classe, les commentaires dans un journal personnel ou dans un carnet de lecture. Au chapitre 3, nous avons parlé des carnets de lecture dont on se sert lors des rencontres de cercles de lecture. Dans ce carnet, l'élève écrit ses commentaires après la lecture de chacun des chapitres du livre. Lorsque les enfants ne sont pas engagés dans un cercle de lecture, vous pouvez leur proposer de tenir un journal personnel de lecture, lequel servira à noter des réactions à un livre entier plutôt qu'à chacun des chapitres. Ce journal peut être composé de pages blanches uniquement, où l'élève inscrit librement ses réactions ; on peut encore lui proposer un certain cadre dans lequel il rassemblera ses réactions. La figure 11.2 illustre une page de journal de lecture.

FIGURE 11.2
Page de journal de lecture

Nom _____

Titre du livre _____

Date _____

Je recommanderais ce livre à un ami parce que :

_____

_____

_____

_____

_____

CONCLUSION

Dans ce chapitre, nous avons vu le rôle que jouent les interventions pendant et après la lecture. Les interventions pendant la lecture permettent aux élèves d'affiner et d'intégrer leurs stratégies de lecture ; des activités comme l'enseignement réciproque et le théâtre de lecteurs sont de nature à faciliter cette intégration. Les interventions après la lecture sont importantes à plusieurs points de vue : notamment, elles permettent aux élèves d'approfondir la compréhension d'un texte, de partager des réactions et d'établir des liens entre les différents textes lus en classe ou de façon personnelle.

CHAPITRE
12 L'évaluation de la lecture

Sommaire

INTRODUCTION

L'évaluation est une composante essentielle d'un programme de lecture. Le premier but de l'évaluation sera toujours de fournir à l'enseignant des informations susceptibles de l'aider à prendre des décisions pédagogiques qui permettront à ses élèves de progresser. Dans ce chapitre, nous verrons d'abord les différentes facettes de l'évaluation en lecture, puis nous présenterons certaines formes d'évaluation.

LES DIFFÉRENTES FACETTES DE L'ÉVALUATION DE LA LECTURE

L'évaluation de la lecture est un processus qui comporte de multiples facettes. On peut la considérer sous l'angle du contenu, de la structure, du mode, de la responsabilité et du degré d'intervention dans le processus de lecture. La figure 12.1 présente l'ensemble de ces facettes; chacune d'elles peut se conceptualiser sous forme d'échelle linéaire (Valencia et autres, 1990).

FIGURE 12.1
Facettes de l'évaluation de la lecture

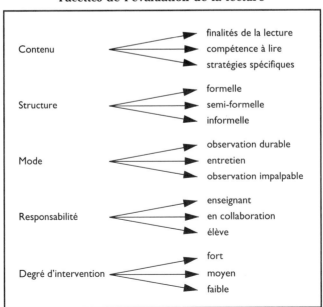

D'après Valencia et autres (1990). Traduction de l'auteure.

Le contenu

La première facette de l'évaluation consiste à se demander ce qu'on veut évaluer, c'est-à-dire ce qu'on veut apprendre de tel enfant ou de tel groupe d'enfants. Le contenu de l'évaluation peut se situer sur une échelle qui va des objectifs englobants aux objectifs spécifiques. Le premier niveau d'évaluation concerne l'utilisation de la lecture dans ses diverses finalités, le deuxième niveau vise la compétence à lire des textes variés et le troisième niveau aborde les connaissances et stratégies spécifiques.

Finalités de la lecture	Compétence à lire	Stratégies spécifiques

Le niveau d'évaluation le plus englobant, celui qui porte sur les finalités de la lecture, correspond aux objectifs à long terme d'un programme de lecture et répond à des questions comme les suivantes :

Jusqu'à quel point l'élève utilise-t-il la lecture :

- pour avoir du plaisir ?
- pour apprendre de nouvelles informations ?
- pour participer à la culture de la société ?
- pour penser de façon critique ?

Le deuxième niveau d'évaluation porte plus particulièrement sur la compétence à lire, c'est-à-dire sur l'intégration et l'application concertée de plusieurs stratégies. L'accent est mis ici sur le processus plutôt que sur l'acquisition de stratégies spécifiques. Les questions ressembleront aux suivantes :

- Jusqu'à quel point l'élève réussit-il à vérifier sa compréhension ?
- Jusqu'à quel point l'élève comprend-il l'information importante d'un texte ?

Le dernier niveau d'évaluation a trait aux stratégies spécifiques qui sous-tendent la lecture. Ces stratégies doivent cependant être évaluées dans un contexte fonctionnel et non de façon isolée. Par exemple, on pourra se demander :

- Jusqu'à quel point l'élève est-il capable d'utiliser le déchiffrage pour se dépanner devant un mot ?
- Jusqu'à quel point est-il capable d'utiliser la morphologie du mot pour en trouver le sens ?

La structure

La deuxième facette de l'évaluation concerne la structure. À une extrémité de l'échelle, nous trouvons l'évaluation formelle, à l'autre extrémité, l'évaluation informelle ou spontanée de l'enseignant et, au centre, l'évaluation semi-formelle préparée par l'enseignant.

Évaluation formelle	Évaluation semi-formelle	Évaluation informelle

L'évaluation la plus formelle spécifie tous les éléments : les réponses attendues, la façon de recueillir et de corriger les données, les directives et les limites de temps. Ce qui la caractérise, c'est le peu d'engagement et de jugement qu'on demande à l'enseignant ; tout adulte raisonnablement formé pourrait faire passer des tests formels de lecture, les corriger et en donner les résultats. Ces tests servent habituellement d'évaluation sommative à la fin d'une étape ou à la fin de l'année. Cependant, il faut se rappeler qu'un test formel de lecture n'est pas autre chose qu'un échantillon du comportement de l'élève : il donne un éclairage partiel sur le lecteur, et non un portrait complet de lui. D'ailleurs, aucun instrument ne peut, à lui seul, mesurer adéquatement la compétence de l'élève en lecture puisque la lecture implique des interactions complexes entre le lecteur, le texte et le contexte.

En ce qui concerne l'évaluation semi-formelle, elle demande plus d'engagement de la part de l'enseignant et laisse plus de possibilités aux élèves quant à leur façon de répondre. Ainsi, une évaluation sous forme de rappel du texte laisse plus de latitude à l'élève qu'un questionnaire à choix multiple pour ce qui est de ses réponses et plus de flexibilité à l'enseignant pour ce qui est de la correction.

Enfin, l'évaluation informelle consiste en une observation qui se produit tout au long de l'apprentissage ; elle n'a pas été planifiée par l'enseignant, mais elle fournit des indications précieuses sur l'évolution de l'élève. Soulignons que le fait d'utiliser le terme « évaluation informelle » pour parler de l'évaluation que l'enseignant fait quotidiennement en classe peut laisser entendre que cette évaluation est subjective et plus ou moins fiable, tandis que l'évaluation formelle (le test de lecture) serait objective, fiable et scientifique. Il s'agit là d'une conception erronée : l'évaluation informelle de l'enseignant a autant de valeur, sinon plus, que l'évaluation formelle (Wolf, 1993).

Le mode

Le mode d'évaluation renvoie au processus adopté pour recueillir les informations sur les progrès de l'élève. Il varie de l'observation la plus durable du travail de l'élève à l'observation la moins palpable.

Observation durable	Entretien	Observation impalpable

Les tâches sur papier (ou encore les enregistrements de lecture) sont typiques des observations durables. Celles-ci peuvent être partagées avec d'autres personnes (les parents, l'orthopédagogue, la direction d'école, etc.). Leur avantage vient de leur durabilité et non de leur objectivité. Ces observations sont des produits et, de ce fait, elles ne rendent généralement pas compte du processus qui en est à l'origine.

À l'autre bout de l'échelle, on trouve les observations qui ne laissent pas de traces : ces dernières ont cependant l'avantage de donner accès au processus d'apprentissage lui-même plutôt qu'au seul produit.

Quant à l'entretien entre l'élève et l'enseignant qui se situe à mi-chemin entre les deux formes précédentes, il permet à l'enseignant et à l'élève d'interagir dans une situation de collaboration, de partager la responsabilité de l'évaluation. Malheureusement négligé en classe, l'entretien est une source très riche d'information.

La responsabilité

L'évaluation repose habituellement sur l'enseignant, mais l'élève peut aussi apprendre à évaluer ses progrès. L'éventail de cette facette de l'évaluation va de la situation traditionnelle, où la responsabilité incombe uniquement à l'enseignant, à l'auto-évaluation par l'élève lui-même, en passant par l'évaluation de collaboration entre l'enseignant et l'élève.

Responsabilité de l'enseignant	Collaboration	Responsabilité de l'élève

Le degré d'intervention

La variable « degré d'intervention », bien qu'elle ne soit pas indépendante des variables précédentes, possède ses caractéristiques propres. À une extrémité, on trouve le degré maximal d'intervention caractérisé par les examens officiels réalisés durant des périodes consacrées uniquement à l'évaluation : l'élève sait qu'il est évalué, et cela peut causer chez lui de l'anxiété et perturber son comportement habituel. À l'autre extrémité, on trouve les observations effectuées par l'enseignant pendant une tâche de lecture. Ces dernières sont faites dans un contexte naturel d'apprentissage et n'entravent pas le déroulement du processus.

Intervention maximale	Absence d'intervention

LE CARTON À DESSINS OU PORTFOLIO

À proprement parler, le carton à dessins appelé communément portfolio est un dossier que les artistes utilisent pour accumuler des échantillons de travaux à présenter à un éventuel employeur. Au cours des dernières années, l'idée d'un portfolio scolaire a été proposée comme mode d'évaluation dans les classes du primaire. On suggère donc de recueillir et de conserver des échantillons qui serviront de base à l'évaluation des élèves (Calfee et Perfumo, 1993 ; Valencia et autres, 1994).

Le contenu du portfolio

Qu'est-ce qu'un portfolio pour l'élève du primaire ? C'est un dossier (une chemise, un classeur, etc.) qui contient des échantillons de ce que l'élève a fait en lecture et en écriture au cours d'une période donnée. Ces échantillons sont choisis par l'élève ou par l'enseignant. On peut même encourager les élèves à apporter des échantillons de la maison ; c'est une bonne occasion de leur montrer qu'on considère comme étant importante leur vie en dehors de l'école.

Le portfolio peut contenir :

- des réactions écrites à la suite d'une lecture ;
- une illustration d'un texte ;
- un carnet de lecture ;
- un travail fait quotidiennement ;
- différentes versions d'un texte ;
- des cassettes (par exemple, une lecture enregistrée durant un théâtre de lecteurs) ;
- une liste de livres lus (les auteurs et les titres) ;
- des observations de l'enseignant ;
- l'auto-évaluation de l'élève ;
- des notes élaborées conjointement avec l'enseignant.

Soulignons qu'il ne faudrait pas que le portfolio se résume à l'ensemble des travaux notés durant la semaine. Cependant, pour créer une certaine identité entre les portfolios, on peut s'assurer de la présence de certains éléments dans tous les dossiers (par exemple, un rappel oral ou écrit, un carnet de lecture, un relevé de lecture). Par contre, chaque portfolio comprendra des éléments personnels qui ne se retrouveront pas dans les autres.

La façon d'utiliser le portfolio

Le portfolio doit être accessible en tout temps à l'élève et à l'enseignant. Lorsque l'élève choisit un échantillon pour son portfolio, il l'accompagne d'une note expliquant pourquoi il l'a choisi. Par exemple, un élève pourra placer dans son portfolio une cassette contenant une lecture réalisée lors d'un théâtre de lecteurs et écrire comment il a mieux compris le texte après plusieurs lectures (Hansen et Hall, 1993). Périodiquement, l'élève revoit son portfolio : il ajoute des échantillons et en enlève d'autres au cours de ces réaménagements ; il en profite alors pour examiner le contenu de son portfolio et réfléchir par écrit sur son développement en lecture. Une des caractéristiques des classes qui utilisent le portfolio est justement la présence de la réflexion des élèves (Carr, 1993 ; Snider et autres, 1994). La figure 12.2 illustre une fiche d'auto-évaluation pour des élèves de la fin du primaire.

FIGURE 12.2
Fiche d'auto-évaluation

Nom _____   **Date** _____

Auto-évaluation

As-tu changé comme lecteur ? Quelles sont tes forces et tes faiblesses ?

_____

_____

Après avoir regardé ton travail, quel objectif te choisirais-tu comme lecteur ?

_____

_____

Durant l'année, il faut prévoir plusieurs rencontres entre l'enseignant et l'élève au sujet du portfolio. Ces rencontres visent non seulement à évaluer l'élève, mais aussi à discuter avec lui ; il faut l'amener à parler de lui et de son travail de façon à pouvoir l'aider. Au cours des rencontres, c'est l'élève qui présente son portfolio à l'enseignant. Signalons que, pour initier les élèves à cette présentation, on peut demander à un élève volontaire de servir d'exemple et de présenter son portfolio à l'enseignant devant toute la classe.

L'élève peut également montrer son portfolio à d'autres personnes que l'enseignant. Il peut l'apporter à la maison et le présenter à un membre de sa famille qui signera une feuille intitulée « Que penses-tu de mon portfolio ? ». Cette feuille contiendra déjà les commentaires de camarades à qui l'élève aura présenté son portfolio en classe.

Les parents et le portfolio

Les parents semblent aimer le portfolio comme moyen d'évaluer leur enfant. À la question « Pensez-vous que le portfolio donne une image juste de l'habileté à lire de votre enfant?», 93% des parents interrogés dans une enquête ont répondu par l'affirmative (Dewitz et autres, 1993). Les parents peuvent également contribuer à l'élaboration du portfolio de leur enfant; ils deviennent ainsi des collaborateurs de l'enseignant. La contribution des parents peut, dans certains cas, confirmer la perception de l'enseignant et, dans d'autres cas, permettre à ce dernier de préciser et de réajuster sa perception de l'élève (Paratore et autres, 1993).

Synthèse et conclusion

L'évaluation par le biais du portfolio est une façon de procéder relativement nouvelle en éducation. Pour faciliter l'application de celle-ci, nous avons rassemblé ci-dessous certaines suggestions complémentaires:

· Le portfolio appartient à l'élève; c'est son travail et non une formalité exigée par l'enseignant. L'élève doit être encouragé à le décorer et à le personnaliser.

· Le rôle de l'enseignant est d'abord celui d'un consultant qui doit convaincre l'élève de montrer une variété d'échantillons de son apprentissage de lecteur.

· Le succès du portfolio repose sur l'auto-analyse fréquente de l'élève et sur les échanges réguliers entre l'élève et l'enseignant: il est inutile de ramasser des documents dans une grosse chemise si c'est pour les laisser s'empoussiérer (Farr, 1992).

L'usage du portfolio comme évaluation de l'élève implique un changement non seulement de la conception de l'évaluation, mais également de la conception de l'enseignement. Les enseignants qui recourent déjà aux entretiens réguliers avec les élèves adopteront sans peine l'évaluation par le biais du portfolio.

L'ANALYSE DES MÉPRISES

Nous abordons ici un mode d'évaluation plus particulier, soit l'analyse des méprises. L'analyse des méprises permet de voir comment le lecteur utilise dans ses lectures les indices sémantiques, syntaxiques et visuels. Les méprises révèlent quel poids le lecteur accorde à chacun de ces indices. Par exemple, un lecteur qui lit « Il était une fois » au lieu de « Il y avait une fois » montre qu'il a compris le sens de la phrase. Par contre, un lecteur qui lit « Il a une belle montrer » au lieu de « Il a une belle montre » manifeste qu'il se préoccupe plus des indices visuels que du sens de la phrase. L'analyse des méprises permet aussi de constater quelles sont les capacités d'auto-correction du lecteur. Il existe plusieurs façons de réaliser une analyse des méprises; nous présentons ici deux méthodes applicables en classe.

La première méthode

LE CHOIX DU TEXTE

Choisissez un texte du type narratif (il doit s'agir d'une histoire complète) correspondant au niveau de lecture de l'élève ou qui est légèrement plus difficile que celui-ci. Le texte doit être assez long pour permettre de relever une certaine quantité de méprises. Si l'élève fait plus d'une méprise touchant le sens à tous les 10 mots, changez de texte car il s'agit alors d'un texte trop difficile pour lui.

LA COLLECTE DES MÉPRISES

Faites lire le texte oralement par l'élève en lui demandant d'essayer de comprendre le texte et non de faire la plus belle lecture possible ; dites-lui qu'il aura à raconter l'histoire après sa lecture. Informez-le que vous ne pourrez l'aider pendant la lecture.

À mesure que l'élève lit, cotez chaque phrase après l'auto-correction : indiquez, sur la grille prévue à cet effet, si la phrase est acceptable ou non sur le plan sémantique (voir la figure 12.3).

LE RAPPEL DU TEXTE

Après la lecture, demandez à l'élève de vous raconter l'histoire qu'il vient de lire. À la fin de son compte rendu, s'il n'a pas mentionné spontanément les éléments importants du récit, utilisez-les pour lui poser des questions sur l'histoire. Essayez de poser des questions indirectes basées sur les informations qu'il a déjà données. Par exemple : « Qu'est-il arrivé après... (un événement mentionné par l'élève) ? »

LA COMPILATION ET L'ANALYSE DES MÉPRISES

Divisez le nombre de phrases acceptables sur le plan sémantique par le nombre total de phrases, et cela vous donnera le pourcentage de compréhension. Un résultat supérieur à 80 % indique que le lecteur a probablement bien compris le texte, un résultat de 60 % à 80 % révèle une compréhension moyenne et un résultat inférieur à 60 % montre que le texte a posé de sérieuses difficultés au lecteur. Procédez ensuite à l'analyse du rappel selon la grille présentée à la figure 12.3.

La deuxième méthode

La méthode que nous présentons ici est connue sous le nom de *running record* dans les écrits en anglais. Contrairement à la méthode précédente, qui ne s'attache qu'à la compréhension de la phrase, cette méthode tient compte de la façon de lire chacun des mots.

FIGURE 12.3
Grille d'analyse des méprises

Nom _____   **Date** _____

Niveau scolaire _____   **Enseignant** _____

Texte lu _____

1. Quel est le pourcentage des phrases qui ont du sens telles qu'elles sont lues ?

   Nombre de phrases acceptables sur le plan sémantique _____

   Nombre de phrases inacceptables sur le plan sémantique _____

   Pourcentage de compréhension = $\dfrac{\text{nombre de phrases acceptables sur le plan sémantique}}{\text{nombre total de phrases lues}} \times 100$ Total _____

	Jamais	Parfois	Souvent	Très souvent	Toujours
2. De quelle façon le lecteur construit-il la signification du texte ?					
A) Il s'aperçoit qu'une méprise a changé le sens de la phrase.	1	2	3	4	5
B) Il fait des substitutions logiques.	1	2	3	4	5
C) Il corrige spontanément les méprises qui changent le sens.	1	2	3	4	5
D) Il utilise les illustrations et les autres indices visuels.	1	2	3	4	5
3. De quelle façon le lecteur modifie-t-il le sens ?					
A) Il fait des substitutions qui n'ont pas de sens.	1	2	3	4	5
B) Il fait des omissions qui modifient le sens de la phrase.	1	2	3	4	5
C) Il se fie trop aux indices graphiques.	1	2	3	4	5

	Non	En partie	Oui
4. Dans les textes narratifs, le lecteur décrit les éléments suivants :			
A) Personnages	1	2	3
B) Lieu ou temps	1	2	3
C) Événement déclencheur	1	2	3
D) Tentatives des personnages	1	2	3
E) Résolution du problème	1	2	3
F) Ensemble de l'histoire	1	2	3
Dans les textes informatifs, le lecteur donne les éléments suivants :			
A) Concepts importants	1	2	3
B) Généralisations	1	2	3
C) Informations particulières	1	2	3
D) Structure logique	1	2	3
E) Ensemble du texte	1	2	3

Adapté de Rhodes (1990). Traduction de l'auteure.

LA DÉMARCHE

Il existe deux manières de procéder : vous pouvez photocopier le texte choisi et indiquer les méprises sur la photocopie (voir la figure 12.4) ou vous pouvez utiliser une grille sur laquelle vous indiquez si le mot a été lu correctement ou s'il y a eu méprise (voir la figure 12.5). Dans les deux cas, on emploie un crochet pour signaler que le mot a été lu tel qu'il est dans le texte ; si l'enfant a changé un mot pour un autre, ou s'il a ajouté ou oublié un mot, la mention en est faite à l'endroit approprié. Vous pouvez ensuite compiler les résultats ainsi que l'indique la figure 12.5.

FIGURE 12.4
Cotation des méprises au moyen d'une copie du texte

Sois poli !

✓ ✓ ✓ ✓   ✓ ✓ ✓ ✓   ✓
Il tire la langue ! Il n'est pas très poli !

Éeur© ✓ ✓ ✓ ✓ ✓ ✓ ✓
Erreur ! Il est très poli. C'est un Maori. Les

   ✓   ✓ ✓ ✓   ✓ (se) ✓   ✓
Maoris tirent la langue pour se dire bonjour.

Il   ✓ son ✓ ✓   ✓
Elle enlève ses souliers au restaurant !

✓ ✓ ✓ ✓   ✓
Elle n'est pas très polie !

   ✓   ✓ ✓ ✓ ✓   ✓ ✓
Erreur ! Elle est très polie. C'est une

   ✓   A© ✓   ✓ élève©
Japonaise. Au Japon, on enlève

✓ ✓ ✓ ✓   ✓ le ✓
ses souliers en entrant dans un restaurant

✓ ✓ sa ✓
ou dans une maison.

✓ ✓ ✓ ✓ ✓
Il mange avec ses mains !

✓ ✓ ✓ ✓ ✓
Il n'est pas très poli.

   ✓ ✓ ✓✓ ✓   ✓ ✓ marin
Mais oui, il est poli. C'est un Malais.

Et© ✓ ✓ ✓ ✓   ✓
En Malaisie, on mange surtout avec

   ✓ ✓
ses doigts.

D'après S. Bureau, *Sois poli ! Menu-Mémo 2*, Boucherville, Graficor, 1992.

FIGURE 12.5
Cotation des méprises

Ligne	Cotation des méprises	Analyse des méprises		
1	✓ ✓ ✓ ✓ ✓ ✓ ✓ ✓ ✓			
2	Éeur© ✓ ✓ ✓ ✓ ✓ ✓ ✓ ✓	A	B	Ⓒ
3	✓ ✓ ✓ ✓ ✓ (se) ✓ ✓	Ⓐ	Ⓑ	C
4	Il ✓ son ✓ ✓ ✓	Ⓐ	Ⓑ	C
5	✓ ✓ ✓ ✓ ✓			
6	✓ ✓ ✓ ✓ ✓ ✓ ✓			
7	✓ A© ✓ ✓ élève©	A	Ⓑ	Ⓒ
		Ⓐ	B	Ⓒ
8	✓ ✓ ✓ ✓ ✓ le ✓	Ⓐ	Ⓑ	C
9	✓ ✓ sa ✓	Ⓐ	Ⓑ	C
10	✓ ✓ ✓ ✓ ✓			
11	✓ ✓ ✓ ✓ ✓			
12	✓ ✓ ✓ ✓ ✓ ✓ marin	Ⓐ	B	C
13	Et© ✓ ✓ ✓ ✓ ✓	A	B	Ⓒ
14	✓ ✓			
...				

Cotation
Entourez la lettre A si la méprise est acceptable sur le plan syntaxique.
Entourez la lettre B si la méprise est acceptable sur le plan sémantique.
Entourez la lettre C si la méprise a été corrigée.

Soulignons que l'analyse des méprises conviendra surtout aux lecteurs débutants ou aux lecteurs plus avancés qui sont en difficulté.

LE RAPPEL DU TEXTE

Le rappel du texte peut être utilisé comme technique d'évaluation de la compréhension en lecture ; il a l'avantage, par rapport aux techniques de questionnement, de montrer comment l'élève organise l'information qu'il a comprise. Il est un bon indice de l'assimilation du texte par l'élève et il renseigne sur la reconstruction de l'information qu'a effectuée ce dernier (Barnhart, 1990). Le rappel peut servir à l'évaluation de différents types de textes, mais on l'emploie plus fréquemment avec le récit.

Globalement, il existe deux façons complémentaires d'évaluer le rappel d'un récit : l'analyse **quantitative**, qui compare le rappel de l'histoire avec le texte lu afin de déterminer la quantité de texte rapportée par le lecteur, et l'analyse **qualitative**, qui tient compte des éléments ajoutés dans le rappel ainsi que de la compréhension générale de l'histoire.

L'analyse quantitative

Pour obtenir un rappel de la part de l'élève, demandez-lui de vous raconter l'histoire comme s'il la racontait à un ami qui n'a pas lu le texte. Lorsque l'élève a terminé, posez-lui cette question-ci : « As-tu autre chose à dire sur l'histoire ? » S'il n'a pas mentionné spontanément certaines catégories du récit, posez-lui des questions sur ces catégories afin de voir s'il s'agit d'un problème de compréhension du récit ou simplement d'un problème de rappel de l'information.

Pour effectuer l'analyse quantitative du rappel du texte, vérifiez si les catégories du schéma de récit sont incluses dans le rappel de l'élève. La figure 12.6 présente une façon de coter le rappel.

FIGURE 12.6
Grille d'analyse quantitative du récit

Nom _____

Titre de l'histoire _____

Directives : Placez un crochet dans une des quatre colonnes pour chaque élément.

	Mentionné de façon élaborée	Mentionné	Non mentionné	Ne s'applique pas
Situation initiale				
• Personnage	_____	_____	_____	_____
• Temps	_____	_____	_____	_____
• Lieu	_____	_____	_____	_____
Événement déclencheur	_____	_____	_____	_____
Réponse interne (plan, but, réactions)	_____	_____	_____	_____
Tentative (actions)	_____	_____	_____	_____
Conséquence (résultat de la tentative)	_____	_____	_____	_____
Réaction (réponse du personnage à la conséquence)	_____	_____	_____	_____
	$2 \times$ _____ nombre de ✓	$1 \times$ _____ nombre de ✓	$0 \times$ _____ nombre de ✓	$2 \times$ _____ nombre de ✓
Résultat	_____ +	_____ +	_____ +	_____ = _____

16

Adapté de Leaman (1993). Traduction de l'auteure.

FIGURE 12.7
Grille d'analyse qualitative du récit

	1	2	3	4
1. Le rappel contient des informations formulées explicitement dans le texte.				
2. Le rappel contient des informations inférées à l'aide du texte.				
3. Le rappel inclut les idées importantes du texte.				
4. Le rappel révèle que le lecteur a tenté de relier ses connaissances antérieures au contenu du texte.				
5. Le rappel révèle que le lecteur a tenté de résumer des parties du texte ou qu'il a tenté d'effectuer des généralisations qui vont plus loin que le texte.				
6. Le rappel révèle des réactions très personnelles et créatives face au texte.				
7. Le rappel souligne l'engagement émotif du lecteur face au texte.				
8. Le rappel dénote une utilisation adéquate de la langue (le vocabulaire, la structure des phrases, etc.).				
9. Le rappel indique l'habileté du lecteur à organiser le rappel.				
10. Le rappel révèle le « sens de l'auditoire » du lecteur.				
11. Le rappel montre que le lecteur maîtrise la mécanique de l'expression orale ou écrite.				

Légende : 1. Absence   2. Niveau faible   3. Niveau moyen   4. Niveau élevé
Adapté de Irwin et Mitchell, dans Valencia et autres (1990). Traduction de l'auteure.

L'analyse qualitative

Si l'analyse quantitative du rappel est importante, l'analyse qualitative ne l'est pas moins. Une des limites de l'analyse quantitative est qu'elle ne tient pas compte des inférences faites par le lecteur ; en effet, tout ce qui ne correspond pas à un élément du texte n'est pas noté. L'analyse qualitative a justement comme objectif de considérer les interprétations de l'élève, son habileté à résumer, ses inférences correctes et erronées. Certains auteurs proposent des grilles détaillées d'analyse qualitative comme celle qui est présentée à la figure 12.7.

L'ÉVALUATION DES ATTITUDES ENVERS LA LECTURE

Les attitudes sont liées au rendement en lecture, c'est pourquoi il est important de pouvoir se faire une idée claire des attitudes des élèves envers la lecture. Le fait de déceler une attitude négative devrait vous inciter à intervenir auprès de l'élève avant que les effets de celle-ci ne soient trop marqués. L'évaluation des attitudes se fait en général par l'observation de l'enseignant (spontanée ou compilée dans une grille) et par des questionnaires que l'élève remplit.

L'observation

La façon la plus simple de se faire une idée de l'attitude de l'élève face à la lecture consiste certainement à observer celle-ci dans des situations quotidiennes. Les grilles présentées aux figures 12.8 et 12.9 proposent des

FIGURE 12.8
Grille d'observation des attitudes durant la lecture personnelle

Voici des indices d'une augmentation de la motivation durant la période de lecture silencieuse :

1. L'élève comprend mieux les textes qu'il lit. _____

2. Il est déçu d'avoir à arrêter de lire. _____

3. Il manifeste des réactions personnelles plus vives
   (des rires, des froncements de sourcils, etc.). _____

4. Il choisit des livres de plus en plus difficiles. _____

5. Il est plus impatient lorsqu'on le dérange dans sa lecture. _____

Voici des indices d'un manque de motivation durant la période de lecture silencieuse :

1. L'élève cherche des excuses pour ne pas lire. _____

2. Il demande de l'aide constamment. _____

3. Il dérange les autres. _____

Adapté de Maria (1990). Traduction de l'auteure.

FIGURE 12.9
Grille d'observation des attitudes chez le lecteur débutant

	Oui	Plus ou moins	Non
L'élève aime-t-il lire ?	—	—	—
Lit-il à la maison ?	—	—	—
Choisit-il le coin-lecture comme activité libre ?	—	—	—
Est-il intéressé à parler de ce qu'il a lu et à échanger avec les autres ?	—	—	—
Se porte-t-il volontaire pour lire oralement pour la classe ?	—	—	—
Choisit-il des livres qui correspondent à ses habiletés ?	—	—	—
Est-il capable de redire une histoire dans ses mots ?	—	—	—
Participe-t-il activement aux activités de lecture ?	—	—	—
Est-il capable d'accomplir seul ses tâches de lecture ?	—	—	—

D'après Slaughter (1992). Traduction de l'auteure.

FIGURE 12.10
Questionnaire d'évaluation des attitudes envers la lecture

Nom _____

	Pas du tout d'accord				Tout à fait d'accord
1. Lire est important pour moi.	1	2	3	4	5
2. Je lis souvent dans mes temps libres.	1	2	3	4	5
3. La lecture est ma matière préférée à l'école.	1	2	3	4	5
4. J'aime mieux lire un livre que dessiner.	1	2	3	4	5
5. J'aime acheter des livres et avoir une place où les ranger à la maison.	1	2	3	4	5
6. Lorsque je trouve un livre à mon goût, lire peut être amusant.	1	2	3	4	5
7. J'aime les périodes de lecture libre à l'école.	1	2	3	4	5
8. J'aime lire des livres de bibliothèque.	1	2	3	4	5
9. Lire les livres d'école est une perte de temps.	1	2	3	4	5
10. J'aimerais faire partie d'un club du livre.	1	2	3	4	5
11. Je me sens bien quand je lis.	1	2	3	4	5
12. Je déteste lire parce que la plupart du temps je suis obligé de lire.	1	2	3	4	5
13. Lire est une façon amusante d'apprendre.	1	2	3	4	5
14. J'aime lire avant d'aller au lit.	1	2	3	4	5
15. Je trouve souvent des livres sur des sujets qui m'intéressent.	1	2	3	4	5
16. J'aime regarder les livres à la bibliothèque.	1	2	3	4	5
17. Lire est ennuyeux.	1	2	3	4	5
18. Je lis souvent plusieurs livres durant les vacances.	1	2	3	4	5

Adapté de Tunnell et autres (1991). Traduction de l'auteure.

éléments à observer à titre d'indices des attitudes des élèves envers la lecture.

Les questionnaires

Il peut être utile, parfois, d'utiliser des questionnaires de groupe, car ils nous renseignent rapidement sur les attitudes d'un groupe entier d'élèves envers la lecture. Le questionnaire présenté à la figure 12.10 rejoint cet objectif.

L'ÉVALUATION DES INTÉRÊTS

Les intérêts des élèves peuvent être une source d'information importante lorsqu'il s'agira de choisir des livres pour les élèves de votre classe. L'examen de la liste des livres lus par l'élève de même que ses conversations avec des adultes ou avec ses pairs peuvent vous renseigner sur les intérêts de ce dernier. On peut également demander à l'élève de remplir un questionnaire portant sur ses intérêts, comme celui présenté à la figure 12.11. Notons qu'il peut être pertinent de faire remplir ce questionnaire par tous les élèves au début de l'année et de conserver les copies dans votre dossier de classe.

FIGURE 12.11
Inventaire d'intérêts

Nom _____

Ma famille _____

Nom et âge de mes frères et sœurs _____

Animal domestique _____

Mes loisirs _____

Mon sport préféré _____

Mes expériences _____

Les endroits où j'ai vécu _____

Les endroits que j'ai visités _____

Les événements importants qui me sont arrivés _____

Mes désirs _____

Des choses que j'aimerais faire _____

Ce que j'aimerais faire plus tard _____

Mon livre préféré _____

Les livres que j'ai aimés _____

Des sujets sur lesquels j'aimerais lire _____

LES PARENTS ET L'ÉVALUATION

Les parents peuvent apporter une contribution positive à l'évaluation en lecture de leur enfant. Lorsque les parents participent à l'évaluation, ils comprennent mieux les exigences de l'apprentissage de la lecture et perçoivent mieux les progrès réalisés par leur enfant (Fredericks et Rasinski, 1990).

Nous présentons ci-dessous des questionnaires qui s'adressent aux parents et qui portent sur la motivation de leur enfant en lecture. Le premier questionnaire (voir la figure 12.12) s'adresse aux parents des enfants de première année alors que le deuxième (voir la figure 12.13) peut être utilisé

FIGURE 12.12
Questionnaire à remplir par les parents d'élèves de première année

Nom de l'élève _____

Signature du parent _____

Date _____

Information	Oui ou non	Commentaires du parent
Mon enfant aime m'écouter lire.	_____	_____
Mon enfant lit dans des situations quotidiennes.	_____	_____
Mon enfant aime me lire un livre.	_____	_____
Mon enfant pose des questions.	_____	_____
Mon enfant et moi discutons souvent ensemble.	_____	_____
Mon enfant aime aller à la bibliothèque municipale.	_____	_____
Mon enfant est un lecteur heureux qui a confiance en lui.	_____	_____

Réponse de l'enseignant

_____

_____

_____

_____

Adapté de Eisele (1991). Traduction de l'auteure.

FIGURE 12.13
Questionnaire à remplir par les parents d'élèves des niveaux du primaire autres que la première année

Nom de l'enfant _____   **Date** _____

Les habiletés et attitudes que vous avez observées lors de l'évaluation précédente ont été rapportées dans la première colonne. Cochez, dans la deuxième colonne, les comportements que vous avez observés chez votre enfant depuis la dernière évaluation.

Mon enfant:

_____ ____ 1. lit divers types d'écrits, comme les livres, les magazines et les journaux.

_____ ____ 2. prend le temps chaque jour de lire dans un endroit tranquille.

_____ ____ 3. parle avec les membres de la famille de ce qu'il a lu.

_____ ____ 4. trouve que la lecture est une façon excitante d'apprendre sur le monde.

_____ ____ 5. rapporte à la maison des livres de l'école ou de la bibliothèque municipale.

_____ ____ 6. semble comprendre la plus grande partie de ce qu'il lit à la maison.

_____ ____ 7. essaie d'apprendre de nouveaux mots et les utilise dans la conversation.

_____ ____ 8. semble avoir développé des habiletés de pensée de haut niveau.

_____ ____ 9. utilise des stratégies d'étude (prendre des notes, organiser son temps, etc.).

_____ ____ 10. s'est amélioré en lecture depuis la dernière évaluation.

Mon enfant serait un meilleur lecteur si: _____

_____

_____

La principale force de mon enfant est: _____

_____

_____

À la prochaine évaluation, mon enfant devrait: _____

_____

_____

Mes préoccupations ou les questions que je me pose: _____

_____

_____

à d'autres niveaux du primaire. Ce dernier questionnaire est présenté aux parents à quelques reprises durant l'année ; les cotes que les parents ont attribuées la dernière fois qu'ils ont rempli le questionnaire seront indiquées sur celui-ci de façon qu'ils puissent voir rapidement s'il y a eu ou non changement dans le comportement de leur enfant.

CONCLUSION

L'évaluation de la lecture est un processus qui comprend les facettes suivantes : le contenu, la structure, le mode, la responsabilité et le degré d'intervention. Toutes ces facettes entrent en jeu dans une situation d'évaluation, que ce soit lors d'un test officiel de lecture ou d'une observation informelle de l'enseignant. Quelle que soit la situation d'évaluation, celle-ci visera toujours à informer l'enseignant de manière qu'il puisse aider l'élève à progresser en lecture.

Références bibliographiques

ADAMS, M. J. (1991). *Beginning to Read*, Cambridge, MIT Press.

AFFLERBACH, P. et WALKER, B. (1992). « Main Idea Instruction : An Analysis of Three Basal Reader Series », *Reading Research and Instruction*, vol. 32, n° 1, p. 11-28.

ALLEN, J., MICHALOVE, B., SHOCKLEY, B. et WEST, M. (1991). « "I'm Really Worried about Joseph" : Reducing the Risks of Literacy Learning », *The Reading Teacher*, vol. 44, n° 7, p. 458-474.

ALLINGTON, R. (1983). « Fluency : The Neglected Reading Goal », *The Reading Teacher*, vol. 36, n° 6, p. 556-561.

ANDERSON, R., HIEBERT, E., SCOTT, J. et WILKINSON, I. (1985). *Becoming a Nation of Readers : The Report of the Commission on Reading,* Washington, D.C., The National Institute of Education.

ARMAND, F. (1994). « Compréhension de textes informatifs », communication présentée à l'Association canadienne-française pour l'avancement de la science, Montréal, mai.

ARMBRUSTER, B. B., ANDERSON, T. H., ARMSTRONG, J. O., WISE, M. A., JANISCH, C. et MEYER, L. A. (1991). « Reading and Questioning in Content Area Lessons », *Journal of Reading Behavior*, vol. 23, n° 1, p. 35-61.

ARMBRUSTER, B. B. et NAGY, W. E. (1992). « Reading to Learn. Vocabulary in Content Area Lessons », *The Reading Teacher*, vol. 45, n° 7, p. 550-551.

ARMSTRONG, J. O., ARMBRUSTER, B. B. et ANDERSON, T. H. (1991). *Teacher-Constructed Frames for Instruction with Content Area Text*, Champaign, Illinois, Center for the Study of Reading, n° 537, août.

ASKEW, B. J. (1991). « A Study of the Effects of Repeated Reading of Text on the Comprehending Process of First-Grade Children », communication présentée au congrès annuel de la National Reading Conference, Palm Springs, Californie, décembre.

BAKER, L. (1991). « Metacognition, Reading and Science Education », dans C. M. Santa et D. E. Alvermann (dir.), *Science Learning : Processes and Applications*, Newark, New Jersey, International Reading Association, p. 2-14.

BALL, E. W. et BLACHMAN, B. A. (1991). « Does Phoneme Segmentation Training in Kindergarten Make a Difference in Early Word Recognition and Developmental Spelling ? », *Reading Research Quarterly*, vol. 26, n° 1, p. 49-67.

BARKSDALE-LADD, M. A. et THOMAS, K. F. (1993). « Eight Teachers' Reported Pedagogical Dependency on Basal Readers », *The Elementary School Journal,* vol. 94, n° 1, p. 49-72.

BARNHART, J. E. (1990). « Differences in Story Retelling Behaviors and Their Relation to Reading Comprehension in Second Graders », dans J. Zutell, S. McCormick, M. Connolly et P. O'Keefe (dir.), *Literacy Theory and Research : Analyses from Multiple Paradigms,* Chicago, National Reading Conference, p. 257-267.

BARNHART, J. E. (1991). « Criterion-Related Validity of Interpretations of Children's Performance on Emergent Literacy Tasks », *Journal of Reading Behavior*, vol. 23, n° 4, p. 425-444.

BARR, R. et JOHNSON, B. (1991). *Teaching Reading in Elementary Classrooms*, New York, Longman.

BARRETT, F. L. (1988). *La lecture partagée : guide pédagogique*, Richmond Hill, Ontario, Scholastic.

BARRON, R. W., GOLDEN, J. O., SELDON, D. M., TAIT, C. F., MARMUREK, H. H. C. et HAINES, L. P. (1992). « Teaching Prereading Skills with a Talking Computer », *Reading and Writing*, vol. 4, n° 2, p. 179-204.

BASTARD, A. (1991). *Contribution à l'étude de la compréhension de l'idée principale chez des élèves de primaire et de secondaire, des étudiants de B.E.P. et des enseignants*, mémoire présenté pour l'obtention de la maîtrise ès arts, Université Laval, École des gradués.

BAUMANN, J. F. et BERGERON, B. S. (1993). « Story Map Instruction Using Children's Literature : Effects on First Graders' Comprehension of Central Narrative Elements », *Journal of Reading Behavior*, vol. 25, n° 4, p. 407-437.

BEAUCHESNE, Y. (1985). *Animer la lecture*, Montréal, Asted.

BECK, I. L. (1986). « Using Research on Reading », *Educational Leadership*, vol. 43, n° 7, p. 13-15.

BECK, I. L. et McKEOWN, M. G. (1991). « Social Studies Texts Are Hard to Understand : Mediating Some of the Difficulties », *Language Arts*, vol. 68, p. 482-490.

BEERS, K. (1993). « Choosing Not to Read : An Ethnographic Study of Seventh-Grade Aliterate Students », communication présentée au congrès annuel de la National Reading Conference, Charleston, Caroline du Sud, décembre.

BÉLANGER, D. et LABRECQUE, A.-F. (1984). *Élaboration et validation d'un instrument de mesure de la conscience de l'écrit pour les enfants de maternelle*, mémoire présenté pour l'obtention de la maîtrise ès arts, Université Laval, École des gradués.

BENTOLILA, A., CHEVALIER, B. et FALCOZ-VIGNE, D. (1991). *La lecture. Apprentissage, évaluation, perfectionnement*, Paris, Nathan.

BERKEMEYER, V. C. (1991). « The Effect of Anaphora on the Reading of German », dans J. Zutell et S. McCormick (dir.), *Learner Factors / Teacher Factors : Issues in Literacy Research and Instruction. Fortieth Yearbook of the National Reading Conference*, Chicago, National Reading Conference.

BESSE, J-M. (1993). « De l'écriture productive à la psychogenèse de la langue écrite », dans G. Chauveau, M. Rémond et É. Rogovas-Chauveau (dir.), *L'enfant apprenti-lecteur. L'entrée dans le système écrit*, Paris, INRP et L'Harmattan, p. 43-72.

BLANTON, W. E., WOOD, K. D. et MOORMAN, G. B. (1990). « The Role of Purpose in Reading Instruction », *The Reading Teacher*, vol. 43, n° 7, p. 486-494.

BLIGH, T. (1990). « The Influence of the Story Impression Method on Narrative Comprehension of Junior High School Remedial Reading Students », communication présentée au congrès annuel de la National Reading Conference, Miami, novembre.

BLOCK, C. C. (1993). Strategy Instruction in a Literature-Based Reading Program », *The Elementary School Journal*, vol. 94, n° 2, p. 139-151.

BOLDUC, N. (1993). *Capsule 1*, Ville Mont-Royal, Modulo.

BONDS, C. W. et SIDA, D. (1993). « A Reading Paradigm to Meet the Needs of All Students », *Reading Improvement*, vol. 30, n° 1, p. 2-8.

BOSMA, B. (1992). « The Voice of Learning : Teacher, Child, and Text », dans E. B. Freeman et D. G. Person (dir.), *Using Nonfiction Trade Books in the Elementary Classroom*, Newark, New Jersey, International Reading Association.

BOYER, C. (1993). *L'enseignement explicite de la compréhension en lecture*, Boucherville, Graficor, 205 p.

BOYER, J.-Y., DIONNE, J.-P. et RAYMOND, P. (1992). *Influence relative de la structure textuelle sur la compréhension en lecture. La lecture et l'écriture : enseignement et apprentissage*, Montréal, Les Éditions Logiques, p. 201-217.

BOYER, J.-Y., DIONNE, J.-P. et RAYMOND, P. (1993). « Profils de lecteurs de différents niveaux de compétence en fonction des caractéristiques du texte lu », dans M. Lebrun et M.-C. Paret (dir.), *L'hétérogénéité des apprenants : un défi pour la classe de français*, Paris, Delachaux et Niestlé.

BROWN, A. L. et DAY, J. D. (1983). « Macrorules for Summarizing Texts : The Development of Expertise », *Journal of Verbal Learning and Verbal Behavior*, vol. 22, n° 1, p. 1-14.

BROWN, R. et COY-OGAN, L. (1993). « The Evolution of Transactional Strategies Instruction in One Teacher's Classroom », *The Elementary School Journal,* vol. 94, n° 2, p. 221-233.

CALFEE, R. C. et PERFUMO, P. (1993). « Student Portfolios : Opportunities for a Revolution in Assessment », *Journal of Reading*, vol. 36, n° 7, p. 532-537.

CARDARELLI, A. F. (1992). « Teachers under Cover : Promoting the Personal Reading of Teachers », *The Reading Teacher*, vol. 45, n° 9, p. 664-668.

CARR, E. (1993). « Portfolios. Students' Self-Portraits : A Consistent Picture or a Distorted View », communication présentée au congrès annuel de la National Reading Conference, Charleston, Caroline du Sud, décembre.

CARRIER, M.-J. (1993). *L'effet d'une intervention axée sur la structure textuelle dans le rappel des informations importantes*, mémoire présenté pour l'obtention de la maîtrise ès arts, Université Laval, École des gradués.

CASSAGNES, P., DEBANC, J. et GARCIA-DEBANC, C. (1993). « Pratiquer les livres : quelles compétences de lecture développer en BCD ? », *Pratiques : théorie, pratique, pédagogie,* n° 80, p. 95-115.

CAZDEN, C. B. (1992). *Whole Language Plus*, New York, Teacher College Press.

CHAUVEAU, G., RÉMOND, M. et ROGOVAS-CHAUVEAU, É. (dir.) (1993). *L'enfant apprenti-lecteur. L'entrée dans le système écrit*, Paris, INRP et L'Harmattan.

CHAUVEAU, G. et ROGOVAS-CHAUVEAU, É. (1993). « Les trois visages de l'apprenti lecteur », dans G. Boudreau (dir.), *Réussir dès l'entrée dans l'écrit,* Sherbrooke, Éditions du CRP, p. 87-102.

CHRISTIE, J. F. (1990). « Dramatic Play : A Context for Meaningful Engagements », *The Reading Teacher,* vol. 43, n° 8, p. 542-548.

CIPIELEWSKI, J. et STANOVICH, K. E. (1992). « Predicting Growth in Reading Ability from Children's Exposure to Print », *Journal of Experimental Child Psychology*, vol. 54, n° 1, p. 74-89.

CLARY, L. M. (1991). « Getting Adolescents to Read », *Journal of Reading*, vol. 34, n° 5, p. 340-346.

CLARY, L. M. (1992). « School-Based Staff Development to Encourage Reading in Elementary and Middle Schools », *Reading Horizons*, vol. 32, n° 3, p. 199-208.

CLAY, M. (1991). *Becoming Literate*, Portsmouth, New Hampshire, Heineman Education.

CLINE, D. M. (1993). « A Year with Reading Workshop », dans L. Patterson, C. M. Santa, K. G. Short et K. Smith (dir.), *Teachers Are Researchers: Reflection and Action*, Newark, New Jersey, International Reading Association.

CLOUTIER, A. (1993). *L'effet d'un enseignement stratégique visant la préparation à la lecture chez des élèves réguliers et en difficulté de 3ᵉ année*, mémoire présenté pour l'obtention de la maîtrise ès arts, Université Laval, École des gradués.

COLEY, J. D., DePINTO, T., CRAIG, S. et GARDNER, R. (1993). « From College to Classroom : Three Teachers' Accounts of Their Adaptations of Reciprocal Teaching », *The Elementary School Journal,* vol. 94, nº 2, p. 255-266.

CUDD, E. et ROBERTS, L. (1989). « Using Writing to Enhance Content Area Learning in the Primary Grades », *The Reading Teacher,* vol. 42, nº 6, p. 392-406.

CULLINAN, B. E. (1992). « Learning with Literature », dans B. E. Cullinan (dir.), *Invitation to Read,* Newark, New Jersey, International Reading Association.

CULLINAN, B. E. (dir.) (1993). *Children's Voices: Talk in the Classroom,* Newark, New Jersey, International Reading Association.

CUNNINGHAM, J. W. et MOORE, D. W. (1986). « The Confused World of Main Idea », dans J. F. Baumann (dir.), *Teaching Main Idea Comprehension,* Newark, New Jersey, International Reading Association, p. 1-18.

CUNNINGHAM, J. W. et WALL, L. K. (1994). « Teaching Good Readers to Comprehend Better », *Journal of Reading,* vol. 37, nº 6, p. 480-486.

CUNNINGHAM, P. M. (1991). « Research Directions : Multimethod, Multilevel Literacy Instruction in First Grade », *Language Arts,* vol. 68, nº 7, p. 578-584.

CUNNINGHAM. P. M. et CUNNINGHAM. J. W. (1991). « Ten Best Ideas for Elementary Reading Teachers », dans E. Fry (dir.), *Ten Best Ideas for Reading Teachers,* New York, Addison-Wesley, p. 42-50.

CURREN, M. T. et HARICH, K. R. (1993). « Performance Attributions : Effects of Mood and Involvement », *Journal of Educational Psychology,* vol. 85, nº 4, p. 605-609.

CURTIS, M. E. (1990). « Developing Literacy in Children and Adults : Are There Differences ? », communication présentée au congrès annuel de la National Reading Conference, Atlanta.

DANIELSON, K. E. (1992). « Literature Groups and Literature Logs : Responding to Literature in a Community of Readers », *Reading Horizons,* vol. 32, nº 5, p. 372-382.

DAVIS, S. et HUNTER, J. (1990). « Historical Novels : A Context for Grifted Student Research », *Journal of Reading,* vol. 33, nº 8, p. 602-608.

De KONINCK, G. (1993). *Le plaisir de questionner en classe de français,* Montréal, Les Éditions Logiques.

DEMERS, C. et LANDRY, N. (1994). *Didactique des projets de lecture,* Rimouski, Éditions de l'Artichaut.

DEMERS, C. et TREMBLAY, G. (1992). *Pour une didactique renouvelée de la lecture : au cœur des stratégies de l'action...,* Rimouski, Éditions de l'Artichaut.

DeRITA, C. et WEAVER, S. (1991). « Cross-Age Literacy Program », *Reading Improvement,* vol. 28, nº 4, p. 244-248.

DEWITZ, P., SANDMANN, A., CARR, E. et BURKE, L. (1993). « Multiple Views of Portfolio Assessment », communication présentée au congrès annuel de la National Reading Conference, Charleston, Caroline du Sud, décembre.

DREHER, M. J. et ZENGE, S. D. (1990). « Using Metalinguistic Awareness in First Grade to Predict Reading Achievement in Third and Fifth Grades », *Journal of Educational Research,* vol. 84, nº 1, p. 13-22.

DUFFELMEYER, F. A. (1994). «Effective Anticipation Guide Statements for Learning from Expository Prose», *Journal of Reading*, vol. 37, n° 6, p. 452-457.

DUFFY, G. G. (1993). «Teachers' Progress toward Becoming Expert Strategy Teachers», *The Elementary School Journal,* vol. 94, n° 2, p. 109-120.

DURKIN, D. (1990). *Comprehension Instruction in Current Basal Reader Series*, Champaign, Illinois, Center for the Study of Reading, n° 521, décembre.

EISELE, B. (1991). *Managing the Whole Language Classroom*, Cypress, Californie, Creative Teaching Press.

ELDREDGE, J. L. (1990). Increasing the Performance of Poor Readers in the Third Grade with a Group-Assisted Strategy», *Journal of Educational Research*, vol. 84, n° 2, p. 69-77.

ENGLERT, C. S., TARRANT, K. L., MARIAGE, T. V. et OXER, T. (1994). «Lesson Talk as the Work of Reading Groups : The Effectiveness of Two Interventions», *Journal of Learning Disabilities,* vol. 27, n° 3, p. 165-185.

FARR, K. (1992). «Putting in All Together : Solving the Reading Assessment Puzzle», *The Reading Teacher*, vol. 46, n° 1, p. 26-27.

FARRIS, P. J. et FUHLER, C. J. (1994). «Developing Social Studies Concepts through Picture Books», *The Reading Teacher,* vol. 47, n° 5, p. 380-387.

FERREIRO, E. (1990). *Apprendre le lire-écrire*, Lyon, Voies livres.

FERREIRO, E. et GOMEZ, P. M. (1988). *Lire-écrire à l'école. Comment s'y prennent-ils ?,* Lyon, CDRP.

FERRO-ALMEIDA, S. (1993). «Teachers' Initial Perceptions of Transactional Strategies Instruction», *The Elementary School Journal*, vol. 94, n° 2, p. 201-205.

FIELDING, L. G. et PEARSON, P. D. (1994). «Reading Comprehension : What Works», *Educational Leadership*, vol. 51, n° 5, p. 62-68.

FIJALKOW, É. (1992). «Une situation de lecture autonome à l'école», *Revue française de pédagogie,* n° 98, p. 41-56.

FIJALKOW, É. (1993). «Clarté cognitive en grande section maternelle et lecture au cours préparatoire», dans G. Boudreau (dir.), *Réussir dès l'entrée dans l'écrit,* Sherbrooke, Éditions du CRP, p. 69-85.

FITZGERALD, J. (1992). «Reading and Writing Stories», dans J. W. Irwin et M. A. Doyle (dir.), *Reading / Writing Connections : Learning from Research*, Newark, New Jersey, International Reading Association, p. 81-95.

FITZGERALD, J., SPIEGEL, D. et WEBB, T. (1985). «Development of Children's Knowledge of Story Structure and Content», *Journal of Educational Research*, vol. 79, p. 101-108.

FRACTOR, J. S., WOODRUFF, M. C., MARTINEZ, M. G. et TEALE, W. H. (1993). «Let's not Miss Opportunities to Promote Voluntary Reading : Classroom Libraries in the Elementary School», *The Reading Teacher*, vol. 46, n° 6, p. 476-484.

FREDERICKS, A. D. et RASINSKI, T. V. (1990). «Working with Parents. Involving Parents in the Assessment Process», *The Reading Teacher*, vol. 44, n° 4, p. 346-350.

GALDA, L. (1987). «Teaching Higher Order Reading Skills with Literature : Intermediate Grades», dans B. E. Cullinan (dir.), *Children's Literature in the Reading Program*, Newark, New Jersey, International Reading Association, p. 89-98.

GAOUETTE, D. (1989). *En tête*, Montréal, Éditions du Renouveau pédagogique.

GARCIA, G. E. et PEARSON, P. D. (1990). *Modifying Reading Instruction to Maximize Its Effectiveness for All Students*, Champaign, Illinois, Center for the Study of Reading, n° 489.

GARNER, R. (1992). «Metacognition and Self-Monitoring Strategies», dans S. J. Samuels et A. E. Farstrup (dir.), *What Research Has to Say about Reading Instruction,* 2e éd., Newark, New Jersey, International Reading Association, p. 236-252.

GIASSON, J. (1990). *La compréhension en lecture,* Boucherville, Gaëtan Morin Éditeur.

GIASSON, J. (1994a). *Les résultats d'un sondage dans des classes du primaire : la période de lecture personnelle, le coin-lecture et la lecture aux élèves,* document du GRIED, Sainte-Foy, Université Laval, Département de psychopédagogie.

GIASSON, J. (1994b). «Pourquoi faut-il encourager les élèves à lire?», *Vie pédagogique,* no 88, p. 27-30.

GIASSON, J. (1994c). «Lire avant tout», dans L. Saint-Laurent, J. Giasson, C. Simard, J. Dionne et E. Royer (dir.), *Programme d'intervention auprès des élèves à risque. Une nouvelle option éducative,* Boucherville, Gaëtan Morin Éditeur.

GIASSON, J., BAILLARGEON, M., PIERRE, R. et THÉRIAULT, J. (1985). «Le lecteur précoce au Québec : caractéristiques individuelles et familiales», *Revue internationale de psychologie appliquée,* vol. 34, no 4, p. 455-477.

GIASSON, J. et THÉRIAULT, J. (1983). *L'apprentissage et l'enseignement de la lecture,* Montréal, Éditions Ville-Marie.

GIDDINGS, L. R. (1992). «Literature-Based Reading Instruction : An Analysis», *Reading Research and Instruction,* vol. 31, no 2, p. 18-30.

GIRARD, N. (1989). *Lire et écrire au préscolaire,* Laval, Mondia.

GIRARD, N. (1992). «L'écrit a-t-il une place au préscolaire?», *Québec Français,* no 84, p. 35-37.

GLAZER, S. M. (1992). *Reading Comprehension,* New York, Scolastic.

GOIGOUX, R. (1991). «Les 5-8 ans et les modèles interactifs. La lecture au cycle des apprentissages», dans A. Bentolila, B. Chevalier et D. Falcoz-Vigne (dir.), *Théories & pratiques. La lecture : apprentissage, évaluation, perfectionnement,* Paris, Nathan, p. 192-197.

GOLDENBERG, C. (1993). «Instructional Conversations : Promoting Comprehension through Discussion», *The Reading Teacher,* vol. 46, no 4, p. 316-326.

GOMBERT, J.-É. (1993). «Formalisation de la langue et manipulation de l'écrit», dans J.-P. Jaffré, L. Sprenger-Charolles et M. Fayol (dir.), *Lecture-écriture : acquisition. Les Actes de la Villette,* Paris, Nathan, p. 241-252.

GOODMAN, K. S. (1989). *Le pourquoi et le comment du langage intégré,* Richmond Hill, Ontario, Scholastic.

GOODMAN, K. S. (1992). «I Didn't Found Whole Language», *The Reading Teacher,* vol. 46, no 3, p. 188-199.

GOODMAN, K. S. et GOODMAN, Y. M. (1980). «Reading Is Natural», *Apprentissage et socialisation,* vol. 3, no 2, p. 107-123.

GORDON, C. J. (1990). «Contexts for Expository Text Structure Use», *Reading Research and Instruction,* vol. 29, no 2, p. 55-72.

GRAHAM, L. et WONG, B. Y. L. (1993). «Comparing Two Modes of Teaching a Question-Answering Strategy for Enhancing Reading Comprehension : Didactic and Self-Instructional Training», *Journal of Learning Disabilities,* vol. 26, no 4, p. 270-279.

GRAHAM, M., WILLS, K. et MacEACHIN, A. (1991). «The Effect of Prediction plus Composition versus Prediction Alone on the Story Retelling and Listening Comprehension of First-Grade Students», communication présentée au congrès annuel de la National Reading Conference, Palm Springs, Californie, décembre.

GRANT, R. (1993). « Strategic Training for Using Text Headings to Improve Students' Processing of Content », *Journal of Reading*, vol. 36, n° 6, p. 482-488.

GRIFFITH, P. L. (1991). « Phonemic Awareness Helps First Graders Invent Spellings and Third Graders Remember Correct Spellings », *Journal of Reading Behavior*, vol. 23, n° 2, p. 215-235.

GRIFFITH, P. L. et OLSON, M. W. (1992). « Phonemic Awareness Helps Beginning Readers Break the Code », *The Reading Teacher*, vol. 45, n° 7, p. 516-523.

GUÉRETTE, C. (1991). *Peur de qui ? Peur de quoi ? Le conte et la peur chez l'enfant*, La Salle, Hurtubise HMH.

GUILLEMETTE, S., LÉTOURNEAU, G. et RAYMOND, N. (1990). *Mémo 1. Manuel de l'élève 4*, Boucherville, Graficor.

GUZZETTI, B. J., SNYDER, T. E., GLASS, G. et GAMAS, W. (1993). « Promoting Conceptual Change in Science : A Comparative Meta-Analysis of Instructional Interventions from Reading Education and Science Education », *Reading Research Quarterly*, vol. 28, n° 2, p. 116-162.

HADAWAY, N. L. et YOUNG, T. A. (1994). « Content Literacy and Language Learning : Instructional Decisions », *The Reading Teacher*, vol. 47, n° 7, p. 522-527.

HANSEN, J. et HALL, M. (1993). « Teacher Portfolios : Self-Evaluation Tools to Promote Growth », communication présentée au congrès annuel de la National Reading Conference, Charleston, Caroline du Sud, décembre.

HARE, C. H., RABINOWITZ, M. et SCHIEBLE, K. (1989). « The Effects of Main Idea Comprehension », *Reading Research Quarterly*, vol. 24, n° 1, p. 72-89.

HASKELL, D. W., FOORMAN, B. R. et SWANK, P. R. (1992). « Effects of Three Orthographic/ Phonological Units on First-Grade Reading », *Remedial and Special Education*, vol. 13, n° 2, p. 40-49.

HEIMLICH, J. E. et PITTELMAN, S. D. (1986). *Semantic Mapping : Classroom Applications*, Newark, New Jersey, International Reading Association.

HENNINGS, D. G. (1992). « Students' Perceptions of Dialogue Journals Used in College Methods Courses in Language Arts and Reading », *Reading Research and Instruction*, vol. 31, n° 3, p. 15-31.

HEYMSFELD, C. R. (1991). « Reciprocal Teaching Goes Co-Op », *The Reading Teacher*, vol. 45, n° 4, p. 335.

HILL, M. (1991). « Writing Summaries Promotes Thinking and Learning Across the Curriculum – But Why Are They so Difficult to Write ? », *Journal of Reading*, vol. 34, n° 7, p. 536-540.

HOFFMAN, J. V., ROSER, N. L. et BATTLE, J. (1993). « Reading Aloud in Classrooms : From the Modal toward a "Model" », *The Reading Teacher*, vol. 46, n° 6, p. 496-503.

HOWARD, D. E. (1993). « Reading Attitudes and Preservice Teachers », *Reading Improvement*, vol. 30, n° 3, p. 176-179.

HOYT, L. (1992). « Many Ways of Knowing : Using Drama, Oral Interactions, and the Visual Arts to Enhance Reading Comprehension », *The Reading Teacher*, vol. 45, n° 8, p. 580-585.

INDRISANO, R. et PARATORE, J. R. (1992). « Using Literature with Readers at Risk », dans B. E. Cullinan (dir.), *Invitation to Read : More Children's Literature in the Reading Program*, Newark, New Jersey, International Reading Association, p. 138-149.

JENNINGS, J. H. (1991). A Comparison of Summary and Journal Writing as Components of An Interactive Comprehension Model », dans J. Zutell et S. McCormick (dir.),

Learner Factors / Teacher Factors : Issues in Literacy Research and Instruction. Fortieth Yearbook of the National Reading Conference, Chicago, National Reading Conference.

JOHNSON, B. et STONE, E. (1991). « Is Whole Language Restructuring Our Classroom ? », *Contemporary Education*, vol. 62, n° 2, p. 102-104.

JOLIBERT, J. (1984). *Former des enfants lecteurs*, tome 1, Paris, Hachette.

JONGSMA, K. (1990). « Questions and Answers. Collaborative Learning », *The Reading Teacher*, vol. 43, n° 4, p. 346-348.

JOSE, P. E. et BREWER, W. F. (1990). « Grade School Children's Liking of Script and Suspense Story Structures », *Journal of Reading Behavior*, vol. 22, n° 4, p. 355-373.

JUEL, C. (1991). « Beginning Reading », dans R. Barr, M. L. Kamil, P. Mosenthal et D. Pearson (dir.), *Handbook of Reading Research*, vol. 11, New York, Longman, p. 759-788.

KELLY, P. R. et FARNAN, N. (1991). « Promoting Critical Thinking through Response Logs : A Reader-Response Approach with Fourth Graders », dans J. Zutell et S. McCormick (dir.), *Learner Factors / Teacher Factors : Issues in Literacy Research and Instruction. Fortieth Yearbook of the National Reading Conference*, Chicago, National Reading Conference.

KONOPAK, B. C., READENCE, J. E. et WILSON, E. K. (1994). « Preservice and Inservice Secondary Teachers' Orientations toward Content Area Reading », *Journal of Educational Research*, vol. 87, n° 4, p. 220-227.

LANGER, J. A. (1990). « Understanding Literature », *Language Arts*, vol. 67, n° 8, p. 812-816.

LANGER, J. A. (1994). « A Response-Based Approach to Reading Literature », *Language Arts*, vol. 71, n° 3, p. 203-211.

LAVOIE, N. (1989). *Évolution de l'écriture chez des enfants de première année primaire*, mémoire présenté pour l'obtention de la maîtrise ès arts, Université Laval, École des gradués.

LEAMAN, R. E. (1993). « Effects of Direct Instruction of Story Grammar on Story Writing and Reading Comprehension of Elementary School Learning Disabled Students », dans T. V. Rasinski et N. D. Padak (dir.), *Inquiries in Literacy Learning and Instruction*, Pittsburgh, College Reading Association, p. 15-24.

LEBLANC, G. (1994). « Modification de connaissances par le biais de textes informatifs au primaire », communication présentée à l'Association canadienne-française pour l'avancement de la science, Montréal, mai.

LEBRUN, M., GUÉRETTE, V. et ACHIM, P. (1993). « L'expérience esthétique des textes au primaire », *Québec Français*, n° 89, p. 40-42.

LECOQ, P. (1991). *Apprentissage de la lecture et dyslexie*, Liège, Mardaga.

LEWIN, L. (1992). « Integrating Reading and Writing Strategies Using an Alternating Teacher-Led / Student-Selected Instructional Pattern », *The Reading Teacher*, vol. 45, n° 8, p. 586-591.

LEWIS, M., WRAY, D. et ROSPIGLIOSI, P. (1994). « … And I Want It in Your Own Words », *The Reading Teacher*, vol. 47, n° 7, p. 528-536.

LICKTEIG, M. J. et RUSSELL, J. F. (1993). « Elementary Teachers' Read-Aloud Practices », *Reading Improvement*, vol. 30, n° 4, p. 202-208.

LIPSCOMB, L. et GOUGH, P. B. (1990). « Word Length and First Word Recognition », dans J. Zutell, S. McCormick, M. Connolly et P. O'Keefe (dir.), *Literacy Theory and Research : Analyses from Multiple Paradigms*, Chicago, NRC, p. 217-223.

LIPSON, M. Y. et SMITH, C. (1990). « Influences on Oral Reading Fluency », communication présentée au congrès annuel de la National Reading Conference, Miami, Floride, décembre.

MABBETT, B. (1990). « The New Zealand Story », *Educational Leadership*, vol. 47, n° 6, p. 59-61.

MAINGUY, É. et DEAUDELIN, C. (1992). « La lecture et les futurs enseignants du primaire : leurs attitudes et habitudes », dans C. Préfontaine et M. Lebrun (dir.), *La lecture et l'écriture : enseignement et apprentissage,* Montréal, Les Éditions Logiques, p. 323-340.

MANN, V. A. (1993). « Phoneme Awareness and Future Reading Ability », *Journal of Learning Disabilities*, vol. 26, n° 4, p. 259-269.

MARIA, K. (1990). *Reading Comprehension Instruction*, Parkton, Maryland, York Press.

MARKS, M., PRESSLEY, M., COLEY, J. D., CRAIG, S., GARDNER, R., DePINTO, T. et ROSE, W. (1993). « Three Teachers' Adaptations of Reciprocal Teaching in Comparison to Traditional Reciprocal Teaching », *The Elementary School Journal*, vol. 94, n° 2, p. 267-283.

MARSHALL, N. (1984). « Discourse Analysis as a Guide for Informal Assessment of Comprehension », dans J. Flood (dir.), *Promoting Reading Comprehension*, Newark, New Jersey, International Reading Association, p. 79-97.

MARTENS, P., GOODMAN, K. et GOODMAN, Y. (1993). « The Making of a Proficient Reader : Repeated Reading ? Or, Continued Wide Reading ? », communication présentée au congrès annuel de la National Reading Conference, Charleston, Caroline du Sud, décembre.

MARTINEZ, M. (1993). « Motivating Dramatic Story Reenactments », *The Reading Teacher*, vol. 46, n° 8, p. 682-688.

MARTINEZ, M., ROSER, N. L., HOFFMAN, J. V. et BATTLE, J. (1992). « Fostering Better Book Discussions through Response Logs and a Response Framework : A Case Description », dans C. K. Kinzer et D. J. Leu (dir.), *Literacy Research, Theory, and Practice : Views from Many Perspectives*, Chicago, National Reading Conference, p. 303-311.

MASON, J. M., PETERMAN, C. L. et KERR, B. M. (1989). « Reading to Kindergarten Children », dans D. S. Strickland et L. M. Morrow (dir.), *Emergent Literacy : Your Children Learn to Read and Write*, Newark, New Jersey, International Reading Association, p. 52-63.

MASONHEIMER, P. E., DRUM, P. A. et EHRI, L. C. (1984). « Does Environmental Print Identification Lead Children into Word Reading ? », *Journal of Reading Behavior,* vol. 16, n° 4, p. 257-271.

McCARTHEY, S. J. et RAPHAEL, T. E. (1992). « Alternative Research Perspectives », dans J. W. Irwin et M. A. Doyle (dir.), *Reading / Writing Connections : Learning from Research*, Newark, New Jersey, International Reading Association, p. 2-30.

McCAULEY, J. K. et McCAULEY, D. S. (1992). « Using Choral Reading to Promote Language Learning for ESL Students », *The Reading Teacher*, vol. 45, n° 7, p. 526-533.

McCORMACK, R. L. (1993). « What Shall We Say When the Teacher's Away ? A Look at a Second Grade Peer Response Group », communication présentée au congrès annuel de la National Reading Conference, Charleston, Caroline du Sud, décembre.

McCORMICK, S. (1992). « Disabled Readers' Erroneous Responses to Inferential Comprehension Questions : Description and Analysis », *Reading Research Quarterly*, vol. 27, n° 1, p. 54-77.

McGILL-FRANZEN, A. (1993). « Literacy for All Children. "I Could Read the Words !" : Selecting Good Books for Inexperienced Readers », *The Reading Teacher*, vol. 46, n° 5, p. 424-426.

McGILL-FRANZEN, A. et ALLINGTON, R. L. (1991). « Every Child's Right : Literacy », *The Reading Teacher,* vol. 45, n° 2, p. 86-92.

McINTYRE, E. (1992). « Young Children's Reading Behaviors in Various Classroom Contexts », *Journal of Reading Behavior,* vol. 24, n° 3, p. 339-371.

McKEOWN, M. G., BECK, I. L. et WORTHY, M. J. (1992). « Grappling with Text Ideas : Questioning the Author », communication présentée au congrès annuel de la National Reading Conference, San Antonio, Texas, décembre.

McMAHON, S. I., PARDO, L. S. et RAPHAEL, T. E. (1991). « Bart : A Case Study of Discourse about Text », dans J. Zutell et S. McCormick (dir.), *Learner Factors / Teacher Factors : Issues in Literacy Research and Instruction. Fortieth Yearbook of the National Reading Conference.* Chicago, NRC.

MEGYERI, K. A. (1993). « The Reading Aloud of Ninth-Grade Writing », *Journal of Reading,* vol. 37, n° 3, p. 184-190.

MELOTH, M. S. et DEERING, P. D. (1994). « Task Talk and Task Awareness under Different Cooperative Learning Conditions », *American Educational Research Journal,* vol. 31, n° 1, p. 138-165.

MEMORY, D. M. (1990). « Teaching Technical Vocabulary : Before, during, or after the Reading Assignment ? », *Journal of Reading Behavior,* vol. 22, n° 1, p. 39-55.

MÉRON, C. et MAGA, J.-J. (1991). *Le défi-lecture,* Lyon, Chronique sociale, collection « Synthèse ».

MEYER, B. (1985). « Prose Analysis : Purposes, Procedures, and Problems », dans B. Britton et J. Black (dir.), *Understanding Expository Text,* Hillsdale, New Jersey, Lawrence Erlbaum Associates.

MILLER, S. D., ADKINS, T. et HOOPER, M. L. (1993). « Why Teachers Select Specific Literacy Assignments and Students' Reactions to Them, *Journal of Reading Behavior,* vol. 25, n° 1, p. 69-95.

MINISTÈRE DE L'ÉDUCATION DU QUÉBEC (1991). *Prévention de l'abandon scolaire,* mémoire d'étape, Québec, Direction générale de la recherche et du développement.

MINISTÈRE DE L'ÉDUCATION NATIONALE ET DE LA CULTURE (1992). *La maîtrise de la langue à l'école,* Paris, Centre de documentation pédagogique.

MONSON, R. J. et MONSON, M. P. (1994). « Literacy as Inquiry : An Interview with Jerome C. Harste », *The Reading Teacher,* vol. 47, n° 7, p. 518-521.

MORRICE, C. et SIMMONS, M. (1991). « Beyond Reading Buddies : A Whole Language Cross-Age Program », *The Reading Teacher,* vol. 44, n° 8, p. 572-580.

MORROW, L. M. (1986). « Effects of Structural Guidance in Story Retelling on Children's Dictation of Original Stories », *Journal of Reading Behavior,* vol. 18, n° 2, p. 135-152.

MORROW, L. M., O'CONNOR, E. M. et SMITH, J. K. (1990). « Effects of a Story Reading Program on the Literacy Development of at Risk Kindergarten Children », *Journal of Reading Behavior,* vol. 22, n° 3, p. 255-277.

NADON, Y. (1992). « En bonne voie… vers la lecture », *Québec Français,* n° 86, p. 53-55.

NAGY, W. (1988). *Teaching Vocabulary to Improve Reading Comprehension,* Newark, New Jersey, International Reading Association.

NAUGHTON, V. M. (1994). « Creative Mapping for Content Reading », *Journal of Reading,* vol. 37, n° 4, p. 324-326.

NESSEL, D. (1988). « Channeling Knowledge for Reading Expository Text », *Journal of Reading,* vol. 32, n° 3, p. 231-236.

NEUMAN, S. B. et SOUNDY, C. (1991). « The Effects of "Storybook Partnerships" on Young Children's Conceptions of Stories », dans J. Zutell et S. McCormick (dir.), *Learner*

Factors / Teacher Factors: Issues in Literacy Research and Instruction. Fortieth Yearbook of the National Reading Conference, Chicago, NRC.

OGLE, D. (1989). « The Known, Want to Know, Learn Strategy », dans D. Muth (dir.), *Children's Comprehension of Text,* Newark, New Jersey, International Reading Association, p. 205-224.

OLLMANN, H. E. (1993). « Choosing Literature Wisely : Students Speak out », *Journal of Reading,* vol. 36, n⁰ 8, p. 648-653.

O'MALLAN, R. P., FOLEY, C. L. et LEWIS, C. D. (1993). « Effects of the Guided Reading Procedure on Fifth Graders' Summary Writing and Comprehension of Science Text », *Reading Improvement*, vol. 30, n⁰ 4, p. 194-201.

O'MASTA, G. A. et WOLF, J. M. (1991). « Encouraging Independent Reading through the Reading Millionaires Project », *The Reading Teacher*, vol. 44, n⁰ 9, p. 656-666.

PAGÉ, M., DESJARDINS, J., DROLET, R. et MARTIN, L. (1991). *Programme pratique d'apprentissage des habiletés de compréhension*, Montréal, Commission scolaire de l'île de Montréal.

PALINCSAR, A. S. et BROWN, A. L. (1986). « Interactive Teaching to Promote Independent Learning from Text », *The Reading Teacher*, vol. 39, n⁰ 8, p. 771-778.

PALINCSAR, A. S. et BROWN, A. L. (1988). « Teaching and Practicing Thinking Skills in the Context of Group Problem Solving », *Remedial and Special Education*, vol. 9, n⁰ 1, p. 53-59.

PALINCSAR, A. S. et DAVID, Y. M. (1991). « Promoting Literacy through Classroom Dialogue », dans E. H. HIEBERT (dir.), *Literacy for a Diverse Society: Perspectives, Practices, and Policies*, New York, Teachers College Press, p. 122-140.

PALINCSAR, A. S. et KLENK, L. (1992). « Fostering Literacy Learning in Supportive Contexts », *Journal of Learning Disabilities*, vol. 25, n⁰ 4, p. 211-225, 229.

PALINCSAR, A. S. et KLENK, L. (1993). « Third Invited Response : Broader Visions Encompassing Literacy, Learners, and Contexts », *Remedial and Special Education*, vol. 14, n⁰ 4, p. 19-25.

PAPPAS, C. C. (1993). « Is Narrative "Primary"? Some Insights from Kindergarteners' Pretend Readings of Stories and Information Books », *Journal of Reading Behavior,* vol. 25, n⁰ 1, p. 97-129.

PARATORE, J. R., DIBIASIO, M. et SULLIVAN, K. (1993). « Learning from Home Literacies : Inviting Parents to Contribute to Literacy Portfolios », communication présentée au congrès annuel de la National Reading Conference, Charleston, Caroline du Sud, décembre.

PARDO, L. S. et RAPHAEL, T. E. (1991). « Classroom Organization for Instruction in Content Areas », *The Reading Teacher*, vol. 44, n⁰ 8, p. 556-566.

PEARSON, D. et JOHNSON, D. (1978). *Teaching Reading Comprehension*, New York, Rinehart and Winston.

PEARSON, P. D. (1993). « Focus on Research Teaching and Learning Reading : A Research Perspective », *Language Arts*, vol. 70, n⁰ 6, p. 502-511.

PELLEGRINI, A. D. et GALDA, L. (1993). « Ten Years After : A Reexamination of Symbolic Play and Literacy Research », *Reading Research Quarterly,* vol. 28, n⁰ 2, p. 162-178.

PENNAC, D. (1992). *Comme un roman*, Paris, Gallimard.

PETERSON, M. E. et HAINES, L. P. (1992). « Orthographic Analogy Training with Kindergarten Children : Effects on Analogy Use, Phonemic Segmentation, and Letter-Sound Knowledge », *Journal of Reading Behavior*, vol. 24, n⁰ 1, p. 109-127.

PETERSON, S. et PHELPS, P. H. (1991). « Visual-Auditory Links : A Structural Analysis Approach to Increase Word Power », *The Reading Teacher*, vol. 44, n° 7, p. 524-526.

PRESSLEY, M. et HARRIS, K. R. (1990). « What We Really Know about Strategy Instruction », *Educational Leadership*, vol. 48, n° 1, p. 31-34.

PRESSLEY, M., SCHUDER, T., BERGMAN, J. L. et EL-DINARY, P. B. (1992). « A Researcher-Educator Collaborative Interview Study of Transactional Comprehension Strategies Instruction », *Journal of Educational Psychology*, vol. 84, n° 2, p. 231-246.

PURCELL-GATES, V. (1991). « On the Outside Looking in : A Study of Remedial Readers' Meaning-Majing While Reading Literature », *Journal of Reading Behavior*, vol. 23, n° 2, p. 235-255.

PURCELL-GATES, V. et DAHL, K. L. (1991). « Low-SES Children's Success and Failure at Early Literacy Learning in Skills-Based Classrooms », *Journal of Reading Behavior*, vol. 23, n° 1, p. 1-35.

RAPHAEL, T. E., (1986). « Teaching Question Answer Relationship, Revisited », *The Reading Teacher*, vol. 39, n° 6, p. 516-524.

RASINSKI, T. V. (1989). « The Effects of Cued Phrase Boundaries on Reading Performance : A Review », communication présentée au congrès annuel de l'American Education Research Association, San Francisco.

RASINSKI, T. V., PADAK, N., LINEK, W. et STURTEVANT, E. (1994). « Effects of Fluency Development on Urban Second-Grade Readers », *Journal of Educational Research*, vol. 87, n° 3, p. 158-165.

REKRUT, M. D. (1994). « Peer and Cross-Age Tutoring : The Lessons of Research », *Journal of Reading*, vol. 37, n° 5, p. 356-362.

RÉMOND, M. (1993). « Pourquoi certains enfants ne comprennent-ils pas ce qu'ils lisent ? », dans G. Chauveau, M. Rémond et É. Rogovas-Chauveau, *L'enfant apprenti-lecteur. L'entrée dans le système écrit*, Paris, INRP et L'Harmattan, p. 133-150.

REUTZEL, D. R. et COOTER, R. B. (1991). « Organizing for Effective Instruction : The Reading Workshop », *The Reading Teacher*, vol. 44, n° 8, p. 548-556.

REUTZEL, D. R. et FAWSON, P. (1991). « Literature Webbing Predictable Books : A Prediction Strategy that Helps Below-Average, First-Grade Readers », *Reading Research and Instruction*, vol. 30, n° 4, p. 20-29.

REUTZEL, D. R. et HOLLINGSWORTH, P. M. (1990). « Skill Hierarchies in Reading Comprehension », *Reading Improvement*, vol. 27, n° 1, p. 64-71.

REUTZEL, D. R., HOLLINGSWORTH, P. M. et ELDREDGE, J. L. (1994). « Oral Reading Instruction : The Impact on Student Reading Development », *Reading Research Quarterly*, vol. 29, n° 1, p. 40-62.

RHODES, L. K. (1990). « Assessment. Miscue Analysis in the Classroom », *The Reading Teacher*, vol. 44, n° 3, p. 252-256.

RICHARDS, J. C. et GIPE, J. P. (1993). « Getting to Know Story for Young and At-Risk Readers », *The Reading Teacher*, vol. 47, n° 1, p. 78-79.

RINEHART, S. D. et THOMAS, K. F. (1993). « Summarization Ability and Text Recall by Novice Studiers », *Reading Research and Instruction*, vol. 32, n° 4, p. 24-32.

ROBBINS, C. et EHRI, L. C. (1994). « Reading Storybooks to Kindergartners Helps Them Learn New Vocabulary Words », *Journal of Educational Psychology*, vol. 86, n° 1, p. 54-64.

ROBERTS, B. (1992). « The Evolution of the Young Child's Concept of Word as a Unit of Spoken and Written Language », *Reading Research Quarterly*, vol. 27, n° 2, p. 124-138.

ROGOVAS-CHAUVEAU, É. (1993). «Le dialogue métacognitif et le savoir-lire», dans G. Chauveau, M. Rémond et É. Rogovas-Chauveau (dir.), *L'enfant apprenti-lecteur. L'entrée dans le système écrit*, Paris, INRP et L'Harmattan, p. 161-173.

ROSENBLATT, L. M. (1991). «Literature-S.O.S.!», *Language Arts,* vol. 68, p. 444-448.

ROSKOS, K. et NEUMAN, S. (1992). «Enhancing Head Start Parents' Conceptions of Literacy Development and Their Confidence as Literacy Teachers: A Study of Parental Involvement», communication présentée au congrès annuel de la National Reading Conference, San Antonio, Texas, décembre.

ROY, P. (1991). «Si on lisait... pour vrai!», *Des livres et des jeunes,* nº 39, p. 34-35.

RUDDELL, R. B. et HARRIS, P. (1989). «A Study of the Relationship between Influential Teachers' Prior Knowledge and Beliefs and Teaching Effectiveness: Developing Higher Order Thinking in Content Areas», dans S. McCormick, J. Zutell, P. L. Scharer et P. R. O'Keefe. (dir.), *Cognitive and Social Perspectives for Literacy Research and Instruction. Thirty-Eight Yearbook of the National Reading Conference*, Chicago, National Reading Conference, p. 461-473.

SCOTT, J. A. et EHRI, L. C. (1990). «Sight Word Reading in Prereaders: Use of Logographic vs. Alphabetic Access Routes», *Journal of Reading Behavior,* vol. 22, nº 2, p. 149-167.

SEBESTA, S. L. (1987). «Enriching the Arts and Humanities through Children's Books», dans B. E. Cullinan (dir.), *Children's Literature in the Reading Program,* Newark, New Jersey, International Reading Association, p. 77-89.

SEBESTA, S. L. (1992). «Enriching the Arts and Humanities», dans B. E. Cullinan (dir.), *Invitation to Read: More Children's Literature in the Reading Program,* Newark, New Jersey, International Reading Association, p. 50-63.

SHANNON, P., KAMEENUI, E. J. et BAUMANN, J. F. (1988). «An Investigation of Children's Ability to Comprehend Character Motives», *American Educational Research Journal,* vol. 25, nº 3, p. 441-462.

SHEVELAND, D. E. (1993). «Can School Make a Difference in the Development of Independent Readers for Pleasure?», communication présentée au congrès annuel de la National Reading Conference, Charleston, Caroline du Sud, décembre.

SIMARD, C. (1989). «Synthèse de la recherche dans le domaine de l'expression écrite», dans G. Gagné et G.-R. Roy (dir.), *Didactique du français écrit, langue maternelle. Bilan des recherches québécoises,* Montréal / Sherbrooke, Éditions du CRP / PPMF de l'Université de Montréal, p. 111-143.

SIMARD, C. (1990). «Tendances actuelles en enseignement de l'écrit au Québec», dans G. Gagné et E. Tarrab (dir.), *Didactique des langues maternelles, questions, actions, dans différentes régions du monde,* Bruxelles, De Boerk-Wesmall, p. 243-258.

SIMARD, C. (1992). «L'écriture et ses difficultés d'apprentissage», dans R. Ouellet et L. Savard (dir.), *Pour favoriser la réussite scolaire. Réflexions et pratiques,* Montréal, Éditions Saint-Martin, p. 276-294.

SINATRA, G. M. et ROYER, J. M. (1993). «Development of Cognitive Component Processing Skills that Support Skilled Reading», *Journal of Educational Psychology,* vol. 85, nº 3, p. 509-519.

SINDELAR, P. T., MONDA, L. E. et O'SHEA, L. J. (1990). «Effects of Repeated Readings on Instructional and Mastery-Level Readers», *Journal of Educational Research,* vol. 83, nº 4, p. 220-226.

SINDIRIAN, L. (1992). «Analyse segmentale de la parole et apprentissage de la lecture chez des élèves de CP, CE 1 et CE 2», *Revue française de pédagogie,* nº 99, p. 15-23.

SIROIS, M. (1986). *L'évolution de l'écriture,* mémoire présenté pour l'obtention de la maîtrise ès arts, Université Laval, École des gradués.

SISCO, L. J. et MORROW, L. M. (1991). « The Effect of Mediated Story Retelling on the Development of Listening Comprehension, Story Structure and Oral Language in Young Children with Learning Disabilities », communication présentée au congrès annuel de la National Reading Conference, Palm Springs, Californie, décembre.

SLAUGHTER, J. P. (1993). *Beyond Storybooks : Young Children and the Shared Book Experience,* Newark, New Jersey, International Reading Association.

SLIEPEN, S. E. et REITSMA, P. (1993). « Instruction in Reading Comprehension Strategies : Effects of a Training of Teachers », communication présentée au congrès annuel de la National Reading Conference, Charleston, Caroline du Sud, décembre.

SPEAKER, R. B., BARNITZ, J. G. et GIPE, J. P. (1990). « Lexical Cohesion in Comprehension and Composition : A Synthesis of Research Issues », dans J. Zutell, S. McCormick, M. Connolly et P. O'Keefe (dir.), *Literacy Theory and Research : Analyses from Multiple Paradigms,* Chicago, National Reading Conference, p. 287-295.

SPEARS, M. W. et GAMBRELL, L. B. (1991). « Prediction Training and the Comprehension and Composing Performance of Fourth-Grade Students », dans J. Zutell et S. McCormick (dir.), *Learner Factors / Teacher Factors : Issues in Literacy Research and Instruction. Fortieth Yearbook of the National Reading Conference,* Chicago, National Reading Conference.

SPIEGEL, D. L. (1992). « Linguistic Cohesion », dans J. W. Irwin et M. A. Doyle (dir.), *Reading / Writing Connections : Learning from Research,* Newark, New Jersey, International Reading Association, p. 55-80.

STAHL, S. A., RICHEK, M. A. et VANDEVIER, R. J. (1991). « Learning Meaning Vocabulary through Listening : A Sixth-Grade Replication », dans J. Zutell et S. McCormick, *Learner Factors / Teacher Factors : Issues in Literacy Research and Instruction, Fortieth Yearbook of the National Reading Conference,* Chicago, NRC.

STANOVICH, K. E. (1991). « Word Recognition : Changing Perspectives », dans R. Barr, M. L. Kamil, P. Mosenthal et D. Pearson », *Handbook of Reading Research,* vol. 11, New York, Longman, p. 418-452.

STAYTER, F. Z. et ALLINGTON, R. L. (1991). « Fluency and the Understanding of Texts », *Theory into Practice,* vol. 30, n° 3, p. 143-148.

STEWART, J. P., MASON, J. M. et BENJAMIN, L. W. (1990). *Implementing Early Literacy : Promising Success for All Kindergarten Children,* Champaign, Illinois, Center for the Study of Reading, n° 517, octobre.

STRICKLAND, D. S. (1992). « Organizing a Literature-Based Reading Program », dans B. E. Cullinan (dir.), *Invitation to Read : More Children's Literature in the Reading Program,* Newark, New Jersey, International Reading Association, p. 110-121.

STRICKLAND, D. S. et MORROW, L. M. (1990). « Emerging Readers & Writers. Family Literacy : Sharing Good Books », *The Reading Teacher,* vol. 43, n° 7, p. 518-520.

STURTEVANT, E. G., LINEK, W. M., PADAK, N. D. et RASINSKI, T. V. (1991). « Reading Perception of Urban Second Graders », dans T. V. Rasinski, N. D. Padak et J. Logan (dir.), *Reading Is Knowledge. Thirteenth Yearbook of the College Reading Association,* Pittsburgh, College Reading Association, p. 63-71.

SULZBY, E. (1991). « Assessment of Emergent Literacy : Storybook Reading », *The Reading Teacher,* vol. 44, n° 7, p. 498-502.

SULZBY, E. et BARNHART, J. (1992). « The Development of Academic Competence : All Our Children Emerge as Writers and Readers », dans J. W. Irwin et M. A. Doyle (dir.), *Reading / Writing Connections : Learning from Research,* Newark, New Jersey, International Reading Association, p. 120-144.

SULZBY, E. et TEALE, W. (1991). «Emergent Literacy», dans R. Barr, M. L. Kamil, P. Mosenthal et D. Pearson (dir.), *Handbook of Reading Research*, vol. 11, New York, Longman, p. 727-757.

SWIFT, K. (1993). «Try Reading Workshop in Your Classroom», *The Reading Teacher*, vol. 46, n° 5, p. 366-371.

SWINDAL, D. N. (1993). «The Big Advantage : Using Big Books for Shared Reading Experiences in the Classroom», *The Reading Teacher*, vol. 46, n° 8, p. 716-717.

TALACEK, B. A. (1992). «Book-Chain : All-School Reading Incentive Program », *The Reading Teacher*, vol. 46, n° 2, p. 168-169.

TARDIF, J. (1992). *L'enseignement stratégique*, Montréal, Les Éditions Logiques.

TARDIF, J. (1993). «Pour un enseignement de plus en plus stratégique», *Québec Français*, n° 89, p. 35-39.

TAYLOR, B. M. (1992). «Text Structure, Comprehension, and Recall», dans S. J. Samuels et A. E. Farstrup (dir.), *What Research Has to Say about Reading Instruction*, 2e éd., Newark, New Jersey, International Reading Association, p. 220-235.

THÉRIAULT, J. (1994). *Je veux apprendre à lire... aide-moi*, Montréal, Les Éditions Logiques.

THÉRIAULT, P. (1993). *L'effet d'un enseignement stratégique sur l'habileté à répondre à des questions de compréhension de textes chez des élèves de 3e année*, mémoire présenté pour l'obtention de la maîtrise ès arts, Université Laval, École des gradués.

THERRIAULT, A. (1994). «La B. D. au secondaire : pourquoi pas ?», *Des livres et des jeunes*, n° 46, p. 14-18.

THOMAS, B. B. (1992). «How Can We Use what We Know about Questioning Skills to Develop Literate Thinkers ?», *Reading Horizons*, vol. 33, n° 1, p. 19-30.

THOMAS, K. F., BARKSDALE-LADD, M. A. et JONES, R. A. (1991). «Basals, Teacher Power, and Empowerment : A Conceptual Framework», dans J. Zutell et S. McCormick (dir.), *Learner Factors / Teacher Factors : Issues in Literacy Research and Instruction. Fortieth Yearbook of the National Reading Conference*, Chicago, NRC, p. 385-399.

TIERNEY, R. J., READANCE, J. et DISHNER, E. (1990). *Reading Strategies and Practices. A Compendium*, 3e éd., Boston, Allyn and Bacon.

TIERNEY, R. J. (1990). «Redefining Reading Comprehension», *Educational Leadership*, vol. 47, n° 6, p. 37-42.

TRAN, E. (1992). «Le temps de lire. Cahier pratique 45», *Québec Français*, n° 86, p. 72-78.

TRAN, E. (1993). «Une structure coopérative : la communauté de lecture», *Québec Français*, n° 88, p. 41-44.

TRELEASE, J. (1985). *The Read-Aloud Handbook*, New York, Penguin Books.

TREMBLAY, R. et de PASSILLÉ, L. (1990). *Un parti pris pour la communication*, Beauport, Commission scolaire Beauport.

TULLEY, M. A. (1991). «The Effectiveness of One School District's Basal Reader Selection Process», *Reading Horizons*, vol. 32, n° 2, p. 96-108.

TUNNELL, M. O., CALDER, J. E. et PHAUP, E. S. (1991). «Attitudes of Young Readers», *Reading Improvement*, vol. 28, n° 4, p. 237-243.

TURNER, G. Y. (1992). «Motivating Reluctant Readers : What Can Educators Do ?», *Reading Improvement*, vol. 29, n° 1, p. 50-55.

TURNER, J. C. (1993). «IRA Outstanding Dissertation Award for 1992-93», *Reading Research Quarterly*, vol. 28, n° 4, p. 288-290.

VALENCIA, S. W., McGINLEY, W. et PEARSON, P. D. (1990). *Assessing Reading and Writing: Building a More Complete Picture for Middle School Assessment*, Champaign, Illinois, Center for the Study of Reading, n° 500.

VALENCIA, S. W. et PLACE, N. A. (1994). « Literacy Portfolios for Teaching, Learning, and Accountability: The Bellevue Literacy Assessment Project », dans S. W. Valencia, E. H. Hiebert et P. P. Afflerbach (dir.), *Authentic Reading Assessment: Practices and Possibilities,* Newark, New Jersey, International Reading Association, p. 134-166.

Van GRUNDERBEECK, N. (1994). *Les difficultés en lecture*, Boucherville, Gaëtan Morin Éditeur.

VILLAUME, S. K. et WORDEN, T. (1993). « Developing Literate Voices: The Challenge of Whole Language », *Language Arts*, vol. 70, n° 6, p. 462-468.

WADE, S. E. et ADAMS, R. B. (1990). « Effects of Importance and Interest on Recall of Biographical Text », *Journal of Reading Behavior*, vol. 22, n° 4, p. 331-355.

WAGNER, R. K., TORGESEN, J. K., LAUGHON, P., SIMMONS, K. et RASHOTTE, C. A. (1993). « Development of Young Readers' Phonological Processing Abilities », *Journal of Educational Psychology*, vol. 85, n° 1, p. 83-103.

WATKINS, M. W. et EDWARDS, V. A. (1992). « Extracurricular Reading and Reading Achievement: The Rich Stay Rich and the Poor Don't Read », *Reading Improvement*, vol. 29, n° 4, p. 236-242.

WATSON, D. J. (1994). « Whole Language: Why Bother? », *The Reading Teacher*, vol. 47, n° 8, p. 600-607.

WILLIAMSON, J. (1991). « Teachers as Readers », *Reading*, vol. 25, n° 2, p. 30-38.

WILSON, P. et KUTIPER, K. (1993). Ribtickling Literature: Educational Implications for Joke and Riddle Books in the Elementary Classroom », *Reading Horizons*, vol. 34, n° 1, p. 32-40.

WIXSON, K. K. (1983). « Questions about a Text: What You Ask about is What Children Learn », *The Reading Teacher,* vol. 37, n° 3, p. 287-295.

WOLF, K. P. (1993). « From Informal to Informed Assessment: Recognizing the Role of the Classroom Teacher », *Journal of Reading*, vol. 36, n° 7, p. 518-523.

WORDEN, P. E. et BOETTCHER, W. (1990). « Young Children's Acquisition of Alphabet Knowledge », *Journal of Reading Behavior*, vol. 22, n° 3, p. 277-297.

WRAY, D. et LEWIS, M. (1992). « Primary Children's Use of Information Books », *Reading*, vol. 26, n° 6, p. 19-24.

YOCHUM, N. (1991). « Children's Learning from International Text: The Relationship between Prior Knowledge and Text Structure », *Journal of Reading Behavior*, vol. 23, n° 1, p. 87-109.

YOPP, H. K. (1992). « Developing Phonemic Awareness in Young Children », *The Reading Teacher*, vol. 45, n° 9, p. 696-703.

YOUNG, T. A. (1991). « Readers Theatre: Bringing Life to the Reading Program! », *Reading Horizons*, vol. 32, n° 1, p. 33-40.

YOUNG, T. A. et VARDELL, S. (1993). « Weaving Readers Theatre and Nonfiction into the Curriculum », *The Reading Teacher*, vol. 46, n° 5, p. 396-406.

ZINAR, S. (1990). « Fifth-Graders' Recall of Propositional Content and Causal Relationship from Expository Prose », *Journal of Reading Behavior*, vol. 22, n° 2, p. 181-201.

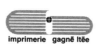

imprimerie gagné ltée